Roland Girtler
Aschenlauge

ROLAND GIRTLER

ASCHENLAUGE

Bergbauernleben im Wandel

CIP-Kurztitelaufnahme der Deutschen Bibliothek

Girtler, Roland:
Aschenlauge: Bergbauernleben im Wandel / Roland Girtler. 2. Aufl. —
Linz: Landesverl. 1988.

ISBN 3-85214-486-8

ISBN 3-85214-486-8

Meinen Eltern, Dr. Roland und Dr. Leopoldine Girtler, gewidmet, die mehr als 30 Jahre die Ärzte von Spital am Pyhrn waren. Sie ließen mich meine Wege gehen, und sie zeigten mir, daß kein Mensch glauben dürfe, er sei besser als der andere.

Inhalt

Dorfschmied beim Beschlagen eines Pferdes (um 1959)

Einleitende Gedanken

Mit dieser Arbeit will ich eine alte Idee verwirklichen, eine Idee, die mich seit langem begleitet: nämlich aufzuzeichnen und zu analysieren, wie sich der Wandel der Bergbauern-Kultur in Oberösterreich vollzog, den ich teilweise mitverfolgen konnte und der eine geradezu revolutionäre Veränderung auf vielen Gebieten bewirkte. Ich bin als Sohn des Gemeindearztes von Spital am Pyhrn, einer Bergbauerngemeinde im südlichen Oberösterreich, aufgewachsen. Das Zimmer, das ich mit meinem Bruder in der Wohnung meiner Eltern teilte, ging in einen Garten hinaus, der an die Dorfschmiede anschloß. Mein Zurückerinnern an dieses Zimmer ist verbunden mit dieser Schmiede und den allmorgendlich ertönenden hellen Klängen der Schmiedehämmer. Es war dieses tägliche Geräusch, das uns nicht selten aus unserem müden Bubenschlaf riß und uns anzeigte, daß Pferde mit neuen Hufeisen beschlagen werden. Ende der fünfziger und am Beginn der sechziger Jahre wurden diese Geräusche aus der Schmiede immer seltener, bis sie endgültig verstummten. Und bald blieb auch die Schmiede geschlossen. Pferde, die das dörfliche Leben belebt hatten, verschwanden, und auf den heiteren Ton der kleinen Glocken an den Pferdeschlitten, der mir sehr lieb geworden war, mußte ich ab nun verzichten.

Das Verschwinden dieser Klänge ist für mich zum Symbol des Verschwindens einer bestimmten bäuerlichen Kultur und Lebensart geworden. Der Wandel, der vor allem in den fünfziger Jahren einsetzte, war vielleicht der einschneidendste seit der Jungsteinzeit, als der Mensch zu seßhafter bäuerlicher Lebensweise überging und damit begann, den Boden mit einem pflugähnlichen Gegenstand zu bebauen und Getreide anzupflanzen, das für eine autarke bäuerliche Lebensweise notwendig war. Ich will in dieser Arbeit nun die Vielfalt jenes Wandels beschreiben, also wesentliche Aspekte der alten bäuerlichen Lebenswelt meines Heimatdorfes der „neuen" gegenüberstellen, wie sie sich in den letzten Jahrzehnten aufgrund ökonomischer, technischer u. a. Umwandlungsprozesse entwickelt hat. In eine solche Darstellung will ich aber auch autobiographische Themen einfließen lassen, um so meine persönliche Betroffenheit einzubringen.

Im Sinne dieser Aufgabe will ich nun — keineswegs in einer sterilen wissenschaftlichen Sprache, aber auch nicht in Romanform — aufzeigen, wie vor allem vor dem Zweiten Weltkrieg und zum Teil auch nach diesem das traditionelle bäuerliche Leben, das Leben auf dem Lande in seiner ganzen Härte ablief, wie dienende Menschen erniedrigt wurden und wie sich andererseits menschliche Kontakte entwickeln konnten. In dieser farbigen Welt gab es wohl so etwas wie Zufriedenheit — wenn auch vielleicht nur deshalb, weil man an Möglichkeiten anderer Formen des Lebens nicht einmal dachte. Es soll aber jener Romantisierung des bäuerlichen Lebens widersprochen werden, der nur allzu leicht der Städter oder der Sommerfrischler verfällt. Damit will jedoch nicht ausgedrückt sein, daß dieses „alte" bäuerliche Leben nicht auch seine versöhnlichen und „gemütlichen" Seiten hatte. Als Bub habe ich die Schönheiten und die Schattenseiten des Lebens auf dem Bauernhof in Andeutungen gesehen, ich habe gesehen, wie ärmlich Mägde und Knechte zu leben hatten und wie bäuerliche Arbeit aussah.

Das Material für diese vorliegende Studie beruht, neben meinen autobiographischen Erinnerungen, auf teilnehmender Beobachtung des Lebens auf heutigen Bergbauernhöfen und — dies vorrangig — auf freien, unstandardisierten Interviews mit alten Bauern, Bäuerinnen, ehemaligen Knechten und Mägden und anderen Personen, die diese Kultur kennen. Absicht dieser Arbeit ist es auch, die betreffenden Personen selbst reden zu lassen, ihre Schicksale so einzuflechten, daß der Leser einen tiefen Einblick in diese vergangene Lebenswelt und ihren heutigen, modernen Ersatz erhält. Zu den Themen zählen die Analyse der Kindheit, die Stellung unehelicher Kinder, das Leid von schwangeren Mägden ebenso wie Probleme von alten Dienstboten, die ja zumeist als Belastung empfunden wurden.

Methodisch bediente ich mich des „freien" unstandardisierten Interviews, d. h. ich ging mit keinem vorgefertigten Fragebogen zu den Menschen, deren Leben mich interessierte, sondern ich versuchte, diese zu bewegen, mir umfassend und eindringlich aus ihrem Leben zu erzählen. (Über die wissenschaftstheoretische Rechtfertigung des Vorgehens und die Methode des Inverviews siehe meine Arbeit „Methoden der qualitativen Sozialforschung", Wien 1984.) Vorab sei festgehalten, daß ich diese Arbeit nicht als eine verstehe, in der bloß andere Arbeiten zitiert werden, sondern als eine, die es unternimmt, kulturelle Wirklichkeiten direkt darzustellen.

Als ich einen alten ehemaligen Holzknecht bat, mir etwas aus seinem Leben und der Zeit vor dem Krieg zu erzählen, meinte er zunächst, daß es doch niemanden interessiere, was er zu sagen habe. Diese Feststellung begleitete er mit dem Hinweis: „Die jungen Leute heute halten ohnehin alles für Blödsinn, was die Alten erlebt haben." Beim Glas Most konnte ich ihn schließlich überzeugen, daß es wert sei, seine Erzählungen aufzuzeichnen.

Es paßt auch zu den einleitenden Hinweisen, daß ich mir die Gespräche und Diskussionen mit den Bergbauern meiner Heimatgemeinde erwandert habe, d. h. ich benutzte kein Fahrzeug, sondern ging zu Fuß, um so auch eine intensive Beziehung zur natürlichen Umwelt dieser Menschen zu erhalten.

Danken will ich vor allem hier den Personen, die sich die Mühe gemacht haben, mir aus ihrem Leben zu erzählen. Ich habe auf ihren Wunsch hin ihre Namen im Text nicht genannt, sondern sie nur charakterisiert. Namentlich will ich jedoch Alois Breitenbaumer aus Oberweng danken, der mir gute Zugänge in diese bergbäuerliche Vergangenheit ermöglichte, aber auch Emilie und Franz Rebhandl, mit denen ich über einzelne Fragen fruchtbar diskutierte und die mich stets mit einer guten Jause versorgten. Ebenso danke ich Franz Stöger, der mir ungemein packend aus seinem Leben erzählte, und Paula Sillaber, die mir in liebenswürdiger Weise bei einer Tasse Kaffee begreiflich machte, wie man bei den Bauern lebte. Dankerfüllt bin ich auch gegenüber Gerti Kornberger, die es mir erlaubte, aus den hinterlassenen und unveröffentlichten Schriften ihres Vaters Emmerich Grillmayr, eines anerkannten Wilderers von Spital am Pyhrn, einiges für dieses Buch zu übernehmen. Sehr verbunden bin ich schließlich Amtsrat Leopold Immitzer, der auf meine Bitte hin das Manuskript durchlas und es durch einige wichtige Hinweise ergänzte, und Vera Sebauer, die das vorliegende Buch redaktionell betreute.

Im Sinne der leichteren Lesbarkeit gebe ich die Interviews im Text nicht im Dialekt wieder, sondern in einer verständlichen „Umgangssprache", in welcher der Klang des Erzählten beibehalten bleibt.

Die geographische Lage von Spital am Pyhrn, seine Wirtschaft, Bevölkerung und Geschichte

Bevor ich näher auf das Leben und Handeln der Menschen im bäuerlichen Alltag eingehe, mag es für den Leser nicht uninteressant sein zu erfahren, wie dieser Ort mit seinen früher eher armen Gebirgsbauern eigentlich aussieht, wie die wirtschaftliche Situation beschaffen war und ist und wie er historisch zu dem wurde, was er ist.

Freilich können in diesem Rahmen nur einzelne Bereiche herausgestrichen werden. Viele Details werde ich überspringen, da es wichtiger erscheint, einen Gesamtzusammenhang herzustellen, in dem das Leben eines solchen Gebirgsdorfes ablief und abläuft. Was ich hier einleitend erwähne, mag für viele derartige Dörfer typisch sein, aber einige Besonderheiten sind es doch, die für den Leser reizvoll sein könnten.

Das Dorf im Gebirge

Spital am Pyhrn liegt umgeben von Bergketten im südlichen Oberösterreich am Fuße des Pyhrnpasses im sogenannten Garstnertal. Eine eindringliche und farbige Schilderung des Ortes und seiner Umgebung gibt der Naturkundler G. Hauenschild in seinem Aufsatz „Erinnerungen an das Warscheneck und seine Umgebung" aus dem Jahr 1866.[1] Für unsere Zwecke

---

1 G. Hauenschild, Erinnerungen an das Warscheneck und seine Umgebung, in: 2. Jahrbuch des Österreichischen Alpenvereins, 1866.

ist es interessant, auf diesen Bericht Hauenschilds einzugehen, da er diesen Ort dem Leser bildhaft vorstellt. Hauenschild ist einmal mit einem schwerhörigen schlesischen Professor von Liezen über den Pyhrnpaß gefahren, dabei sei ihm „das Herz gehüpft vor Freude", als er „ins weite, grüne Tal, das sich unsagbar reizend hindehnt", hinabsah. Weniger angetan war er jedoch von der „nationalpolemischen Vorlesung" des Professors, von der er genauso wie von dem Frost am Pyhrn „genug bekommen" hatte. Hauenschild schildert vom Pyhrnpaß kommend die Lage von Spital am Pyhrn in einer derartigen Farbenpracht, daß ich meine, wir sollten ihn erzählen lassen:

„Und rechts und links von uns haben wir wieder die echteste Alpenromantik. So steht gerade neben uns der südwestliche Wächter des Pyhrgasgebietes, der schwindelnd hohe nackte Bosruck (2009 m) mit seinen wildgeformten, schrecklich zerklüfteten Kammabstürzen, während westlich von hier die letzten Glieder des Prielgebietes und somit auch unseres Warschenecks sich herabsenken ... Nördlich davon, jenseits der Sattelmulde an der ‚Wurza' steigen die finsteren, waldigen Glieder des Schwarzenbergzuges empor, unter denen die klassische Marmorveste des Struwieswipfels sich besonders hervortut ... Mit dem Pflegerteich erreichen wir das Tal, und bald am Bauern im Pyhrn vorbei gelangen wir in das *wundernette Spital.* Es ist etwas ganz eigentümlich anheimelndes und reizendes um diesen Goldwinkel: der Prachtbau des Pyhrgas (2244 m) und seiner Nachbarn — majestätisch einfach, neben fantastisch zerrissenen Formen — und der melancholische Block des Schwarzenbergs verleihen dem Ort etwas ungemein Anziehendes ... Mitten durch den Ort strömt ein Zufluß der Teichl, der Trattenbach, mit dem auch das schattengrüne Nebental der Grünau ins Hauptbecken mündet. Er entspringt am Abhange des Pyhrgas und bildet die malerischen Kaskaden des Trattenbachfalls ... Unmittelbar außerhalb Spitals teilt der Wur, ein niederer Waldkamm, das Haupttal in zwei Arme, deren westlicher die Gleinkerau mit dem Teichellauf enthält, während in dem östlichen die Straße nach Windischgarsten hinzieht."

Dieser besondere Reiz brachte bereits vor 1900 Erholung Suchende, Wanderer und dann die ersten Schifahrer nach Spital am Pyhrn. In der vom Schipapst Zdarsky herausgegebenen, ab 1904 erscheinenden Zeitschrift „Der Schnee" wird Spital am Pyhrn neben St. Anton und anderen prominenten Schiorten regelmäßig erwähnt und auf seine Berge und Almen mit ihren fabelhaften Schitouren verwiesen. Der vielleicht erste, der eine Chance für Spital am Pyhrn als Fremdenverkehrsort sah, war der Besitzer des Gasthofes zur Post, Herr Grundner, der periodisch in Zdarskys „Der Schnee" Berichte über Spitals am Pyhrn großartige Möglichkeiten für den Schifahrer schrieb und sich bemühte, daß auch im Sommer Gäste den Ort aufsuchten.

Spital am Pyhrn hat also einigen Reiz, der Sommerurlauber und Wintersportler gerade heute veranlaßt, diese Gebirgswelt aufzusuchen, in der allerdings in den letzten Jahren die Seilbahn auf die Wurzeralm und die Sessellifte im Warscheneckgebiet die frühere Ruhe zerstört haben und „Touristen" en masse bergauf bringen. Der Fremdenverkehr hatte und hat also für Spital am Pyhrn große Bedeutung. Die Bevölkerung weiß das und tut mit, um an den Einkünften aus dem Fremdenverkehr teilzuhaben. Für die Bauern ist heute der Fremdenverkehr von großer Wichtigkeit, er hat sich eindringlich, wie zu sehen sein wird, auf die soziale und kulturelle Situation der Menschen im Gebirge ausgewirkt. An der Ausweitung des Fremdenverkehrs von Spital am Pyhrn sind die Bauern maßgeblich beteiligt. Dies ist u. a. an der Zahl der Fremdennächtigungen zu sehen. Vor dem Krieg waren es ca. 28.000 Nächtigungen im Jahr. Heute sind es 120.000 Nächtigungen.

Obwohl Spital am Pyhrn ein eher kleines Gebirgsdorf ist, verfügt es doch über eine Fläche von 109 Quadratkilometern. Diese relativ große Gemeindefläche ist das Ergebnis der bis zum Beginn des vorigen Jahrhunderts bestehenden Stiftsherrschaft. Seine Einwohnerzahl hat sich seit der Vorkriegszeit kaum verändert. Vor dem Krieg waren es knapp über 2300 Einwohner, eine ähnliche Zahl ergab die letzte Volkszählung von 1981.[2]

---

2 Die Angaben bzgl. der Einwohnerzahl, der Häuser u. dgl. habe ich von dem früheren Gemeindesekretär von Spital am Pyhrn, Herrn Amtsrat Leopold Immitzer.

Spital am Pyhrn setzt sich aus seinem Ortsbereich und vier Weilern zusammen: aus Oberweng, am Fuße des Kleinen Pyhrgas, Fahrenberg, welches sich in Richtung Windischgarsten an Oberweng anschließt, aus der Gleinkerau, diese zieht sich von der „Au" bis direkt zur Bundesstraße, und aus Seebach, das in unmittelbarer Nachbarschaft zu Roßleithen liegt. Vor dem Krieg hatte der Ort 278 Häuser, die sich heute auf 450 vermehrt haben. Oberweng wuchs von ungefähr 70 auf 87, die Gleinkerau von 40 auf 83, Seebach von ca. 40 auf 58 und Fahrenberg blieb bei 12. Der bäuerliche Charakter von Spital am Pyhrn besteht darin, daß es bis in die fünfziger Jahre im Ort ungefähr 60 Kleinbauern gab, die jeweils höchstens 2 oder 3 Kühe, eventuell 2 Schweine — bis zu 3 ha Grund hatten sie von den Bundesforsten gepachtet — ihr eigen nennen konnten. Diese Kleinbauern oder „Häuslleute", wie sie genannt wurden, konnten von den geringen Einnahmen aus dem Viehverkauf und den Erträgnissen des Bodens schlecht leben. In den fünfziger Jahren gibt ein Kleinbauer nach dem anderen seine karge Landwirtschaft auf, weil er meint, als Arbeiter in einem Betrieb besser leben zu können. Neben diesen ca. 60 Kleinbauern gab es noch 16 größere Bauern im Ort, deren Besitz ein effizientes und zufriedenstellendes Wirtschaften erlaubte. Die größeren dieser Bauern besaßen etwa 15 Kühe, einiges Jungvieh und vier oder fünf Schweine. Durchschnittlich hatten sie einen Grundbesitz von ungefähr 40 ha. Die kleineren Bauern dagegen besaßen etwa 8 Kühe, einige Schweine und Grund von 15 bis 20 ha. Im wesentlichen sind diese 16 Bauern auch noch weiter als Landwirte tätig, wobei der Fremdenverkehr ihnen einige Vorteile bringt. Die heutigen 32 Bauern von Oberweng und Fahrenberg gab es bereits vor dem Krieg. Und ebensoviele Bauern zählt die Gleinkerau und Seebach zusammen.

Neben dem Vieh war für den Bauern auch das Getreide wichtig. Als Getreidearten baute man Roggen, Weizen, Gerste und Hafer an. Roggen und Weizen wurden im Herbst angebaut, Gerste und Hafer im Frühjahr. Allerdings bauten die sehr hoch gelegenen Gebirgsbauern Roggen nicht im Herbst, sondern, weil der Boden und das Klima es nicht anders zuließen, im Frühjahr an. Ende der fünfziger Jahre ging man allmählich vom

Getreideanbau ab, da die Autarkie an Bedeutung verlor. Damit in Zusammenhang steht, daß die 1100 ha Ackerland in Spital am Pyhrn kontinuierlich zurückgingen und zu Grünwiesen oder Waldgebieten wurden. Dagegen erleben die 4500 ha Wald seit zwei Jahrzehnten durch Aufforstungen eine Erweiterung. Einen Wandel erfuhren auch die ungefähr 40 Almen, die sich auf 960 ha erstreckten, mit dem Rückgang der Almwirtschaft.

· Das dörfliche Leben im Ort selbst wurde neben den Bauern durch kleine Geschäftsleute bestimmt. Bis in die fünfziger Jahre waren drei Greißler im Ort. Heute gibt es sie nicht mehr. Diese drei Läden, in denen wir mit den Verkäufern gerne tratschten, wurden in den letzten beiden Jahrzehnten durch einen vergrößerten, erweiterten und zu einem Supermarkt umgestalteten Konsum und schließlich durch einen ADEG-Markt ersetzt. Von den alten Greißlerläden sind diese neuen „markets" vor allem dadurch unterschieden, daß kein Kontakt zwischen Kunden und Verkäufer mehr besteht. Der Einkaufswagen wird schweigsam durch den Verkaufsraum geschoben, bis hin zur Kassa, wo eine konzentrierte Kassiererin die gekauften Waren besieht und die Rechnung präsentiert.

Spital am Pyhrn war auch ein Ort der Handwerker. Die Änderung der alten wirtschaftlichen Ordnung hat dazu geführt, daß sie zurückgedrängt wurden. Auch die einzige Schmiede des Ortes mit ihrer langen Tradition mußte ihre Tore schließen, als die Bauern mit ihren Pferden ausblieben. Ihr Auskommen fanden und finden nur noch zwei Tischlereien. Beherrschend für den Ort war bis in die fünfziger Jahre hinein das Sensenwerk in der Au.[3] Dieses Sensenwerk beschäftigte viele Spitaler, z. T. auch Nebenerwerbsbauern. Mit dem Aufhören der Sensenherstellung ist auch der Niedergang einer spezifischen Sensenschmiedekultur verbunden. Ich erinnere mich, daß Wörter wie „hammerderrisch" (taub durch die Sensenhämmer) während meiner Kindheit oft verwendet wurden und nun gänzlich verschwunden sind. Ihren Betrieb sperrten ebenso in jüngster Zeit

---

3 Zur Geschichte der Sensenwerke im Garstnertal, siehe R. Löger, Geschichte der Sensenindustrie im Pyhrn-Priel-Gebiet, Diplomarbeit, Graz, 1975.

zwei Sägewerke. Arbeit bieten heute eine Ösenfabrik und ein Türenwerk an. Trotzdem ist es mit dem Arbeitsangebot für die Spitaler schlecht bestellt. Im wesentlichen ist es der Fremdenverkehr, der Einkünfte bringt.

Heute erinnert nur wenig an die alte bäuerliche Struktur des Dorfes, das mit seiner riesigen Tankstelle, einer Schnellstraße durch den Ort und die vorbeiführende Autobahn gründlich und sichtbar umgewandelt und umgeformt wurde. Die kulturelle Änderung, wie sie seit den fünfziger Jahren über den Ort hereinfiel, zeigt sich ungetrübt in dem Symbol „Auto". Dort, wo früher Menschen am Platz vor der Kirche oder dem Gemeindeamt beisammen standen, parken oder bewegen sich Autos. Mit den Autos hängt eine merkwürdige Verkümmerung des Kontakts der Leute zusammen. Während früher die Menschen bei ihren Märschen zu den Greißlern im Ort miteinander gingen oder einander begegneten und dabei auch Neuigkeiten erzählten, fährt man im Auto aneinander vorbei. Anstelle des Plauderns von früher tritt die charakteristische Bewegung mit einigen Fingern oder der Hand, um so einen Gruß anzudeuten.

Zur Geschichte von Spital am Pyhrn[4]

Bereits die Römer benutzten den Weg über den Paß, und als „via Norica" wurde diese Straße, die weiter den Neumarkter Sattel hinunterführte, zur wichtigsten Militär- und Handelsstraße der östlichen Ostalpen. Im 7. Jahrhundert waren es die vordringenden Alpenslawen, die sich in den römischen Restsiedlungen niederließen. Berg-, Flur- und Hausnamen verweisen noch auf die slawische Besiedlung. Die Zeit der Karolinger meldet uns die

---

4 Zur Geschichte von Spital am Pyhrn siehe näher: Hans Krawarik, Zur inneren Geschichte der bambergischen Stiftung Spital am Pyhrn, in: Jahrbuch für fränkische Landesforschung, Bd. 32, 1972; Alois H. Schröckeneder, Geschichte der geistlichen Stiftung und Herrschaft Spital am Pyhrn, Wien 1931; Erich Tischler, Stiftskirche Spital am Pyhrn, Christliche Kunststätten Österreichs Nr. 128, St. Peter, Salzburg 1985 (2. Auflage).

ersten Vorstöße der Bayern. Die alpenslawischen Viehzüchter wurden an den Rand gedrängt. An sie erinnern noch Namen wie Goslitzer, Retschitschegger u. a. Bischof Otto von Bamberg ließ endlich während des 3. Kreuzzuges im Jahre 1190 für Kreuzfahrer und Pilger ein Hospiz am Fuße des Pyhrnpasses errichten. Dieses Hospiz oder Hospital war einer Spitalsbruderschaft unterstellt.

200 Jahre später — die Kreuzzüge waren zu Ende, die Residenz der Päpste war nun Avignon in Südfrankreich — verfiel die Bedeutung des Hospizes. Seine Aufgaben schwanden als Herberge für Kreuzritter und Pilger. Jedoch war diese Zeit, in der die Spitalsbrüder hier walteten, eine sehr fruchtbare. Die Rodung der Wälder ging voran und Almen als Zeichen der Schwaigwirtschaft entstanden. Am Trattenbach siedelten sich die ersten Gewerbetreibenden an: der Hofwirt, der Hofbäcker und der Hofschmied. Und 1373 wurde Spital am Pyhrn von jeder „Gastung" der Wandersleute befreit.

1418 wird in Spital ein Stift mit weltlichen Chorherren, ein sogenanntes Kollegiatsstift, eingerichtet. Hervorragende Dechanten und eine weit bekannte Stiftsschule trugen zur Blüte des Ortes bei, dessen Bevölkerungszahl kräftig zunahm. Viele neue Häuser erweiterten den Ort, und das Sensengewerbe machte sich im Tal breit.

1605 wurde das Spitaler Stift zur Propstei erhoben. Unter dem ersten Propst Josef Gienger erlebte die Stiftsherrschaft eine barocke Größe. Die Reformation hatte gerade im Garstnertal ungeheure Ausmaße erreicht. Spital am Pyhrn und seine Nachbarorte standen plötzlich im Zentrum der österreichischen Protestantenbewegung und die Bauernkriege überzogen über Jahrzehnte diese Gegend mit Aufruhr gegen das Stift. Gienger war es, der mit starker Hand die Reformation überwand. In der Folge nahm Spital am Pyhrn weiter an Ausmaß zu. Siedlungen des Hofgesindes ließen den Ort wachsen. Zahlreiche Stiftungen, vor allem der Chorherrn, bewirkten eine Vergrößerung der Stiftskirche und den Ausbau der Leonhardikirche. Zwischen 1642 und 1736 entstand eine neue Propstei mit einer der schönsten Kirchen Österreichs, in der Carlone, H. M. Prunner, der Kremser Schmidt und Altomonte herrliche

Meisterwerke schufen. Um 1750 bestand Spital bereits aus 85 Häusern.

Die Bindungen an Bamberg schwanden immer mehr und wurden schließlich gelöst. Diplomatischen Prälaten gelang es, das Stift über die josefinische Klosteraufhebung hinweg zu retten. Doch am Beginn des 19. Jahrhunderts kam der Niedergang des Stiftes. In der Chronik des Stiftes heißt es, der Propst Matthias Lichtenauer sei „ungebildet, fast roh" gewesen und habe es nach nur fünf Jahren Regierungszeit soweit gebracht, daß Franz I. 1807 die Aufhebung des Stiftes gebot. Die Aufhebung sei, wie eine andere Schrift festhält, auch auf das leichte und etwas lotterhafte Leben der Kanoniker zurückzuführen, die es sich nicht nehmen ließen, am Wein und den schönen Spitalerinnen ihre Freude zu haben. Im selben Jahr, im August 1807, übernahmen die Mönche aus St. Blasien im Schwarzwald das verlassene Stift. Da ihnen die Gegend zu rauh war und vielleicht die Leute hier zu arm waren, zogen sie bereits nach 2 Jahren weiter nach Süden, nach St. Paul im Lavanttal.

Auch wenn ihnen das Spitaler Stift nicht behagt hat, so hatten sie doch Gefallen an seinen Kunstschätzen gefunden, die sie einfach mitnahmen. Unter den Wertgegenständen befanden sich auch eine wertvolle Monstranz und kostbare Wiegendrukke, die der Bamberger Bischof Friedrich von Aufseß, der Spital am Pyhrn sehr liebte, im 15. Jahrhundert hierher gebracht hatte. Man erzählt sich, daß unter diesen Büchern auch eine Gutenbergbibel gewesen sein soll, die allerdings von St. Paul in den zwanziger Jahren nach den USA verkauft wurde, wo sie in der Library des Kongresses in Washington heute ihren Ehrenplatz gefunden hat.

Nicht nur diese Bibel fand ihren Weg nach den USA, sondern auch ein Spitaler, der als Ernst Krackowizer 1821 hier geboren worden war. Er hatte in Padua und Wien Medizin studiert und wurde ein aktiver Führer der revoltierenden Studenten im Wien des Jahres 1848. Wegen seiner Aktivitäten mußte er Ende 1848 fliehen.[5] Er floh über Tübingen und Kiel in die USA. In

---

5 Über das Leben von Ernst Krackowizer und die Briefe, die er aus Wien während der Revolutionstage und auf seiner Flucht aus Wien schrieb, berichtet

New York wurde er Leiter des Deutschen Hospitals. Schließlich erlangte er bei den Medizinern einige Berühmtheit, weil er u. a. den Kehlkopfspiegel in den Vereinigten Staaten eingeführt hat.

Das reizvolle Spital wurde ab der Mitte des vorigen Jahrhunderts für den Städter als Erholungsstätte interessant. So erlebte die romantische Schriftstellerin Karoline Pichler manch anregenden Sommer in Spital am Pyhrn. Mit der Einrichtung der Pyhrnbahn, 1908 fertiggestellt, wurde die Bergwelt um Spital am Pyhrn dem Alpinismus eröffnet. Die alte bäuerliche Kultur dieses Ortes verharrte jedoch bis in die fünfziger Jahre, wo sie der Motorisierung, neuen wirtschaftlichen Vorstellungen und dem Einfluß einer städtischen Kultur nicht mehr widerstehen konnte.

Ich habe diesen kurzen Rückblick und diese skizzenhafte Beschreibung von Geschichte und Umwelt von Spital am Pyhrn mit einem Zitat von Hauenschild eingeleitet. Abschließen will ich dieses einleitende Kapitel mit einigen Zeilen aus einem Buch, welches ich vor Jahren in der bayrischen Staatsbibliothek in München beinahe zufällig gefunden habe: Der Band heißt „Das Bisthum Bamberg von 1400—1556", verfaßt nach Urkunden von Johann Looshorn.[6] Sehr ausführlich wird darin auf jenen oben erwähnten Bamberger Bischof Friedrich von Aufseß eingegangen, der Spital am Pyhrn als Alterssitz wählte: „Bischof Friedrich war einer der ersten Kanoniker in Spital und wurde von da zur Bischofswahl nach Bamberg berufen. Nach seiner Resignation lebte er 10 Jahre in Spital, nahm mit den übrigen Chorherrn am gemeinsamen Tisch teil und verschmähte durchaus vornehmere Speisen und Getränke. Sein Vergnügen war, wenn er vom Gottesdienste frei war, die Handarbeit zur Herstellung und Einrichtung des Ortes, zur Bewässerung des Acker-

---

der Enkel von E. Krackowizer, Ernst Boas. Siehe dazu: Ernst Boas, A Refugee Doctor of 1850 (Ernst Krackowizer), in: Journal of the History of Medicine and allied Sciences, Vol. III, New York 1948. — Ernst Boas war übrigens der Sohn des bekannten Anthropologen und Indianerforschers Franz Boas, der die Tochter Krackowizers, Maria, geehelicht hatte.

6 in: Johann Looshorn, Die Geschichte des Bisthums Bamberg, Band IV, Bamberg 1900.

baues. Zur Erholung wanderte er mit Lust durch Wälder und Äcker, nicht im bischöflichen, sondern mit gemeinem, fast bäuerlichem Anzuge. Den 26. Oktober 1431 änderte er das Statut in bezug auf Kleidung und Schuhe ... Im Jahre 1440, den 26. Februar, den Tag nach Matthias starb Friedrich an Blasen- und Steinleiden und wurde im Chor der Muttergottes-Kirche beerdigt ... Er hat die Kirche größtenteils aus seinen Mitteln gebaut. Ein reich vergoldetes, mit kostbaren Edelsteinen geschmücktes Kreuz und eine solche Monstranz, Kelche, Bücher und Pergament mit silbernen Schließen schenkte er dem Stift.“

Spital am Pyhrn — ein Dorf im Gebirge (1926)

Die „gute alte Zeit"

Gerade wenn ich mit älteren und alten ehemaligen Bauern, Bäuerinnen, Knechten und Mägden sprach, wurde mir am Beginn unserer Gespräche nicht selten klarzumachen versucht, daß es früher „schöner" gewesen wäre, daß die Leute bessere Kontakte zueinander gehabt hätten und der Zusammenhalt stärker gewesen sei. Doch je mehr wir uns im Gespräch auf die frühere bäuerliche Kultur einließen, desto deutlicher wurde, welche Härten, Armut und vielmals auch Brutalität bestimmend waren. Ich werde in den folgenden Kapiteln detailliert auf einzelne Bereiche eingehen, hier will ich bloß ein paar Perspektiven skizzieren, um das Thema und die Probleme einzuleiten.

„Ich lasse mir die gute Kaiserzeit, wie die Leute sie nennen, nachschmeißen. Da ist es uns sehr schlecht gegangen. Wir haben Hunger gelitten im tiefen Frieden. Wir sind 11 Geschwister gewesen, und der Vater hat nicht verdienen können, was wir gebraucht hätten", erzählte mir ein heute über 80 Jahre alter ehemaliger Kleinbauer, für den die „neue Zeit" eine sichere Rente und einen kleinen Wohlstand gebracht hat.

Die Möglichkeit, über Geld zu verfügen, war gering. Fixe Einnahmen, wie heute durch Verkauf der Milch u. ä., gab es nicht. Das wenige Geld, das eventuell durch den Verkauf eines Stücks Vieh hereinkam, mußte genau eingeteilt werden. Geld war notwendig, um die Dinge zu erwerben, die die bäuerliche Wirtschaft nicht hervorbrachte, wie Schuhe, Kleidung, Anbaugeräte und andere Gegenstände des täglichen Bedarfs. Aber es war nicht einfach, zu diesen Dingen zu kommen, daher hatte Sparsamkeit — anders als heute, wo es Finanzierungsmöglichkeiten über Kredite gibt — einen besonderen Wert. Diese alte bäuerliche Struktur, die bis zum Zweiten Weltkrieg Bestand haben sollte, hatte ein besonderes Kennzeichen. Man kannte Arbeitslosigkeit im bäuerlichen Bereich entweder nur ansatzweise oder gar nicht. Mit den Worten einer älteren Bäuerin klingt dies so: „Früher war es mit der Arbeitslosigkeit nicht so traurig, weil die Leute bei den Bauern einen Platz bekommen haben. Damals war es nicht so traurig, wie wenn heute jemand arbeitslos werden würde. Bei einem Bauern haben sie doch immer Leute gebraucht. Heute brauchen sie keine Leute, heute haben sie Maschinen. Früher haben sie nicht viel gehabt, aber zum Essen haben sie immer etwas bekommen. Arm war man, aber Arbeit war da." In diesen Gedanken wird ein Umstand deutlich, der gern übersehen wird. Nämlich, daß der Bauernhof entsprechend der alten Struktur und der übernommenen Technik Arbeit anzubieten hatte, der Bauer also Dienstboten aufnehmen und, wenn auch karg, so doch ernähren konnte.

Die Zeit nach dem Zweiten Weltkrieg brachte einen einschneidenden Wandel. Es war notwendig geworden, dem Knecht und der Magd einen bestimmten Lohn zu geben sowie die sozialen Leistungen, wie Versicherung u. a., für sie einzuzahlen. Das hatte zur Folge, daß viele Bauern bald davon abgingen, Dienstboten einzustellen. Wenn es möglich war, wurden die eigenen Kinder oder andere Angehörige eingesetzt. Die Maschine schließlich ersetzte nun Menschen, die Dienstboten, und zerstörte dabei auch menschliche Kontakte. Während früher der Arbeitsprozeß ein gemeinsamer, ein kommunikativer war, ist er heute zumeist auf ein oder zwei Personen reduziert. Ein anderes Strukturelement, das in der alten Bergbauerntradition einen radikalen, aber z. T. auch positiven Wandel herbeiführte, ist der Fremdenverkehr. Das Vermieten von Zimmern an Sommer- und Wintergäste, die mitunter in die Hausgemeinschaft aufgenommen werden, verstärkte den Wandel auch insofern, als durch die Gäste fremdes Kulturgut in die bäuerliche Familie einfloß. In diesem Jahrhundert kam es also zu einem gewaltigen Umbruch in der alten bäuerlichen Kultur, in der etwa das uneheliche Kind der Magd noch als Kind des Teufels galt und der Mensch oft verstoßen wurde, wenn er nicht mehr arbeiten konnte. Diese Kultur wurde durch eine Kultur ersetzt, die sehr nahe der modernen städtischen ist. Allerdings wird auf alte bäuerliche Lebensformen in romantisierender Weise zurückgegriffen, um u. a. dem Urlaubsgast etwas vorzuschwindeln.

Bei meinen Gesprächen mit sehr alten Bauern und Bäuerinnen hörte ich aber bisweilen Wehmut heraus, wenn über „die alte Zeit" gesprochen wurde. So sieht eine alte Bäuerin zwar die frühere Armut und Belastung, sie versucht aber auch, das Positive vergangener Zeit herauszukehren: „Das Geld war alleweil luarg (wenig), furchtbar luarg. Es hat keine Krankenkasse gegeben, und beim Doktor haben wir recht sparen müssen. Wir haben Holz und Vieh verkauft. Oft hat das Vieh keinen Wert gehabt. Aber am Bauernhof waren noch mehr Leute. Heute sind die Bauersleute allein. Früher war es gemütlicher." In sehr knapper, aber auch sehr drastischer Form wird hier die ganze Dramatik der früheren Lebensweise von Bergbauern angedeutet, die zu ändern nicht leicht war. Gleichzeitig wird mit der Kritik aber auch das Bedauern verbunden, daß menschliche Isolierung der Preis für eine gewisse Verbesserung der Lebensverhältnisse ist. In Übereinstimmung damit erzählte eine 43jährige Bauerntochter, die früher hart auf dem Hof zu arbeiten hatte und heute den Haushalt führt: „Ich habe eine ziemliche Umkrempelung mitgemacht. Aber ich sage ehrlich, ich habe in den letzten Jahren viel nachgedacht. Ich halte nicht viel von dem Fortschritt und dem übertriebenen Wohlstand. Die Leute sollen wieder einfacher werden. Dann hätten sie mehr von sich selbst."

Dieses romantische und träumerische Zurückgreifen auf eine verschwundene bäuerliche Kultur darf uns jedoch nicht über die ungeheure Belastung hinwegsehen lassen, der gerade die „kleinen Leute", wie die Kleinhäusler, die Dienstboten, die unehelichen Kinder u. a., in den Zeiten vor und auch noch einige Jahre nach dem Zweiten Weltkrieg ausgesetzt waren.

Die Dornen der Armut

Die Armut unter den Bergbauern von Spital am Pyhrn hatte Tradition, bis sie in den fünfziger und sechziger Jahren besiegt werden konnte. Ein einprägsames Bild der Armut, wie sie um die Zeit des Ersten Weltkrieges charakteristisch für sogenannte „Kleinhäusler", für Leute mit einer „kleinen Wirtschaft" war, vermittelt ein heute über achtzig Jahre alter, in Oberweng wohnender Pensionist: „Wo viele Kinder waren, ist auch die Not größer gewesen. Wir hatten eine kleine Wirtschaft, die bestand aus einem Häusl und einer Kuh oder auch zwei. Wir haben Hunger gelitten, weil der Vater nie soviel verdienen konnte. Bei uns waren noch meine Großmutter und mein Großvater. Wir waren also unser 13 Leute und ein Verdiener, der oft das Geld nicht heimgebracht hat. Mein Vater war Faßbinder mit einer kleinen Werkstätte. Oft haben die Bauern, weil sie ja selbst wenig Geld hatten, nichts gezahlt. Im Winter hat der Vater in der Stube gearbeitet, weil es in der Werkstätte zu kalt war. Wir haben kaum Platz gehabt in der Hütte. Unser zwei und drei haben wir in einem Bett geschlafen. Der Vater meines Vaters war Zimmermann und seine Mutter Dienstmagd. Das Häusl, in dem wir wohnten, hat die Mutter — sie stammte von einem Bauern ab — bekommen. Wir haben kaum zwei Kühe füttern können. Ochsen haben wir keine gehabt, das Heu haben wir selbst herauftragen müssen, alles am Buckl. Hie und da haben wir ein Schweindl gehabt. Einmal haben wir auch Ziegen gehabt. Von der Milch der Kühe haben wir gelebt. Man kann sich diese Armut nicht vorstellen. Oft haben wir vor dem Ersten Weltkrieg kein Brot zu Hause gehabt, wenn der Vater kein Geld heimgebracht hat. Auch für den Großvater und die Großmutter hat er sorgen müssen, denn eine Rente hat es damals für die alten Leute nicht gegeben. Zu Weihnachten haben wir höchstens ein paar Fäustlinge oder ein paar Socken bekommen. Wir waren recht arme Teufel. Ganz schlecht waren wir mit dem Gewand beisammen, deswegen wurden wir auch verspottet. Sogar der Lehrer hat uns nicht mögen, weil wir so arm waren. Und während des Ersten Krieges war es besonders schlecht, da ist Korn und Weizen abgefroren, denn im Juni hat es heruntergeschneit. Das war im siebzehner Jahr. Da ist es sogar den Bauern schlecht gegangen, sie hatten kein Mehl und mußten mit der Brotkarte gehen. Einen kleinen Laib Brot pro Person gab es in der Woche und ein Viertelkilo Mehl. Wir haben einmal 14 Tage kein Brot und 8 Tage kein Mehl gehabt. Nur die Milch haben wir gehabt, die uns die beiden Kühe gegeben haben. Die haben wir gelöffelt. Keinen Bissen gab es. Das war ein Hunger! So ein Hunger! Wenn ich jemandem das erzähle, glaubt er, es ist ein Märchen. Ich wäre damals schon bald eingegangen. Ich war so matt, daß ich Nachtschweiß hatte. Waschnaß lag ich im Bett. Ich war damals schon 18 Jahre alt. Aber auch nach dem Krieg ist es uns lange schlecht gegangen. Der Vater hätte uns nicht bekleiden können. Das Gewand hat man uns geschenkt. Wir sind ziemlich ärmlich dahergekommen. Damals ist es vielen schlecht gegangen. Und jeder hat versucht, so gut es ging, weiterzukommen. Ich erinnere mich an die H., die ist in die Wirtshäuser von Windischgarsten gegangen und hat dort den Kaffeesud, den man weggeschmissen hat, gesammelt. In einer Pitschen hat sie ihn heimgetragen. Das war noch vor dem Ersten Krieg."

Diese Erzählung begleitet in die Welt der Armut am Beginn dieses Jahrhunderts. Sie zeigt aber nicht nur auf, wie der Sohn eines „Kleinhäuslers" seine Situation empfunden hat, sondern sie weist auch darauf hin, daß der Bergbauer dann der Armut ausgeliefert ist, wenn er seine Ernte nicht einbringen kann. Schließlich wird auch deutlich, welcher Strategien man sich bedienen mußte, um halbwegs überleben zu können, in einer Zeit, die als „Kaiserzeit" glorifiziert wird, die jedoch den Bergbauern enormen Zwängen und großer Not aussetzte.

Der Kleinhäusler war sozial sehr schlecht gestellt, ihm wird ein gewisses Maß an Anerkennung versagt. Die Herkunft aus einer Kleinhäuslerfamilie bekommt man nicht nur in der Schule zu spüren, sondern auch später noch, z. B. im Gesangsverein: „Da habe ich erkannt, daß ich nicht so beliebt bin wie ein Bauernsohn. Ich war da in einer Gesellschaft (im Spitaler Gesangsverein), in der alle reicher und angesehener waren als ich. Ich bin der Ärmste gewesen. Ich habe das oft gespürt, daß ich nicht so akzeptiert werde, bis ich 30, 40 Jahre alt war. Erst wenn man selbst auf eigenen Füßen steht und die Leute sehen, daß man was kann und was leistet, wird man beliebt. So ist es mir gegangen. Heute habe ich lauter gute Freunde."

Die Zeit nach dem Ersten Weltkrieg war bestimmt von Hoffnungslosigkeit, nicht nur für den armen Bergbauern, sondern auch für eine Vielzahl von arbeitslosen Handwerkern, die durch das Land streiften, um sich durchzubetteln. Der Bergbauer wurde so mit einer anderen sozialen Schicht konfrontiert, für die er nun wichtig wurde. Eine unmittelbar vor dem Ersten Weltkrieg geborene heutige Bäuerin erzählt: „Das war schon furchtbar damals. Wir waren selber arm. Wie ich ein Dirndl war, sind mindestens 10 bis 15 Bettler am Tag gekommen. Auch über Nacht haben wir welche behalten. Unsere Nachbarn haben zu diesen Leuten gesagt, sie sollen zu uns hinauf gehen, wir würden jeden behalten. Wir haben auch viele behalten. Im Heu waren sie. Betten haben wir ja nur für uns gehabt. Das war schon eine traurige Zeit! Wir haben jedem etwas gegeben. Entweder ein Stückl Fleisch oder ein bisserl Mehl. Es sind auch Wiener gekommen, einige von denen haben Schmalzdosen mitgehabt. In diese Dosen haben wir ein wenig Fett gegeben. Diese Zeiten waren furchtbar. Kinder haben diese Menschen keine mitgehabt. Es waren ja meist Ausgesteuerte, die keine Arbeit bekamen. Ihre Kinder werden sie daheim gelassen haben. Es ist kein Wunder, daß sie sich auf Hitler gefreut haben, so schlecht ist es ihnen gegangen." Ähnliches erzählt eine andere Bäuerin: „Es waren ja wirklich viele Arbeitslose. Auf den Straßen sind Kolonnen von Handwerksburschen marschiert. Die Geschäftsleute haben für sie extra einen Teller mit Groschen gehabt. Die Handwerksburschen haben sich dort die Türe gegenseitig in die Hand gegeben. Jeder hat einen Groschen bekommen. Auch haben wir jeden Tag ein paar gehabt, die bei uns übernachtet haben. Im Winter haben sie im Stall und im Sommer im Stadl im Heu über-

nachtet." Der Mann dieser Bäuerin ergänzt dazu aus seinen Erinnerungen: „Bei uns war es ähnlich. Meine Mutter hat immer
etwas mehr Suppe gemacht, für die Handwerksburschen. Die
hat man nicht fürchten müssen. Wenn sie bei uns über Nacht im
Heu geblieben sind, hat der Vater ihnen vor dem Schlafen die
Ausweise und die Zündhölzer abgenommen. Bei uns waren sie
im Winter auch im Stall und im Sommer auf dem Heuboden.
Bevor sie in der Früh weitergezogen sind, haben sie noch ein
Lackerl Milch bekommen. Bei uns waren immer ziemlich viele,
weil die Hauptstraße an unserem Hof vorbeizog. Das war ein
Wahnsinn. Dann hat es da noch so ‚gute' Nachbarn gegeben, die
haben diesen Burschen gesagt: ‚Geht dort hin', also zu uns hinüber, ‚wir haben schon jemanden.' Die Nachbarn, die selbst niemanden genommen haben, taten alle so heilig. Man hat das ja
auch nach dem Krieg gesehen, als Stadtkinder aufs Land geschickt worden sind. Die sind alle wieder bei den armen Leuten
untergekommen. Die reichen Bauern waren nicht besonders
freigiebig."

Diese Darstellungen geben die Situation der Armut wieder,
wie sie gerade in den zwanziger und dreißiger Jahren vor allem
die Angehörigen unterer sozialer Schichten, jedoch nicht nur
diese, bedrängte. Für den Bauern und die Geschäftsleute gehörten die herumvagabundierenden Handwerksburschen und die
anderen Arbeitslosen zum Bild des Alltags. Ein ehemaliger
Schustermeister schildert dieses tägliche Drama anschaulich:
„Die Handwerksburschen sind von Ortschaft zu Ortschaft gerannt. Bei den Bauernknechten war es nicht so, die blieben in
der Gegend. Die Handwerksburschen kamen hauptsächlich aus
den Städten, in denen sie keine Arbeit gefunden haben. Da hat
es geheißen: ‚Gemma aufs Land.' Auch die Schustergesellen haben nicht alle eine Arbeit gehabt und sind daher herumgezogen.
Jeder Schustergeselle, der bei uns hereingekommen ist, hat gesagt: ‚Fremder Schuhmacher spricht zu um Arbeit.' Das war so
der Spruch. Zuerst haben sie gegrüßt, die Gesellen, und dann
haben sie ihr Sprücherl heruntergesagt. Der Spruch heißt soviel
wie: ‚Bitte, haben Sie eine Arbeit für mich?' Das höre ich, wie
wenn es heute wäre. Mein Vater hat damals keinen nehmen können, er konnte sich keinen leisten. Aber es war so eingeführt, daß

jeder Gesell, der hereingekommen ist, ein paar Sechserln (Groschen) bekommen hat. Eine Jause war nicht immer drinnen. Fallweise schon. Besonders am Beginn des Herbstes, im September und im Oktober, sind sie aufgekreuzt. Denn um die Zeit brauchte der Schustermeister Gesellen. Oft haben wir damals mit einem Gesellen Tag und Nacht gearbeitet, das war ja nicht so wie heute. Nach dem neuen Jahr und dann beim Fasching ist für den Schuster die schlechte Zeit gekommen. Anfang Februar war also die Mühle zu, es gab keine Arbeit. Da mußten sie weiterziehen."

Für den Handwerksburschen stellte sich das Land mit seinen Bauern als Möglichkeit dar, zumindest zu Nahrung zu kommen. Mit Geld konnten die Bauern diese fahrenden Leute nicht versorgen, im Gegensatz zum Geschäftsmann. Diese Konstellation mutet als Zusammenspiel von Bauern und Geschäftsmann an: der eine versorgt den Vaganten mit bescheidener Wegzehrung und der andere mit ein paar Geldstücken. Ein deutliches Bild der Geldknappheit und Armut vor dem Zweiten Weltkrieg zeichnet derselbe Schustermeister in bezug auf seine Kunden: „Die Kinder sind gekommen, um die Schuhe abzuholen. Dabei haben sie gesagt: ‚Du Meister, die Mutter oder der Vater werden kommen, die zahlen eh.' Bis die dann gekommen sind, ist eine ordentliche Zeit vergangen; wenn sie überhaupt gekommen sind. Und einmal ist ein Bauer zu mir gekommen: ‚Du Meister, ich brauche ein Paar Schuhe, ich habe aber jetzt kein Geld. Wenn Du willst, kannst Du Erdäpfel haben.' Und ein andermal kommt ein Hüttenmann (Kleinhäusler), der hatte zwei Kinder, und ein Fadl (Schweindl) hat er gefüttert. Der hat gesagt: ‚Du Meister, ich bräuchte ein Paar Schuhe, aber Geld habe ich keines. Wenn ich die Sau absteche, bekommst Du Fleisch von mir.' Da ist mir aufgefallen, daß der Arme für mich Fleisch gehabt hat, der Reichere mir aber nur Erdäpfel geben wollte. Ein anderer ist gekommen: ‚Ich brauche ein Paar Schuhe. Einen Schnaps kannst du dafür haben.' Man kann ja nicht soviel Schnaps saufen. Und ein Arbeitsloser ist gekommen und hat gesagt: ‚Meine Schuhe sind hin, komplett hin, ich kann mir keine neuen kaufen. Können Sie mir die kaputten Schuhe noch herrichten? Ich gebe Ihnen einen Meter Brennholz dafür.' Das war nicht einmal ein solch schlechtes Geschäft. So ein Holz kostet ja Geld." Armut als stetes Gespenst bestimmte das Denken und das Agieren von Kunden und Schuhmachermeister, der hier beispielhaft für andere Gewerbe zu Wort gekommen ist. Dem Meister ist klar, daß seine Dienste erwartet werden, auch wenn als Gegenleistung nicht Geld angeboten wird. Es ist auch für ihn nicht leicht, mit den Problemen, die gerade den armen Bergbauern betreffen, fertig zu werden.

Besonders kraß wirkt sich die Armut auf die Kinder aus. Ein heutiger Bauer, der 1920 als Sohn eines Kleinbauern geboren wurde, erzählt dazu: „Wir waren alle so arm, was unser Leben anbelangt. Wir haben bei uns daheim nie eine Sau zum Essen gehabt. Wenn bei uns eine Sau abgestochen worden ist, dann bin ich von Haus zu Haus gegangen und habe gesagt: ‚Bittschön, brauchen Sie ein Schweinernes?' Haben sie eines gebraucht, bin ich mit dem Wagerl gefahren und habe das hingebracht, was die Leute bestellt haben. Und wir selbst haben die Schweinshaxen gegessen, sonst hätten wir nicht leben können, weil der Vater ja fast nichts verdient hat. Die Schulden waren zu zahlen, die Zinsen waren zu zahlen. Wir sind bloßfüßig gegangen."

Über eine Frau mit vielen Kindern, die sogenannte „Zotterd-Lois", wurde mir Interessantes erzählt. Die „Zotterd-Lois", die vor allem in den zwanziger, dreißiger und vierziger Jahren in Spital am Pyhrn und Umgebung von einiger Bekanntheit war, war eine liebenswürdige und gütige Frau, die mit ihrer Familie in Armut lebte. Daher ging sie zu Bauern betteln. Ein 1926 geborener Mann erzählt: „Damals ist die Zotterd-Lois herumspaziert, die hat beim Turner in der Haarstube (Spinnstube) gewohnt. Sie war ein anständiges Leutl. Sie hat 13 oder 14 eigene Kinder gehabt. Früher hat sie in der Pfeiferlhütte, in der Nähe des Gleinkersees gewohnt, mit ihrem Mann und ihren Kindern. Ihr Mann hat Spinnräder hergestellt. Bei einem ihrer Kinder wurde Dollfuß (der damalige Bundeskanzler) Taufpate. Dafür hat sie Geld bekommen. Von dem Geld hat sie sich eine Kuh gekauft. Diese Kuh hat ein Kalbl bekommen, und dieses Kalbl haben sie dann Dollfuß-Kalbl genannt. Vor lauter Freude. Sie hat aber deswegen Schwierigkeiten bekommen, denn man hat

geglaubt, sie will die Regierung angreifen. Wegen des Kalbls hat
sie also Schwierigkeiten bekommen! Die Zotterd-Lois hat prak-
tisch vom Betteln gelebt, so arm war sie, darum ist ja Dollfuß
Taufpate geworden, bei den vielen Kindern und der Armut. Der
Mann hat zwar Spinnradln gemacht, aber damit hat er zu wenig
verdient. Sie hatten zu wenig für alles, was sie so im Haushalt
gebraucht haben. Sie haben wohl ein paar Geißen gehabt, aber
das hat nicht viel ausgegeben. Sie haben ja auch Fleisch und
Brot gebraucht. Deswegen ist die Zotterd-Lois herumgegangen
und hat bei den Bauern gebettelt. Sie hat z. B. ‚Neujahr‘ ge-
wünscht und dafür hat sie etwas bekommen." Von der Zotterd-
Lois erzählt man sich, sie hätte bei ihren Bettelgängen oft einige
ihrer Kinder mitgeführt. Zu einem ihrer Kinder soll sie einmal,
als sie wieder bei einem Bauern bettelte, gesagt haben: „Du, daß
du mir nichts mitnimmst, du laß das stehen! Ich habe mir mein
Leben lang nie nachsagen lassen, daß ich etwas gestohlen habe."

Ein für das damalige Problem der Armut interessantes De-
tail ist hier einzufügen. Die Zotterd-Lois wohnte einige Zeit in
der sogenannten Pfeiferlhütte in der Nähe des Gleinkersees.
Diese Hütte war von der Gemeinde Roßleithen gekauft worden,
stand aber auf dem Gemeindegebiet von Spital am Pyhrn. Die
Gemeinde Roßleithen überließ nun der Zotterd-Lois diese Hütte, vor allem aus dem Grund, nicht verpflichtet zu sein, für diese
bedürftige Frau nach dem Armenrecht sorgen zu müssen. Nach
der damaligen Rechtsordnung (vor 1938) gab es das sogenannte
„Heimatrecht", welches man erworben hatte, wenn man mindestens 10 Jahre in einer Gemeinde ansässig gewesen war. Mit
diesem Heimatrecht war auch das Recht auf Unterstützung
durch die Gemeinde verknüpft, wenn man arm oder bedürftig
war. Die Gemeinden waren daher daran interessiert, arme Personen in andere Gemeinden abzuschieben, bevor sie das Heimatrecht erwerben konnten. Die Gemeinde Roßleithen löste
also ihr Problem mit der in Armut lebenden Zotterd-Lois in der
beschriebenen „eleganten" Weise, die nun der Gemeinde Spital
am Pyhrn die Pflicht auferlegte, sich um die Zotterd-Lois zu
kümmern.

Der Mann, von dem die obigen Informationen über die
Zotterd-Lois stammen, wuchs als uneheliches Kind bei Klein-

häuslern, seinen Zieheltern, auf und erlebte Armut in ihrer vollen Tragik. Mit seinen Zieheltern und vier Kindern bewohnte er ein ebenerdiges Haus in der Nähe des ehemaligen Sensenwerkes: „Man muß sich unsere Lebensweise vorstellen: unser sieben Personen haben wir drei Betten gehabt. Heute wird man schon eingesperrt, wenn man eine Geiß so hält wie wir damals, man bekommt es da mit dem Tierschutzverein zu tun. Das Ehebett bestand nicht aus zwei Betten wie heute, das hat es nicht gegeben, sondern links und rechts waren ein paar Bretter, dazwischen war das Stroh und darüber das Tuch. Und darauf ist man gelegen. Zum Liegengehen hat man, wenn das Stroh frisch war, beinahe eine Leiter gebraucht, denn da war das Ganze schön hoch. Und im Laufe der Zeit ist es natürlich niedriger geworden, wenn eben das Klumpert gebrochen ist. Also in unserem Schlafgemach oder, wie man heute sagt, Schlafzimmer war das Bett von den Zieheltern. Dann war noch ein Bett. In dem haben meine zwei Ziehschwestern mit dem Kopf am Kopfende geschlafen, und ich unten mit dem Kopf bei ihren Füßen. Wenn die beiden bei der Tuchent gezogen haben, bin ich wieder ohne etwas dagelegen. Und die Fenster waren auch recht hübsch und klein. Wenn jemand einen Wasserkopf gehabt hätte, wäre das Fenster verstopft gewesen, man hätte nicht hinaussehen können. Da war aber auch noch ein Fensterkreuz. Heute sind ja die Fenster groß, damals aber nicht. Die Fenster sind im Herbst zugenagelt worden, damit man sie nicht aufmachen kann. Es ist klar, daß es da ziemlich gestunken hat, aber wir waren nicht so, uns hat das nichts mehr gemacht. Wir wären gestorben, wenn es anders gewesen wäre. Auch der Krautbottich war im Schlafgemach. Und gleich daneben — hinter der Mauer — war der Kuhstall. Im Frühjahr hat man sich überlegen können, ob man sich beim Aufstehen die Füße wäscht oder beim Liegengehen, denn das Wasser ist immer hoch gestanden. Darum haben wir im Zimmer ein paar Laden (Bretter) aufgelegt gehabt, daß wir nicht naß werden. Das Wasser ist vom Hang herunter gekommen. Im Winter war deshalb auf der Wand der Rauhreif. Und im Sommer ist das Wasser heruntergeronnen. Neben den beiden Betten war noch ein drittes Bett, in dem haben meine zwei Ziehbrüder geschlafen. Wir haben aber noch ein viertes Bett gehabt, das war

draußen in unserem schönen Zimmer, in der guten Stube, das
war die Gebäranstalt, wenn es soweit war. In dem Zimmer war
ein Kachelofen. Auch wenn jemand gestorben ist, ist er dort
gelegen. Und wenn jemand krank war auch. Das war unser besseres Zimmer also." Diese für den heutigen Standard unvorstell-
baren Wohnverhältnisse nehmen den in diesem kleinen Haus
lebenden Personen jedes Recht auf Intimität, also auf einen Bereich des persönlichen Rückzugs. Sowohl während des Tages,
als auch in der Nacht bestand ein dauernder, sehr enger Kontakt. Es ist ein Charakteristikum von Armut überhaupt, daß es
so etwas wie einen persönlichen Freiraum, in dem man sich der
Kontrolle der anderen entziehen kann, kaum gibt.

　　Zur wirtschaftlichen Situation dieses Haushaltes erzählt
dieser Mann weiter: „Mein Ziehvater war ein Häuslmann
(Kleinhäusler). Wir haben zwei Kühe gehabt. Davon hätten wir
nicht leben können, wir waren ja keine Bauern. Wenn mir meine
Ziehmutter ein Ei gesotten hat, hat niemand daheim sein dürfen,
sonst hätte sie mir kein Ei geben dürfen. So ein Ei war nämlich
ein Luxus. Die Eier waren eigentlich dazu da, daß man sie verkauft. Ein wenig ein Geld haben sie eingebracht. Das Mehl, das
wir gebraucht haben, haben wir im Großen, also zu 80 oder 100
Kilo gekauft. Das bisserl Geld, das wir hatten, hat mein Ziehvater als Holzknecht verdient. Im Sommer bis in den Herbst hinein
haben wir Beeren brocken müssen, damit wir zu Hause ein wenig Marmelade und Saft gehabt haben. Etwas Saft hat auch
mein Vater auf die Alm mitgenommen. Den hat er für den Almdudler (Himbeersaft mit Most) gebraucht."

　　Lebhaft beschreibt Franz S. die „gute Stube", in der er nach
einem Schiunfall das Bett hüten muß: „Jetzt liege ich in unserem
Krankengemach. Da hat man genug Gesellschaft gehabt. Wir
hatten jede Menge Mäuse, die hier herumhüpften. Und die
Schlangen (Nattern) sind beim Fenster hereingekommen, um
die Mäuse zu fangen." Nach einem anderen Unfall mußte Franz
S. — damals 11 Jahre alt — in ein Krankenhaus. Dort erhält er
erstmals Speisen, die ihm als Ziehsohn eines Kleinhäuslers und
als Armenschüler unbekannt waren: „Im Spital hat sich für
mich viel abgespielt. Dort ist auch der Ernstl gelegen, auf Klasse, seine Eltern waren ja Wirtsleute, die konnten sich einiges

leisten. Ich habe ihn öfters besucht. Er hatte auch allerhand von
zu Hause zu essen bekommen. Einmal sagt er zu mir, ich soll
sein Nachtkastl aufmachen. Heiliger Gott, was der alles hatte!
Ich habe auch von ihm etwas bekommen. Bis zum 38er Jahr
habe ich ja noch nicht einmal gewußt, daß es ein Gulasch oder
so etwas gibt. So etwas haben wir zu Hause nicht gekannt. Bei
uns hat es nur zu Weihnachten, zu Ostern und den großen Festtagen Kaffee oder Kakao gegeben. Dabei habe ich mir gedacht:
wenn doch nur das Heferl mit dem Kaffee oder dem Kakao nie
leer würde. Fleisch haben wir nur bekommen, wenn eine Sau
abgestochen wurde. Mit dem Zeug haben wir dann auskommen
müssen. Da hat es hie und da Fleischknödel gegeben. So ein
Fleischknödel war ein Knödel mit ein paar so Fleischwürfeln
drinnen. Von denen hat das eine nicht das andere erschrein können, so wenige waren es. Das haben wir als Fleischknödel bezeichnet. Das war Sonntagskost. Abgestochen haben wir ein-
oder zweimal im Jahr. Nur das Rindfleisch ist gekauft worden.
Das haben wir mit Semmelkren und ein paar Knödeln dazu gegessen. Es war damals nicht so wie heute, daß man alle Tage
Fleisch bekommt."

Franz S., der damals als Armenschüler unter Fürsorge
stand, die noch Gemeindesache war, konnte für den Kranken-
hausaufenthalt selbst nicht aufkommen. Die anlaufenden Kosten im Spital trug die Gemeinde. Für Franz ist die Erfahrung
des Lebens im Krankenhaus zwar neu, doch gefällt es ihm wegen der guten Kost — trotz seines Beinbruches — ganz gut. Es
ist daher konsequent, wenn Franz weiter im Krankenhaus bleiben will: „Da hätte mich meine Ziehschwester vom Spital holen
sollen. Das hat wieder zusätzlich Geld gekostet. Ich habe erfahren, daß sie mich abholen will. Jetzt habe ich mich unten im
Garten versteckt. Sie haben mich gesucht: Wo ist denn der Kerl?
Auf d'Nacht habe ich mir gedacht, der Zug muß schon gefahren
sein, ich muß wieder zum Vorschein kommen. ‚Ja, wo bist du
denn, du hättest ja mitfahren sollen', sagt ein Freund zu mir. ‚Ja',
sagt er, ‚wieso hast du dich denn versteckt?' Sage ich: ‚Ja mei,
mir ist es noch nirgends so gut gegangen wie da!' Jetzt bin ich
halt um eine Woche länger draußen geblieben. Dort hat man
etwas Gescheites zum Essen bekommen. Wie ich dann wieder

heimgekommen bin, ist es wieder losgegangen mit der schlechten Futterei. Bis zum 38er Jahr, wie der Hitler gekommen ist,
dann ist es besser geworden."

Wie es mit der Nahrung, die ein Kind armer Leute in der
Vorkriegszeit konsumieren durfte, bestellt war, schildert die
Frau von Franz S.: „Ich habe es auch nicht leicht gehabt. Wer
hat denn schon viel damals gehabt? Die Arbeit war knapp. Ich
war das einzige Kind, aber trotzdem hat die Mutter nur einmal
in der Woche einen Laib Brot kaufen können. In die Schule
habe ich nur ein Stückl Brot mitbekommen. Und wenn wir einen
Apfel gehabt haben, habe ich einen Apfel mitbekommen, aber
sonst nur ein Stückl Brot. Butter oder sonst etwas aufs Brot habe
ich nicht gekannt. Ich habe mir nie selbst ein Brot abschneiden
dürfen. Meine Mutter hat immer gesagt, ich darf keines abschneiden, weil sie kein Geld hat, sie kann erst am Samstag einen Laib Brot kaufen. Ein frisches Brot hat es sowieso nicht
gegeben." Franz S. ergänzt das von seiner Frau Gesagte: „Es
war auch bei den Bauern so. Beim Bauern hat man früher zur
Jause ein Stückl Brot und einen Most bekommen. Aber kein
Fleisch und keinen Käse. Nur die Bauern draußen, z. B. in Sier-
ning, haben mehr gehabt. Einmal war ich damals bei einem solchen Bauern. Ich bin mir wie neugeboren vorgekommen. — Wir
haben nichts gehabt, gespielt haben wir Räuber und Gendarm.
Trotzdem will ich mit einem heutigen Kind der Wohlstandsge-
sellschaft nicht tauschen."

Wie Armut sich auf die Bewertung von Kleidung — im
Gegensatz zur „modernen" Gesellschaft, in der alles ersetzbar
und erwerbbar erscheint — auswirkt, zeigt eine Schilderung von
Franz S.: „Ich habe damals meine erste Lederhose bekommen.
Die wird er doch nicht umbringen, haben sich meine Zieheltern
gedacht. Bis dahin habe ich allerweil kurze Hosen angehabt, von
denen man nicht den Originalstoff erkennen hat können, so waren sie geflickt. Ich habe solche Hosen gerne gehabt, man hat
auf sie nicht aufpassen brauchen. Jetzt bekomme ich meine neue
Hose, eine Mordsfreude habe ich gehabt, es war gerade Herbst
— Haselnussenzeit war. Auch ich stieg auf eine Haselnußstaude
und wollte mir ein paar Haselnüsse herunterholen, ich habe
aber nicht hinauflangen können. Da habe ich mich ein wenig

auf die Zehen gestellt, und auf einmal bricht das Holz und ich sause hinunter. Steht dort so ein Stutzen (Holzstock) und ich falle genau auf ihn, so daß der mir beim Stummel (Hosenbein) hineinfährt. Jetzt hänge ich da. Zurück hinauf bin ich nicht mehr gekommen. Ich hab eine Weile gehaxelt. Irgendetwas hat nachgegeben. Nun ist die Hose genau neben der Naht aufgerissen. Den ersten Tag hatte ich die Hose an. Ich bin heimgegangen und habe geschaut, ob die Luft rein ist. Darauf habe ich mich ins Haus geschlichen. Vorher habe ich mir beim Stadl die Lederhose ausgezogen und sie schön zusammengelegt. Ich habe sie dann in den Schubladenkasten hineingelegt. Darauf habe ich mir wieder meinen alten ‚Fleckerlteppich‘ angezogen und war dahin. Nach einiger Zeit komme ich wieder heim. Es war Besuch da. Früher war es so, wenn man etwas Neues bekommen hat, hat man es hergezeigt. Kommt also der R., ein Bauer aus Vorderstoder, zu Besuch; er hat oben auf der Arling eine Alm gehabt. Von Vorderstoder ist er gewöhnlich zu Fuß auf die Alm gegangen, wenn er nach irgendetwas sehen wollte. Der sitzt nun da, und meine Ziehmutter sagt zu mir: ‚Na, wo hast du denn deine Hose?‘ Sage ich: ‚Es ist schade darum und ein Blödsinn, wenn ich sie jetzt wieder anziehe. Ich habe sie im Schubladkasten drinnen.‘ ‚Ja, zeig sie ihm‘, sagt sie wieder. ‚Ja‘, sage ich, ‚der wird doch schon so eine Lederhose gesehen haben.‘ Kommt mein Ziehbruder daher. ‚Na‘, sagt der, ‚wo hast du sie denn?‘ Sag ich: ‚Die liegt drinnen im Schubladkasten.‘ Er: ‚Bring sie!‘ Sag ich: ‚Der wird doch schon so eine Lederhose gesehen haben.‘ Meinem Ziehbruder ist das schon etwas komisch vorgekommen. Ich habe mich nun ein bißl vorbereitet, um davonlaufen zu können. Nun geht doch meine Ziehmutter zum Schubladkasten und zieht eine Lade heraus und nimmt die Hose. Dann gibt sie sie auseinander. ‚Au‘, hat sie gemeint, ‚die Hose ist ja hin.‘ Habidere! Mein Ziehbruder hat mich schon beim Genick gehabt. Der war auch streng zu mir, denn es ging doch alles ums Geld. Davon haben wir ja nicht viel gehabt. Von meinem leiblichen Vater habe ich die ganze Zeit nur 20 Schilling bekommen. Meine Zieheltern mußten ja für ihre eigenen Kinder aufkommen. Ich war schon eine Belastung. Die Gemeinde oder eine andere Stelle hat für mich nichts zugeschossen.“

In der Armut der Zwischenkriegszeit stellte sich jeden Tag neu die Frage, woher das Geld für Nahrung und Kleidung kommen solle. Der kleine Verdienst eines Holzhackers reichte nicht aus, eine mehrköpfige Familie zu erhalten. In den dreißiger Jahren mehren sich in der Gemeinde auch die Anträge auf Geldzuschüsse. Aber nur selten kann finanzielle Unterstützung gewährt werden. Ich habe versucht, in solche Akten Einsicht zu bekommen, jedoch ist das entsprechende Aktenmaterial, vermutlich in der Kriegszeit, zum großen Teil verschwunden. In einem Fall konnte ich die Problematik nachvollziehen: Ein Kleinhäusler mit einigen Kindern bringt bei der Gemeinde das Ansuchen um einen einmaligen Zuschuß von 20 Schilling ein. Er begründet sein Ansuchen mit seiner Notlage. In ihrer Entscheidung verweist die Gemeinde darauf, daß es ihr nicht möglich sei, diesen Betrag zu zahlen. Dieser Akt deutet die Aussichtslosigkeit an, der vor allem der Kleinhäusler oder Kleinbauer in dieser Gebirgsgegend gegenüberstand.

Kleidung, die heute schnell als unmodisch abgelegt wird, bestimmt sich in dieser Zeit grundsätzlich nach der Zweckmäßigkeit, der Aspekt der Mode tritt in den Hintergrund. Die Kleidung wird regelmäßig ausgebessert. Neue Kleidung gilt als etwas Besonderes, sie wird zum Symbol des „Sich-etwas-leisten-Können", und man ist stolz darauf. Darum zeigt man sie auch her.

Wie Armut in der Vorkriegszeit für die „kleinen" Leute aussah, beschreibt auch eine als Tochter eines Bauern geborene, heute 78 Jahre alte Frau, die einen Knecht heiratete und vom Hof ihrer Eltern fortzog: „Wir haben also geheiratet. Mein Mann war arbeitslos, und ich habe gearbeitet, nämlich geschneidert. Mein Mann hat daher nicht den Pascha spielen können, wie es manche Männer tun. Wir wohnten bei meiner Schwester in einer Villa. Zimmer und Küche stellte sie uns zur Verfügung. Für die Miete zahlten wir monatlich 20 Schilling und ich verdiente damals am Tag 3 Schilling 50. Das Licht kostete 6 Schilling 40 pro Monat. Mein Sohn, der Heinz, war bei einer Hebamme in Pflege und dafür mußte ich 30 Schilling hinlegen. Wenn ich abends nicht daheim gearbeitet hätte — nachdem ich wäh-

rend des Tages auf der Stör[7] war —, wir hätten uns das nicht
leisten können. Auf der Stör war ich bei den Bauern und der
alten Frau Grundner, bei ihr war ich jeweils einige Wochen.
Meine Arbeit war da von 7 Uhr früh bis 7 Uhr abends. 12 Stunden habe ich also gearbeitet. Das war für mich selbstverständlich, wir mußten ja leben. Dadurch, daß ich in der Jugend viel
arbeiten mußte, hat es mir nicht viel gemacht. Die Zeiten waren
sehr schlecht, wir haben nicht viel gehabt." Armut vor 1938 bedeutete Last, aber auch das Bemühen, hart zu arbeiten und zu
sparen.

Aus der Erzählung eines „Kleinhäusler-Sohnes" ist zu ent-
nehmen, wie dessen Mutter mit drei Kindern ums Überleben
kämpfte. Dazu gehörte auch, daß sie unmittelbar nach dem Tod
ihres ersten Mannes noch einmal heiratete: „Er (ihr zweiter
Mann, der Vater des Erzählers) ist mit ihr nach der Kirche heimgegangen und hat mit ihr geredet. Er hat ihr ein wenig Geld
gegeben. 100 Schilling, weil sie buchstäblich keinen Schilling
hatte. Die drei Männer, die bis dahin im Haus waren, sind innerhalb eines Jahres gestorben, ihr Vater, ihr Mann und ihr Onkel.
Und 1938 hat sie meinen Vater geheiratet. Das ist sehr rasch
gewesen. Sie hat alleweil gesagt: ‚Ihr könnt euch das nicht vorstellen, die Not war so groß, ich habe einfach nicht gewußt, wo
ein, wo aus.'" Die kleine Wirtschaft beim Haus gibt nicht sehr
viel her; selbst für ein Minimum an Nahrung mußte hart gearbeitet werden: „Das Heuen hat die Mutter alleine tun müssen.
Das hat für die zwei Kühe genügt. Das Heu haben wir mit dem
Karren heimgefahren, händisch. Ochsen oder Kühe haben wir
dazu nicht genommen. Wenn der Vater da war, hat er mit der
Kuh und dem Wagen das Heu eingefahren. Er hat mit der Kuh
umgehen können. Wenn er die Kuh eingespannt hat, hat es der
Mutter wieder leid getan, weil die Kuh dann auf d'Nacht keine
Milch gegeben hat. Daher haben wir das Heu selbst händisch
nach Hause gebracht. Oder wir haben den Radlbock verwendet,
auf dem das Heu im Tragtuch war. Das Tragtuch war aus Säk-
ken zusammengenäht. Hinauf auf den Karren oder Radlbock

---

7 Störarbeit = Handwerksarbeit, die im Hause des Kunden verrichtet wurde.

und heimgefahren. Zu dieser Arbeit hat mich die Mutter gebraucht."

Nach dem Zweiten Weltkrieg bis hin in die fünfziger Jahre
setzte sich diese Tradition der Armut fort, wie aus der weiteren
Erzählung dieses Mannes, der 1938 geboren wurde, zu ersehen
ist. Nach seiner ärmlichen Kindheit wird er Knecht und spürt
als solcher weiter das Problem des Mangels an Geld: „Ich war
16 oder 17 Jahre alt (um 1954) und habe damals im Monat 400
Schilling als Lohn erhalten. Das war nicht viel. Eine Krone für
einen Zahn hat damals auch schon 1000 Schilling gekostet. Ich
mußte drei Monate arbeiten, um eine Krone zahlen zu können.
Die hat mir der Bauer zuerst bezahlt und das Geld dann vom
Lohn abgezogen. Ein Anzug hat damals 1200 Schilling gekostet,
ganz schön. Meine Mutter hat immer auf einen solchen bestanden, weil ich so schmal und zaundürr war. Mir paßte nichts,
daher mußte ich zum Schneider gehen. Man hat eh nur einen
Anzug gehabt. Aber drei Monate hat man für einen arbeiten
müssen."

Noch um 1950 fehlte in dem Haus dieser Familie das elek-
trische Licht. Als ihr ein Radio geschenkt wird, muß das Fehlen
der Elektrizität gemeistert werden: „Die Mutter hat viele Neuigkeiten abgelehnt, so z. B. das Fahrrad, das war für sie eine Teu-
felssache. Das erste Radio, das wir hatten, wurde mit einer Bat-
terie gespeist, nicht mit Strom. Der I. von Windischgarsten, er
hat sich nebenbei mit Radios befaßt, der hat uns ein Radio gebracht. Das war um 1950. Am Fensterbrett hatten wir das Radio
stehen. Neben dem Radio stand eine 30 × 30 × 10 cm große
Trockenbatterie. Eine solche hat es damals extra für Radios gegeben. Später hatten wir einen Akku, eine Autobatterie. Dazu
bekamen wir einen zweiten, damit wir den einen jeweils zum
Aufladen bringen konnten, nach Windischgarsten. Wir mußten
das beim Schulgehen tun. Ich habe nur zu allen heiligen Zeiten
Radio hören dürfen. Am Sonntag vormittag gab es immer Blas-
musik im Radio und den Franz Resl, der seine Witze erzählte.
Auf den kann ich mich ganz besonders erinnern. — Das waren
unsere ersten Berührungen mit der Technik. Die gute Mutter
stand dem eher reserviert gegenüber. Sie hat oft zu mir gesagt:
‚Laß das Radio in Ruh.‘ Wenn dem Vater eine Sendung, wie

z. B. ‚Bei uns daheim' gefallen hat, hat er sich auf das Sofa hingelegt, hat sich das angehört und ist dabei auch eingeschlafen."

Diese Kultur bzw. die soziale Situation, wie sie hier beschrieben wird, habe ich noch miterlebt. Im wesentlichen waren dieselben Leute davon betroffen, die bereits in den dreißiger Jahren als Kleinhäusler, Kleinbauern, Landarbeiter und Holzknechte das Los der Armen und Benachteiligten zu tragen hatten. Es war eine Armut des „kleinen Mannes"; das tägliche Bemühen um Nahrung und auch Kleidung beschäftigte die Menschen voll. Die Abwechslung, die das Radio bietet, mußte erkämpft werden. Es konnte daher sein, daß jemand, wie die Mutter, Neuerungen bzw. „neumodisches Zeug" — z. B. das Radio — als Bedrohung und Gefahr für das tagaus tagein geführte Bemühen um das Überleben gesehen hat. Eben gerade weil sie Ablenkung befürchtete. Erst diversen politischen und sozialpolitischen Strategien gelingt es in den 50er und 60er Jahren, diese Form von Armut zu beseitigen. Für unsere Gedanken und für unsere Beschreibung ist es aber auch wichtig, darauf einzugehen, welche Brisanz Armut in den 30er Jahren in politischer Hinsicht, nämlich bei der Ausbreitung und Festlegung des Nationalsozialismus, in und um Spital am Pyhrn hatte.

Bergbauern: Großmutter, Mutter und Kind (um 1950)

Die Attraktivität des Nationalsozialismus

Probleme der Arbeitslosigkeit, die die Handwerksburschen zum Umherziehen zwangen, und die Armut, die von Kleinhäuslern täglich erlebt wurde, scheinen neben politischen Konstellationen dem Nationalsozialismus den Weg geebnet und ihn überhaupt möglich gemacht zu haben. Aktivitäten vor allem junger Burschen verschärften — dies soll hier auch gezeigt werden — die politische Auseinandersetzung mit den von 1934 bis 1938 politisch Mächtigen. Der Nationalsozialismus erscheint interessant und als „Retter", der einen „humanen" Zustand herstellen soll, den die herrschende Politik vielleicht nicht unmittelbar wollte und die Sozialdemokraten, deren Vertreter in den Gefängnissen saßen oder emigriert waren, nicht konnten. Das nationalsozialistische Deutschland, in dem es Arbeit und wirtschaftlichen Aufschwung gab, wird zum Vorbild für die mit der Armut kämpfenden Menschen. In Gesprächen und Diskussionen erfuhr ich auch von Bauern, die vor 1938 unter finanziellen Druck gekommen waren, daß man sich vom Nationalsozialismus einiges erhofft hatte. Viele Bauern mußten befürchten, ihre Höfe wegen der aufgenommenen Kredite durch Versteigerung zu verlieren.

Eine Bäuerin, die 1915 geboren wurde und sehr eingehend die Zeit der Arbeitslosigkeit nachzeichnete, hält dazu fest: „Wie der Hitler gekommen ist, haben sich die Leute sehr gefreut, viele waren ja ausgesteuert, die wußten nicht, wovon sie leben sollten. Wir mußten sehr sparsam sein. Geld hatten wir etwa vom Holzverkauf. Und oft hat das Vieh keinen Wert gehabt, der Viehhändler hat nichts dafür hergegeben. Uns ist es nicht gut gegangen. Besser geworden ist es, als der Hitler gekommen ist. Der Hitler war gut für die Leute, weil er Arbeit beschaffen hat. Die

Arbeitslosigkeit war ja groß, auch die Holzknechte waren arbeitslos. Man hat auch so nichts gehabt. Mein Schwager hat, als es geheißen hat, ‚der Hitler kommt‘, die Hände so in der Höhe zusammengeschlagen vor lauter Freude. Weil es Arbeitsbeschaffung gegeben hat. Später aber, als man schon sah, daß es Krieg geben wird, hat man gesagt: ‚Lieber nur eine Suppe essen und kein Krieg.‘ Es war ja dann furchtbar. Und heute wissen wir auch nicht, wie es weitergeht. Es kann wieder einmal saublöd werden. Beim Hitler haben die Holzknechte Arbeit bekommen, auch die Maurer und alle die Professionisten. Vorher hat ja der Deutsche die Grenzen gesperrt gehabt, damit kein Holz und anderes nach Deutschland verkauft werden kann. Es hat kein Geld gegeben. Für die Arbeitslosen hat es damals keine Arbeitslose gegeben.“

Der Nationalsozialismus verdankt seine Attraktivität einer mit dem Zustand der Arbeitslosigkeit verbundenen Hoffnungslosigkeit. Ein Schuhmachermeister erzählt dazu: „Den Knechten und Dirnen ist es nicht gut gegangen. Erst 1938 ist ihnen geholfen worden, damit sie nicht vom Bauernhaus davonrennen mußten. Und so mancher hat da aufatmen können. Heute haben die Jungen keine Ahnung, wie es den Leuten damals vor 1938 gegangen ist. Uns (als Schuhmacher) ist es nicht unbedingt schlecht gegangen, aber sparen haben wir müssen. Vom 38er Jahr, vom März weg, ist es bei uns in Spital am Pyhrn mit der Arbeit angegangen. Die Leute haben sofort eine Arbeit bekommen. In Spital am Pyhrn sind damals neue Schienen für die Bahn gelegt worden, vom Ort zum Pyhrn. Dadurch haben die Leute Arbeit und auch Geld gehabt. Wenn jemand sich schon keine neuen Schuhe gekauft hat, hat er sich doch das Schuhflikken leisten können. Vorher war das ganz anders. Es hat da Bauernhäuser gegeben, die tief verschuldet waren. Diese sind dann versteigert worden und irgendeiner hat es ersteigert. Oft hat der aber auch nicht die Möglichkeit gehabt, die Wirtschaft zu betreiben. Man hat ja alles mit der Hand machen müssen, Maschinen hat es ja keine gegeben. Man hat weitergewurstelt, so wie es gegangen ist. Das Schwerste war natürlich, zu einem Viehbestand zu gelangen. Das war nicht so leicht. Man hat sparen müssen, um die Pacht zu zahlen.“

Die Arbeitsbeschaffung ab 1938 wurde ebenso mit Freude und Hoffnung registriert, wie der Umstand, daß hochverschuldete Bauern auf ihrem Hof bleiben konnten. Für den verschuldeten Bauern bot sich der Nationalsozialismus mit seiner Strategie der „Umschuldung" als letzte Rettung an, wie ein heutiger Bauer ausführte: „1938 ist auch mein Vater in die Umschuldung hineingekommen. Das war ja eine große Rettung für viele. Darüber redet heute keiner mehr. Wenn die Nazis nicht gekommen wären, wären viele nicht mehr Besitzer ihrer Höfe."

Die „Umschuldung", also die Reduzierung oder Stornierung der auf einem Bauernhof lastenden Schulden durch die Nationalsozialisten, verschaffte, wie wir sahen, der nationalsozialistischen Politik bei den Bergbauern einigen Zuspruch. Wäre es nicht zu dieser „Umschuldung" gekommen, so wäre die Versteigerung nicht weniger Bauernhöfe die Folge gewesen, was wieder Probleme sozialer Natur und das Versinken in endgültige Armut für die betreffenden Bergbauern gebracht hätte. Für die Bauern bedeutete daher, wie auch in den Interviews geschildert wurde, der Nationalsozialismus zunächst — als von einer Kriegsgefahr noch nicht gesprochen wurde — etwas durchaus Akzeptables. Allerdings, darauf werde ich noch in einem Interview verweisen, sollte man bald eines Besseren belehrt werden, als man sah, mit welcher Ideologie der Gewalt der Nationalsozialismus nicht nur im Krieg menschliches Leben mißachtete. Aber vorerst erschien der Nationalsozialismus armen Bergbauern, Arbeitslosen und anderen von der Armut bedrängten Menschen als eine rettende Illusion, die sich zunächst durchaus vielversprechend und glückverheißend gab. Die Sympathie für den Nationalsozialismus ist demnach vor dem historischen und sozialen Hintergrund der Zeit zwischen 1920 und 1938 verstehbar, er ist auf vorbereiteten Boden gestoßen. Das autoritäre System des Ständestaates verstärkte den Zuzug gerade jugendlicher Arbeitsloser, verschuldeter Bergbauern und anderer zum Nationalsozialismus. Die Sozialdemokratie war geschwächt und zerstört, sie konnte diesen Menschen keine Hilfe mehr anbieten. Im Gegensatz zum Nationalsozialismus, der über der Grenze als sozialrevolutionär und als Beseitiger von Armut und Arbeitslosigkeit gesehen wurde, wie es auch aus den Interviews mit Leuten aus meiner Heimat deutlich wird.

Ich will vor allem auf zwei biographische Erzählungen von Männern verweisen, die das Ausmaß der Armut am eigenen Leib erfahren haben. Der erste der beiden Männer ist 1920 als Sohn eines früheren Angestellten des Sensenwerkes, der über eine kleine Landwirtschaft verfügte, zur Welt gekommen. Sein Leben gibt interessante Aufschlüsse über diese Zeit. Der Mann, der heute als Bauer noch immer aktiv in der Land- und Viehwirtschaft tätig ist, erzählt:

„Mein Vater war beim Sensenwerk angestellt. Er ist erst nach dem Zusammenbruch (nach dem Ersten Weltkrieg) Bauer geworden. Er hat nach dem Ersten Weltkrieg das T. ersteigert, eine Landwirtschaft mit 17 Joch. Wir haben das gebraucht, weil wir drinnen beim Sensenwerk nicht mehr wohnen konnten und eine Wohnung gebraucht haben. Ich war damals 10 Jahre alt. Mein Vater war vorher im Sensenwerk Werkstättenleiter. Er hatte es da mit den Professionisten zu tun, den Schlossern, also der Messerschlosserei, den Zimmerern, den Tischlern, Maurern usw. Er war für diese zuständig, also für alle, die mit der Erhaltung des Sensenwerkes zu tun hatten. Er war in einer gehobenen Position und hat ganz gut verdient. Mein Vater hat sich mit dem neuen Direktor nicht verstanden, darum hat er gehen müssen. Darum hat er sich das T. gekauft. Nun haben wir etwas Landwirtschaft gehabt. Für meinen Vater war die Umstellung hart, aber es hat nichts anderes gegeben. Wir haben froh sein müssen, daß wir das hatten. Mit der Landwirtschaft hat er sich ausgekannt, weil seine Eltern auch eine Wirtschaft gehabt hatten. Mit 14 bin ich in das Sensenwerk als Heizer gegangen. Ich und die anderen Anfänger waren Schmiedbuben. Angefangen habe ich beim Torhammer, beim Bröckelheizen, man ist von einem zum anderen geschickt worden. Lange Zeit war ich in der Härterei. Da war ich schon 15, 16 Jahre alt. Auch Nachtschicht habe ich damals schon am Bleibad gemacht. Heute gibt es so etwas nicht mehr. Wir haben ja Geld gebraucht. Mein Bruder hat auch drinnen gearbeitet, sonst hätten wir das Haus nicht behalten können. Wir haben jeden Schilling zusammengetan. Ich war vier Jahre Sensenschmied. Man hat gesagt: Sengsschmied. Ich war kein

Spezialist, ich war kein Eßmeister und kein Hammerschmied.
Man kann sagen, ich war Hilfsarbeiter. Den gelernten Sengsschmied gibt es seit ca. 1870 nicht mehr. Bis dahin mußte man
diesen Beruf erlernen. Außerdem wurde man zum Sengsschmied aufgedingt, d. h. man hat nur aufgedingt werden können mit einem Bürgen, der bürgt, daß der Betreffende ein an-
ständiger Bursche ist. Man hat Sengsschmied wirklich erlernt.
Nach der Lehrzeit konnte man bis zum Eßmeister kommen.
Aber das hat es zu meiner Zeit nicht mehr gegeben. Unsere Arbeit als junge Sengsschmiede war also die Arbeit von Hilfsar-
beitern im Sensenwerk. Den Hammerschmieden und Eßmei-
stern mußten wir bei ihrer Arbeit helfen. Wenn der Hammerschmied einmal gut aufgelegt war, hat er uns Burschen auch
die Rohform der Sense unter dem Hammer wutzeln lassen.
Dabei hat man die Zange in der linken Hand gehalten und hat
das heiße Eisen herausgedreht. Wie die Hammerschmiede
aber gesehen haben, daß man drauf kommt, wie das funktio-
niert, man es also konnte, haben sie uns nicht mehr diese Arbeit tun lassen. Es ist ja um ihr Überleben gegangen. Denn
wenn der Direktor gesehen hätte, wir können das auch, dann
hätte er sicherlich den verheirateten Eßmeister brutal hinausgehauen und uns eingesetzt. Wir haben um 25 Groschen in der
Stunde gearbeitet und der verheiratete Eßmeister hat 55 gehabt. Das war zwischen 1934 und 1938. Die Eßmeister haben
wegen der Konkurrenz Angst gehabt, es ging ja um ihr Leben,
weil der Alte hätte sie sonst hinausgehauen. Zu mir hat der
Chef einmal gesagt: ‚Du mußt dich beim Herrn B. abrichten
lernen.' Mir hat der es aber nie gelernt, weil es um seine Existenz gegangen ist. Weil es uns so schlecht gegangen ist und
wir keine Chancen hatten, im Werk etwas zu lernen, haben wir
uns besonders über die Zukunft Gedanken gemacht. Und daher waren die Jungen alle irgendwie politisch tätig. Man hat
damals genau gewußt, wer ein Nazi-Bub ist, ein Roter oder ein
Schwarzer. Ich war national eingestellt. Mein Vater war politisch aber eher zurückhaltend. Eine kurze Zeit war er vorher
Sozialdemokrat. Er hat sich aber davon wieder abgewendet,
weil er enttäuscht wurde. Er hat damals beim Konsum gearbeitet und ist darauf gekommen, daß die gewählten Arbeiter vom

Genossenschaftslager etwas gestohlen haben. Da tut er nicht mehr mit, hat er gesagt. National bin ich geworden, weil wir den Turnerbund hatten. Ich bin illegal zur Hitlerjugend gegangen. Wir haben uns in den Wäldern getroffen. Wir waren damals alle ziemlich arm, und aus der Not heraus waren für uns die Nazis wichtig. — Die Sensenwerkbesitzer waren immens reich. Aber die anderen Menschen, die kleinen Leute, waren wirklich arm."

In dieser sozialen Situation verfestigt sich also vor allem bei der Jugend eine Abneigung gegen das bestehende politische System. Die Attraktivität des Nationalsozialismus steigt, denn von den wirtschaftlich Mächtigen, so von den Besitzern der Sensenwerke, ist kein Entgegenkommen zu erwarten. Als finanziell Starke sympathisieren sie mit der politischen Elite. In seinen weiteren Ausführungen geht mein Interviewpartner auf dieses Problem und die Konsequenzen ein: „Der Schröckenfux war Heimwehrführer. Er war Weltkriegsoffizier, Hauptmann. Bei der Heimwehr von Roßleithen war er der Führer. Am Sonntag sind die Heimwehrler marschiert. Fürs Mitgehen haben sie eine Halbe Bier und eine Knackwurst bekommen. Darum ist jeder mitgelaufen, vor allem die Sägearbeiter vom Schröckenfux sind mitgelaufen. Nicht die Arbeiter vom Sensenwerk, das hat ihm nicht mehr gehört, aber die vom Sägewerk. Die waren natürlich alle bei der Heimwehr, weil sie eine Arbeit bekommen haben. Der Schröckenfux hat nur Heimwehrler eingestellt. Auch viele Landarbeiter mußten bei der Heimwehr sein. Es ist genauso wie heute, man kommt nur zur Bahn, wenn man ein Roter ist, oder bei der Gemeinde muß man z. B. ein Schwarzer sein. Beim Pyhrnpaßkampf im Jahre 1934 haben Nazis aus der Untersteiermark gekämpft. Die Nazis haben damals an verschiedenen Punkten gekämpft, aber nie dort, wo sie zu Hause waren. Am Pyhrn haben also keine Spitaler und keine Liezener gekämpft, sondern eben Untersteirer. Die Nazis von hier waren nur in Bereitschaft. Am Pyhrnpaß hat man gekämpft, weil dort eine Schlüsselstelle war. Man wollte sie abriegeln, um die Verbindung von Oberösterreich zur Steiermark zu unterbrechen. Man war so sicher, daß das Bundesheer umschmeißt. Der Dollfuß war ein sehr intelligenter Mann, sonst hätte er nicht die Roten aus dem Parlament hinausgebracht. Wenn man heute die

Feiern zum Februarputsch anschaut, waren die Roten alle Märtyrer. Und die Nazis waren lauter Verbrecher, obwohl sie dasselbe wollten. Bei den Roten sind die Arbeiter auf den Barrikaden in Steyr und woanders verreckt. Die Gewerkschaftsbosse sind abgefahren, z. B. nach Brasilien. Beide, Nazis und Rote, haben das Gleiche im Sinn gehabt. Die einen waren die Märtyrer. Der Großteil der damaligen Nazi waren überzeugte Leute. Wenn mir einer heute erzählt, er wäre nur nach außen Nazi gewesen, so glaube ich dem nicht. Durch die Nazis ist Arbeit gekommen, die Bauern sind auf ihren Häusern geblieben, sie sind umgeschuldet worden, die Schulden sind also auf einen bestimmten Stand reduziert worden. Dabei ist genau berechnet worden, wieviel der betreffende Bauer leisten kann. So haben die Bauern wieder leben können. Manchem müßte man heute sagen: wo wärst du denn heute? Das sind ja die Schlimmsten, die allweil an der Schüssel etwas bekommen haben. Eine Bekannte von mir war bei der nationalsozialistischen Frauen-Leitung. Sie hat während des Krieges an Bedürftige Gutscheine verteilt. Als ihr Mann dann nach dem Krieg eingesperrt war, hat einer, der bei ihr Holz hacken wollte, den Bürgermeister gefragt, ob das nichts schadet, wenn er zu einer Frau Holz hacken gehe, von der der Mann als Nazi in Glasenbach sitze. Ja, so waren die Leute. Für uns hat es vor 1938 nichts anderes gegeben: zuerst der Turnverein und dann die illegale Hitlerjugend. Nach dem zusammengebrochenen Putsch von 1934 haben wir bei der Hitlerjugend einen großen Zulauf gehabt. Bei unseren Zusammenkünften irgendwo im Wald oder auf einer Hütte waren wir oft 25 Burschen.

Von der Hitlerjugend hat man zur SA kommen können. Die Treffen bei der HJ waren ganz geheim, die hätten uns nicht erwischen dürfen, daher haben wir unsere Wachen aufgestellt. Untereinander hatten wir ein Losungswort gehabt. Unsere Tracht oder Uniform waren weiße Stutzen, kurze Hosen und ein weißes Hemd. Die Zusammenkünfte sind dann organisiert worden. In Kirchdorf war der Hitlerjugendführer, der Fähnleinführer. Bei unseren Zusammenkünften haben wir über geschichtliche Tatsachen gesprochen, so wie aus der Not heraus z. B. im Ruhrgebiet vom Schlagetta alles Mögliche aufgeführt wurde, Züge ge-

sprengt wurden usw. Das war politische Bildung, die wir in der
HJ hatten. Es wurde auch darüber gesprochen, daß die Kirche
schlecht ist. Trotzdem hat man niemanden davon abgehalten, in
die Kirche zu gehen. Unsere Feinde waren Dollfuß und der
Starhemberg. Einer unserer Kameraden ist sogar mit dem Ber-
naschek, dem Linzer Landeshauptmann, das war ein Roter, eingesperrt gewesen. Den hat man in Neuhofen von der Leiter her-
untergeholt, als er an eine Wand hinaufgeschrieben hat: ‚Da
hängen sie alle drei, der Dollfuß, der Starhemberg und der Fey‘.
Das Häuseranschmieren war damals gang und gäbe. Und natürlich auch das Hakenkreuz-Streuen. Dazu hat uns der illegale
Ortsstellenleiter ein Packerl Hakenkreuze gegeben, die haben
wir dann im Ort und auf der Straße ausgestreut. Den Roten und
den Schwarzen hat man Hakenkreuze bei der Haustüre hinein-
gehauen. Diese Hakenkreuze waren kleine, gestanzte Hakenkreuze aus Papier. Hakenkreuze haben wir auch gebrannt. Das
ging so: Wir haben Sagscharten in Strümpfe, Socken und Fetzen
gefüllt, haben diese auf Stöcke gebunden und mit Benzin ge-
tränkt. In Hakenkreuzform wurden die Stöcke aufgesteckt.
Dann zündeten wir dies alles an und auf einmal hat ein Hakenkreuz gebrannt. Dies haben wir so zur Sonnenwende und zu
Führers Geburtstag gemacht. Wenn die Gendarmerie zu den
brennenden Hakenkreuzen kam, waren wir schon über alle Berge. Sogar an die Südwand des Hohen Nock haben einige von
uns ein großes Hakenkreuz gemalt. Diese Burschen, die dies
taten, seilten sich in die Wand ab. Sie waren alle gute Bergsteiger. Ein Riesenhakenkreuz war das. Ich glaube, man hat es im
34er Jahr vor dem Gummiwurstsonntag, als der Gleißner nach
Windischgarsten gekommen ist, gemalt. Der Gleißner, er war
damals schon Landeshauptmann von Oberösterreich, ist zu einer ‚Vaterländischen Kundgebung‘ nach Windischgarsten gekommen. Wir mußten bei ihm am Hauptplatz vorbeimarschie-
ren. Ich war damals gerade 14 Jahre alt. Von der Schule und vom
Werk aus sind sie hergeschickt worden. Wir haben schreien
müssen: ‚Heil Gleißner‘. Der, der nicht geschrien hat, den haben
sie gefangen und verdroschen. Meinen Bruder haben sie auch
ordentlich gedroschen. Sie haben ihn in die Volksschule hinüber
und dort haben sie ihn geschlagen. Wir wissen genau, wer die

Leute verraten hat, die gegen den Gleißner bzw. national waren. Viele Bürger, alte ehrwürdige angesehene Windischgarstner Bürger wurden verdroschen. Die Schläger hat der Gleißner aus Linz mitgebracht, vom Schlachthof in Linz sind sie gekommen. Es waren nicht unbedingt Heimwehrler. Die, die in der Schule die Leute gedroschen haben, waren Zivile. Im Gasthaus Schwarzbrunner hatten sie im Extrazimmer ihre Lederjacken hängen. In das Revers dieser Lederjacken haben wir, um sie zu ärgern, Hakenkreuze hineingeschnitten. Die werden sich gefreut haben! Der Wirt hat uns gesagt gehabt, daß diese Jacken den Schlägern gehören.

Die Leute wurden verdroschen, weil es Anzeiger gegeben hat. Da hat es geheißen: das ist ein Nazi und das ist ein Nazi. Auch auf der Straße wurden die Leute zusammengehauen. So haben sie z. B. den alten Fischer vor seinem Geschäft niedergetreten. Das war eine grausliche Angelegenheit. Heute will keiner mehr etwas davon wissen. Der Gleißner war Führer der Vaterländischen Front Oberösterreichs, sie ist mit der Heimwehr konform gewesen. Der Heimwehrführer von Österreich war der Starhemberg. Man hat gesagt, die Heimwehr ist seine Privatarmee. Er hatte riesige Besitzungen, von denen viel Geld kam. Mit diesem Geld hat man den Heimwehrlern das Bier und die Wurst fürs Marschieren gezahlt. Man ist also für eine Wurst und ein Bier marschiert, und Arbeit hatte man meistens auch. Bei dieser vaterländischen Kundgebung ist der Gleißner auf einer Tribüne am Marktplatz gestanden, beim Lechner. Ein Lehrer hat eine Rede gehalten und ein Mundartgedicht aufgesagt.

Damals hat man gewußt, wer ein Schwarzer, ein Roter oder ein Nazi war. Es war ja schon in der Schule kritisch. Wenn der Lehrer gewußt hat, jemand ist ein Nazi, dann war das schon kritisch. Nazi-Buben wurden anders behandelt als die Kinder von den Schwarzen. In der Hauptschule in Windischgarsten haben sie den Geschichtslehrer hinausgeworfen, weil er ein Nazi war. Für uns Burschen von der HJ war das eine abenteuerliche Zeit. Wir mußten bei unseren Treffen genau aufpassen, damit wir nicht erwischt wurden. Als die Nazis 1938 nach Österreich kamen, haben wir uns gefreut. Österreich ist nicht vergewaltigt worden, wie manche meinen. Als mein Bruder, er war damals

1938 schon Soldat, mit dem österreichischen Militär den Deutschen entgegenfahren ist, haben sie alle den Verschluß aus dem Gewehr gegeben. Die hätten gar nicht schießen können, auch wenn sie gewollt hätten. Das weiß man heute nicht mehr. Viele Burschen sind damals als Nazis nach Deutschland geflohen und dort zur österreichischen Legion gegangen. Dort haben sie es hart gehabt, dort ist ihnen nichts geschenkt worden. Manche waren daher recht enttäuscht.

Dann ist das Jahr 1938 gekommen. Auf den Telegrafenmasten waren Plakate, auf denen ist gestanden: ‚SS-Verfügungstruppe sucht Freiwillige'. Auch ist verlautet worden, daß man mindestens 1,80 m groß sein müsse. Erst wenn man 1,80 m groß war, hatte man also Chancen gehabt, z. B. zur Leibstandarte zu kommen. Nachdem wir das Plakat der SS gelesen hatten, haben wir uns bei der Tür beim S.-Bauern gemessen. Ich war 1,82 m. Mein Vater hat es dann erfahren, daß ich zur SS gehen will. Da kam es zu einem interessanten Gespräch. Es war gewöhnlich am Samstag so, daß wir unseren Wochenlohn mit Lohnstreifen dem Vater abgaben. Dieser gab uns dann einen Schilling, für den wir uns eine Wurstsemmel und ein Kracherl kaufen und ins Kino gehen konnten. Um 10 Uhr mußten wir aber daheim sein. Nach 10 Uhr heimkommen, wäre eine Katastrophe gewesen. Ich komme also wieder einmal heim, etwas verspätet. In der Stube war es finster. Heute hast du Glück, dachte ich. Ich gehe in die Stube. Zu meiner Überraschung sitzt der Vater hinter dem Ofen und raucht seine Pfeife. Er ist dort gesessen und hat auf mich gewartet. Nun hat er zu mir gesagt: ‚Ich habe gehört, du willst zu den Totenköpfen gehen. Das wird nichts. Die Totenköpfe sind keine Soldaten. Wenn es zu einem Krieg kommt, wirst du nicht als Soldat anerkannt werden. Habt ihr nicht eh schon genug von eurem Kasperltheater bei der HJ? Warum müßt ihr fechten, schwimmen, Radl fahren? Warum denn? Das ist alles auf den Krieg ausgerichtet. Da wird nichts draus.' Na ja, habe ich mir bloß gedacht."

Für den damals jungen Mann wird die Zugehörigkeit zur SS interessant und wichtig, denn sie verspricht ihm eine Tätigkeit mit hohem Prestige, Sicherheit und Möglichkeit der „Weiterbildung", all das, was er als Arbeiter im Sensenwerk, in dem keine Chance zum Aufstieg besteht, nicht erreichen konnte. Seine weitere Erzählung, in der er auch auf die Musterung in Kirchdorf vor der SS eingeht, macht dieses Dilemma deutlich, sie zeigt aber auch die Einbindung der männlichen Jugend dieser Gegend in die damalige politische Umwälzung:

„Dann ist der Tag der Stellung in Kirchdorf herangekommen. Zuerst hat uns, die wir zur SS gehen wollten, der Direktor des Sensenwerkes zu sich geholt. Er wußte, daß wir uns freiwillig zur SS melden wollen, das hat sich herumgeredet. Wir brauchten ja von der Gemeinde einen Heimatschein für die Stellungskommission. Der Direktor sagte nun zu uns: ‚Das ist ein Wahnsinn, wenn ihr Jungen alle davonrennt.‘ Ich habe ihm geantwortet: ‚Erstens steht noch gar nicht fest, daß sie uns überhaupt nehmen, und zweitens ist es so, wenn wir sehen, daß es auf der anderen Seite des Baches besser ist, gehen wir auf die andere Seite.‘ Nun wäre der Direktor plötzlich draufgekommen, daß wir die Jugend sind. Vorher haben sie uns nichts lernen lassen. Wir mußten die Trottelarbeit machen. Auf einmal sagen sie: ‚Jetzt brauchen wir euch.‘ Wir hatten ja keine Chance, im Werk weiterzukommen. Nun ist der Stellungstag gekommen. Zu meinem Vater habe ich gesagt: ‚Jetzt ist es soweit.‘ Er hat darauf gesagt: ‚Kannst eh hinfahren, so einen Krüppel wie dich behalten sie sicher nicht.‘ Wir, die wir uns freiwillig zur SS melden wollten, sind nach Kirchdorf gefahren. Im Hotel ‚Post‘ in Kirchdorf, welches damals noch an der rechten Seite war, befand sich die Stellungskommission der Verfügungstruppe. Im Tanzsaal des Hotels ging sie ihrer Arbeit nach. 320 Leute aus dem ganzen Bezirk waren es, die nach Kirchdorf zur Musterung gekommen waren. Alles ausziehen, hat es geheißen. Mir war es unangenehm, so nackt herumzustehen. Damals war das Nackte nicht so üblich wie heute. Irgendwie waren wir alle befangen. Dann ist es los gegangen. Die ersten, die gemustert worden sind, kommen heraus. Wir haben jeden von ihnen gefragt: ‚Haben sie dich behalten?‘ ‚Nein!‘ Solche Hünen waren das. Alle wollten damals dabei sein. Warum hat man sie nicht genommen, dachte ich mir, da habe ich auch keine Chance, da brauche ich mich gar nicht aufhalten. Ich habe zu meinem Nachbarn gesagt: ‚Du, gehen wir!‘ Wir wollten uns gerade wieder anziehen, als einer von der

Kommission uns aufforderte, hinein zur Stellung zu gehen. Wir sind also vor der Kommission gestanden. Dort waren Stabsärzte, Sturmbannführer und Sanitätspersonal. Ich komme also rein, zeigt mir einer die Farbtafeln. ‚Können Sie da etwas sehen?‘ Sage ich: ‚Neuner, Zehner.‘ Hat er gleich die Tafeln geschlossen. Dann Prüfung der Zähne, Maul aufmachen. Wenn einem zwei Zähne fehlten, hat man ihn hinausgeworfen. So streng war das. Eine Auslese haben sie gemacht. 1940, 1941 habe ich mir oft gedacht: Mein Gott, solche Burschen haben sie weggeschickt, heute wären wir froh. Dann bin ich zum Hauptsturmführer gegangen, zum Chef der Stellungskommission. Nach dem Messen sagt er zu mir: ‚Kommen Sie zu mir her!‘ Und ich gehe auf ihn zu. Dann sagt er: ‚Drehen Sie sich um und gehen Sie auf die andere Seite.‘ Ich bin also auf die andere Seite gegangen. Nun sagt er: ‚Ihre Eltern können stolz sein, Sie haben eine herrliche Figur.‘ Ich bin dann hinausgegangen. Ja, behalten! Ich, einer der ersten unserer Gegend von Windischgarsten. Ich kam zur Leibstandarte. Nach der Musterung fuhr ich heim und habe meinen Leuten gesagt: ‚Ich komme zur Leibstandarte, mich haben sie behalten.‘ Das war am 18. April 1938 und am 25. April sind wir eingezogen worden. Ich habe mich sehr gefreut. Es war eine echte Freude, nun bei der SS zu sein. Ich habe immer die Anschauung vertreten, daß man sich weiterbilden muß. Und ich war mir sicher, daß ich mich jetzt weiterbilden kann. Uns ist es nicht schlecht gegangen. Körperlich war der Dienst in der Leibstandarte zwar anstrengend, aber für mich war das nicht schwierig. Außerdem haben wir immer eine gute Verpflegung gehabt. Wir mußten nicht darauf achten, wieviel wir essen.

Am 25. April sind wir nach Wels gefahren, wo wir uns sammelten. In Wels haben wir unser erstes Gulasch bekommen. Dann stiegen wir in den Zug nach München ein, noch waren wir in Zivil. In München-Freimann kamen wir in die Kaserne der Standarte ‚Deutschland‘. Dort haben wir uns wieder gesammelt und blieben ein paar Nächte dort, vom 25. bis 28. April. Am 28. wurden wir in einen Zug nach Berlin verfrachtet. Am Anhaltebahnhof in Berlin wurden wir von den Fahrern der Leibstandarte abgeholt, in zugedeckten Lastwägen, Mannschaftswägen, aus denen man nicht hinausschauen konnte. Außerdem hat es ge-

regnet. Wir wurden in die Lichterfelde-Kaserne gefahren, eine
der ältesten Kadettenanstalten vom Friedrich. Aus dieser berühmten Kadettenanstalt sind ganz berühmte Leute hervorge-
gangen. Als wir angekommen waren, mußten wir auf dem Platz
des 1. Bataillons Aufstellung nehmen. Es kam dann der Hauptsturmbannführer, um uns zu begrüßen. Wir waren zu dieser Zeit
die ersten Ostmärker, außer einigen Legionären, die bereits 1934
und 1935 nach Deutschland gekommen waren. Einige von denen waren nämlich bereits bei der Leibstandarte. Ich glaube,
insgesamt waren wir 64 aus der Ostmark. Wir waren die ersten
echten Freiwilligen bei der Leibstandarte aus der Ostmark. Der
Hauptsturmbannführer ging die Reihen durch und sagte dann
auf einmal: ‚Ik wunder mir, daß ihr so gut deutsch sprecht.‘ Wir
haben darauf blöd geschaut. Einer von uns, ein Grazer, der
schon älter war und den man aus der Grazer Universität, weil er
Nazi war, hinausgeschmissen hat, antwortete ihm. Der Mann
war schon 24, wir waren erst 18. Natürlich hat der schon mehr
Hirn gehabt als wir. Er sagte: ‚Warum wundern Sie sich?‘ ‚Na
ja‘, hat der Hauptsturmbannführer gesagt und hat erklärt: ‚Mein
Vater war am Isonzo und hat die Österreicher überhaupt nicht
verstanden.‘ Das ist ja logisch, denn unter den Österreichern am
Isonzo waren Slowenen, Ruthenen und andere aus der Monarchie. Nach der Begrüßung haben wir etwas zum Essen bekommen. Das erste Essen! Das werde ich mein Leben nicht vergessen. Wir haben Pellkartoffeln bekommen, einen Hering und
Rote Grütze, das hat keiner von uns gekannt. Das hat so gezittert. Der eine hat gesagt, das sind gekochte Fischeier. Und die
Erdäpfel beim Fisch! Nichts! Wir haben das nicht gegessen. Die
verfressenen Österreicher hat es geheißen. Nach dem Essen haben sie uns das Quartier zugewiesen. Da wir ja ihrer Meinung
nach aus dem Wald kommen, haben sie uns vorsichtshalber im
Turnsaal zu dritt auf zwei Strohsäcke gelegt, damit niemand aus
dem Bett fallen kann. In dem Turnsaal waren wir 200 Mann,
eine Ausbildungskompanie. Im Krieg hat sie Ersatz-Kompanie
geheißen. Zur SS sind wir freiwillig gegangen, in dem Glauben,
daß es gut ist und gut wird. Der Drill, den es gab, ist für gesunde
Menschen leicht erträglich. Aber wenn sie geschrien haben:
‚Wir werden euch katholisch machen‘, dann war es natürlich

kritisch. Ich bin dann dahintergekommen, daß das vertriebene Österreicher waren, die das geschrien haben. Ihre Vorfahren wurden u. a. aus Oberösterreich während der Gegenreformation vertrieben. Sie durften gnadenhalber von ihren Höfen mitnehmen, was sie tragen konnten. Sie wurden vertrieben, weil sie einen anderen Glauben hatten. Sie haben preußisch gesprochen, haben aber gesagt, ihre Vorfahren seien aus Österreich. Wenn wir unseren Dienst gemacht haben, waren sie alle recht freundlich zu uns. Daß die Ausbildung in der Leibstandarte kein Honiglecken war, ist klar. Manchmal hat man geglaubt, es ist zu hart. Die Ausbildung dauerte in dieser Kompanie 8 Wochen. In dieser Zeit hatten wir nur Drillichzeug an. Ausgang hat es keinen gegeben. Nach den 8 Wochen sind wir in einzelne Kompanien aufgeteilt worden. Dies ging nach der Größe vor sich. Da ich einer von den kleinen Größeren war, kam ich in die 9. Kompanie, in der wir einen Größenunterschied von 2 cm hatten. In der 1. Kompanie war keiner unter 1,98. Die meisten waren über 2 m. Der größte war 2,10 m. Zu diesen Riesen hat sich keiner von uns hinzugehen gewagt. Wenn man hinüber in die Kantine gegangen ist, hat gleich einer gesagt: ‚Verdufte, du Mündungsschoner‘, weil man gegen sie klein war. Wir haben tatsächlich zu denen hinaufschauen müssen. In der Kompanie haben wir den normalen Dienst in der Leibstandarte gemacht. Die Leibstandarte war ja hauptsächlich ein Wachbataillon. An der Reichskanzlei haben wir die Wache gestellt. Auch ich bin dort gestanden.“

Diese etwas über das eigentliche Thema dieses Kapitels hinausgehenden Ausführungen verfolgen die Absicht, zu zeigen, in welchem Maße die wirtschaftlich problematische Situation der dreißiger Jahre in Österreich sich auf die Biographie dieses 1920 geborenen Mannes auswirkte. Seine durch Armut geprägte Jugend und die Chancenlosigkeit, im Sensenwerk eine befriedigende Arbeit zu bekommen, bringen ihn dazu, sich der HJ anzuschließen. Die Arbeit als wesentlicher Bereich menschlichen Lebens verschafft ihm kein entsprechendes Ansehen, er sieht sich gegenüber anderen, älteren Arbeitern zurückgedrängt, und er merkt schließlich, daß der ökonomisch Benachteiligte in dieser Vorkriegszeit gegenüber dem wirtschaftlich und politisch

Mächtigen unterprivilegiert bleibt. Die „Vaterländische Kundgebung" am sogenannten „Gummiwurstsonntag" wird für ihn zur Demonstration politischer Gewalt, die auf der Seite des Eigentümers des Sensenwerkes steht. Diesem psychischen und auch physischen Druck, den der Mann als Jüngling spürt, kann er schließlich durch seine Betätigung in der HJ und überhaupt durch Übernahme nationalsozialistischer Ziele standhalten. In der HJ erhält er mit den anderen Burschen jene Anerkennung, die ihm woanders versagt bleibt. Er weist in seinem Gespräch deutlich auf die Situation der Armut als Ursache der allgemeinen Bereitschaft für den Nationalsozialismus hin. Der Rückgang der Arbeitslosigkeit und diverse Verbesserungen der Wirtschaft im Deutschen Reich rechtfertigen für ihn und seine gleichaltrigen Freunde die Identifikation mit dem Nationalsozialismus. Das unglückliche und rohe politische System in Österreich vor dem Einmarsch Hitlers kann vielen damaligen jungen Menschen keine positive Zukunftsvision vermitteln.

Die Vorstellung vom Nationalsozialismus veranlaßt den Mann schließlich, sich freiwillig zur SS zu melden, da ihm die SS die Möglichkeit eröffnet, die „Enge" der Berggegend zu sprengen. Mit Begeisterung — entgegen den Überlegungen seines Vaters — fährt er als Mitglied der Leibstandarte nach Berlin, einer Stadt, die ihn fasziniert. Er lebt nun in einer völlig anderen Wirklichkeit, einer anderen Welt, die ihm offensichtlich gefällt, weil sie den direkten Gegensatz zu seinem früheren Arbeitsleben darstellt. Die Aussicht auf das geregelte Leben mit guter Kost bei der Leibstandarte macht ihm den Abschied von zu Hause noch zusätzlich leicht. Das genaue Eingehen meines Gesprächpartners auf seine Zeit bei der SS unterstreicht die Bedeutung, die diese für ihn hatte. Hier erhält er soziale Anerkennung und auch die Distanz zu jenen ihn belastenden politischen Zuständen der Zeit vor 1938. Die Attraktivität des Nationalsozialismus erscheint somit als logische Konsequenz eines Zustandes der Armut, der eben nicht leicht zu bewältigen war.

Diese hier angesprochene Problematik der Arbeitslosigkeit und Armut schilderte ähnlich plastisch ein 1926 geborener, späterer Holzarbeiter. Das Interview bietet einen weiten Einblick in die Tragödie der dreißiger und vierziger Jahre. Schließlich ist es interessant zu sehen, wie der „kleine Mann" den Krieg und die Menschen, die von ihm profitieren wollten, die aus Gründen der Armut oder aus politischem Opportunismus Nationalsozialisten wurden, beschreibt und einordnet. Damit verbindet sich aber ebenso ein Verstehen jener Menschen, gerade junger und die Armut kennender Burschen, denen es damals nicht leicht möglich war, die Zusammenhänge und Folgen nationalsozialistischer Politik zu durchblicken. Der nun wiederzugebende Ausschnitt aus diesem Interview hat aber auch kulturgeschichtlichen Wert, da er u. a. die Situation in Spital am Pyhrn vor dem Krieg in einigen wichtigen Details umreißt:

„Damals (vor 1938) hat jeder gehofft. Der, der eine Arbeit bringt, der hat bei den Leuten Chancen gehabt. Ich habe gesehen, wie es den anderen ergangen ist. Meine Ziehbrüder waren illegal. Ich hätte ja kein Illegaler sein können, weil ich zu jung war. Illegal ist man geworden, weil die NSDAP verboten war. Vorher war sie aber einmal erlaubt. Genauso wie der Schutzbund verboten worden ist, ist auch die NSDAP verboten worden. Es hat damals überhaupt viele solcher Organisationen gegeben. Meine Ziehbrüder haben im Sensenwerk gearbeitet. Wir waren im Turn- und Schiverein. Im Purgstall (im Gebiet westlich der Wurzeralm) haben sie eine Hütte gehabt, die steht heute nicht mehr. Es war eine Schivereinshütte. In der sind sie zusammengekommen. Jüngere Burschen und auch ältere, auch Madln waren dabei, haben sich dort getroffen. Ihre Informationen über die NSDAP haben sie von draußen, von Deutschland, hereinbekommen. Hier und da hat wieder einer nach Deutschland flüchten müssen. Und einige sind in Wöllersdorf eingesperrt worden. Nicht alle von den Illegalen waren arbeitslos, einige hatten eine Arbeit. Die Bude, das Sensenwerk, hat nur im Winter Betrieb gehabt. Im Winter sind die Sensen erzeugt worden, weil man sie im Frühjahr ja braucht. Da mußten sie schon auf dem Markt sein, damit der Bauer sie bei Erntebeginn haben konnte. Daher ist vor allem im Winter gearbeitet worden und im Sommer weniger.

Illegale hat es damals überall gegeben, in Windischgarsten, Stoder und Pießling usw. Man hat nämlich gesehen, daß, als Hitler in Deutschland an die Macht gekommen ist, es dort berg-

auf gegangen ist, die Leute also Arbeit bekamen. In Berlin und
überall in Deutschland sind sie ja vorher im Dreck gelegen. Jeder weiß, wie es bei uns in der Illegalenzeit und der Nazizeit
ausgesehen hat, aber keiner will etwas darüber sagen. Der, der
ein Idealist damals war und für die Sache eingestanden ist, der
war nachher der Trottel. Der andere aber ist zuerst (während
der NS-Zeit) bei der Schüssel gehockt und hat sich dann (nach
dem Krieg) gedreht. Ist man vom Krieg heimgekommen, so
war man das Schwein, weil man sich für die, die sich nun ‚gedreht‘ haben, hätte erschießen lassen sollen. Jetzt ist man daheim und mußte zu dem und dem, der nun ein ‚Widerstands-
kämpfer‘ war, gehen. Ich war nach dem Krieg im Gefängnis in
Wien, in der Liesl, eingesperrt. Seitdem habe ich genug von der
Gefangenschaft. Keiner hat einem gesagt, warum man da ist.
Wir sind ja eh billig davongekommen. Es wurden ja auch welche hingerichtet, junge Burschen, weil sie z. B. geschossen haben. Es ist ja Krieg gewesen. Es ist klar, wenn ich schieße, daß
jemand hin sein kann. Ich kann nicht sagen: Entschuldigen Sie
bitte, gehen Sie auf die Seite, ich möchte gerne schießen. Ich
war ja ein junger Kerl am Ende des Krieges. Es hat damals
Goldfasane, die Parteibonzen, gegeben, die sind dann als Be-
satzer herumspaziert. Die Kampftruppe ist ja gut ausgekommen mit der Bevölkerung. Und dann kommen solche Helden
daher! Die haben dann aufdrehen wollen (z. B. mit den Partisa-
nen). Die Jugoslawen waren ja sehr arm. Hut ab vor dem, der
nichts übrig gehabt hat für den Hitler, der hat halt gegen ihn
gekämpft. Hut ab vor dem! Wir haben ja geglaubt, der Hitler
wäre der ideale Mann. Darum hat man sich ja hingestellt. Es
wäre keinem eingefallen, davonzurennen. Wenn ich heute zu-
rückschaue, dann sage ich mir alleweil, es tut mir leid, daß ich
nicht davongerannt bin. Denn, wenn ich die Gesichter alle
sehe, für die ich mich hätte erschießen lassen sollen! Das kann
man vergessen. Das ist immer so, wenn es zu einem Umsturz
kommt. Was habe ich denn zu verteidigen? Mein Hemd da.
Wenn es einer will, kann er es haben, ist mir ja egal. Aber ich
mußte das Eigentum des Kapitalisten verteidigen. Der hat ja
etwas zu verlieren, ich nichts. Nun (im Krieg) gehört auf einmal
alles dir, du mußt deine Heimat verteidigen. So, jetzt

stehst du dort, wirst du erschossen. Wenn du davonrennst, erst recht, du hast ja den Eid geschworen. Beim Militär wurde einem alles befohlen. Sie sagen dir sogar, daß der Schnee schwarz ist. Du mußt es glauben. Du brauchst nur ,jawohl' zu sagen. Wenn man nicht ,jawohl' sagt, kann man Probleme haben. Zu uns haben sie immer gesagt, das Denken sollen wir den Pferden überlassen, weil die die größeren Köpfe haben. Wenn einer zum Denken angefangen hat, dann war er ja ohnehin nicht mehr geeignet für das Militär.

So ein Krieg wird ja vorbereitet, der entsteht ja nicht von heute auf morgen. Heute sagt man: ,Ja, der Hitler!' Der war doch nur das Mittel zum Zweck. Genauso wie früher der Napoleon. Zuerst haben die Franzosen ihn als Feldherrn gebraucht, dann haben sie ihn aber nicht mehr brauchen können und haben gesagt: ,Jetzt bringen wir ihn um, den Hund; jetzt fahren wir ab mit ihm.' Mit dem Hitler ist es doch dasselbe. Es hat ihn ja jemand finanzieren müssen, damit er hinaufkommen konnte. Die Bettler werden ihn nicht finanziert haben. Die Herren, die etwas mit dem Krieg verdient haben, haben ihn finanziert. Und der Hitler war ein Mann, der das Volk angesprochen hat.

In Spital am Pyhrn gab es im 38er Jahr insgesamt drei Radios. Mehr haben sie nicht gehabt. Damals hat man sich nicht einmal ein Fahrradl leisten können und schon gar nicht ein Radio. Ich sehe es heute noch vor mir, wie 1938 im März die Deutschen gekommen sind. Wir waren Buben, ich war nicht einmal 12 Jahre alt. Halt, jetzt kommen sie daher. Das war für uns Buben interessant. In der Schule bei uns waren deutsche Soldaten einquartiert. Damals hat es geheißen: ,Der Hitler kommt.' Zu mir hat einer gesagt: ,Du, daß ja, wenn der Hitler kommt, alle Buben da sind.' Man hat geglaubt, der Hitler kommt nach Spital am Pyhrn. Das war aber nicht so. Ganz Spital, alle sind auf dem Platz gewesen, nur nicht der Pfarrer, den habe ich nicht gesehen. Alle waren sonst da, zum Pratzerlheben. Mein Ziehbruder ist dann Ortsgruppenleiter geworden. Er lebt nicht mehr, er ist in Linz an einer Verwundung im Lazarett gestorben. Ich, das Ziehkind, bin vom Krieg heimgekommen. Ihre eigenen Söhne hat meine Ziehmutter alle im Krieg verloren. So ein Krieg ist keine

Gaudi. Heute würde es manchem Amerikaner wieder gefallen.
Wenn ich so den amerikanischen Präsidenten ansehe! Der soll
als Cowboy gehen, aber nicht als Präsident. Das sind solche
Helden! Die Amerikaner sind gekommen und wollten uns
Kultur beibringen, diese Helden. Solche Gummisoldaten hät-
ten wir nicht gebraucht."

Auf die Zeit vor 1938 geht mein Interviewpartner noch
einmal ein, um die neue politische Situation verstehbar zu machen: „Vor 1938 ist es nur den Schwarzen (Christlichsozialen)
gut gegangen. Als gewöhnlicher Arbeiter hat man es schwer
gehabt, das habe ich bei meinen Ziehbrüdern gesehen. Sie waren daher schon früh bei den illegalen Nazis. Zwei-, dreimal in
der Woche haben wir eine Hausdurchsuchung gehabt. Oft waren es zwei Gendarmen, die mit aufgepflanzten Bajonetten gekommen sind. Sie sind nur gekommen, wenn die Ziehbrüder
in der Arbeit waren und die Ziehmutter alleine zu Hause war.
Der Anlaß war meistens, wenn irgendwo wieder ein Hakenkreuz gemalt worden ist oder sonst so etwas los war. Auch bei
Fronleichnamsprozessionen konnte man zum Entsetzen des
Pfarrers in der Wiese ein im tiefen Gras ausgemähtes Hakenkreuz sehen. Für mich war das alles ein Abenteuer. Ich hatte
die Aufgabe, Pistolen, Karabiner usw. der illegalen Burschen
zu verstecken, z. B. beim Wirt oben am Pyhrnpaß. Dazumal
habe ich auch den ‚Völkischen Beobachter‘ als Bub für die anderen Illegalen verteilt. Dazu haben mir meine Ziehbrüder ein
Rucksackl damit gepackt. Und mit dem Rucksackl mußte ich
auch auf den Pyhrnpaß hinauffahren. Ich mußte sehr aufpassen, denn die Gendarmen und speziell die Heimwehr, die
Hahnenschwanzler, waren ständig unterwegs. Die Heimwehrler sind alleweil aufmarschiert und sind geschlossen in die
Kirche gegangen. Sie waren unsere Gegner. Der damalige
Landeshauptmann Gleißner war unter dem Namen ‚Gummi-
wurst-Heinl‘ bekannt. Nach dem Krieg hat mich einmal ein
Spitaler Großbauer über ein Wahlplakat, welches den Gleißner mit einem Kind zeigte, gefragt: ‚Ist das nicht ein schönes
Bild?‘ Sage ich: ‚Das stimmt ja nicht ganz, denn in einer Hand
müßte er eine Peitsche halten, denn am Gummiwurst-Sonntag
sind die Leute in Windischgarsten ausgepeitscht worden!‘ Sie

haben die Nazis furchtbar gehaßt, am liebsten hätten sie sie gefressen.

Wir sind für die Nazis begeistert gewesen. Im 38er Jahr sind wir Buben zum DJ (Deutsches Jungvolk) gekommen. Dort hat es uns gefallen, weil wir alles gratis hatten, und wir durften auf Lager fahren. So z. B. sind wir 1938 auf Schilager in Gosau gewesen. Vom Schiwachs angefangen, hatten wir alles. Auch das Schifahren wurde uns beigebracht. Alle Tage waren wir auf der Zwieselalm während des Schilagers. Dort oben haben wir Torlauf trainiert und auf d'Nacht sind wir zur Gosau-Schmiede hinuntergefahren."

Soweit einige Beschreibungen und Gedanken eines 1938 gerade 12 Jahre alt gewesenen Mannes, für den der in dieser Gegend aufkommende Nationalsozialismus interessant wurde und Abenteuer bot. Seine Ziehbrüder, die als Arbeiter den Druck der Armut nicht nur zu Hause spürten, betätigten sich als Illegale und wurden so für ihn zum Vorbild. Die Menschen, die als Arbeiter, Kleinhäusler und als arme Bergbauern Objekte der Ausbeutung und Benachteiligung waren, sahen im Nationalsozialismus die Lösung ihrer Probleme. Die Begeisterung vor allem des jungen Menschen für den Nationalsozialismus war ihre Antwort auf eine schwierige politische und wirtschaftliche Situation. Dem Burschen in diesem Gebirgsdorf zeigten sich nun Möglichkeiten an, die ihm durch seine Herkunft gesetzten Grenzen zu durchbrechen. Ergänzend zu diesen beiden Interviews möchte ich noch eine Erzählung eines damaligen Holzknechtes bringen. Er geht darauf ein, daß zwischen einem „großdeutschen" Denken und einem nationalsozialistischen unterschieden werden muß, denn für den „großdeutschen" Bauern war wohl eine „gesamtdeutsche" Regierung interessant, nicht jedoch unbedingt eine politische Ausrichtung, die den Menschen eine gefährliche Ideologie aufzwingen wollte. Der Mann führte aus:

„Weil die Leute so arm waren, hatte der Nationalsozialismus eine Chance bei uns hier. Für uns junge Burschen war es damals wichtig, Illegale zu sein. Es war auch eine Gaudi, denn das Verbotene reizte. In der Stiftsreith sind wir Illegale jeden zweiten Sonntag zusammengekommen. Es waren nette Burschen, die sich da getroffen haben. Es war oft eine Mordshetz, wenn wir zusammenkamen. Damals waren wir oft arbeitslos. Es gab Monate, in denen wir nichts verdient haben. Großdeutsch, aber keine Nazi, waren in Spital am Pyhrn nur einige. Man darf sie nicht mit den Nazis in einen Topf werfen. Der L. z. B. war ein Gegner der Nazis. Er hat gesagt, die Nazis sind fünfviertel Bolschewiken. Aber am 13. März 1938 war dann ein großer Fackelzug, da sind sie alle mitgegangen. Aber nach dem Krieg war dann niemand ein Nazi. Zuerst war man für die Nazis, weil es Arbeit und Geld gegeben hat."

Das Jahr 1938 bedeutete somit eine Wende sowohl für den verschuldeten Bauern, der auf dem Hof bleiben konnte, als auch für den jungen Menschen, der nun hoffte, die alten Zwänge und Ausbeutungsmechanismen sprengen zu können. Seine Aktivitäten, wie z. B. das Bemalen von sichtbaren Stellen mit Hakenkreuzen, sollten den Unmut mit den bestehenden Verhältnissen der Armut ausdrücken. Die kommenden Schrecken des Nationalsozialismus waren noch nicht zu sehen. Vor allem junge Menschen, sahen nicht oder konnten nicht sehen, daß solche Betätigungen den Krieg vorbereiteten und einem grauenhaften Rassismus den Weg ebneten.

Ich will nun den letzten Interviews eines gegenüberstellen, welches ich mit einem heute über 80 Jahre alten Mann, einem Handwerker, führte. Dieser Mann, der am Beginn des Krieges ca. 40 Jahre alt war, sieht die Problematik des Nationalsozialismus, seine Anziehungskraft für Menschen, die die Armut kennen, und das Grauen des Krieges: „Die Leute sind Nazi geworden aus der Not heraus. Die Sozialisten haben nichts mehr zu reden gehabt. 1934 wurden viele Sozialisten aufgehängt, die Rädelsführer und die, die eine Funktion hatten. Die Sozialisten waren zu schwach, daher haben die Nazis einen solchen Zulauf gehabt. Die Sozialisten hätten nichts bieten können, überall war die Not. Viele Bauern sind Nazis geworden, weil sie an der Tafel (Gemeindetafel) zum Lizitieren (zur Versteigerung) gehangen sind. Die haben alle nur auf den Hitler gewartet. Der Hitler hat ihnen einerseits herausgeholfen, andererseits hat er die Leute hineingetrieben. Dann hat es aber geheißen: kämpfen bis zum letzten Mann. Furchtbar! Ich bin ein Feind des Militarismus. Der Kapitalismus hat damals schon geschaut, daß er den Sozialismus unterkriegen kann. Die Schwarzen haben Versammlungen abgehalten und mit der Gummiwurst herumgehauen. Der Gummiwurstsonntag in Windischgarsten war sowohl gegen die Nazis als auch gegen die Sozialisten. Zuerst haben sie die Nazis niedergeprügelt und dann die Sozis. Das hat ihnen alles nichts genützt, die Nazis sind immer stärker geworden, der Druck ist von Deutschland gekommen.

Ich habe damals furchtbar unter der Not gelitten, wir waren ja sehr arm. Der Klassenunterschied war ziemlich groß. Ich habe erlebt und gespürt, daß ich nicht geachtet werde. Nur weil ich von armem Stand bin. Der Vater hat wenig verdient. Man hätte nichts anderes tun können, als viel arbeiten und beim Essen nicht haglich (heikel) sein. Die Nazis haben uns schon geholfen, aber was dann gekommen ist! Mein Bruder hat furchtbar draufgezahlt. Er hat sich 1935 eine Brandstatt, ein abgebranntes Haus, gekauft. Er hat damals schon eine Familie gehabt. Sein Haus hat er ehrlich gebaut, ich habe ihm dabei auch geholfen. Und wie es ihm besser gegangen ist, war es zum Einrücken. Er ist nicht mehr heimgekommen. Er hätte vielleicht nicht einrücken brauchen, weil er in Dambach gearbeitet hat. Er mußte aber einrücken, weil gegen ihn eine Anzeige gelaufen ist. Der Ortsbauernführer von Edlbach hat gesagt, man hat ihm nicht mehr helfen können. Mein Bruder ist angezeigt worden, weil er half, ein Fadl (Ferkel) abzustechen, was verboten war. Mein Bruder kam nun zur Strafkompanie. Er hat so draufgezahlt. Er war damals ja nicht mehr der Jüngste, er war 44 Jahre alt. In jugoslawischer Gefangenschaft ist er gestorben."

Auch in dieser Aussage wird auf die Not als Nährboden für den Nationalsozialismus deutlich hingewiesen, aber auch darauf, daß die Angehörigen armer, unterer sozialer Schichten in der Zeit der Kargheit, Arbeitslosigkeit und auch Unterdrückung sehr geringe Möglichkeiten hatten. Die durch die Armut bedrohte Landbevölkerung stand also, wie hier ausgeführt wurde, unter starkem Druck, dem sie sich nicht so leicht entziehen konnte. Allerdings versuchte man, dieser Belastung auch durch Witze, als den Waffen der Schwachen, zu begegnen. Der Witz richtete sich sowohl gegen das Schuschniggsystem als auch dann gegen die Nationalsozialisten. In diesem Sinn erscheint folgende Ausführung als typisch. Ich bringe sie auch, weil sie zeigt, wie ein damals ca. 40jähriger Mann, ein Knecht, der Idee des Nationalsozialismus und auch dem damit zusammenhängenden Krieg mit Skepsis und Witz gegenüberstand: „Den Bauern hat der Hitler schon geholfen, meine Großmutter hat auch Gutscheine bekommen. Ja, ja, er hat auch gute Seiten gehabt. Die Schwarzen haben damals, bevor der Hitler gekommen ist, gesagt: ‚Hitler ist unser Führer, die Bauern werden immer dürrer. Die Hühner werden immer fetter, der Schuschnigg ist unser Retter.' Und als der Hitler da war, haben ein paar gesagt: ‚Ein Volk, ein Reich, ein Führer, der gleiche Dreck wie früher.' Beim Einrücken habe ich mir gleich gedacht, glücklich ist der, der den Boden nach rückwärts gewinnt. Mögen habe ich den Hitler überhaupt nicht. Ich habe sein Bild 1939 mit den Kränzen von der Haustür heruntergerissen. Ich wäre eh schon bald ins KZ gekommen. Zuviel geredet habe ich. Einrücken hat man müssen, sonst wäre man standrechtlich erschossen worden. Nach dem Krieg war ich wieder beim Bauern. Das ist mir lieber gewesen als das Schießen. Bei der Musterung habe ich versucht, untauglich zu werden. Ich habe mich blöd gestellt. Gestottert habe ich wie ein Maschinengewehr. Bis 10 soll ich zählen, hat der bei der Musterung gesagt. Der Bürgermeister hat ihm zugeflüstert, daß ich mir schwer tue beim Reden. Und wie ich bei drei war, hat er gesagt, daß es genügt. ‚Also, Herr A.', hat er gesagt, ‚Sie werden kein Soldat, Sie brauchen auch nicht mehr zur Musterung zu kommen.' Das hat für mich nicht schlecht geklungen. Aber trotzdem mußte ich noch fünfmal zur Musterung. Das letzte Mal sind zwei Majore beisammengesessen. Die hätten mich wieder nicht genommen, aber der Oberstabsarzt, der Hund, hat zu den beiden gesagt: ‚Was wollt Ihr mit dem Mann? Sehen tut er gut, hören tut er gut, schießen kann er und zu reden hat er nichts.' Am liebsten hätte ich ihm eine gegeben. Er hat sofort den Bereitstellungsschein mitgehabt. Und am 30. Oktober bin ich eingerückt. Sieben Wochen war ich bei diesem Triumphzug. Drei Tage vor Weihnachten bin ich wieder heimgekommen. Am Arbeitsamt haben sie zu mir gesagt: ‚Herr A., das ist das schönste Christkindl.'"

Diese zynisch-scherzhafte Auseinandersetzung mit einer Zeit, die für den auf den Bauernhof lebenden Menschen letztlich zum Alpdruck wurde, zeigt auch auf, daß der reifere Mensch, auch wenn er ein Dienstbote und daher ökonomisch sehr schlecht gestellt war, nicht so leicht wie der junge und aktive Mensch die nationalsozialistische Ideologie übernahm. Wahrscheinlich ist es nicht verfehlt, wenn man festhält, daß der Nationalsozialismus in erster Linie den jungen Menschen, der von Hitler die Lösung seiner Probleme erwartete, angesprochen hat.

Zunächst war den jungen Nationalsozialisten die Brutalität einer Ideologie, die vielen Menschen ihr Menschsein nahm und sie in übelster Weise degradierte, noch nicht einsichtig. Sie zeigten sich jedoch geschockt, als sie sahen, wie Menschen behandelt wurden. Ihr in dieser Richtung weisendes Schockerlebnis schildert mir eine damals 35 Jahre alte Bauerntochter: „Ich war wirklich eine Nationalsozialistin, doch wie ich gesehen habe, wie SSler durch Spital am Pyhrn gegen Ende des Krieges Leute getrieben haben, war ich entsetzt. Es waren bei 30 Juden in Pyjamas, die schon recht müde waren, die man wie Tiere vor sich hertrieb. Das habe ich sehr verurteilt. Meine Überzeugung hat sich da sehr gewandelt. Wenn Spitaler diesen müden Juden etwas zu trinken geben wollten, haben die Bewacher das verboten. So grausam waren sie. Das kann man nicht gutheißen und auch nicht die Konzentrationslager." Die aus der Not heraus zu Nationalsozialisten gewordenen Landarbeiter standen also nach dem Krieg mit Entsetzen vor den Trümmern einer Ideologie, mit deren Auswüchsen sich viele schließlich nicht mehr identifizieren konnten. Ich möchte nun zum Abschluß dieses Kapitels eine Passage aus einem Interview mit einer Bauerntochter bringen, in welcher in sehr menschlicher Weise deutlich wird, wie der mit dem Nationalsozialismus verknüpfte Krieg gerade für die „kleinen" Bergbauern von furchtbarem Unheil war. Dieses Zitat soll auch die Tragödien des Krieges demonstrieren. Die Frau, die 1941 geboren wurde, erzählt:

„Ich kann mich noch gut erinnern, wie der Vater vom Krieg heimgekommen ist. Da hat es geheißen, der Vater hat abgerüstet, er kommt heim. Wir waren drei Geschwister. Ich, der Herbert und die Maria. An dem Tag, an dem mein Vater heimkommen sollte, hat uns die Mutter nett angezogen. So sind wir ihm entgegengegangen. Wir sind nur ein Stück gekommen, da kam er daher, zu Fuß, mit seinem Koffer in der Hand. Er hatte noch seine Militärkappe auf, das weiß ich heute noch. Wir Kinder haben ihn fast nicht erkannt, wir waren daher sehr schüchtern. Ich bin die Älteste, daher hatte ich, das hat die Mutter gesagt, zu ihm die engste Beziehung. Er war zweimal während des Krieges auf Urlaub zu Hause, weil er verwundet worden ist. Und in der Zeit durfte ich bei ihm im Bett schlafen. Wie der Vater uns sieht, hat er zu weinen angefangen, und wir haben uns alle an ihn gedrückt. Jetzt war er endlich daheim. Die Mutter hatte eine solche Freude, weil er nicht gefallen war und weil er wieder daheim war. Der Krieg ist etwas Furchtbares. Der Vater hat immer eine Wut auf den Krieg gehabt, weil er durch ihn furchtbar draufgezahlt hat. 1941 hatte er einen Schulterdurchschuß. Trotzdem mußte er wieder einrücken und wurde wieder an den Händen verwundet. Er war dann 70 Prozent Invalide. Mit hartem Training hat er es soweit gebracht, daß er wieder arbeiten konnte. Ich kann mich noch erinnern, wie meine Mutter sich die erste Zeit um ihn kümmern mußte, sie mußte am Anfang sogar mit ihm aufs Klo gehen. Er war ein Mensch zum Gernhaben."

Interessant in diesem Zusammenhang ist vielleicht ein Lied aus einer handschriftlichen Spitaler Liedersammlung. Es wurde in der Zeit des Ersten Weltkrieges gedichtet und macht eine Kritik am Krieg und seinem Wahnsinn deutlich — und auch die Folgen, gerade für den „armen" Menschen.

Tief unter der Erd

Der Mensch soll nicht stolz sein auf Güter und Geld,
Es lenkt ja verschieden das Schicksal die Welt.
Der eine hat die Gaben, die golden beschert,
Der ander muß graben, tief unter der Erd.

In Ungarn, Italien, da kämpfen's mit Lust,
Viel Krieger drum schmücken metallen die Brust
Und verließen Familie und Herd
Und ruhen jetzt verlassen tief unter der Erd.

Der Reiche, der kauft sich vom Kriegerstand frei,
Liest Zeitung beim Ofen, lacht heimlich dabei,
Indes kämpft der Arme, weils Land ihn begehrt,
Und liegt nun zum Lohn jetzt tief unter der Erd.

Der Mensch soll nicht hassen, so kurz ist das Leben,
Er soll, wenn er krank wird, vom Herzen vergeben.
Wieviele haben sich dem Kriege erklärt
Und jetzt machen sie Frieden, tief unter der Erd.

Der Mensch soll nicht denken, ein andrer ward schlecht,
Denn zum Himmel hat jeder das nämliche Recht.
Der Himmel läßt wandern den einen hochgeehrt,
Und ruft auch die andern tief unter der Erd.

Holzknechte (1935)

Die Kindheit

Kindheit, im Sinne einer wohlbehüteten Existenz als Kind, kannte das Leben am Bergbauernhof nicht. Denn auch das Kind war in den Arbeitsprozeß eingegliedert und mußte die Arbeitsweisen der Bauern und Dienstboten sehr früh kennenlernen. Der Bauernhof bot dem Kind ein Exerzierfeld der Lebensschulung, auf dem es sich schon sehr bald zu bewähren hatte. Es mußte lernen, sich unterzuordnen, damit der Arbeitsablauf reibungslos vor sich gehen konnte. Wichtig war der Hof. Das Kind konnte nicht erwarten, daß ihm besondere Aufmerksamkeit geschenkt wurde. Dies wird auch in der Erzählung einer heute 78 Jahre alten Frau, der Tochter eines reicheren Bauern, betont:

„Wir Kinder sind unendlich bescheiden erzogen worden, obwohl der Vater nicht arm war, denn er war ja auch Fuhrwerker. Der Vater hat immer gesagt: ‚Zuerst kommt der Wagner, dann der Sattler, weil alles in Ordnung gehalten werden muß, dann die Knechte und die Dirnen.‘ Bei uns Kindern hat er gespart." Die Kinder des Bauern wurden eher mit den Dienstboten gleichgestellt, was sich auch darin zeigte, daß sie grundsätzlich nicht bei den Eltern, sondern bei den Dienstboten ihr Essen einnehmen mußten.

Bei den Interviews fiel auf, daß so etwas wie ein Generationskonflikt gar nicht entstehen konnte, denn die Disziplin, die für das bäuerliche Wirtschaften lebensnotwendig war, bestimmte die Kontakte zwischen Eltern und Kindern. Kritik an den Eltern von seiten der Kinder war undenkbar. Der Wandel nach dem Zweiten Weltkrieg, der durch den Einsatz von Maschinen das Leben der Bauern grundsätzlich veränderte, veränderte auch die Beziehung zwischen Eltern und Kindern. Die nach dem Krieg geborenen Kinder wachsen bereits in einer Kultur auf, die Armut nur in Ansätzen kennt, und der aufkommende Fremdenverkehr bringt sie mit anderen, attraktiven Kulturgütern in Kontakt. Zunächst soll jedoch dargestellt werden, wie die Kindheit von Leuten, die heute über 70 Jahre alt sind, aussah. Dabei werden wir auch sehen, daß Kinder von Bauern jenen von Dienstboten nicht gleichzusetzen sind.

Eine 72 Jahre alte Bäuerin, deren 35 Jahre alte Tochter mit zwei Kindern heute das kleine Bergbauernanwesen verwaltet, erzählt über ihre Kindheit: „Ich habe zwei Geschwister gehabt. Bis zu unserem 5. und 6. Lebensjahr mußten wir nichts arbeiten. Erst später. Die Mutter hat uns oft runde Kekse gemacht und jeden Tag hatten wir Milch. Zum Mitnehmen in die Schule gab es nur ein Brot und einen Apfel. Das war alles, was wir zu Mittag hatten. Oft ist mein Goden (Pate) gekommen und hat ein Brot herausgezogen, das er uns gegeben hat. Das schmeckte gut, denn ich war voll Hunger. Bis 3 Uhr waren wir in der Schule. Zu Hause gab es dann schon etwas zu essen. Das Essen war in der Warmröhrn (im Herd). Nach dem Essen machten wir die Aufgaben. Als kleinere Kinder mußten wir noch nichts arbeiten, erst, wie wir in den höheren Klassen waren. Ab 7, 8 Jahren mußten wir mitarbeiten. Zum Spielen sind wir da nicht mehr viel gekommen. Ich mußte beim Grummeten helfen. Das Grummet (zweites Heu) haben wir gerecht und gehauft. Im Stall habe ich gearbeitet, Holz mußte ich tragen. Eine wichtige Aufgabe war das Wegtragen der Steine von den Feldern. Dazu haben wir einen Amper (Eimer) und einen Vierfleck (Schürze) bekommen, in die haben wir die Steine hineingetan. Dann wurden sie auf einen Haufen geschmissen. Wir haben als Kinder mit unseren Leuten mitgearbeitet. Das war immer so. Beim Bauern war immer Arbeit, es ist ja alles mit den Händen gemacht worden."

Ähnlich erzählt eine andere Bäuerin: „Ich bin im Zehner-Jahr geboren. Ich habe schon während des Schulgehens gearbeitet. Wir mußten da schon schwer arbeiten. Die drei Schuljahre sind wir am Nachmittag in die Schule (die Mitterwenger Schule) gegangen und die anderen Jahre in der Früh. Im Sommer mußten wir in der Früh das, was die Männer von drei Uhr bis sieben Uhr gemäht hatten, auseinanderstreuen. Wir mußten dazu um vier Uhr aufstehen, um bis sieben Uhr in der Früh fertig zu sein.

Um dreiviertel acht Uhr sind wir erst fort in die Schule. Und am
Sonntag mußten wir in der Früh in die Kirche. Besonders im
Winter war das anstrengend, wenn wir bis zu den Knien im
Schnee gewatet sind. Meine Aufgabe war es auch, mich um die
Schafe zu kümmern. Wenn ich zu Mittag von der Schule heim-
gekommen bin, mußte ich den Schafen nachlaufen und sie zu-
sammensuchen. Auf d'Nacht mußte ich sie heimbringen. Alle
Tage. Als ich dann bereits aus der Schule war, mußte ich am Fuß
der Kleinen Pyhrgas oben die Schafe hüten. Dabei habe ich oft
Angst ausgestanden, überhaupt, wenn schlechtes Wetter und al-
les voll Nebel war."

Eine Geschichte dieser Frau über ihre Arbeit als Schafhir-
tin im Alter von 13 Jahren illustriert den Arbeitseinsatz und die
Schwierigkeiten, mit denen das Bauernkind konfrontiert war:
„Einmal habe ich die Schafe zum Kleinen Pyhrgas hinaufgetrie-
ben. Plötzlich zog ein Wetter auf. Es hat fest geblitzt und gedon-
nert. Der Nebel war so dick, daß ich keinen Meter sehen konnte.
Ich mußte nun ein Lampl (Lamm) suchen, es hatte sich das Kar
hinunter verstiegen. Das Mutterschaf hat geplärrt und das
Lampl auch. Über den Schutt bin ich hinunter. Zum Glück hatte
ich einen Stecken bei mir. Ich habe das Lampl gefunden, mit
dem Fuß beim Knie war es unter einem großen Stein einge-
klemmt. Mit dem Stecken habe ich probiert, den Stein in die
Höhe zu bringen, um das Lampl herauszureißen. Das ist mir
auch gelungen. Das Lampl gab ich dann in den Rucksack. Darauf bin ich mit dem Lampl im Rucksack gerade hinauf. Ich war
bloßfüßig. Zurück konnte ich nicht mehr, ich war schon zu hoch
oben. Mir ist vorgekommen, jetzt und jetzt stürze ich ab. Mir ist
schiach (schrecklich) angegangen. Ich habe unsere liebe Frau
und alle Heiligen angerufen. Das hat mir geholfen. Ich bin gut
hinaufgekommen. Das Lampl hat sich dauernd im Rucksack
gerührt. Es war nicht leicht. Ich habe damals als junges Mädchen viel mitgemacht. Alle Tage war ich mit den Schafen in der
Früh unterwegs. Eine Flasche Milch und ein Stück Brot hatte
ich für den ganzen Tag, damit mußte ich auskommen. Wenn es
geregnet hat, war ich am ganzen Körper naß. Schirm habe ich ja
keinen gehabt, nur ein gewöhnliches Gewand hatte ich an. Stie-
fel hat es nicht gegeben. Ich war oft verkühlt."

Eine andere Bäuerin, sie ist 73 Jahre alt, erzählt von den Belastungen, denen sie als Kind ausgesetzt war: „Wir waren, als ich ein Kind war, sieben Leute am Hof: meine drei Brüder, ich, meine Eltern und eine Magd. Ich mußte bereits arbeiten, als ich noch nicht in die Schule ging. Ich mußte sehr früh aufstehen, um vorzugehen, d. h. ich mußte beim Pflügen den Ochsen oder das Roß mit einem Strick weisen. Das war z. B., wenn wir das Troat (Getreide) angebaut haben, zu Bartholomä, Ende August. Nachher sind wir erst in die Schule gegangen. Und nach der Schule war es zum Viehhüten. Erst dann konnte ich lernen. Beim Vorgehen sind wir sehr früh aufgestanden, sicher schon um vier, halb fünf. Bereits mit 5, 6 Jahren arbeitete ich so. Es war immer hart."

Das Kind auf dem bäuerlichen Hof wurde also bereits in sehr jungem Alter für zunächst eher leichte Arbeiten eingesetzt, die schließlich durch schwerere abgelöst wurden, womit es Dienstboten gleichgestellt war. Eine heute 78 Jahre alte Frau, die als Tochter eines reichen Bauern auf dem Hof aufwuchs, weiß dazu zu berichten: „Wir waren ein Haufen Schwestern. Wir haben wie die Dienstboten bereits als Kinder gearbeitet. Immer, wenn eine von uns aus der Schule kam, hat wieder eine Dirn gehen können. Wir Dirndln mußten auch auf die Alm hinauf und dort mithelfen, wenn z. B. der Schwoagrin (Sennerin), einer unverheirateten Schwester meiner Mutter — sie war 43 Jahre auf der Alm —, die Arbeit zuviel geworden ist."

Ein 1905 in Vorderstoder geborener, heute in der Gleinkerau wohnender Bauer berichtet sehr ausdrucksstark aus seiner Kindheit und Jugend. Seine Erzählung ergänzt das bereits Dargelegte, es verdeutlicht aber auch das Problem eines Kindes, welches als Halbwaise von der Gunst der Bauern abhängig war: „Geboren wurde ich im Dezember 1905 in Vorderstoder. Mein Vater war Maurer und meine Mutter Hausfrau. Wie ich 5 Jahre alt war, ist sie gestorben. Mein Vater war als Maurer nur Hilfsarbeiter. 1912 habe ich zum Schulgehen angefangen. Damit haben für mich die Schwierigkeiten begonnen. Ich mußte von zu Hause weg und zu den Bauern. Die haben mich herumbefohlen: ‚Du machst das, du machst das . . .' Mein Vater konnte sich nicht um mich kümmern, er war in der Arbeit, es war niemand zu Hause.

Ich war immer allein, von einem Bauern zum anderen Bauern
bin ich geschickt worden. Gleich nach dem Tod der Mutter
mußte ich also zu den Bauern. Der Vater hat das Haus verkauft.
Ich habe nun kein Heim gehabt. Wir sind nach Spital am Pyhrn,
dort war ich ein paar Tage bei dem Bauern und ein paar Tage bei
dem. Gewohnt haben mein Vater und ich in einer Hütte, die er
gekauft hat. Arbeiten mußte ich noch nicht viel. Aber als ich
1919, am 2. Februar, zu Maria Lichtmeß, aus der Schule entlassen worden bin, kam ich gleich nächsten Tag zu einem Bauern.
Mein Vater hat da zu mir gesagt: ‚Daß du mir nicht mehr heim-
kommst.' Jetzt wußte ich, was los ist. Der Vater hat selbst nicht
viel verdient, später bekam er die Arbeitslose. Verwandtschaft,
die mir helfen hätte können, hatte ich nicht. Bei meinem ersten
Bauern, beim D. war ich zwei Jahre, dort ist es mir ganz mies
gegangen. 1919 war ein sehr schlechtes Jahr, ich bekam nicht
viel zu essen. Ich hätte gerne mehr gegessen, weil ich im Wachsen war. Die Knechte, mit denen ich aß, hatten kein Mitgefühl
mit mir, ich durfte nicht viel von der gemeinsamen Schüssel essen. Ich bin oft hungrig vom Tisch gegangen. Oft habe ich geweint. Ich wurde von den Knechten herumgeschickt, als der
Jüngste. Da hat es geheißen: ‚Halterbub (Hüterbub) tu weiter,
gemma, gemma! Nicht allweil herumstehen und in die Gegend
schaun!' Oft wurde mir eine heruntergehauen, und man hat
mich bei den Löffeln gezogen. Auf dem Hof waren vier Knechte, drei Dirnen und ich. Mit 14 Jahren mußte ich im Winter mit
dem Roß Holz führen. Dafür mußte ich bereits um 4 Uhr aufstehen, denn von 5 bis halb 6 mußten wir oben auf dem Berg sein.
Dort wurde das Holz aufgeladen. Mit dem Holz mußte ich einen
Graben hinausfahren. Erst am Abend zwischen 5 und 6 Uhr sind
wir heimgekommen. Bei dieser Arbeit waren wir 12 Leute. Ich
war der, der die Rosse geführt hat. Auf dem Holz bin ich wie eine
Schwalbe gesessen, überhaupt wenn wir viel auf den Schlitten
geladen hatten. Einmal passierte es mir, daß die ganze Holzfuhr
umschmiß, hinein in den Graben rollte das Holz, und ich lag
unten. Zu meinem Glück hatten zwei Bäume die Fuhr aufgehal-
ten und unter mir war das Bacherl. Ich hatte furchtbare Angst,
ersaufen zu müssen oder erdrückt zu werden. Gottseidank wurde ich bald herausgezogen. Drei Tage durfte ich mich erholen,

aber dann mußte ich weiterarbeiten. Ich dachte mir damals, ich war schon zwei Jahre bei dem Bauern, daß zwei Jahre genug seien. Ich bin dann von dort weggegangen und bin zum B. gekommen, die waren meine Godenleute (Paten). Ich blieb 6 Jahre bei denen. Auch dort mußte ich von früh bis spät arbeiten."

Die Kindheit dieses Mannes war geprägt von der fehlenden Familienobhut und dem Hineinwachsen in eine bäuerliche Kultur, in der er Armut und ihre Brutalität kennenlernt. Wie er selbst sagte, hätte er als Kind „mehr Schläge als Essen" erhalten. Und schließlich hatten sich auch der Schulwechsel und der Tod seiner Mutter problematisch auf den Kontakt zu seinen Mitschülern ausgewirkt, von denen er erzählt, sie hätten ihn häufig „gehänselt".

Eine ehemalige Magd, die einige uneheliche Kinder geboren hat, schilderte mir ihre Kindheit, die ebenso trist war: „Zu mir haben die Leute gesagt, daß ich ein armes Mensch bin. Ich habe bald niemanden gehabt. Den Vater hat der Schlag getroffen, das war 1912. Und 1916 wurde meine Mutter vom Zug zusammengeführt. Ich war damals 12 Jahre alt und mußte mich nach fremden Leuten umschauen. Nun habe ich dienen müssen. Von einem Bauern zum anderen bin ich gegangen und habe gefragt. Mit nicht einmal 14 Jahren bin ich von Vorderstoder nach Roßleithen gekommen. Dort war ich Magd. Lohn habe ich keinen bekommen. Meine Firmpatin hat mir damals 25 Kronen vermacht und dieses Geld hat die Bäuerin für die Kriegsanleihe genommen; ich habe nicht einmal Schuhe zum Anziehen gehabt. Das Geld war weg. Ich habe gebetet und gebetet und habe fest arbeiten können. Einmal ist ein Sengsschmied vorbeigegangen, als ich gearbeitet habe. Der hat gesagt: „Ja, Dirndl, du schaust ja nicht einmal über das Futter (das Gras) hinaus!' Damals war ich schon 14, 15 Jahre alt. In die Schule bin ich nicht lange gegangen. Weil ich in der Früh im Stall arbeiten mußte, hat mein Gewand, mit dem ich in die Schule ging, gestunken. Mir ist es wirklich recht schlecht gegangen als Kind."

Auch in der Erzählung eines Bauern wird klar, wie schwierig es Kinder hatten, vor allem wenn sie Kinder von Dienstboten waren: „Wir haben einen Knecht gehabt, den Methatus, er

ist 1896 geboren worden. Mit seiner Mutter ist er von Bauer zu
Bauer gezogen. Wenn sie wechselte, mußte er mit. Dann hat
ihn seine Mutter direkt beim B. in Vorderstoder abgegeben, das
war dort der größte Hof. Der Bub war da gerade 8 Jahre alt. Er
war alleweil hungrig, denn bei der gemeinsamen Schüssel haben
die Kleinen nur nachessen können, wenn die Großen genug hatten. Wenn der Methatus von seiner Kindheit erzählt hat, hätte
ich am liebsten geweint. Schlafen mußte er im Roßstall auf einem Strohlager, als Kind! In der Bucheben haben sie eine
Schwoagrin (Sennerin) gehabt, die hat sich seiner erbarmt. Er
hat dann bei ihr schlafen dürfen. Der Bub mußte im Winter um
halb vier Uhr aufstehen, um die Ochsen zu füttern. Mit den Ochsen sind sie dann in die Raider (Almen) gefahren, sie hatten ein-
hundert Joch Wald, um Grasstrah herauszuführen. Das Grasstrah sind die Zweige, Blätter usw., die beim Schlägern ausge-
putzt worden sind. Das war eine herrliche Einstreu fürs Vieh im
Stall. Nach dem Ochsenfüttern in der Früh mußte er den Ochsen
noch Wasser bringen, in so ovalen Schaffeln, in die ungefähr 20
Liter hineingegangen sind. Dabei ist er oft ganz naß geworden,
und er hatte nur ein Gewand, so ist er im Winter in die Schule.
Bis er in der Schule war, war er gefroren. Der Lehrer hat ihn
dann ausgezogen und gewärmt. Der Methatus hatte eine furchtbare Kindheit."

Das Kind — vor allem wenn es das Kind einer Magd war
— war also durch nichts geschützt, es konnte ausgebeutet werden, ohne daß eine Instanz eingeschritten wäre. Aufschluß über
das Leben des Kindes auf dem Bauernhof gab mir auch eine
etwa 70 Jahre alte Frau, die heute in Oberweng mit einem Sohn,
ihrer Schwiegertochter und Enkelkindern einen Bauernhof mit
Zimmervermietung für Sommergäste verwaltet. Ihre Erzählung
ist insofern interessant, als in ihr auf die geringe Wertschätzung,
die dem Kind damals zuteil wurde, verwiesen wird, gleichzeitig
auch auf die Bedeutung des Kindes für den Arbeitsprozeß:

„Ich stamme von einem kleinen Bauernhof. Ich kam 1914
zur Welt. Meine Mutter hatte bereits vier kleine Kinder, und
mein Vater mußte gerade zum Militär einrücken. Als ich zur
Welt kam, sagte mein Vater zu meiner Taufpatin: ‚Das Dirndl
kannst du dir nehmen. Die Mutter hat schon vier Kinder, für sie

ist es ohnehin schon schwer genug.' Meine Taufpatin, sie war eine Schwester meiner Mutter, war Bäuerin in Vorderstoder, hatte aber keine Kinder. Mein Vater hat sich damals gedacht — das reime ich mir heute so zusammen — daß ich einmal den Bauernhof der Tante bekommen werde, weil die keine Kinder hatte. Er dachte sich also, daß ich so versorgt werden würde. Ich bin bei der Taufpatin aufgewachsen. Ich mußte sehr viel arbeiten. Wir hatten drei Knechte und zwei Dirnen. Ich weinte damals sehr viel, weil ich nicht nach Hause zur Mutter gehen durfte. Im Alter von eineinhalb Jahren war ich weggegeben worden. Wer meine Mutter war, das wußte ich immer. Auch meine Mutter hat viel wegen mir geweint. Sie war aber meiner Tante, ihrer Schwester, nicht gewachsen. Eigentlich hätte ich gleich nach meiner Geburt meiner Taufpatin übergeben werden sollen, meine Mutter hat sich aber eineinhalb Jahre gewehrt, mich wegzugeben. Das hat ihr nichts genützt, denn meine Tante ist zu ihr gekommen und hat gesagt: ,Ich pack sie jetzt zusammen, die gehört mir. Der Schwager hat sie mir gegeben und aus basta!' Bei meiner Taufpatin ist es mir nicht gut gegangen. Meine Stiefeltern haben sich, das habe ich erst später erfahren, auch nicht gut verstanden. Mein Onkel hat sich immer mit einer Dirn gespielt. Das habe ich damals nicht gewußt. Ihre Eifersucht hat meine Tante an mir abreagiert. Ich mußte das alles auskosten.

Die Arbeit war für mich hart. Ich mußte um 4 Uhr jeden Tag in der Früh aufstehen. Vor dem Schulgehen mußte ich Futter mähen, Futter bringen und im Stall helfen. Am Sonntag rannte ich in die Messe. Vorher aber hatte ich im Stall zu arbeiten, da muß man eben rennen. Im Winter mußte ich helfen, den Flachs zu spinnen, auch vor dem Schulgehen, jeden Tag. Das war eine schiache (schreckliche) Jugend. Es war nicht einfach. Ich war nur Haut und Beiner (Knochen). Als ich 13 Jahre alt war, wurde das Haus meiner Stiefeltern aufgestockt. In diesem Alter haben sie mich schon aus der Schule genommen, damit ich voll arbeiten konnte. Den ganzen Winter half ich beim Holzführen. Ich habe immer brav gefolgt. Hätte ich dies nicht getan, hätte ich Schläge bekommen. Beim Aufstocken des Hauses wurde ich ordentlich eingespannt. Ich war aber ein schwaches Kind. Meine Mutter, die das mitbekommen hat, hat da zu mir gesagt:

‚Ich schicke jetzt deine ältere Schwester, die hilft dir, damit es dir nicht zu schwer wird.' Nun ist meine Schwester gekommen. Meine Ziehmutter hat sich darüber sehr geärgert, die hat sich gedacht, daß alles nun bekannt wird, was sie mir angetan hat. Daheim habe ich nämlich nie erzählt, wie es mir ergangen ist, weil meine Zieheltern zu mir gesagt haben: ‚Wehe, du erzählst etwas!' Ich habe mich nicht getraut, darüber etwas zu sagen. Meine Schwester hat geglaubt, mir geht es gut. Ich habe ihr nur gesagt: ‚Na, ja, du wirst noch mehr erfahren, wenn du länger hier bist.' Abends an dem Tag, als meine Schwester gekommen ist, ist sie mit mir in den Stall gegangen und hat mir dort geholfen. Und am Abend haben wir nichts zu essen bekommen, wie ich es schon gewohnt war. Nun aber habe ich begonnen, meiner Schwester alles zu erzählen. Meine Ziehmutter hat das geahnt und hat bei der Stalltür zugehört, wie ich meiner Schwester von meinen Problemen erzählt habe. Jetzt war alles aus. Sie hat sich geärgert über mich und hat mir einiges nachgehauen. Ich habe sehr geweint. Meine Ziehmutter hat befürchtet, daß die Leute erfahren, wie sie mich behandelt hat. Die Schwester, als sie gesehen hat, wie es mir geht, hat gesagt: ‚Wir gehen in der Früh gleich in den Stall und sind dann dahin.' Wir sind tatsächlich davon zu meinen Eltern. Der Vater, er war schon vom Krieg zurück, hat gemeint: ‚Das Dirndl darf nicht dableiben!' Ich habe da recht geweint. Mein Vater hat es nicht geglaubt, daß es mir bei der Ziehmutter wirklich schlecht geht. Er hat es nicht geglaubt, weil die Ziehmutter nach außen eine Persönlichkeit und immer recht lieb zu den Leuten war. Aber das Leben mit ihr war bitter. Ich mußte nun wieder zu ihr zurück. Sie war so zornig auf mich, denn sie hat gewußt, daß man nun alles über sie weiß. Fünf Wochen blieb ich jetzt bei meinen Zieheltern. Und dann bin ich wieder davongelaufen, nun alleine. Meine Mutter war damals sehr krank, als ich heimkam. Der Vater war auch gerade in der Stube. Zu ihm habe ich gesagt: ‚Vater, jetzt bin ich wieder da. Ich gehe nicht mehr zu meiner Taufpatin.' Er hat darauf gesagt: ‚Was, du gehst nicht mehr hinein?' ‚Nein,' habe ich gesagt, ‚ich gehe nicht mehr hinein, da gehe ich lieber woanders in den Dienst.' Darauf hat der Vater gesagt: ‚Geh zu deiner Mutter, sie liegt im Bett.' Ich bin zu der Mutter. Sie hat gesagt: ‚Gott Lob und Dank, daß du da bist, Gott Lob und Dank, daß du da bist, daß du endlich bei mir bist.'

Der Vater wollte es noch immer nicht glauben, daß es mir wirklich schlecht ergangen ist. ‚Na gut', hat er gesagt, ‚jetzt bleibst du da.' Mein Bruder Ludwig wurde in die Ardning um Latschen geschickt, damit er sich etwas dazuverdient. Die Zeiten waren ja schlecht und Geld hat es nicht viel gegeben. Ich mußte nun die ganze Männerarbeit tun. Ich mußte das Heu auf den Heuwagen hinaufgeben, ich mußte ihn abladen. Das war alles schwere Arbeit. Die Mutter ist immer hinter mir hergewesen: ‚Komm, schnell ein Butterbrot, iß!' Die anderen Geschwister mußten auch arbeiten, aber nicht so wie ich. Der Vater wollte mich nun prüfen, ob es mir wirklich so schlecht ergangen ist. Daher sagte er: ‚Wenn sie die nächsten drei Monate gut durchsteht, dann ist es ihr wirklich schlecht ergangen.' Und obwohl ich jeden Tag um 2 Uhr aufstehen mußte — die anderen Geschwister durften liegen bleiben — habe ich 13 Kilo zugenommen. Nach diesen drei Monaten, in denen ich wirklich hart gearbeitet habe, hat er gesagt: ‚Jetzt weiß ich, daß es dir wirklich schlecht ergangen ist. Jetzt drehe ich den Spieß um, jetzt bis du auch mein Kind.' Ab nun habe ich es schön gehabt zu Hause. Bis ich hierher nach Oberweng geheiratet habe, bin ich daheim geblieben."

Diese Erzählung weist, obwohl die Verleihung des Kindes nicht typisch ist, aber in die Struktur damaligen bäuerlichen Wirtschaftens paßt, einprägsam auf die Stellung des Kindes als beinahe vollwertige Arbeitskraft hin. Für die Zieheltern ist es daher auch kein Problem, das eher zarte Mädchen zu hartem Arbeitseinsatz heranzuziehen. Obwohl die Eltern mit dieser Art des Einsatzes ihrer Tochter nicht einverstanden sind, ist es für sie jedoch klar, daß das Kind auf dem Hof arbeiten muß.

Die Schule spielt dabei eine geringe Rolle, sie wird als eher störend gesehen, und man ist bemüht, die Schulentlassung des Kindes zu beschleunigen. Dies spricht auch ein ehemaliger Knecht an, der als unehelicher Sohn einer Dienstmagd auf einem Bauernhof aufwuchs: „Ich bin mit 12 Jahren aus der Schule gekommen, das war 1925. Der N. hat nämlich gesagt, er braucht mich für die Arbeit, der Lehrer soll mich aus der Schule gehen lassen. Ich bin dann noch ein paarmal am Samstag in die Schule gegangen, so war das damals eingeführt. Dann war es für mich mit der Schule aus."

Frühzeitige Schulaustritte waren im Sinne der Bauern. Um nun diesen Kindern aber doch Wissen zu vermitteln oder ihnen Gelegenheit zu geben, ihre Kenntnisse aufzufrischen, gab es in Spital am Pyhrn — ähnlich wie in anderen Gebirgsgemeinden — die sogenannte „Samstagsschule". Eine ehemalige Sennerin, die heute als 70jährige auf dem Bauernhof ihres Brudes lebt, weiß dazu zu erzählen: „Ab 12 Jahren war ich in der Samstagsschule. Jeden Samstag mußte ich, bis ich 14 war, zur Schule gehen. Ich habe im Stall geholfen, habe das Vieh gehütet und habe auf meine Geschwister aufgepaßt. Wir waren insgesamt 10 Geschwister. Ich habe die Tiere sehr gern gehabt. Meine Mutter hat daher gesagt: ‚Du kannst einmal Schwoagrin (Sennerin) werden.' Oft hat man mich als Kind gesucht, wenn ich bei den Viechern war. Ich schlüpfte in die Hühnerlucke hinein oder schlief bei den Kühen. Dort war es schön warm. Und ich war alleine."

Der Bruder dieser Frau, er ist 1930 geboren und heute Nebenerwerbsbauer, erläutert das Verhältnis Schule — Arbeitswelt: „Wenn wir von der Schule heimgekommen sind, mußte man Aufgaben machen. Dabei kam es oft vor, daß irgend einer geschrien hat: ‚Du mußt mir geschwind Knebeln (Äste) führen helfen!' Dann mußte man hinaus in den Schnee, die Knebeln schnappen und in die Holzhütte tragen. Trotzdem habe ich ganz gut gelernt. Ich glaube, der Schulstoff war damals gut eingeteilt, so daß man richtig gelernt hat. Heute werden die Kinder mit viel zuvielen Sachen vollgestopft. Man kann ihnen nicht mehr sagen: ‚geh einmal arbeiten', weil sie zuviel Aufgaben haben. Sie sind mit Aufgaben zugedeckt. Für uns war die Arbeit Ausgleich. Dabei hat das Hirn ausrauchen können. Man hat gearbeitet und ist dann wieder frisch gewesen, man war wieder aufnahmsfähig."

Vor dem Krieg wurden die Kinder von Bauern früher in den Arbeitsprozeß eingebunden als die Kinder von „Kleinhäuslern", die im Bereich des Ortes lebten. Bei diesen hatte der Kontakt zu anderen Kindern wesentlich mehr Bedeutung. Im Kontakt mit Schulkollegen entwickelte sich so etwas wie eine Gemeinschaft, in der man Lausbübereien u. ä. ausheckte, etwas, das es bei Kindern von Bauern nur ansatzweise gab. Trotzdem war auch das Leben dieser Kinder von der Arbeit geprägt, die vor allem im Haus zu verrichten war. Eine beinahe idyllische Beschreibung eines Bubenlebens vor 1938 ist folgende, in der ein Vergleich zur heutigen Kindheit im Dorf angestellt wird: „Wer von den Kindern geht heute noch auf den Josefiberg, um dort ein Hütterl zu bauen? Will ein Bub eines bauen, so wird er Schwierigkeiten mit dem Forst (Forstwirtschaft) oder sonst jemandem bekommen. Genauso ist es, wenn man heute über eine Wiese rennt. Heute schaut man, ob das Auto einen Platz hat, nicht aber das Kind. Wir hatten vor der Schule Kletterstangen. Ich war in der Früh der erste dort, habe mein Rucksackl weggehauen, Schultasche habe ich keine gehabt, und hinauf auf die Stange. Das war interessant für uns. 1937 sind wir mit unserem Lehrer zu Fuß nach Hinterstoder marschiert, um an den Landesjugendmeisterschaften im Schifahren teilnehmen zu können. Ich hab dazumal keine neuen Schi gehabt, sondern Schi, die bereits jemand anderer abgelegt hatte. Diese Schi habe ich mir selbst etwas zusammengebastelt, sie waren viermal genietet. Aber gefahren sind sie. Allerdings ist mir beim Abfahrtslauf die Bindung vom Schi heruntergegangen. Auf dem Schuh hatte ich sie noch. Ich beendete den Lauf auf einem Schi und bin 42. geworden von 60. Nach den Bewerben sind wir wieder zu Fuß nach Spital zurückgewandert. 1940 wurde ich sogar Gebietsmeister, also oberösterreichischer Jugendmeister im Schilauf."

In dieser kurzen Erzählpassage wird die Härte des Alltags mit seinem Prinzip der geringen Bedürfnisse verniedlicht. Die Ausschmückung mit den geflickten Schiern weist auf jenes oben beschriebene Leben in Armut hin, ebenso der Fußmarsch nach und von Hinterstoder. Die wenigen Sätze malen die Kultur der Bauern und Kleinhäusler aus, eine Kultur, die bis in die fünfziger Jahre besteht. Ich will nun noch einige Schilderungen einfügen, die die Zeit des Wandels in bezug auf die Kindheit beschreiben. Ich habe schon darauf hingewiesen, daß Kindheit in unserem Sinne, nämlich im Sinne eines wohlbehüteten und weitgehend arbeitsfreien Lebens beim Bauern in Spital am Pyhrn erst Ende der fünfziger bzw. Anfang der sechziger Jahre möglich wird.

Der Wandel der Kindheit

Die Nachkriegszeit und die Folgejahre sind, auch was die Kindheit betrifft, von einem Wandel bestimmt, der auf der Technisierung und dem Aufkommen des Fremdenverkehrs beruht. In den folgenden Erzählungen wird schlüssig auf diese Änderung verwiesen. Die erste Schilderung stammt von einer 1941 geborenen Frau, die auf einem Bauernhof mit drei Geschwistern in Oberweng aufwuchs. Sie ist das älteste Kind und hat, wie zu sehen sein wird, alte bäuerliche Strukturen erlebt, während ihr ein Jahr jüngerer Bruder bereits den Wandel am Hof bewußt miterlebt. Die Frau — heute ist sie Hausfrau, hat vier Kinder, ihr Mann ist Versicherungsbeamter — erzählt aus ihrer Kindheit:

„Mit 7 Jahren habe ich angefangen, in die Schule zu gehen. Jeden Tag ab dem 10. Lebensjahr mußte ich, bevor ich von zu Hause in die Schule gegangen bin, im Stall arbeiten. Dazu zog ich ein Stallgewandl an. Nachher ging ich ins Haus zurück, wusch mich und lief in die Schule. Um halb fünf Uhr stand ich auf und um 7 Uhr ging ich von zu Hause weg, um rechtzeitig in der Schule zu sein. Mit zunehmendem Alter mußte ich immer mehr arbeiten. Ich wurde kräftiger und daher auch mehr von meinen Eltern eingesetzt. Unser Schultag war von der 1. bis zur 4. Klasse nur am Vormittag, und von der 5. bis zur letzten Klasse nur am Nachmittag. In der übrigen Zeit hat man im Haus gearbeitet, der Mutter geholfen und dann wieder im Stall. Damals in den fünfziger Jahren konnte man im letzten Schuljahr beurlaubt werden, wenn man am Hof gebraucht wurde. Lediglich die Wintermonate bin ich zur Schule gegangen. Mein Vater hat mich sozusagen als richtige Arbeitskraft eingesetzt. Wir haben zwar noch eine Dirn gehabt, die Perpeta, die ist aber dann weg, weil sie geheiratet hat. Ich habe sie recht gern gehabt, sie war lange Dirn bei uns am Kogl, sie hat nie viel geredet. Wie die Dirn aus dem Haus war, bin ich ganz schön drangekommen. Ich mußte mit meinem Vater ins Holz gehen. Eine Motorsäge gab es noch nicht, die Arbeit war daher hart. Mein Bruder war noch zu jung, um mitzukommen. Ich war gesund, das hat man bei der Schuluntersuchung festgestellt. Der Arzt hat gesagt: ‚Die ist gesund und stark, die kann arbeiten.‘ Für meinen Vater war wichtig, daß ich stark bin, sonst hätte er mich nicht einsetzen können. Ich habe mich selbstverständlich gefügt.

Eigentlich hätte ich gerne Lehrerin werden wollen, doch aus dem ist nichts geworden. In der Schule war ich Klassenbeste. Es war klar, daß ich daheim bleibe, um dem Vater zu helfen. Ich habe gesehen, daß mein Vater mich braucht, denn mein Bruder war noch zu jung. Wäre er älter gewesen, so hätte ich vielleicht eine Chance gehabt, etwas zu lernen. So habe ich jedoch mit meinem Vater arbeiten müssen, all das, was angefallen ist. Ich dachte mir damals zwar, daß ich einmal geheiratet werde. Daß ich vom Hof wegkomme, das war klar, nämlich dann, wenn eines meiner Geschwister so weit war, um am Hof zu arbeiten. Als dann mein Bruder so weit war, hat mein Vater zu mir gesagt: „Jetzt kannst du dich um einen Posten umsehen.' Während meiner Schulzeit habe ich vom Stallgehen bis zum Heuen alles getan. Wenn wir zu Mittag nach vier Stunden Schule nach Hause gekommen sind, haben wir die Tasche weggehauen, die Aufgaben hatte ich meistens schon in der Schule gemacht. Nach dem Essen haben wir bis auf d'Nacht hart gearbeitet. Ohne Unterbrechung. Zum Spielen sind wir wenig gekommen. Als Kinder haben wir hie und da gespielt. Wir haben uns dazu z. B. Zapfen aus dem Wald geholt. Sie waren für uns die Kühe, die wir in einen kleinen Stall gestellt haben. Puppen haben wir kaum gehabt. Ich kann mich nur an eine erinnern, die mir die Mami zu Weihnachten einmal geschenkt hat. Mit ihr habe ich gespielt, aber zur Arbeit habe ich sie nicht mitgenommen. Mein Vater hat uns aber Zitherspielen lernen lassen, er hat nämlich viel von Hausmusik gehalten. Deshalb haben wir auf d'Nacht hie und da üben müssen. Das war unser Spiel oder unser Feierabend.

Wir haben uns in der Familie gut verstanden. Keiner von uns hat sich über die Arbeit oder das Musizieren aufgeregt. Es war Harmonie. Die heutigen jungen Leute regen sich über alles auf, das verstehe ich nicht. Heute sind sie unzufrieden, haben aber alles. Wir waren trotz der vielen Arbeit zufrieden, und das ist das Positive gewesen. Ich glaube nicht, daß der heutige Wohlstand ein Segen ist. Wir haben vielleicht nicht die Schulung mitbekommen, die wir hätten haben können, aber die Eltern haben uns Herzensbildung beigebracht.

Als ich 14 Jahre alt war, mußte die Mutter ins Krankenhaus. Mein Vater hat da gesagt, daß ich, die Mili, das leicht
schupfe. Die Anni war da 1 Jahr, der Franz 2 Jahre alt. Der
Herbert, die Marie und der Willi sind zur Schule gegangen. Es
gab damals weder eine Melkmaschine noch eine Waschmaschi-
ne, das war 1955. In den drei Wochen, in denen meine Mutter im
Spital war, habe ich alleine im Haushalt gewirtschaftet, auch im
Stall mußte ich alleine arbeiten. Damals stand ich jeden Tag um
vier Uhr auf, damit ich um halb sieben Uhr bereits in der Küche
arbeiten konnte. Dann mußte ich die Kinder zum Schulgehen
fertig machen, und schließlich habe ich die zwei Kleinen versorgt. Der Vater hat gesehen, daß ich alleine mit dem allen fertig
werde. Er war richtig stolz auf mich. Auch ich war stolz auf
mich, daß ich das alles schaffe. Ich habe mich richtig gefreut.
Der Vater hat der Mutter im Krankenhaus erzählt, daß die Mili
zu Hause es schafft. Das war für mich eine richtige Aufwertung.
Er hat mich jedesmal gelobt, wenn ich ein gutes Mittagessen auf
den Tisch gebracht habe. Er hat uns überhaupt viel gelobt."

Für die Erzählerin ist der tägliche und auch harte Arbeitseinsatz selbstverständlich. Sie sieht, daß der Bauernhof erst
durch ihr aktives Mittun existenzfähig ist und daß auf ihre Arbeitskraft nicht verzichtet werden kann. An der Schilderung
überrascht vielleicht die auch im vorigen Kapitel deutlich gewordene kritiklose Unterordnung unter die Wünsche der Eltern
als den „Befehlshabern" am Hof. Das 14 Jahre alte Mädchen
sieht sich da als vollwertige Arbeitskraft. Ihr Selbstverständnis
ist nicht mehr das eines Kindes, sondern das eines in den Arbeitsprozeß integrierten Mitgliedes am Bauernhof. Allerdings
befindet sie sich bereits am Übergang von der traditionellen
bäuerlichen Kultur zu einer modernen, sich an städtischen Kul-
turmustern ausrichtenden Kultur. Ich habe auch mit ihrem Bruder und ihrer jüngsten, 1954 geborenen Schwester gesprochen.
Diese beiden Interviews will ich auszugsweise wiedergeben.

Zuvor aber möchte ich noch aus einem Interview mit einem
heute 47 Jahre alten Mann zitieren, der als „Kleinhäusler" aufgewachsen ist und der noch bis in die fünfziger Jahre jene Not
gespürt hat, die mich als Buben betroffen machte. Dieser Armut
entspricht auch eine charakteristische Disziplinierung des Kin-

des: „Meine Mutter hat mich gebraucht beim Heueinbringen. Wenn ich z. B. um 1 Uhr Schule aushatte, mußte ich schleunigst heimgehen, um der Mutter zu helfen. Vielen Leuten ist es damals zwar schon besser gegangen, aber davon habe ich nichts bemerkt. Es hat damals noch ärmere als uns gegeben. Mein Vater, der im Holz gearbeitet hat, hat gar nicht so schlecht verdient. Als Holzknecht hat er zum Lohn ein gewisses Deputat an Holzscheitern von den Bundesforsten gehabt, für den Eigengebrauch. Die Scheiter, die wir nicht brauchten, hat der Vater verkauft. Von dem Geld haben wir nichts gesehen. Mit unserem Gewand waren wir bescheiden, wir gingen barfuß in die Schule. Im Winter haben wir schafwollene lange Unterhosen angehabt, die schön gekratzt haben. Geschlafen haben wir in einer Holzkammer, die mit schön gezimmerten Brettern verschlagen war, aber keine Wärmeisolierung hatte. Die Tuchent war oft steif wegen der Kälte. Durch den Strohsack, der eine schöne Mulde hatte, war es verhältnismäßig warm."

Der Hinweis auf die Dürftigkeit des Lebens verbindet sich mit dem Selbstverständnis des arbeitenden Kindes, welches weiß, daß die Mutter seine Leistung als Beitrag zur gemeinsamen Lebensbewältigung unbedingt benötigt. Er nimmt auch im Rückblick beides, Arbeitseinsatz und persönliche Einschränkung, kritiklos hin. Trotz Schwierigkeiten und Zwängen gewinnt er seinen Kinderjahren aber auch Positives ab: „Offensichtlich überwiegt bei mir das Negative in meiner Kindheit so stark, weil ich darüber rede. Wenn ich aber genau an meine Kindheit zurückdenke, sehe ich auch, wie schön es bei uns drinnen war, was das für ein herrliches Platzerl war (im Rettenbachtal in einer Kleinbauernhütte). Romantisch, das war ein Häusl, wie aus einem Ganghofer-Film, mit einer Bienenhütte. Gleich hinter dem Häusl der Wald und ein Wegerl. In der Nähe von uns gab es einige Felsen, auf die wir Gipfelkreuze mit Gipfelbüchern gaben. Unsere Nachbarin hat Geißen gehabt, die haben wir für sie gehütet. Eine Geiß ist ein zutrauliches Tier, im Gegensatz zur Kuh. Die Nachbarin hat uns fürs Hüten Kleinigkeiten zugesteckt, wie z. B. Zuckerhüte, die waren aus Rohzucker. Solche Geschenke waren für uns wie ein Fest. Wenn ich daran zurückdenke, waren das wirklich nette und schöne Erlebnisse . . . Mich hat der Vater mit seiner Regelmäßigkeit geprägt, er hat seine Prinzipien gehabt. Jeden Sonntag um halb neun Uhr ist er in die Kirche gegangen. Wir mußten mitgehen, wir sind gerne mitgegangen. Ohne Widerrede. Es war für uns eine Selbstverständlichkeit."

Diese romantisierende Sicht vergangener Zeit weist wohl darauf hin, daß menschliche Kontakte in Zeiten der Not und der persönlichen Einschränkung in besonders positiver Weise erlebt werden können. Dies darf jedoch nicht darüber hinwegtäuschen, daß die damaligen sozialen Strukturen vor allem den jungen Menschen deutlichen Zwängen aussetzten. Der Bruder der zuvor zitierten Frau, der 1943 geboren wurde, erlebt noch die Härte des im Arbeitseinsatz stehenden Kindes, er erlebt aber bereits das Abgehen vom Dienstbotenwesen:

„Vor dem Schulgehen mußten wir bereits Futter holen, wir sind unter großem Zeitdruck dabei gestanden. Als sehr junge Schulkinder mußten wir beim Ackern vorangehen. Mit 8, 9 Jahren habe ich so richtig zu arbeiten begonnen. Und mit 10 Jahren mußte ich bei der Holzarbeit im Winter mittun. Mit der Zugsäge schnitten wir das Holz (die Bäume) um. Für die Hacke war ich noch zu klein. Mit der Hacke hat der Knecht gearbeitet, den wir damals noch gehabt haben. Eine wichtige Arbeit war für mich das Scherpfen (Holz schälen). Knechte haben wir bis ca. 1957 gehabt, dann war es aus, dann sind wir Kinder drangekommen. Diese Arbeit als Kind hat sich nachteilig auf meinen Körper ausgewirkt. Ich spüre es heute im Kreuz, bei den Bandscheiben." Die Konfrontation des jungen Burschen mit der Arbeit hat sein Leben bestimmt und seine heute sehr intensive Beziehung zur bäuerlichen Welt. Mit 16 Jahren macht er den Traktor-Führerschein, und da sein Vater als Kriegsinvalide nicht voll einsatzfähig ist, hat er mit dem Traktor ab nun die Feldarbeit zu erledigen.

Im Vergleich zu dem Arbeitseinsatz früher hat die Mitarbeit heutiger Kinder eher den Charakter einer Freizeitbeschäftigung als den eines tatsächlichen Eingebundenseins in ein Arbeitsprogramm. Der technische Wandel, soziale Änderungen, bessere Verdienstmöglichkeiten und der Fremdenverkehr wirken schließlich auf eine entscheidende Änderung der Stellung des Kindes auf dem Bauernhof. Die 1954 geborene Schwester des zuvor zitierten Mannes kennt die Belastung ihrer Geschwister nicht: „Ich habe schon im Wohlstand gelebt. Mir ist es nie schlecht gegangen. Ich habe so ziemlich alles haben können, was andere Kinder auch hatten. Meine Kindheit war sehr schön, sehr gefühlsvoll, ich hatte sehr gefühlsvolle Eltern. Wir sind bescheiden aufgewachsen ... Wir haben alle eine schöne Kindheit erlebt, aber ich die schönste. Die Größeren haben es freilich viel härter gehabt als ich. Die haben wesentlich mehr mitgearbeitet, sie mußten es. Damals war es noch üblich, hinaus aus der Schule und arbeiten. Ich habe schon einen Beruf erlernt. Die älteren Geschwister wollten das auch und haben sich dafür eingesetzt. Die Eltern waren damit einverstanden, denn alle Kinder können nicht daheim bleiben. Ich mußte nicht mehr am Hof arbeiten, da ich einen Beruf erlernt habe. Als ich ein Kind war, hat meine Mutter oft zu mir gesagt, wenn ich etwas arbeiten hätte sollen: ‚Laß das, das mache ich für dich.‘ Nur einmal habe ich richtig erlebt, was arbeiten heißt. Es war zu der Zeit, als ich in den polytechnischen Lehrgang gegangen bin. Damals war ich völlig alleine mit den Eltern und meine Mutter war krank. Ich bin jeden Tag um halb fünf Uhr früh aufgestanden, um den Stall zu machen, zu melken usw. Nachher habe ich mich von Kopf bis Fuß gewaschen. Ich hätte es nicht zusammengebracht, vom Stall direkt in die Schule zu gehen. Nachdem ich mich gewaschen hatte, bin ich zu Fuß hinunter und dann mit dem Bus in die Schule.“

Arbeit von Kindern wird hier bereits als Ausnahme und als etwas Besonderes, als etwas für den bäuerlichen Bereich nicht mehr Charakteristisches erlebt und gesehen. Das Kind wird weniger in den Arbeitsprozeß eingegliedert, vor allem auch darum, weil die schulische Belastung größer wurde. Schließlich ist es von grundlegender Bedeutung für den Bauern, daß für die auf dem Hof arbeitenden Kinder, die nicht mehr schulpflichtig sind, Krankenversicherung u. ä. Abgaben zu zahlen sind. So meint ein Bauer: „Das geht heute nicht mehr so leicht, daß ich meine Kinder daheimlasse, die muß ich woanders hin tun. Früher sind meine Schwestern, weil sie arm gewesen sind, bei uns am Hof aufgewachsen. Aber heute ist das anders, weil man sofort für die

Kinder, die aus dem schulpflichtigen Alter draußen sind, die
Versicherung zahlen muß."

Durch die finanzielle Belastung, die das Zahlen diverser
Abgaben für die auf dem Hof Beschäftigten brachte, ist der Bauer daran interessiert, möglichst ohne Arbeitnehmer auszukommen. Auch Kinder werden als Arbeitskraft gerade für den ärmeren Bauern uninteressant. Das Kind, das nicht den Hof übernehmen soll, wird auf einen anderen als den bäuerlichen Beruf
vorbereitet.

Während früher — vor allem vor dem Zweiten Weltkrieg —
die Kinder, die den Hof nicht übernehmen konnten, grundsätzlich in der bäuerlichen Welt blieben, änderte sich dies ab den
fünfziger Jahren radikal. Zum Ausdruck kommt dies in der Erzählung von Frau R., die seit früher Kindheit auf dem Hof arbeiten mußte: „Geheiratet habe ich mit 22. In der Zwischenzeit
(zwischen dem Einsatz auf dem Hof und der Heirat) war ich
eineinhalb Jahre in einem Gasthaus in Windischgarsten. Ich war
damals 18 Jahre alt. Meine Stelle am Hof hat meine Schwester
nun eingenommen. Mein Vater hat da zu mir gesagt: ‚Du kannst
jetzt einmal ein bisserl Geld verdienen.' Ich hatte bis dahin für
meine Arbeit am Hof noch kein Geld bekommen. Im Gasthaus
habe ich von 6 Uhr früh bis 10 Uhr abends gearbeitet. Trotz
dieser langen Arbeitszeit muß ich sagen, ich habe noch nie eine
so schöne Zeit bis dahin gehabt. Die Arbeit war viel leichter als
die daheim. Ich arbeitete hauptsächlich in der Küche und im
Gastgewerbe. Als ich von zu Hause wegkam, habe ich nur 50
Kilo gewogen. Alle sagten da zu mir: ‚Schau aufs Essen, du
siehst ja aus wie ein Schulkind.' Ich habe 15 Kilo zugenommen.
Man kann sich denken, wie gut es mir gegangen ist."

Interessant an dieser Erzählung ist die Erwähnung, daß die
Arbeit auf dem Bauernhof noch bedeutend schwerer ist als ein
14-Stunden-Tag im Gastgewerbe. Der Vater rät ihr zum Aufbau
einer Existenz, die nicht an bäuerliche Bereiche gebunden ist.
Hier deutet sich sehr charakteristisch ein Wandel an, der das
Kind von Bauern nicht mehr an den bäuerlichen Arbeitsprozeß
bindet, sondern ihm ermöglicht, diese bäuerliche Welt auch zu
verlassen. Etwas, an das früher nicht zu denken war.

Der Respekt der Kinder gegenüber Erwachsenen

In Gesprächen vor allem mit früheren Dienstboten und älteren Bauern wurde häufig betont, daß zwischen früher und heute ein „gewaltiger" Unterschied im Verhalten junger Menschen bzw. Kinder gegenüber Erwachsenen bestehe. Die traditionelle Begegnung zwischen Kindern und Erwachsenen war wesentlich dadurch bestimmt, daß das Kind dem Erwachsenen Ehrerbietung entgegenbrachte, was sich auch in der Anrede „Ös" und „Enk" (Ihr und Euch), die z. T. bis heute beibehalten werden, äußerte. „Früher hat man Achtung vor den Eltern, dem Lehrer und dem geistlichen Herrn gehabt. Heute ist das Nebensache, die Jungen haben keine Achtung vor den Älteren mehr", erzählt ein alter Bauer.

Die Disziplinierung des Kindes früher verfolgte den Zweck, die Organisation des Lebens im Haus, auf dem Hof, in der Schule und der dörflichen Gemeinschaft für die Erwachsenen zu erleichtern. Anordnungen von Erwachsenen wurden von den Kindern ohne Widerspruch und Diskussion befolgt. Diese Einstellung zu den Erwachsenen drückt auch ein 1925 geborener Mann aus: „Man hat ja nicht ‚Du' sagen dürfen zu den Eltern und anderen Erwachsenen. Man mußte ‚Ös' und ‚Enk' sagen. Das hat sich nie ganz aufgehört. Zum Lehrer haben wir ‚Sie' sagen müssen, nach der Schreibe."

Als ich 1984 einen heute 85jährigen Bauern in Oberweng aufsuchte und mich zu ihm in die Stube setzte, fiel mir sofort auf, daß seine Schwiegertochter ihn noch mit „Ös" (Ihr) anredet. Auf die Frage, warum sie weiter noch das „Ös" verwende, erwiderte die Frau: „Ich sage ‚Ös', weil wir das früher immer gesagt haben. Wir haben die Eltern so angeredet." Und als ich sie fragte, ob damit Hochachtung ausgedrückt werde, meinte sie: „Ja, die muß man ja haben. Der Vater hat schon so viel hinter sich, was wir vielleicht noch vor uns haben." Hier wird also die Arbeitsleistung des Älteren für den Hof durch das besondere Maß an Ehrerbietung belohnt. Der jüngere Mensch wuchs in der bäuerlichen Gemeinschaft mit einer gewissen Achtung vor dem älteren Menschen und seinen Belastungen durch die Arbeit auf, trotzdem hatten aber die alten Bauern und

Dienstboten, wie wir noch sehen werden, auch Probleme mit
den Jüngeren.

Gehorsam wurde vom Kind als selbstverständliche Pflicht
empfunden, als eine Pflicht, von der es zu Hause, bei der Arbeit
und in der Schule hörte. In diesem Sinn ist auch die Meinung
einer früheren Sennerin, einer heute etwa 70 Jahre alten Frau zu
verstehen: „Mit den Eltern haben wir uns gut verstanden. Sie
waren schon sehr streng. Und zwar dann, wenn man einen Feh-
ler gemacht hat." Das „fehlerhafte Verhalten" wird nicht in Frage gestellt und seine Bestrafung als „richtig" interpretiert. So
sieht es auch ein heute über 80 Jahre alter Kleinbauer, dessen
Vater nur eine sehr kleine Wirtschaft hatte: „Wir sind arm aufgewachsen. Der Vater hat uns streng erzogen, aber er war gut. Gestritten habe ich nie mit dem Vater. Dreißig Jahre lang habe ich
mich nicht getraut, meinem Vater etwas zu erwidern. Ich bin erst
spät von zu Hause fort. Früher war es allgemein so, daß die
Eltern streng waren. Hätten wir nicht dem Vater gehorcht, so
hätte er uns gesalzen (geschlagen). Er hat uns nur ein wenig harb
(böse) anschauen gebraucht, das hat schon geholfen und wir
haben gefolgt. Heute haben es die Kinder viel leichter."

Daß die Kinder heute weniger gehorsam seien, meint eine
etwa 70 Jahre alte Bäuerin: „Der Bauer war beim Dreschen der
erste, der den Drischl niedergeschlagen hat, weil er es am besten
verstanden hat. Er war viel erfahrener als wir. Wir alle haben
dem Bauern folgen müssen. Heute ist es anders, heute haben alle
das Maul offen. Wir hätten besonders als Kinder nichts sagen
dürfen." Deutlich wird in diesen Sätzen auf einen „natürlichen"
Gehorsam verwiesen, der sich aus der Situation der Arbeit
gleichsam konsequent ergibt. Daß Gehorsam für das Zusam-
menleben als selbstverständlich erwartet wurde, wird auch in
folgender Passage aus dem Interview mit dieser Frau ausgedrückt: „Wenn ich tanzen gegangen bin, beim Kirtag, mußte ich
am Abend zum Stallgehen daheim sein. Ich bin darum auch
alleine nach dem Tanz zum Hof herauf. Einmal hat mir ein
Bursch mein Tascherl weggenommen und hat es mir nicht gegeben. Deshalb bin ich ausgeblieben. Als ich dann nach Hause
kam, bekam ich eine Fotzen (Ohrfeige) von der Mutter. Da war
ich schon fast 20 Jahre alt. Geschadet hat es mir nicht. Außer-

dem war es richtig, weil man mir gesagt hat, ich soll heimkommen."

Gehorsam war also funktional in einem vom bäuerlichen Wirtschaften bestimmten System. Es konnte nur dann entsprechend funktionieren, wenn man auch gewiß sein konnte, daß Anweisungen und Regeln befolgt werden. Bis in Details war die bäuerliche Kultur durch das Muster des Gehorsams geprägt. Eine heute 78 Jahre alte Frau, die von einem reichen Bauernhof abstammt, identifiziert sich weiter mit diesem Prinzip: „Ich bin für eine strenge Kindererziehung, damit die Kinder es später leichter haben." Strenge Erziehung wird also als Lebenshilfe interpretiert.

Auch folgende Aussage eines Mannes, der um 1952 aus der Schule entlassen wurde, unterstreicht die bisherigen Überlegungen: „Wir waren Kleinhäusler. Ich mußte jeden Tag zu Fuß in die Schule. Wir hatten zwar ein Radl, aber mit dem ließ mich meine Mutter nicht fahren. Das Radl stand in der Tenne. Meine Mutter meinte, wir würden uns beim Radfahren zuviel anstrengen. Davon könne man krank werden, sich verkühlen. Ich mußte also zu Fuß in die Schule und zurück. Pünktlich mußte ich daheim sein, weil man mich zur Arbeit gebraucht hat."

Vom jungen Menschen wird die Forderung nach Gehorsam ungefragt befolgt, denn er weiß, der Hof braucht ihn, er braucht aber auch den Hof. Er ist ohne ihn und ohne die auf ihm lebenden Leute hilflos. Eine ernsthafte kritische Auseinandersetzung mit den Eltern kann, dies ist allen bewußt oder wird ihnen laufend bewußt gemacht, zum Problem für alle werden, insofern als das gemeinsame Wirtschaften dadurch behindert wird. Daher wird es auch klar, wenn den Kindern bereits sehr früh vor Augen geführt wird, daß der bisherige Arbeitseinsatz der Eltern und anderer Erwachsener das Recht gibt, Gehorsam und Respekt zu verlangen. Etwas, das für die bäuerliche Kultur typisch ist, aber nicht für die bürgerliche, in der dem Kind und dem Jugendlichen ein von Schule und Arbeit freier, behüteter Bereich eingeräumt ist, der allerdings dem jungen Menschen auch eine kritische Auseinandersetzung ermöglicht.

Die folgenden Gedanken eines jungen Bauern beschäftigen sich ebenfalls mit dem Thema Gehorsam und Arbeitseinsatz

der Kinder auf dem bäuerlichen Hof: „Wir haben früher als
Kinder immer mithelfen müssen. Der Mensch hat viel mehr davon, wenn er bescheiden erzogen worden ist. Das ist sicher kein
Nachteil. Die Bescheidenheit macht den Menschen aus. Das ist
heute nicht mehr so. Ich versuche zwar, die Kinder bescheiden
zu erziehen, doch die Einflüsse von außen sind sehr groß. Ich
habe viel von der früheren Erziehung profitiert. Allerdings wurden wir früher auch sehr viel ausgenützt. Mit 12 Jahren habe ich
ja schon im Wald mit der Zugsäge gearbeitet."

Etwas romantisierend meint ein Bauer, für den gerade der
moderne Wohlstand für den Generationskonflikt verantwortlich ist: „Früher hatten wir eine viel härtere Jugend als die heute.
Jeder meint heute, sein Kind soll es besser haben. Und oft verstehen sich die Jungen nicht mit den Alten, weil sie unzufrieden
sind. Wir haben früher überhaupt nichts gehabt und trotzdem
waren wir zufrieden. Einmal, nachdem ich ein Kalb verkauft
hatte, bin ich beim Schlagörl vorbeigegangen. Ich hatte einen
furchtbaren Durst, aber ich bin nicht in das Wirtshaus hineingegangen. Erst zu Hause habe ich etwas getrunken. Es wäre nicht
in Frage gekommen, ins Gasthaus zu gehen, weil das die Eltern
nicht wollten, und dennoch haben wir uns gut verstanden."

Die Änderung der Wirtschaftsform und das Eindringen
bürgerlicher Kulturmuster wirken auf die Beziehung zwischen
Eltern und Kindern ein. Etwas, das durchaus als positiv zu sehen ist, denn die geänderte Einstellung zum Kind macht dieses
zwar zu Konflikten mit den Eltern bereit, aber auch freier in der
Entwicklung seiner Persönlichkeit.

Schule und Disziplin

In den Rahmen der Betrachtung von Disziplin gehört auch die
Schule. Für den Bauern stellte die Schule — wie wir gesehen
haben — ein Problem dar, da sie die „arbeitsfähigen" Kinder für
einige Stunden am Tag in Anspruch nahm. Die Schule vor und
auch noch kurze Zeit nach dem Zweiten Weltkrieg war durch
wesentlich mehr Strategien der Disziplinierung geprägt als die
Schule heute. Dem Lehrer waren in seiner „Erziehungsmetho-

dik" so gut wie keine Grenzen gesetzt. Er konnte sogar damit
rechnen, daß seine Schläge die Unterstützung der Eltern finden.
Als „Studierter" hatte er ein hohes Sozialprestige, und man
brachte ihm entsprechenden Respekt entgegen. Wie das Leben
in der Mitterwenger Schule zwischen 1910 und 1920 aussah und
wie der Lehrer die Schüler behandelte, schildert ein heute 85
Jahre alter Kleinbauer, der in sehr ärmlichen Verhältnissen aufwuchs:

„Wir waren recht arme Teufel zu Hause, unser Gewand war
immer sehr schlecht. Von den anderen, den reicheren Kindern,
wurde ich verspottet. Auch der Lehrer hat mich nicht recht mögen, weil wir ganz arme Teufel waren. Der Lehrer war überhaupt ein komischer Mensch. Wenn er in die Klasse gekommen
ist, hat er oft gesagt: ‚Eins, zwei, drei, vier Bänke lauter Teppen.'
So war er. Zu mir hat er immer wieder gesagt: ‚Du B., du Goaßbock!' Solche Lehrer gibt es heute nicht mehr. Und einmal hat er
zu mir gemeint: ‚Du Goaßbock, du wärst eh schon bald hin gewesen, du Luder du. Es wäre eh kein Schaden gewesen.' Das hat
er gesagt, weil ich von den anderen Schülern so geschlagen worden bin. Besonders in den ersten Schuljahren haben sie mich
verdroschen. Ich habe mich auch gewehrt, weil ich zornig geworden bin. Dann habe ich erst recht Schläge bekommen. Da
haben alle zusammengeholfen. Auf den Schwachen geht man
immer los. Das ist so bei den Viechern, bei den Hühnern. Wenn
eine Henne krank ist, pecken die anderen auf sie ein. Das ist so
im Leben. Oft hat der Lehrer auch angefangen: ‚Heute ist wieder
Montag, da sitzen die Teppen wieder, angestopft mit Most und
Schnaps.' Wir waren ungefähr dreißig Kinder in der Klasse
(zweiklassige Volksschule!). Auch hat er zu mir gesagt: ‚Sag deinem Vater, er soll dich mit Heu füttern, auf die Gowilalm hin-
auftreiben und dir eine Glocke anhängen.' So ein Trottel war
dieser Lehrer. Mein Vater hat dasselbe mit seinem Lehrer mitgemacht. Als mein Vater zum Schulgehen anfing, wurde gerade
die Mitterwenger Schule eröffnet. Das war 1875. Der Lehrer
meines Vaters hat oft gesagt — das hat mir mein Vater einige
Male erzählt: ‚Ihr Langohren, ihr Tagediebe, ihr Straßenräuber,
ihr Diebsgesellen, schade, daß ihr auf Gottes Erdboden umwan-
delt. Unserem Herrgott den Tag stehlen, einen Mühlstein sollte

man euch um den Hals hängen und euch in die Tiefe des Mee-
res versenken.' Der Lehrer stammte aus Vorarlberg. Mein Vater
hat mir viel von ihm erzählt, diesen Spruch von ihm habe ich
mir gemerkt. Der Lehrer war bei uns in Oberweng ein angesehener Mensch. Die Bessersituierten hat er viel mehr geschätzt,
denn bei denen hat er eine Jause bekommen. Zu Ostern und zu
Weihnachten, wenn die Bauern eine Sau abgestochen haben,
hat er etwas davon bekommen. Und wir haben ihm nichts bringen können, weil wir selber nichts hatten, weil wir arme Teufel
waren. Darüber, daß wir arm waren, hat er sich auch lustig gemacht. Nicht selten hat er uns gesagt: ‚Kennt ihr den Bauern,
wo die Wirtschaft im Krebsgang geht?' Darauf haben alle aufgezeigt und gesagt: ‚Beim B.', also bei uns. Ich habe mich sehr
erniedrigt gefühlt. Oder: ‚Kennt ihr einen Bauern, der ein Pferd
hat, bei dem man die Rippen zählen kann?' Das hat er gesagt,
weil wir so einen alten Krampen, ein altes Pferd, gehabt haben.
Ein gutes Roß, konnten wir uns nicht leisten. Und wenn es
nach der Schule zum Raufen gewesen ist, waren sie wieder alle
gegen mich, den Ärmsten und Schwächsten. Ich habe mir auch
nicht alles gefallen lassen. Habe aber meine Schläge bekommen."

Die besondere Lust des Lehrers, gerade den armen Schüler
zu degradieren, zeigt die Grausamkeit schulischer Erziehung
auf, die zur Folge hat, daß sich nach den Schulstunden auch die
Mitschüler auf den Schwächsten stürzen. Über das Ansehen
des Lehrers bei den Bauern führt der Mann weiter aus: „Der
Lehrer war einigermaßen angesehen. Er war damals schon ein
alter Mann, er ist selbst nicht viel herumgegangen. Dafür sind
seine Frau und seine Tochter regelmäßig zu den besseren Bauern gegangen. Zu uns ist freilich niemand gekommen. Wenn
der Lehrer oder die Lehrerin zu den Bauern gekommen ist, hat
es geheißen: ‚Jessas na, der Lehrer, die Lehrerin!' Das war ein
Begriff, das vergesse ich nie, bis zum Grab bleibt das bei mir."

Der Lehrer, ein Mann mit hohem Sozialprestige, wird
hoch geehrt, und seinen Aktionen wird nicht widersprochen. Es
findet sich niemand unter den Eltern, der es wagen würde, den
Lehrer wegen seiner verbalen Auswüchse oder Erniedrigungen
zur Rede zu stellen. Es ist geradezu selbstverständlich, daß El-

tern mit den Strafsanktionen des Lehrers einverstanden sind und sich sogar an ihnen beteiligen, wie der Mann weiter erzählt: „Bei einem Buben hat der Lehrer dem Vater Post geschickt, der Bub sei ein Rabenvieh und gehöre verdroschen. Der Vater ist gekommen und die beiden haben nun gemeinsam den Buben auf eine Bank niedergeschnallt und furchtbar gedroschen. Solche Schläge hat es oft nur wegen Lappalien gegeben. Oft war nicht viel dahinter. Wenn der Lehrer einen Buben nicht mochte, hat er eine Mordssache daraus gemacht, auch wenn es oft recht harmlos war. Das waren Sachen! Das glaubt ja heute fast niemand, wenn man das erzählt. Einmal war ein Lehrer auf einen Schüler ganz schiach und hat ihn gedroschen. Die Eltern haben sich das gefallen lassen und haben höchstens gesagt: ‚Recht geschieht dir, warum folgst du nicht!' Heute ist man zu Recht gegen das Schlagen der Kinder, das ist auch richtig, aber manchmal gebührt den Kindern eine Ohrfeige, aber man gibt sie ihnen nicht. Heute übertreibt man auf der anderen Seite. Der Lehrer sollte schon hie und da schlagen, aber nicht jedem gehören Schläge. Manchmal gebührt einem eine Watschen, aber er bekommt sie nicht. Ich bin wirklich nicht für eine Prügelstrafe, aber hier und da vielleicht. Ich selbst habe meine Kinder nie geschlagen und die sind auch recht geworden. Mit der Watsche kann man ein wenig zuviel erwischen." Grundsätzlich spricht sich der Mann also gegen das Schlagen von Kindern aus, jedoch klingen in seiner Erzählung noch einige Prinzipien alter Schultradition an.

In seiner weiteren Erzählung geht er auf die Angst vor dem „Schulgehen", auf die Position des Lehrers und damit verknüpft auf die des Pfarrers ein: „Was ich so sage, ist für die Lehrerschaft eigentlich beleidigend, daher traue ich mich fast nicht, es zu sagen. Gegenüber dem Lehrer konnten wir uns nicht helfen. Furchtbar war das. In Religion haben wir den Pfarrer von Windischgarsten gehabt. Von ihm habe ich einmal Dresche bekommen. Kreuzmasen! Das war ein Wildling. Einmal, daran kann ich mich gut erinnern, hat der Pfarrer einen Versehgang[8] gemacht. Ich war gerade in Windischgarsten, um etwas einzukau-

---

8 Versehgang = Gang des Priesters zur Spendung der Sakramente an Kranke bzw. Sterbende.

fen. Als der Pfarrer mit dem Allerheiligsten in der Nähe von mir
gegangen ist, habe ich mich nicht niedergekniet. Ich dachte mir
zwar, er hat mich nicht gesehen, weil er weit weg war von mir,
aber er hat mich doch gesehen. Beim nächsten Mal in der Schule
bin ich drangekommen. Der Pfarrer hat mich gedroschen. Mein
Lieber, der war streng. Ich habe ihn so gefürchtet wie den Teufel. Er war noch ärger als der Lehrer. Der Lehrer hat mich nicht
soviel gewichst, hauptsächlich habe ich meine Schläge vom Vater bekommen. Ich kann mich aber nicht erinnern, daß ich etwas
angestellt habe. Der Lehrer hat mich und meine Geschwister
nicht mögen. Der Lehrer hat es aber auch nicht leicht gehabt. Es
hat ja nur einen Lehrer und zwei Abteilungen gegeben. Sieben
Jahre war ich in der Schule. Es sind zwar Kinder aus mehreren
Jahrgängen zusammengesessen, aber sie haben jeweils andere
Aufgaben bekommen, z. B. verschieden schwere Rechnungen.
Jedenfalls, in die Schule bin ich höchst ungern gegangen, bereits
am ersten Schultag habe ich mich gegen die Schule gewehrt.
Mich hat man in die Schule treiben müssen. Es ist immer wer mit
mir zur Schule gegangen, der mich bei der Tür hineingeschoben
und sie zugemacht hat. Gerne hätte ich mich losgerissen, einmal
habe ich mir dabei den Schädel angehauen. Darauf habe ich
geplärrt (geweint). Das Klassenzimmer bestand aus ganz alten
Bänken, zu dritt sind wir in einer Bank gesessen. An den Wän-
den hingen Bilder und ein paar ausgestopfte Vögel."

Schulerinnerungen stehen für diesen Mann in engem Zusammenhang mit Angst. Angst vor der Schule und vor Erniedrigungen, die man dort erfahren mußte, hatte auch eine heute
75jährige Bäuerin: „Ich bin nie gerne in die Schule gegangen,
ich habe die Lehrer nicht mögen. Wir haben auch einen Kaplan
in der Schule gehabt, den habe ich nicht wollen. Wenn mich
dieser Geistliche etwas gefragt hat, habe ich so gezittert, weil er
mich immer so barsch vor den anderen Menschern (Mädchen)
angeredet hat. Zu den Menschern hat er gesagt: ‚Jetzt zittert die
B. wie ein Lampelschweif.' Die haben darauf gelacht. Dadurch
habe ich den Katecheten überhaupt nicht mögen. In die Kirche
bin ich trotzdem immer gegangen."

Einen interessanten Einblick in das Schulwesen um die
Jahrhundertwende gab mir mein ältester Interviewpartner, ein

Hüttenwirt, der an der Ortsgrenze zu Spital am Pyhrn aufwuchs und heute dort als 90jähriger lebt. Seine Schilderung verweist auch auf das damalige Gemeinwesen: „Im 98er Jahr ist die neue Schule in Roßleiten gebaut worden. Beim Schulbau haben die Bauern, die Kinder gehabt haben, mitarbeiten müssen, sie mußten roboten. Von einem abgerissenen Stadl beim Gleinkersee mußten mein Vater und mein Bruder mit Ochsen die Steine zum Schulbau holen. Es war für die Leute selbstverständlich, daß sie da mithalfen, es war ja Gemeindesache. 1898 war auch die Schuleinweihung. Die Schule wurde Elisabethschule genannt, weil zu dieser Zeit die Kaiserin Elisabeth getötet worden ist. Ich bin 6 Jahre in diese Schule gegangen. Alle Tage hatten wir verkürzten Unterricht. 120 Schüler waren bei einem Lehrer. Bei soviel Schülern kann er nicht jedem seine Aufmerksamkeit schenken. Der P. war ein strenger Lehrer, aber gelernt haben wir etwas bei ihm. Geschlagen hat er uns auch, wenn es sein hat müssen. Früher hat man überhaupt mehr Achtung vor den Lehrern und den Eltern gehabt."

Im obigen Kapitel zum Thema Arbeit und Kindheit wurde festgehalten, welchen Stellenwert die Schule für die Kinder von Bauern hat. Grundsätzlich hat sich bis gegen Ende der fünfziger Jahre an der Beziehung zwischen Schule und bäuerlicher Kultur nur Unwesentliches geändert. In diesen Zusammenhang passen auch die Gedanken eines heute 45 Jahre alten Mannes, eines Sohnes von Kleinbauern:

„Ich war 5 Jahre in der Volksschule, dann kam ich in die Hauptschule, dort war ich nur drei Jahre. Am Anfang habe ich in der Hauptschule ganz gut gelernt, doch durch die enorme Belastung, die ich hatte, wurde ich dann schlechter in der Schule. Ich mußte jeden Tag schon um 7 Uhr von zu Hause weggehen, um rechtzeitig zur Schule zu kommen. Bis 4 Uhr nachmittags hatten wir Schule. Um 6 Uhr war ich erst daheim. Und bei Öllampen habe ich meine Aufgaben gemacht, das war noch 1949/50 so. Ich habe 1944 zum Schulgehen angefangen. Nach ein paar Monaten hat die Schule wieder aufgehört, wegen des Krieges. Ich erinnere mich noch gut, daß wir in der Schule nicht gebetet haben, sondern statt dessen jeden Tag in der Früh gesagt haben: ‚Gott gib unserem Führer Kraft, der Arbeit, Brot und

Frieden schafft.' Übrigens haben wir damals — dazu hat uns unser Vater inspiriert — zu den Leuten, die zu unserem bäuerlichen Kreis zählten, ‚Grüß Gott' gesagt. Die Besseren, den Doktor oder so, haben wir mit ‚Heil Hitler!' gegrüßt. Mit noch nicht ganz 14 Jahren bin ich aus der Schule gekommen. Daheim wollte man nicht, daß ich noch die 4. Klasse der Hauptschule mache. Man hat gesagt: ‚Du bist jetzt 8 Jahre in die Schule gegangen, somit ist für dich die Geschichte erledigt. Und jetzt gehst du als Knecht für ein paar Jahr zu einem Bauern.' Das war so selbstverständlich. Wenn ich heute an diese Zeit zurückdenke, so waren das negative Erfahrungen: mein Vater war immer auf der Arbeit, und ich mußte auch viel arbeiten. Und gehorchen mußte ich. Ich bin zu jemandem erzogen worden, der nur unter Angst gelebt hat, weil er immer wieder eine Züchtigung bekommen hat. Ich hatte auch immer Schuldgefühle. Irgendwie bin ich damals zu einem unehrlichen Menschen geworden, denn wenn ich immer die volle Wahrheit gesagt hätte, hätte ich vielleicht wieder den Hosenriemen bekommen."

Auch hier wird mit Deutlichkeit festgestellt, daß die Schule eher von nachrangiger Bedeutung war und auf eine umfassende Ausbildung gar kein Wert gelegt wurde. Die Einsatzbereitschaft für die Arbeit außerhalb der Schule stand im Vordergrund. Erst nach dem Zweiten Weltkrieg wird die Schule allmählich für den Bauern bzw. seine Kinder als Voraussetzung für eine weitere Bildung von Interesse. Die folgende Erzählung einer 1941 geborenen Bauerntochter illustriert diese Überlegung:

„1947 habe ich begonnen in die Schule zu gehen. Als Kind habe ich bereits am Hof gearbeitet. Zuerst war es meine Aufgabe, auf meine kleineren Geschwister aufzupassen. Später dann mußte ich schon ordentlich mitarbeiten. Auch während der Schulzeit. Das große Problem für mich in der Schule war, daß ich recht gut gelernt habe. Als ich 10 Jahre alt war, hat es geheißen: ‚Was tun mit dem Dirndl?' Es war klar, daß ich nicht in die Hauptschule gehen kann, die war zu weit weg von uns in Oberweng. Der Direktor der Mitterwenger Volksschule ist da einmal zu meinem Vater gegangen und hat ihm gesagt: ‚Laß doch das Dirndl studieren! Wir müßten sie dazu in ein Internat nach Linz oder so geben.' Der Vater, der ja vom Krieg invalid war, hat

darauf geantwortet: ‚Sie ist die Ältere, und ich warte so hart auf
sie. Also, die muß auf alle Fälle daheim bleiben.' Das weiß ich
noch recht gut. Ich bin dann in mein Zimmer gegangen und
habe recht geweint, denn mein Berufswunsch war bereits als
Kind, Lehrerin zu werden. Ich dachte mir damals, in der Schule
tue ich mir leicht, Lehrerin, das wäre etwas für mich. Und fleißig
waren wir alle. Ich und meine Geschwister waren immer die
Besten in der Schule. Der Lehrer hat oft gesagt: ‚Die Kogler-
Leute, wenn sie alle studieren könnten, wären sie alle Maturan-
ten.' Mein Bruder, er war das dritte Kind meiner Eltern, hat
allerdings in die Mittelschule gehen dürfen, er hat maturiert. Für
mich war die Sache gerannt als Älteste, ich mußte daheim arbeiten. Ich war nicht unglücklich, denn zu meinen Eltern hatte ich
eine sehr gute Beziehung. Wir hatten ja auch eine herrliche
Kindheit, unsere Eltern waren immer sehr lieb zu uns, haben uns
nie geschlagen."

Für die Frau, die heute ihren Kindern ein entsprechendes
Studium ermöglicht, war die Schule also sehr wichtig. Sie sah,
daß über eine entsprechende Schulbildung berufliche Chancen
bestehen. Gedanken, die in der vorigen Generation kaum ange-
strengt wurden. Die 1954 geborene Schwester dieser Frau emp-
findet das Problem, den bäuerlichen Bereich zu sprengen, noch
viel stärker. Für sie war es nicht leicht, sich damit abfinden zu
müssen, daß sie, trotz sehr guter Lernerfolge in der Volksschule
und entsprechendem Interesse an einer weiteren Schulbildung,
keine Möglichkeit zur Weiterbildung hatte. Ihre Erzählung, die
sich auch auf das Unterrichtssystem der Volksschule in Mitterweng bezieht, gibt das Dilemma wieder, welches für das Kind
von Bergbauern noch in den sechziger Jahren bestand:

„Ich wäre gerne in die Hauptschule gegangen, aber weil ich
körperlich für den langen Fußmarsch zu schwach war, war ich
nur in der Volksschule, denn zu dieser mußte ich nur 15 Minuten
gehen. In der Schule in Mitterweng waren wir ca. 30 Kinder.
Vier Klassen waren da zu einer zusammengefaßt. Die ersten drei
waren zusammen und die vierte bis zur achten auch. Heute ist
das noch ähnlich, es gibt aber heute keine 5., 6., 7. und 8. mehr,
denn nach der vierten Klasse gehen jetzt alle in die Hauptschule
nach Windischgarsten. In den ersten Klassen haben wir einen

Lehrer gehabt, der war recht lustig, er hat jeden Morgen, wenn er in die Klasse gekommen ist, einen Handstand gemacht und ist so durch die Klasse marschiert. Er plädierte für ein gesundes Leben. Leider hat er die Schule verlassen. Wir hatten zwei Lehrer, einer von ihnen war der Direktor. Heute sind auch zwei, aber nur für vier Klassen. Das Unterrichten in dieser Schule war nicht einfach für die Lehrer. Die anwesenden Klassen waren in zwei Abteilungen geteilt. Während der Lehrer die eine Abteilung an der Tafel unterrichtet hat, hat sich die andere still beschäftigt, Aufgaben gemacht o. ä. Meist wurde die erste Klasse separat unterrichtet und die zweite und dritte gemeinsam. Das Trennen war gar nicht leicht. Aber die Lehrer haben es recht gut gemacht. Wir haben wirklich viel gelernt. Ich hatte das Glück — das war vielleicht nicht ganz fair gegenüber den Schwächeren —, daß sich der Lehrer sehr um mich gekümmert hat. Die Besseren hat er hergenommen, aus denen wollte er etwas machen. Ich habe das damals noch nicht so verstanden. Ich war oft verärgert, weil ich ständig an der Tafel rechnen mußte. Bis zur letzten Klasse war ich Klassenbeste. Ich war sehr ehrgeizig. Meine Mutter war nie dahinter, daß ich fleißig lerne. Ich habe ganz aus mir heraus gelernt. Im polytechnischen Lehrgang dann in Windischgarsten hat man gesehen, daß wir da oben in der Mitterwenger Schule nicht weniger gelernt haben als in anderen Volksschulen.

Ich wollte eigentlich in die Handelsschule gehen, direkt weg von der Volksschule. Ich hatte mich daher auch in Liezen in der Handelsschule angemeldet. Der Direktor meiner Mitterwenger Schule ist mit mir nach Liezen gefahren, denn es gab sehr viele Anmeldungen für die Handelsschule. 70 haben sich gemeldet, aber nur 36 konnten sie nehmen. Weil ich direkt von der Volksschule kam, hat man hinter meinen Namen ein Fragezeichen gemacht. Bei der Aufnahmeprüfung durfte ich zwar mittun, und ich kam auch durch, aber sie haben mich nicht genommen, weil einfach zu viele durchgekommen sind. Zum Direktor, der mich begleitet hat, haben sie gesagt, man könne mich nicht aufnehmen, weil ich von der Volksschule her käme. Darauf sagte der Direktor zu mir: „Jetzt machst du den polytechnischen Lehrgang, dann schauen wir, daß du einen Lehrplatz bekommst.' Er selbst hat geschaut, daß ich einen solchen bekomme. In dem Danubius-Holzwerk kam ich dann unter. Privat habe ich bei ihm bzw. bei seiner Tochter drei Hauptschuljahre in Englisch nachgelernt. Auch Maschinschreiben und Stenographie habe ich bei ihm gelernt. Er hat mich gratis unterrichtet. Dafür haben wir uns mit Fleisch revanchiert. Darüber haben sich er und seine Familie sehr gefreut. In der Danubius habe ich also einen Lehrplatz bekommen. Ich hatte ein großes Glück mit meinem dortigen Chef. Es ist mir da blendend gegangen. Ich absolvierte die Berufsschule. Dadurch, daß ich so viel in der Mitterwenger Schule gelernt hatte, tat ich mir irrsinnig leicht. Bei Steno und Maschinschreiben hatte ich überhaupt keine Probleme. Als Lehrling hat mich der Chef selbständig arbeiten lassen. Er hat mir viel zugetraut. In anderen Büros hat es das nicht gegeben, da mußten die Lehrlinge Arbeiten machen, die den anderen zu dumm waren. Nach der Lehrzeit war ich noch ein Jahr dort. Dann ging ich für drei Jahre nach Deutschland, wegen meines Mannes, den ich nach Beendigung meiner Lehrzeit kennengelernt habe. Für meine Eltern war das ein Schlag, als ich weggegangen bin, nach Deutschland, mit 19 Jahren."

Diese Erzählung, die bewußt auch die weitere Karriere dieser Frau umfaßt, demonstriert, welche Barrieren für die aus der Welt des Bergbauern kommende Frau bestanden. Mir erscheint das Beispiel dieser Frau für unsere Überlegungen insofern wichtig, als hier die Schule, als zunächst eher „unnötig" gesehen, nun eine echte Funktion für bildungsmäßigen und beruflichen Aufstieg erhält.

Das uneheliche Kind der Magd

Für das Leben auf dem Land waren bis zum Zweiten Weltkrieg die unehelichen Kinder, vor allem die der Dienstboten, ein wesentliches Problem. Die Mägde, denen es ohnehin schwer gemacht wurde zu heiraten, hatten, wenn sie ein uneheliches Kind zur Welt brachten, grundsätzlich mit Aggressionen und Erniedrigungen zu rechnen. War eine Magd schwanger, so bedeutete dies Schande, was man sie auch spüren ließ. Bei der Kargheit bergbäuerlichen Lebens war es mitunter nicht leicht, zusätzliche Personen zu ernähren und zu integrieren. Was für Getreidebauern in der Ebene als weitere Arbeitskraft verstanden worden sein mag, wird für den Bergbauern eher zur Last, da er oft nicht über genügend Mittel verfügte, um noch weitere Personen entsprechend aufzunehmen.

Sexuelle Beziehungen ohne eheliche Bindung waren, wie noch aufgezeigt wird, zwischen Mägden und Knechten oder auch Mägden und Bauern zumeist die einzige Möglichkeit des geschlechtlichen Kontakts, da Dienstboten keine Möglichkeit sahen, zu heiraten. Uneheliche Kinder von Dienstmägden waren als „Hurenbamsen" abgestempelt und nicht erwünscht. In den Gesprächen wurde gerade diese Thematik sehr häufig hervorgehoben, wobei allerdings auch darauf hingewiesen wurde, daß die katholische Kirche wesentlich zu einer solchen Diskriminierung von ledigen Müttern und ihren Kindern beigetragen habe. Ein Bauer meint dazu: „Heute ist es besser mit den unehelichen Kindern. Früher hat es die katholische Kirche so gemacht, daß sie die Dirn, die ein uneheliches Kind bekommen hat, fast verdammte. Es hat da fürchterliche Sachen gegeben. Als ich ein Bub war, hat man oft gehört, daß manchmal eine Dirn ihr Kind einer Zuchtsau hingeschmissen hat. So eine Zuchtsau ist ein recht zorniges Vieh. Wenn man der etwas vorgeworfen hat, hat sie es zerrissen. Aber einmal, als eine Dirn ihr Kind zur Zuchtsau gehaut hat, soll die Zuchtsau ihr Kind bei sich trinken lassen haben. Das Kind soll davongekommen sein." Diese Erzählung mag übertrieben oder erfunden sein, trotzdem drückt sie etwas von der grundsätzlichen Einstellung zur Unehelichkeit aus und den Druck, unter dem eine ledige Mutter, die bei einem Bauern im Dienst war, zu leiden hatte.

Bevor ich eine längere Erzählung eines Mannes, der als uneheliches Kind einer Magd geboren wurde und der Güte einer anderen Frau sein Leben verdankt, eingehe, will ich einige Passagen aus Interviews bringen, die das Grundsätzliche dieses Problems veranschaulichen:

„Eine Dirn mit einem unehelichen Kind hat oft ohne Lohn, nur fürs Dableiben und für die Milch fürs Kind arbeiten müssen. War die Bäuerin nett, so gab sie ihr hie und da fürs Kind ein

Stück Zucker. Damit ihr Kind eine Ruhe gibt und nicht stört, hat man ihm öfter einen Schnapszuzzler gegeben. Man mußte sich dann nicht um das Kind kümmern. Als Windeln verwendete die Magd bloß irgendwelche Fetzen. Oft wurden Dirnen mit ihren unehelichen Kindern auch vom Bauern verjagt, weil man sich geschämt hat für sie, es war ja eine Sünde. Ich kenne einen Mann, der wurde im Sautrog geboren von einer Magd. Die hat in den Trog Stroh gegeben und sich hineingelegt. Dann hat sie ihren Buben geboren. So etwas hat es gegeben. Oft haben die Mägde alleine ihre Kinder geboren. Sie haben niemanden dazu gebraucht. In Oberweng war eine Magd, die war von einem Bauern schwanger. Als sie das Kind bekam, hat sie zu den Bauersleuten gesagt: ‚Wenn ihr das Kind nicht nehmt, haue ich es an einen Baum.‘ Das Kind wurde behalten und sie ist davongerannt, das war um 1936. Heute gibt es das Gott sei Dank nicht mehr. Die Kirche ist selbst draufgekommen, daß sie da einen Mordsfehler gemacht hat, weil sie solche Sachen eher unterstützt hat.“

Über die Sanktionen, mit denen eine ledige Mutter unter den Dienstboten nicht selten zu rechnen hatte, gab ein alter Handwerker folgende Auskunft: „Am Bauernhof war manchmal eine Diktatur. Bei größeren Bauern, bei denen der Moarknecht (1. Knecht in der Dienstbotenhierarchie) über alle anderen Dirnen und Knechte diktierte, hat einer über ein uneheliches Kind einer Dirn gesagt: ‚Fahrt ab mit diesem Bamsen, das Platzwer (Schreien) kann ich nicht leiden. Außi damit!‘ Diese Kinder waren sehr arm. Hurenbams wurden sie genannt. Ein lediges Kind war ein Hurenkind. Es hat viele uneheliche Kinder gegeben, wie heute auch. Das war immer so. Ist ja keine Schande, ist ja ein natürlicher Werdegang. Jede Frau kommt halt nicht zum Heiraten und ein Kind bekommt sie halt doch. Die waren schon arm. Heute bekommen sie ja alle ihr Kindergeld u. ä. Früher war es schwer mit den unehelichen Kindern, manche sind vielleicht bei den Großeltern aufgewachsen oder auch bei den Bauern. Sie haben schon während der Schulzeit hart arbeiten müssen. In der Früh mußten sie im Stall helfen.“

Über die Belastung einer Magd nach der Geburt ihres unehelichen Kindes am Bauernhof führte dieser Mann weiter aus:

„So eine Dirn, die ein uneheliches Kind bekommen hat, war
furchtbar arm am Hof. Das Kind hat bei der Dirn in der Kammer geschlafen. Bei der Geburt war früher keine Hebamme dabei, die hat es ja noch nicht gegeben. Untereinander haben sich
die Weiber geholfen. Der Vater war meist ein Knecht. Es ist aber
auch vorgekommen, daß der Bauer selbst der Vater war. Beim
Bauern hat die Dirn nur schwer nein sagen können, sie war ja
auf den Dienstplatz angewiesen. Hat nun eine Dirn ein Kind
bekommen oder hat sie gar zwei gehabt, so hat sie fast schon
ohne Lohn arbeiten müssen, damit das Kind oder die Kinder
versorgt werden. Und wenn der Moar etwas hantig war, hat das
Kind nicht einmal in die warme Stube hinein dürfen. Die Dirn
hat es dann in der kalten Kammer behalten müssen. Es hat aber
auch anständige Moar gegeben, die nicht so böse waren. Aber
für viele war das uneheliche Kind eben ein Hurenbams. Es ist
aber auch vorgekommen, daß, wenn die Magd vom Bauern
schwanger war, die Bäuerin das Kind genommen hat. Einen solchen Fall kenne ich. Oder ein anderer Fall: Eine Dirn wurde
vom Bauern geheiratet, weil sie so tüchtig gewesen ist. Er hat sie
unbedingt haben wollen. Sie war aber für die anderen immer das
Bettelmensch. Dieser Bauer hat aber auch mit einer anderen
Dirn ein Kind gezeugt, und im selben Jahr haben die Dirn und
die Bäuerin jeweils von einem Kind entbunden. Da die Dirn
nicht wußte, wohin mit dem Kind, hat die Bäuerin auch dieses
genommen, sie war so gut. Sie hat gesagt: ‚Das Kind ist ein armes Kind, es kann nichts dafür.‘ Das Kind der Dirn ist genauso
aufgewachsen wie das eigene Kind der Bäuerin. Wahrscheinlich
hat sie darum so ein Herz für dieses uneheliche Kind gehabt,
weil sie selbst soviel mitgemacht hat." Es hat also auch Ausnah-
men von der üblichen Erwartung gegeben, nach der das unehli-
che Kind einer Magd zu einem Ausgestoßenen wurde.

Dieses vor dem Krieg charakteristische soziale System richtete sich gegen den Schwachen, also gegen den, der sich nicht
wehren konnte. Sanktioniert wurde diese Struktur, wie schon
hervorgehoben, durch die damaligen religiösen Wertvorstellun-
gen, wie es auch in der folgenden Erzählung einer Bäuerin deutlich wird: „Die unehelichen Kinder waren früher sehr arm dran.
Der Pfarrer S. hat noch gesagt, die unehelichen Kinder wären

die Kinder des Teufels. Ich kannte einen Knecht, der hat einmal zu mir gesagt: ‚Man sagt gewöhnlich, man soll seine Mutter ehren, ich kann aber meine Mutter nur verfluchen, weil sie mich irgendwo liegen hat lassen, mich also weggelegt hat.‘ Meine Mutter, die auch eine Dirn war, hat vier uneheliche Kinder geboren. Sie hatte aber ein Glück, sie war bei einer guten Bäuerin angestellt, die hat sie bei sich entbinden lassen. Nach der Entbindung mußte sie aber die Kinder weggeben, das eine zu dem Bauern und das andere zu dem Bauern. Solche Kinder wurden oft weggegeben. Meiner Mutter ist es selbst so ergangen. Auch sie ist das uneheliche Kind einer Magd. Als sie vier Jahre alt war, haben sie bei dem Bauern, bei dem ihre Mutter war, gesagt: ‚Beim H. haben sie eh keine Kinder, sie soll zu ihm hinauf gehen.‘ Meine Mutter kam dann zu dem H., sie wurde wie ein eigenes Kind behandelt.“

In gewissen sozialen Konstellationen konnten also diese Kinder bei Bauern unterkommen, von denen sie vielleicht als künftige Arbeitskräfte gesehen wurden. Das war freilich erst dann möglich, wenn auf dem jeweiligen Bauernhof auch ein entsprechender Platz war. Bei der Suche nach diesen Aufnahmeplätzen war auch das Gemeindeamt behilflich, wie aus einem anderen Interview mit einer Bäuerin hervorgeht: „Hat eine Dirn von einem Knecht ein Kind erwischt, ist sie auf die Gemeinde gegangen mit dem Kind. Die Gemeinde hat dann wieder geschaut, daß sie für das Kind irgendwo einen Platz findet.“ Daß solche „zugeteilten“ Kinder mitunter auch durchaus akzeptiert wurden, zeigt die Feststellung derselben Bäuerin: „Der Bub ist zu uns gekommen, wir haben ihn genauso gern gehabt wie unseren eigenen Bruder.“

Solch positive Zuwendungen zu unehelichen Kindern dürfen jedoch nicht darüber hinwegtäuschen, daß diese Kinder deutlich unterprivilegiert und ihre Mütter ihretwegen zu leiden hatten, wie die Geschichte einer alten Bäuerin zeigt: „Der ledige Sohn vom Sch. ist in der Nacht im Krieg zu seiner Mutter, einer Magd, Pfüat-Gott sagen gegangen, weil er am Tag nicht kommen durfte. Sie hat sich alles gefallen lassen müssen wegen ihm. Ein Weiberleut hat sich damals eh alles gefallen lassen müssen. Heute ist es nicht zu fassen, daß der uneheliche Sohn am Tag nicht zu seiner Mutter kommen darf." Ergänzt wird diese Darstellung von einer ehemaligen Magd, die sich heute als über 80jährige erinnert: „Ich war bei dem Bauer O. Was habe ich dort gehabt? Kinder habe ich gekriegt. Vom Bauernsohn. Wie halt so etwas geht. Oft ist der Magd auch nichts anderes übriggeblieben, als sich mit dem Bauern oder seinem Sohn einzulassen. Zuerst bekam ich ein Dirndl. Wie das zwei Jahre alt war, war ich wieder, mit meinem zweiten Kind, in der Hoffnung. Das war gerade zu der Zeit, als wir Troat (Getreide) geschnitten haben. Ich bin dann weg von dort und zum M. Ich war damals 24 Jahre alt. Beim M. wurde ich von einem Buben entbunden. Dort ist es mir gut gegangen. Der Bub war ihnen heilig, so gern haben sie ihn gehabt."

Auch hier handelt es sich offensichtlich nicht um die Regel hinsichtlich der Behandlung eines unehelichen Kindes. Dieselbe Frau erzählt schließlich, wie arm und psychisch belastet eine Magd mit einem unehelichen, sogenannten „ledigen" Kind war: „Meine Mutter hat gedient (als Magd), meine Taufpatin auch. Mit meiner Mutter hat eine Magd gedient, die hat ihr Kind in der Futtermaschine getötet. Früher sind sie viel mehr mit den Kindern abgefahren. Weil es nicht hat sein sollen, daß jemand ein lediges Kind hat. Ein lediges Kind! Um das hat sich niemand geschert. Ich habe sechs ledige Kinder. Niemand hat etwas für diese bezahlt. Ich habe viel arbeiten müssen, jeden Groschen habe ich zur Seite gegeben. Wenn früher eine ein lediges Kind gehabt hat, ist sie verflucht und verdammt worden, die hat nichts Gutes gehabt."

Diese traurige Stellung eines unehelichen Kindes bestätigt auch ein ehemaliger Knecht: „Eine Dirn, die ein Kind bekommen hat, hat vielleicht bei dem Bauern bleiben dürfen, aber sie hat arbeiten müssen. Mein Vater hat seinerzeit immer gesagt: ‚Ein kleines Kind daherbringen, bringt einen Leiterwagen voll Arbeit mit.' Das Kind hat ja auch betreut werden müssen. Wenn die Dirn in den Stall gegangen ist, hat meist die Bäuerin aufgepaßt. So eine Dirn mit einem ledigen Kind hat fast keinen Lohn erhalten."

Auch hier der Hinweis darauf, daß uneheliche Kinder von Mägden zum Problem werden können. In folgender Überlegung einer früheren Magd klingt dieses Dilemma ebenfalls an: „Die Dirn, die ein Kind bekommen hat, war arm dran. Wenn die Bäuerin gut war, hat das Kind der Dirn bleiben können. Wenn nicht, hat die Dirn das Kind irgendwohin geben müssen. War die Dirn fleißig, haben die Bauersleute eh nicht gesagt, daß sie gehen muß. Sie waren da froh, eine brave Arbeiterin zu haben. Die Dirn hat, wenn sie in der Früh in den Stall gegangen ist, dem Kind noch schnell eine frische Windel gegeben. Am Abend hat sie dann mehr Zeit für das Kind gehabt. Vorm Schlafengehen hat sie vielleicht das Kind gebadet. War die Dirn schon lange beim Bauern und recht brav, so hat sogar die Bäuerin den Goden (Taufpaten) gemacht."

Eine wichtige Funktion gerade für uneheliche Kinder haben die Taufpaten, die Goden, gehabt. Auch wenn ihre wesentliche Aufgabe lediglich darin bestand, ihren Patenkindern zu bestimmten Festtagen kleine Geschenke zu geben, so war es für die Kinder doch sehr wertvoll zu wissen, daß sie jemanden haben, bei dem sie zumindest einmal oder ein paarmal während des Jahres etwas Besonderes zu essen bekommen. Vor allem in der Vorkriegszeit, in einer Zeit der Armut, war dies besonders wichtig, wie eine ältere Bäuerin erzählt: „Der God (Pate) hat dem Kind den Namen gegeben. Der Name ist ausgemacht worden. Zu Ostern hat das Kind immer eine Kleinigkeit bekommen. Wir haben sieben Eier von unserem Goden erhalten. Mein Goden hat zwanzig Godenkinder gehabt. Meist hat man sich als Goden einen guten Bauern ausgesucht. Abweisen konnte er einen nicht. Ein Kind abweisen bringt kein Glück. Je mehr Godenkinder, desto mehr Glück. Einer soll über hundert Godenkinder gehabt haben. Jedes Kind ist eine Sprosse in den Himmel. Einmal im Jahr hat jedes Kind ein Essen vom Goden bekommen."

Die Patenschaft stellt sich somit als eine wichtige soziale Einrichtung dar, die half, gewisse Härten für das Kind im bäuerlichen Bereich zumindest zu mildern. Schließlich mag für das uneheliche Kind einer Magd der Hinweis auf einen „interessanten" Bauern als Paten für das eigene Selbstwertgefühl von Vorteil gewesen sein. Die Darstellungen und Überlegungen zum Thema „uneheliche Kinder von Mägden" will ich mit einer ungemein packenden und wichtigen biographischen Schilderung

eines 1926 geborenen Mannes schließen. Die Lebendigkeit der
Erzählung dieses Mannes, eines unehelichen Kindes einer
Magd, gibt plastisch und auch zusammenfassend die diskutierte
Problematik wieder:

„Das von der guten alten Zeit, wie sie immer sagen, das
kann man vergessen. Früher war es nicht so schön. Meistens
waren die Bauern die Väter der unehelichen Kinder ihrer Dirnen. Die Bauern sind über jede Dirn hergefallen. Man hat froh
sein müssen, wenn man für ein paar Schilling arbeiten durfte.
Meine Mutter war eine Magd, die hat nur ein Kind von mehreren selbst aufgezogen. Früher war es so, daß ledige Kinder weggekommen sind. Ich kenne einen Bauern, der hat einen Buben
von ihr genommen. Was hätte sie sonst mit dem Kind tun sollen? Das gibt es heute nicht mehr, daß man Kinder weggibt.
Wenn man heute zu einer Familie mit einem ledigen Kind
kommt und fragt: ‚Gehns, möchten Sie nicht das Kind nehmen?‘, man würde sich wundern. Früher war es so üblich. Es hat
Bauern gegeben, die haben sich so ein Kind genommen. Die
Bauern werden sich dabei gedacht haben, wenn es einmal größer ist, kann es recht arbeiten, als billiger Knecht oder als billige
Magd. Als Kind der Liebe ist man ein zweitrangiger Mensch.
Man ist ein gebrandmarktes Kind gewesen, so, wie ich es war.
Ich bin 1926 geboren worden in Hinterstoder. Meine Mutter hat
schon ein lediges Kind gehabt. Ich war das zweite uneheliche.
Von meinem Bruder wußte ich gar nichts. Erst später erfuhr ich,
daß ich einen Bruder habe. Nun bin ich gekommen. Meine Mutter habe ich kaum kennengelernt. Als ich ein halbes Jahr alt war,
es war Winter — im August bin ich zur Welt gekommen —, war
meine Mutter mit mir unterwegs. Sie hatte mich in ein hölzernes
Badwandl gelegt. Mit ein paar Fetzen war ich umwickelt. Meine
Mutter wollte sich mit mir ertränken, sie wollte in die Steyr
springen, mit mir in dem Badwandl. Sie hätte mich also mitgenommen. Heute begreife ich ihre furchtbare Situation als Magd
mit einem unehelichen Kind auf einem Bauernhof, auf dem
man sie nicht wollte. Wenn ich später meine Mutter gesehen
habe, bin ich davongelaufen. Als meine Mutter nun mit mir am
Ufer der Steyr stand, um in den Fluß zu springen, kommt die
Zotterd-Lois vorbei. Diese Frau war damals zu Neujahr und

Dreikönig von Bauernhof zu Bauernhof unterwegs, um ein Gutes Neujahr zu wünschen oder ein Dreikönigslied zu singen, wofür sie etwas Geld bekam. Sie hatte selbst einen Haufen Kinder. Diese Zotterd-Lois sah nun meine Mutter, ging zu ihr und sagte ihr: ‚Du kannst hineinhupfen, aber das Kind nehme ich mit.' Sie hat nun mich genommen, meine Mutter hatte nichts dagegen. Sie sah nun aber keinen Grund mehr, sich selbst zu töten. Zu ihren anderen Sachen, Rucksack und Taschen, hat die Zotterd-Lois nun auch mich mitgezerrt. Mit mir hat sie ihre Tour fertig gemacht. Eine ganze Woche war sie so unterwegs. Sie hat mich mitgehabt und hat so bei den Bauern und anderen, bei denen sie bettelte, gefragt, ob man nicht einen Platz für das Kind, also für mich, hätte. In Windischgarsten hat sie dann einen Platz für mich bekommen. Die Zotterd-Lois war ein seelengutes Leutl. Sie ist nach drei Wochen wieder hin zu der Frau und hat nach mir geschaut. Mir ist es dort schlecht gegangen. ‚Um Gottes Willen', hat sie gesagt, ‚da hätte ich ihn ja gleich bei der Mutter lassen können.' Sie hat mich zusammengepackt und ist wieder mit mir auf Wanderschaft gegangen. So ist sie zum B. gekommen. Mein späterer Ziehvater war nicht daheim, er war im Holz als Holzknecht, aber meine spätere Ziehmutter, die hat gesagt: ‚Laß ihn einmal da, der Vater soll ihn sich anschauen. Wenn er ihm gefällt, werden wir ihn nehmen, sonst mußt du ihn dir wieder holen.' ‚Ja', hat darauf die Zotterd-Lois gesagt, ‚ich schau halt in ein paar Tagen wieder her.' Dort beim B. haben sie selbst bereits vier eigene Kinder gehabt und ein Ziehkind. Ich war nun das sechste Kind. Das eine Ziehkind ist wieder weggekommen, seine Mutter hat es geholt. Mich haben sie also behalten. Die Zotterd-Lois ist nach einer Zeit wieder gekommen und hat gefragt: ‚Wie ist es?' ‚Na ja, dem Vater gefällt er, er kann bleiben.'

So bin ich dann dort beim B. aufgewachsen. Alles in allem haben sie dort von meinem richtigen Vater 20 Schilling bekommen. Insgesamt nur 20 Schilling, die ganze Zeit! Mein Vater war Tischler, er arbeitete beim G. Vorher war er Kistentischler in Roßleithen, im Sensenwerk. Meinen Vater habe ich erst sehr spät kennengelernt. Als er beim G. in Spital gearbeitet hat, ist er mit einem Dienstmadl, welches beim Forst angestellt war, gegangen. Die hat er angebumst. Wie er gesehen hat, daß die vorne ein wenig aufpackt, hat er seinen Rucksack genommen und hat hinten aufgepackt. Und dann war er dahin. Er ist nach Stoder und hat dort meine Mutter geschwängert. Und wie die Sache erledigt war, ist er wieder verschwunden. Ich und meine Halbschwester, das Kind von dem Dienstmadl beim Forst, sind nur acht Monate auseinander. Als ich nach dem Krieg heiraten wollte, brauchte ich Papiere. Der Standesbeamte hat gemeint: ‚Es ist alles recht schön, aber wie heißt denn der Vater?' Erfahren habe ich von meinem Vater über einen Krankenkassenkontrollor. Dieser Kontrollor ist irgendwie über mich mit meinem Vater ins Reden gekommen. „Ja, ja', hat er zu ihm gesagt, ‚deinen Buben kenne ich gut.' Zu meiner Ziehmutter hat er gemeint: „Jetzt kenne ich auch den Vater von dem Buben', also von mir. Jetzt wußte ich wenigstens, daß mein Vater Josef K. heißt und draußen im Kremstal beschäftigt ist. Ich fuhr nun mit meiner jetzigen Frau wegen der Papiere zu meinem Vater. Wir hatten ja das Heiraten im Sinn. Zu der Meisterin des Betriebes, in dem mein Vater arbeitete, sagte ich: ‚Wo ist der K.?' ‚Ja', sagt sie ‚was hat er denn?' Ich: ‚Der soll angeblich mein Vater sein, ich hätte ein wenig mit ihm zu reden.' ‚Ja', sagt sie, 'der ist da drüben.' Mein Vater war nie verheiratet, er hat sich aber mit einer zusammengetan, die 5 oder 6 Kinder gehabt hat. Als ich meinem Vater erzählte, wer sei, antwortete er: ‚Da schau her, hättest dich früher schon einmal kümmern können um mich.' Das sagt er zu mir! Sage ich: ‚Entschuldige, jetzt kenne ich mich aber nicht mehr aus. Hast du mich gemacht oder ich dich?' Er hätte sich doch um mich kümmern müssen und nicht ich um ihn. So eine Frechheit! Sage ich zu ihm weiter: ‚Ich brauche ja nichts von dir, denn du bist mir gegenüber fremder als jeder andere!' Wenn meine jetzige Frau nicht mitgewesen wäre, wäre ich schon wieder mit meinem Vater fertig gewesen. Ich hätte bis heute noch keine Papiere. Sage ich: ‚Da hört sich doch alles auf!' Meine Frau hat drauf eingelenkt. Die Tischlermeisterin, die das alles mitbekommen hat, meinte es gut und sagte: ‚Für eure Hochzeit soll er euch eine Kuchleinrichtung machen und sie dann mit dem Lastwagen hinein führen.' Wir haben allerdings nie ein Kastl bekommen.

Mein Vater sagte mir da auch, daß ich eine Schwester habe. Ich habe dann meiner Halbschwester geschrieben. Sie lebte in

Aussee drinnen und arbeitete im Seehotel in der Wäscherei. Ihr Mann war Photograph. Meine Schwester schrieb mir zurück, sie wisse schon lange, daß sie einen Bruder habe, ob sie kommen dürfe. Das war 1947. Ich fuhr zum Bahnhof, um meine Schwester, die ich ja noch nie gesehen hatte, abzuholen. Ich dachte mir, die werde ich leicht erkennen. Wenn eine Frau ein wenig deppert am Bahnhof herumschaut, die wird es schon sein. Tatsächlich stand eine dort und schaute neugierig durch die Gegend. Ich bin hin zu ihr. Sagte sie: „Ja, du bist der! So ähnlich habe ich mir meinen Bruder eh vorgestellt.‘ Wir schauen uns ja ähnlich. Ihr ist es aber noch schlechter gegangen als mir in der Kindheit. Ihre Mutter, nachdem sie geschwängert worden war, ist heim nach Donnersbach, denn beim Forstrat, bei dem sie angestellt war, konnte sie nicht mehr bleiben mit dem Kind. Der Forstrat hat zu ihr gesagt, als sie das Kind auf die Welt gebracht hatte: ‚Wenn ich heute auf d'Nacht heimkomme, ist das Kind nicht mehr da!‘ Sie ist darauf herumgerannt, um das Kind irgendwo anzubringen. Aber keiner hat es wollen. Die Frau war sehr arm dran. Sie mußte in ihren Heimatort, nach Donnersbach, zurück.

Auch meine Mutter hatte es sehr schwer. Heute verstehe ich sie erst. Aus Verzweiflung wollte sie sich umbringen. Damals hat es bei Bauern geheißen: ‚Du bekommst keinen Lohn, hast ja einen Pamperletscher (Kind), der frißt auch da.‘ So haben sie geredet. Was soll so eine Dirn mit einem ledigen Kind machen? Ich habe als Kind meine Mutter abgelehnt, denn mir hat man von ihr erzählt. Selbst kann man sich ja nicht an diese Zeit zurückerinnern, von wo man hergekommen ist. Ich dachte mir früher, meine Zieheltern seien meine Eltern. Als ich 5 Jahre alt war, ist mir einiges klar geworden. Meine Ziehmutter hat mir das erzählt. Von Zeit zu Zeit ist meine wirkliche Mutter gekommen, um mich zu sehen. Sie wollte mir schöntun, aber ich bin weggelaufen. Wenn sie drei Tage da war, war ich drei Tage weg. Warum ich meine Mutter damals nicht mochte, weiß ich heute selbst nicht. Oft habe ich darüber nachgedacht. Ich habe sie nicht verstanden. Wahrscheinlich dachte ich mir, sie will mich nicht. Dadurch war ich so abweisend. Ich hatte ja noch einen um 10 Jahre älteren Bruder von meiner Mutter. Er ist bei einem Bauern in

Oberweng aufgewachsen. Einmal ist er zu uns gekommen. Meine Ziehmutter sagte da zu mir: ‚Das ist dein Bruder.' Na ja, ist halt mein Bruder, dachte ich mir. Vorgekommen ist mir nicht, daß das mein Bruder ist. Zu ihm hatte ich eine ähnliche innere Beziehung wie zu meinem Vater. Mutterliebe habe ich ja auch nie gespürt. Und meine Ziehmutter hat andere Sorgen gehabt, als mir dauernd um den Hals zu fallen. Sie war eine seelensgute Frau, aber mit Arbeit war sie bis oben eingedeckt. Und früher hat man das Umadumscheißen mit den Kindern nicht gekannt wie heute. Ich mochte meine Ziehmutter schon, ich hätte auch keine andere Wahl gehabt. Gerne wäre ich als Kind mit den Zigeunern, die unten beim Kernbauern oft biwakiert haben, mitgefahren. Mit den Kindern der Zigeuner habe ich mich angefreundet. Sie hatten ihr Lagerfeuer, sie waren die ersten, die das Grillen eingeführt haben. Wenn ich von den Zigeunern heimkam, hat meine Ziehmutter geschimpft: ‚Du rennst immer zu dem Gesindel hinunter.' Wie ich dann größer wurde, mußte ich im Haus mithelfen, mußte bereits in der Früh vor dem Schulgehen mähen. Es hat geheißen: ‚Wenn du zum Tisch sitzen willst, mußt du auch etwas tun.'"

Hier zeigt sich also der enorme Druck, der auf der Magd lastete, aber auch die Brutalität dieses bäuerlichen Systems, in dem das uneheliche Kind einer Magd keinen gesetzlichen Schutz genießt, sondern von dem persönlichen Wohlwollen der Menschen dieser Kultur abhängt. Das uneheliche Kind wird vielleicht von einigen als künftige billige Arbeitskraft begriffen und wird daher als positiv interpretiert, aber grundsätzlich ist es ein „zweitrangiger Mensch", ein „gebrandmarktes Kind" — ganz im Sinne auch der Kirche. Die Mutterliebe muß es meist entbehren, Liebe erfährt es sporadisch.

Das uneheliche Kind der Bauerntochter

Die vorangegangenen Darstellungen bezogen sich auf Mägde als ledige, oft vom Bauern geschwängerte Mütter. Eine andere Frage ist die nach der Bauerntochter, die von einem Dienstboten, einem Knecht, ein Kind erwartete. War es charakteristisch, daß die bäuerliche Struktur auch Auswege für eine Magd, die ein uneheliches Kind geboren hatte, bot, so war der soziale Druck für eine Bauerntochter oft zu groß, wie folgende Erzählung einer alten Magd andeutet:

„Bei dem Bauern, bei dem meine Mutter gedient hat, ist eine Bauerntochter vom ersten Knecht in die Hoffnung gekommen: Gelegenheit macht Liebe, und Liebe macht blind! Als der erste Knecht einmal nachmittags bei der Jause gesessen ist, ist die Bauerntochter in den Mostkeller um einen Most gegangen. Sie ist aber nicht zurückgekommen. Man hat gewartet, aber sie ist weggeblieben. Dann ist man nachschauen gegangen und hat sie tot beim Mostfaßl liegend gefunden. Sie hat sich selbst umgebracht, und zwar so, daß sie viel Schwefelhölzer gegessen und viel Most dazu getrunken hat. Sie hat sich also vergiftet." Als ich die Frau nun nach dem Grund für diesen Selbstmord fragte, erwiderte sie entrüstet: „Was glauben Sie, das durfte doch nicht sein, daß eine Bauerntochter mit einem Knecht, einem Dienstboten, etwas hat. Das war damals nicht so wie heute."

Die Normen, die die Kontakte zwischen Dienstboten und Bauern regelten, waren zwingend, ein Abweichen von ihnen konnte zu großen Konsequenzen führen, wie in diesem Falle der Selbstmord. Die Bauerntochter wurde mit dieser Situation nicht fertig, sie sah für sich offensichtlich keinen Ausweg. Die zu erwartende Schande für die Bauerntochter durch das von einem Dienstboten stammende uneheliche Kind war eine bedeutend größere als die, der eine Magd mit einem unehelichen Kind ausgesetzt war. Ablesbar ist aus dieser Fallgeschichte vor allem die große und auch brutale soziale Distanz zwischen Dienstboten und Bauern. Der Standesunterschied läßt wohl zu, daß der Bauer sexuelle Kontakte zu Mägden eingeht, nicht aber, daß z. B. eine Bauerntochter mit einem Dienstboten sexuell verkehrt, was darauf hindeutet, daß die Frau die Last der Unehelichkeit des Kindes alleine zu tragen hatte.

Wurde eine unverheiratete Bauerntochter von einem Bauernsohn geschwängert, so war sie zweifellos besser gestellt als eine Dienstmagd mit ihrem unehelichen Kind. Das unehelich geborene Kind einer Bauerntochter hatte auch andere Chancen, obwohl es sicherlich in der Schule oder auch sonst zu spüren

bekam, daß es ein uneheliches Kind ist. Die folgende Schilderung einer 1916 als uneheliches Kind einer Bauerntochter geborenen Frau zeigt einiges auf, was hier interessant ist. So wird
angedeutet, daß die unverheiratete schwangere Frau ziemlich
auf sich alleine gestellt war. Die Großeltern der Erzählerin be-
wirtschafteten früher einen Bauernhof am Fuße des Pyhrnpasses. Da jedoch der Großvater der Meinung war, aus dem Bos-
rucktunnel, der damals gebaut wurde, käme der Teufel, gab er
den „Bauern am Pyhrn" auf, der in der Nähe des sogenannten
Emiliendorfes (wie man das Lager der am Bau des Bosrucktunnels beteiligten Männer nannte) lag. Er übersiedelte in die Gleinkerau auf einen Bauernhof. Die Enkelin dieses Bauern erzählt:
   „Ich bin als uneheliches Kind im Freien auf die Welt gekommen. Meine Mutter war Sennerin in der Filzen. Ihre Schwester, sie war später Bäuerin in Vorderstoder, kam zu meiner Mutter auf die Filzen, um sie abzulösen, weil sie schwanger war.
Meine Mutter, sie war die Tochter vom E.-Bauern, ging nun von
der Stubwiesalm den Steig zum Gleinkersee hinunter. Der Steig
ist sehr steil. Dort hat sie mich verloren. Sie ist liegengeblieben,
und zu ihrem Glück kamen zwei Holzknechte mit einem Buben.
Einer der Holzknechte holte Reisig, auf den sie meine Mutter
legten. Mit einem Feitel (Taschenmesser), welcher dem Buben
gehörte, schnitt dann ein Holzknecht die Nabelschnur, an der
ich hing, durch. Der Bub, er war 12 Jahre alt, wollte seinen Ta-
schenfeitel danach nicht mehr zurückhaben. Er soll gesagt haben: ‚Pfui Teufel, den mag ich nimmer!' So war das halt. Die
Holzknechte brachten dann meine Mutter und mich zum See-
wirt am Gleinkersee. Bei dem blieben wir 14 Tage. Wir konnten
nicht transportiert werden, es gab ja noch kein Auto, die Straßen
waren sehr schlecht und meine Mutter hatte Blutungen. Aber
nach den 14 Tagen waren wir pumperlgesund. Mein Vater war
von einem Bauern. Meine Mutter, obwohl sie auch von einem
Bauern war, hat er nicht geheiratet. Ich bin am 4. Juli geboren
worden. Im Jahr darauf ist meine Mutter mit mir auf die Alm
hinauf. Als kleines Dirndl war ich dauernd auf der Alm. Im Alter
von 24 Jahren ist meine Mutter an Gehirnhautentzündung gestorben. Damals war ich 8 Jahre alt. Mein Vater heiratete eine
Tochter eines Bauern bei Roßleithen. Mit dieser kaufte er sich

das Gasthaus in Spital am Pyhrn. Da meine Mutter gestorben ist und meine Großeltern schon alt waren, ging eine Tante von mir zu meinem Vater nach Spital am Pyhrn und sagte zu ihm: ‚Was tun wir mit der Marianne? Entweder nehme ich sie mit nach Stoder oder du nimmst sie!' Da mein Vater mit seiner Frau ohnehin keine Kinder hatte, adoptierte er mich und ließ mich dann auf seinen Namen umschreiben. Heute gehört das Gasthaus mir."

Diese Erzählung deutet an, daß das unehelich geborene Kind einer Bauerntochter, vor allem wenn der Vater ein Bauer oder Bauernsohn war, damit rechnen konnte, von Verwandten gestützt und gefördert zu werden. Zumindest bestand eine Chance, daß das Kind entsprechend akzeptiert wurde. Das uneheliche Kind einer Magd war dagegen wesentlich benachteiligt, es war degradiert und wurde zur Seite gestellt.

Beziehungen zwischen den Geschlechtern

Sexualität, Menstruation und Aufklärung

Das Thema „Sexualität und Aufklärung" wurde vor dem Zweiten Weltkrieg und auch noch lange danach eher verdrängt. Der junge Mensch, der in der bäuerlichen Kultur groß wurde, hatte es nicht leicht, über die Funktionen der Sexualität entsprechendes zu erfahren. Diese sexualfeindliche Stimmung, die wesentlich durch die Kirche getragen und verfestigt wurde, bestimmte Kindheit und Jugend der bäuerlichen Bevölkerung. Es gab keine Instanzen, weder die Schule noch die Familie, die die Aufgabe der Aufklärung übernommen hätten. Der junge Mensch war auf seine Altersgenossen und auch auf die sexuellen Witze, die er auf dem Hof hörte, angewiesen, um sich ein Bild von der Sexualität des Menschen machen zu können. Ein alter, früherer Kleinbauer legt diese charakteristische Struktur dar:

„Aufklärung gab es bei uns nicht. Wir kamen von selber darauf. Das ist ja ein Naturgesetz, der Trieb ist ja da, sicher war es damals interessanter als heute. Jetzt ist das alles nicht mehr so interessant wie früher. Damals war alles heimlich, heute geht alles laut. Früher hat sich der Bub zu seinem Mensch (Mädchen) ganz heimlich hingeschlichen. Er hat bei ihrem Fenster angeklopft, so daß niemand etwas hört, und in der Früh ist er leise fort, daß wieder niemand etwas wahrnimmt. So war es. Die Eltern haben nie über Sexualität geredet. Sie haben alles verschwiegen und haben immer abgelenkt, wenn wir etwas wissen wollten. Witze haben manche Männer über diese Sachen gemacht. Da hat man sich schon etwas gedacht dabei: Was sagt denn der damit? Es hat so gescherte, vorlaute Teufeln gegeben, die recht blöd geredet haben. Von den Eltern aus wären wir nie auf so etwas gekommen. Lange nicht. Vor den Kindern hätten die Eltern nie gesagt, daß sie sich gerne haben. Ich habe nie gesehen, daß sie sich einen Kuß gegeben hätten oder sonst etwas."

Ähnlich drückte es auch eine etwa siebzig Jahre alte Bäuerin aus: „Wir sind überhaupt nicht aufgeklärt worden. Heute wissen die Kinder es schon beim Schulgehen, was los ist. Ich habe lange nicht an Sexualität gedacht. Als ich 9 Jahre alt war, ist mein Bruder auf die Welt gekommen. Ich wußte nicht, daß meine Mutter schwanger war und warum."

Charakteristisch für diese Sphäre der Tabuisierung der Sexualität ist auch die Überlegung einer ehemaligen Bäuerin: „Kein Mensch hat einen aufgeklärt. Selbst mußten wir draufkommen, was los ist. Das ist nicht so wie heute, daß man in der Schule aufgeklärt wird. Es hat keine Aufklärung gegeben, das hat es auch so getan. Heute sind sie ein wenig gar früh dran. Früher war man aber kein bisserl informiert, da sind die Kinder so auf die Welt gekommen. Zwei haben sich halt gern gehabt und zum Schluß haben sie nicht gewußt, wie das kommt, daß sie schwanger ist." Lachend fügte sie noch die Worte hinzu: „Wenn halt gestüpfelt worden ist . . .!"

Dem jungen Mädchen im bäuerlichen Bereich war gerade die Menstruation von einer ungeheuren Belastung, denn es erfuhr bis zu der ersten Blutung so gut wie gar nichts von diesem Prozeß der körperlichen Reifung. Es wurde daher von der Menstruation überrascht. Es ist demnach durchaus einleuchtend, wenn das von der Menstruation verwirrte Mädchen meinte, an einer schweren Krankheit zu laborieren. Dieses bis in die fünfziger Jahre hinein bestehende Dilemma für das junge Mädchen wird in dem mit einer heute 44 Jahre alten Bauerntochter geführten Interview klar herausgestellt. Diese Frau weist auch auf den Kummer hin, den ihre Mutter bei der ersten Menstruation erlebt hat:

„Ich habe damals (um 1953) nichts von der Menstruation gewußt. Erst als eine Mitschülerin von mir während der Schulstunde plötzlich die Regel bekommen hat, ist mir das Ganze bewußt geworden. Auf einmal ist die Bank, auf der das Mäd-

chen gesessen ist, voll Blut gewesen. Sie hat nicht gewußt, was
los ist und was sie hat. Der Lehrer hat auch nicht gewußt, was er
sagen soll, und hat sie zur Schuldienerin geschickt. Wir haben
uns gefragt, was sie hat und ob sie ins Krankenhaus muß. Das
Mädchen war da 12 oder 13 Jahre alt. Wie ich heimgekommen
bin, habe ich meiner Mutter das erzählt. Und die hat mich dann
aufgeklärt. Meine Mutter selbst wurde auch nicht aufgeklärt. Sie
hat mir erzählt, wie es ihr ergangen ist. Sie hat bei ihrer ersten
Regel gemeint, sie müsse sterben. Sie hat darum damals soviel
geweint. Ich habe also in der Schule das erstemal von der Regel
erfahren. Ältere Mädchen haben uns gesagt, daß wir das nun
jeden Monat haben werden. Warum und weshalb, hat keiner
gewußt. Uns hat die Mutter erzählt, was da los ist. Meiner Mutter hat es eine Magd erzählt, um was es bei der Menstruation
geht. Meine Mutter hatte nicht den Mut, zu ihrer Mutter zu gehen. Sie ist also zu der Dirn gegangen und hat gesagt, daß sie
nun sterben müsse. Die Dirn hat gesagt: ‚Geh, Wurschtl.‘ Dann
gab sie ihr so eine Binde, die man damals immer wieder gewaschen hat. Meistens haben die Mädchen beim Bauern es von
einer Dirn erfahren, was sie bei der Menstruation machen sollen. Die Dirnen waren oft schon älter und hatten einen Freund.
Als Kinder haben wir nie über sexuelle Dinge etwas erfahren.
Der Großvater hat gesagt: ‚Ihr werdet schon draufkommen.‘
Darüber ist nie etwas geredet worden. Wir wußten nicht, wie
andere nackt aussehen. Alle haben sich versteckt, wenn sie sich
gewaschen haben. Wie soll da so ein Kind schon sehen, wie der
andere aussieht? Und dies, obwohl fast alle im selben Wasser
sich gewaschen haben, einer nach dem anderen ist in das Stübl
gegangen, um sich zu waschen.“

Es bestand also kaum eine Chance für das heranwachsende
Kind, von den Körperfunktionen rechtzeitig etwas zu erfahren
bzw. mit der verschiedenen Geschlechtlichkeit von Mann und
Frau konfrontiert zu werden. Geradezu tragisch komisch hört
sich folgende Geschichte eines 1926 geborenen Mannes an, die
im Milieu von Kleinbauern spielt: „Von den Älteren haben wir
nichts über Sexualität erfahren. Als ich ein Bub war, habe ich
das Doktorbüchl gefunden. Die Leute damals waren ja nicht
dumm. Einen Doktor konnten sie sich nicht leisten, aber so ein

Buch. Das war so ein dickes Buch. Ein nackter Mann, der hat mich wenig interessiert, und eine nackte Frau hat man gesehen, wenn man das Büchl aufgeschlagen hat. Die nackte Frau ist zuerst normal nackt. Dann hat man angefangen, das Bild aufzublättern. Man hat dann gesehen, wie die Frau inwendig aussieht. Ich habe mir das Buch genommen und habe mich zum Bach hingesetzt, denn in Anwesenheit von Erwachsenen hätte man das nicht ansehen dürfen. Um Gottes willen nicht, man wäre halb erschlagen worden. Ich hock' also so am Bachl, auf so einem Waschbankl. Ich war gerade dabei, das Frauenzimmer zu studieren, und da sehe ich im Wasserspiegel, daß von hinten wer herkommt. Weglaufen konnte ich nicht, ich konnte ja nicht in den Bach springen. War das der Freund meiner Schwester! Der hat mir eine solche Watschen heruntergehauen, daß mir schon fast das Büchl in den Bach gefallen wäre. Darum meine ich heute: So viele Leute sagen, die heutige Jugend wird früh aufgeklärt. Das finde ich auch richtig, daß der Mensch aufgeklärt wird. Damals hat man über die Sexualität nichts erfahren. Man durfte nicht in das Zimmer gehen, wenn die Frau sich den Oberkörper gewaschen hat."

Die geschilderte Situation zeigt den Druck, dem der junge Mensch ausgesetzt war, wenn er versuchte, Fragen, die sich auf seine Sexualität bezogen, zu beantworten. Da er sah, daß er sich an niemanden wenden konnte, sucht er nach Antworten in einem „Doktorbüchl". Die Körperfeindlichkeit bestimmte noch bis weit in die fünfziger und sechziger Jahre die Erziehung. Es scheint, daß erst durch die Übernahme „bürgerlich"-städtischer Wertprämissen in den sechziger Jahren auch in der bäuerlichen Kultur, die sich durch Technisierung usw. in einem radikalen Wandel befindet, eine Änderung in der Einstellung zur Sexualität möglich wird.

Daß sich in den fünfziger Jahren noch eine große Distanz zur eigenen Geschlechtlichkeit fortsetzt, wird u. a. in diesen Sätzen eines um 1940 geborenen Sohnes eines Kleinbauern ausgedrückt: „Liebe und Zärtlichkeit zwischen den Eltern haben wir nie gesehen. Um uns aufzuklären, hat die Mutter uns ein Büchl gekauft, wie sie am Schriftenstand in der Kirche so aufgelegen sind. Wir waren damals 10 oder 12 Jahre alt. Die Mutter selbst hat die Sachen über ihre Heirat, warum man heiratet usw., mehr vertuscht. Wir haben dann nachgeforscht und sie gefragt, wann sie geheiratet hat. Es war der 22. Februar, und im Dezember bin ich geboren worden. Das geht sich mit 9 Monaten schon aus. Das mit der Schwangerschaft war für uns eine echte Frage. Über das ist ja nie geredet worden. Meine Aufklärung war komplett stümperhaft, wie ich es heute sehe. Die Bücherl, die wir gehabt haben, haben das alles in einer unwirklichen Art beschrieben. Unsere Erziehung war fast leibfeindlich. Wir sind auf das Kirchengehen getrimmt worden, und das Wort ‚Sünde‘ war bei uns großgeschrieben. Wir haben aber nicht gewußt, was eine Sünde ist.“

Sexualität hatte den Rang der Sünde, über die man nicht spricht, die aber den Menschen stets bedrängt und ein dauerndes Schuldgefühl zur Folge haben kann. Relikte einer solchen Sexualfeindlichkeit, die dem jungen Menschen zum Problem werden konnte, dauern bis in die späten fünfziger Jahre.

Eine 1954 geborene Tochter eines Bauern in Oberweng erzählt folgendes zu diesem Thema, was als Indiz für den angesprochenen Wandel anzusehen ist: „Früher sind sie nicht aufgeklärt worden. Ich bin relativ früh, ich war da vielleicht 10 Jahre alt, von meinem Bruder, der ins Gymnasium ging, aufgeklärt worden. Der Bruder hat mir das, von dem er geglaubt hat, daß ich es wissen muß, erzählt. Dadurch habe ich meine Mutter fragen können. Die hat mir das weitere dann gesagt. Sie selbst ist ja nie aufgeklärt worden als Kind. So wie heute die Kinder aufgeklärt werden, bin ich nicht aufgeklärt worden. Ich habe mir ein gutes Buch gekauft, als ich die Schule verlassen hatte. Das Buch hat geheißen: ‚Lerne glücklich lieben‘ oder so ähnlich.“

Eine offenere Einstellung zur Sexualität löste eine gehemmte und psychisch belastende Einstellung ab. Es ist also heute möglich, anders als hinter der vorgehaltenen Hand über Sexualität zu sprechen.

Liebe und „Fensterln"

Mit dem Thema „Sexualität" ist die Frage des Kennenlernens der Geschlechter eng verknüpft. Die Tabuisierung der Sexualität führte auch zum Problem für beide Geschlechter, miteinander überhaupt in Kontakt zu kommen. Eine wichtige Funktion hatten dabei das sogenannte „Fensterln", die gemeinsamen Veranstaltungen und das Aufsuchen von Almen, den beliebten Ausflugszielen vor allem am Sonntag. Auf die Kontaktsuche auf der Alm verweist eine Passage aus einem Interview, welches ich mit einer Bäuerin führte: „Häufig am Sonntag sind die Burschen auf die Alm gekommen. Sie kamen nicht zu mir, sondern zur Sennerin. Ich war damals noch sehr jung. Sie haben fest getanzt. Der, der ein Glück gehabt hat, hat auch bei der Sennerin oben bleiben dürfen. Er hat ihr deswegen gut zureden müssen. Das gibt sich langsam im Diskurs ... Ich war ja jung, ich war nicht so männerheiß. Die Schwoagrin schon. Einmal sind so Almgeher aus Oberweng noch spät am Tag gekommen. Ich bin schon gelegen, da greift mir einer auf den Fuß. Ich habe ihm eine geschmiert, daß er gleich bei der Tür hinaus ist."

Die Alm war gewissermaßen ausgenommen von jenen Normen, die die Beziehungen zwischen Burschen und Mädchen bestimmten, wie auch meine Gesprächspartnerin bestätigt: „Auf der Alm war es nicht streng, streng war es daheim. Auf der Alm war mehr Luft. Auf der Alm gibt es keinen Hund und keinen Hahn, gar nichts." Mit letzterem Hinweis soll wohl darauf verwiesen werden, daß es auf der Alm keine Instanzen gibt, die das Verhältnis zwischen Menschen kleinlich kontrollieren.

Folgendes Lied, welches aus der bereits genannten alten handschriftlichen Liedersammlung aus Spital am Pyhrn stammt, verweist auf den besonderen Status der Alm.

Von der Alpe ragt ein Haus

Von der Alpe ragt ein Haus wohl niedlich übers Tal hinaus.
Da drinnen wohnt mit frohem Sinn eine wunderschöne Sennerin,
Die Sennrin singt so manches Lied, wenn durch das Tal der Nebel zieht.

Horch, was rauscht durch Luft und Wald wohl auf der Alm,
wohl auf der Alm, wohl auf der Alm, da gibt's koan Sünd.

Als ich jüngst auf schroffem Pfad zu ihrem Paradies genaht,
Da trat sie flink zu mir heraus und bot zur Herberg mir ihr Haus,
Fragt nit lang, was tust allhier, sondern setzte sich zu mir.
Sie singt ein Liedchen weich und lind: wohl auf der Alm,
wohl auf der Alm, wohl auf der Alm, da gibt's koan Sünd.

Und als ich dann von ihr schied, da klang von fern mir noch ihr Lied,
Und zugleich mit Schmerz und Lust trug ich's bei mir jetzt unbewußt,
Und seitdem, wo ich nur bin, da schwebt mir vor die Sennerin,
Ich hör sie rufen: Komm geschwind, wohl auf der Alm,
wohl auf der Alm, wohl auf der Alm, da gibt's koan Sünd.

Gelegenheit, ein Liebesverhältnis einzugehen, war neben dem „Fensterln", auf das ich noch genauer eingehe, und Tanzveranstaltungen auch der gemeinsame Kirchgang, wie es aus folgender Erzählung einer Bäuerin hervorgeht: „Kennengelernt hat man sich beim Tanz, z. B. beim Kathreintanz. Oder am Sonntag beim Kirchengehen. Das Fensterln war auch wichtig. Es hat den Mädchen gefallen, wenn vorm Fenster eine schöne Musik gespielt, der Fotzhobel (Mundharmonika) geblasen wurde oder schöne Stanzl aufgesagt wurden. Ob einer in die Kammer hineindurfte, das war nicht so einfach. Meist haben sich die beiden es schon vorher vereinbart gehabt. Die Eltern haben freilich aufgepaßt, z. B. beim Kirchengehen. Aber wenn die Jahre einmal da sind, nützt das Aufpassen nichts mehr. Heute macht man die Sache öffentlich. Das fängt beim Schulgehen schon an. Das hat es früher nicht gegeben. Da ist ein Mädchen schon 18, 19 Jahre alt geworden."

Von einer anderen Bäuerin, sie ist jetzt 70 Jahre alt, wollte ich wissen, wie sie ihren Mann kennengelernt habe. Sie erzählte mir, indem sie die Bedeutung der Kirche, aber auch die der Alm, für die Kontaktnahme, hervorhebt: „Meinen Mann habe ich auf der Alm kennengelernt. Meine Schwester war nämlich Schwoagrin, ich mußte zu ihr hinaufgehen. Das war an einem Sonntag. Einige Zeit später habe ich ihn in der Kirche in Windischgarsten wieder getroffen. Da habe ich zu ihm gesagt, ich würde heute auf die Arlingalm hinaufgehen, ob er nicht mitgehen wolle. Er hat zugesagt und gemeint, er nimmt noch einen

Freund mit, damit sie etwas singen können. Er hat schön gesungen. So war es. Und beim Heimgehen sind wir halt ins Reden gekommen. Und dann hat er halt gesagt, ob er einmal zum Fenster kommen darf. Er war mir so sympathisch wie keiner zuvor. Ich war damals schon 21 Jahre alt. Er ist dann sehr oft zum Fenster gekommen, meistens am Samstag, nach der Probe beim Barthel, wo sie gesungen haben. Der Weg zu uns war ganz schön weit. Meist ist er um zwölf oder halb eins gekommen."

Der Gang zum Fenster der künftigen Geliebten hat, wenn dies mit Übereinstimmung des Mädchens geschieht, eine bereits tiefere Bedeutung für beide. Der Liebhaber versucht, wenn er beim Fenster angekommen ist, sich zu erkennen zu geben, das geschieht z. B. so: „Mich haben sie Mitzl genannt. Wenn er gekommen ist, hat er gesagt: ‚Mitzl komm, der Franzl ist da.‘ Wenn viel Arbeit war, ist er oft ein oder zwei Monate nicht zum Fenster gekommen. Mein Vater hat nichts dagegen gehabt, daß er gekommen ist; er hat ihn recht gerne gesehen. Wenn er beim Fenster war, haben wir eigentlich nur getratscht, sonst nichts. Ein paar Jahre haben wir das so getan. Bis wir dann einig geworden sind. Heute rennt einer nicht zwei Jahre zum Fenster. Dann hat er gesagt, er will mich heiraten."

Ein alter Bauer erzählt ebenfalls, in Übereinstimmung mit dem hier Festgehaltenen, über das „Fensterln" als Möglichkeit der Kontaktnahme. Auch in dieser Erinnerung sind die Sprüche beim Fensterln ungemein wichtig, damit überhaupt einmal ein Kontakt zustande kommt: „Wenn man ein Maderl haben wollte, ist man fensterln gegangen. Dafür hat es Sprüch gegeben, wie: ‚Ja, Dirndl sei gscheit, nimm an Bubn, der di gfreit, und laß den Bubn, den kloan, bei der Saustalltür loan (lehnen).‘ Das Fensterln war wichtig, da hat man sich unterhalten. Da ist das Maderl aufgstanden und hat gaudert (geredet). Hier und da hat sie einen hineingelassen. Wenn wir vier oder fünf bei einem Fenster waren, ist meist einer zurückgeblieben. Meist waren die Bauernmadln interessant, aber auch die Dienstmägde, die lagen in der Menscherkammer. Außer Fensterln ist man mit den Madln sonst nur beim Tanzen, im Fasching, zu Kathrein oder bei Hochzeiten zusammengekommen. Getanzt haben wir da Landler und Steirer."

In diesen Zusammenhang paßt gut die Schilderung in den „Heimatbildern" E. Grillmayrs. Grillmayr, der um 1910 Knecht im Gasthof Grundner („Zur Post") war, sammelte einige Erfahrungen beim „Fensterln", welches durchaus akzeptiert war:

„Beim Grundner waren im Tischlerhäusl ein Oberst mit Familie und zwei Mädchen eingezogen. Eines Tages wurde von der herrschaftlichen Köchin der ‚Wildschütz' zum Holzzerkleinern verlangt. Ich wurde gerufen. Na, dachte ich, einmal ein anderes Wildbret, und stieg in das neue, unbekannte Revier. Hm, es plauderte sich gut, die Hanni war hübsch. Ich sorgte, daß der Holzvorrat nicht zu groß wurde, um meine Berufung möglichst bald wieder herbeizuführen. Am Abend, dachte ich, gehst auf die Pirsch; am Fenster wird sich das Mädl noch hübscher ausnehmen. Als alles schlief, lehnte ich die Leiter an das vermeintliche Fenster, klopfte leise und sagte mein Sprücherl. Aber was war das? Eine tiefe Stimme, welche immer drohender anzuschwellen schien, kam dem Fenster näher. Alle Teufel! Das war der Oberst! Ein Sprung von der Leiter, ein zweiter über den Zaun und fort war ich.

Am nächsten Tag hörte ich zufällig den Herrn Oberst zur Frau Grundner sagen, daß er einen Einbrecher verscheucht hätte und daß sich in dem sonst so schönen Ort unlautere Elemente befinden müßten. Aber der Frau Grundner lachte der Schalk aus den Augen, sie legte begütigend die Hand auf seine Schulter und meinte in der ihr eigenen fröhlichen Art: ‚Na, na, Herr Oberst, Einbrecher san bei uns ka, aber a paar fesche Maderl ham Sie, und das werdn halt d'Buam gewesen sein. Da richten S'Ihna am besten a Schaffl Wasser, und wenn S' wieder was hörn, dann schütten S' es beim Fenster außi.' Kopfnickend, dankend ging der alte Oberst fort.

Die folgende Nacht wachte der alte Soldat neben dem gefüllten Wasserschaff, ich aber lag auf dem kleinen Dachl auf der anderen Seite des Hauses und plauschte mit der hübschen Hanni. So manches Fenster besuchte ich in dieser übermütigen Zeit, und am Gasthaus Sighart sah man noch jahrelang einen mächtigen Kratzer an der Giebelfront, den meine Leiter beim Abziehen hinterlassen hat."

Aus dieser Erzählung geht hervor, daß das Fensterln in das Leben auf dem Land fest integriert war als wirksame Chance, mit einem Mädchen Kontakte zu pflegen. Über die Wichtigkeit des Fensterlns informiert auch ein über 80 Jahre alter ehemaliger Kleinbauer: „Außer bei Unterhaltungen hat man sich beim Fensterln gesehen. Unter 20 Jahren ist man nicht Fensterln gegangen. Darauf haben schon die anderen Burschen geschaut. Wenn ein Größerer einen Jüngeren erwischt hat, hat er ihm eine Watsche gegeben. Lausbub, hat er ihn geheißen: ‚Bei dir sind eh noch die Windeln naß. Was, du möchtest schon zum Fenster gehen?' Unter dem Krieg ist es anders geworden, da waren ja alle Erwachsenen eingerückt, da war es einem schon mit 18 erlaubt, zum Fenster zu gehen. Gleich nach dem letzten Krieg hat sich das Fensterln so richtig aufgehört."

Das Alter des Burschen beim Fensterln hatte also auch einige Bedeutung, insofern, als ältere Burschen unliebsame Konkurrenten verscheuchten. Über mögliche Reaktionen der Mädchen und auch des Bauern auf fensterlnde Burschen erzählt der Mann weiter: „Wenn das Mensch den Burschen leiden konnte, hat es ihm schöngetan. Wenn sie ihn nicht wollte, hat sie ihn ausgelacht. Wenn er z. B. gesagt hat: ‚Schatzi, Hasi', und wenn er dann weiter gefragt hat, ob sie auf ihn harb (böse) sei, weil sie sich nicht gerührt hat, obwohl er ihr doch nichts getan habe, haben sie drinnen in der Kammer schon gelacht. Wenn mehrere Menscher in der Kammer waren, haben sie sich eine Gaudi gemacht. Für den Buben war es besser, wenn nur eine in der Kammer war, sonst haben sie ihn leicht ausgelacht. Da mußte er dann gehen, mit der Leiter. Bei jedem Haus ist ja meist eine Leiter gewesen, es hat aber auch welche gegeben, die von daheim eine Leiter mithatten. Ist der Bauer draufgekommen, so hat er die Kerln verjagt: ‚Ihr Lausbubn, schaut's, daß ihr weiterkommts.' Dann sind sie halt gerannt. Oft hat aber der Bauer nichts gehört. Nur hie und da. Von einem Bauer weiß ich, daß er immer aus dem Haus herausgeteufelt ist, wenn etwas los war. Den haben sie einmal ordentlich geärgert. Ein paar so Gauner haben ihm ein Jauchenfaß vor die Tür gestellt und haben es bei der Türschnalle aufgehängt. Als er die Tür aufmachte, ist das Jauchenfaß umgefallen, und die Jauche ist bei der Tür hereingeronnen."

Für das Mädchen war das Fensterln sehr wohl auch von Interesse, denn schließlich wollte ja sie ebenso Kontakt zu Burschen. So meint eine Bäuerin: „Als ich 18, 19 Jahre alt war, haben sie begonnen, bei mir zu fensterln. Vorher nicht, da habe ich noch nicht daran gedacht. Aber ich habe mich schon gefreut, wenn mir die Burschen sympathisch waren."

Über Ständchen bei ihrem Fenster, die wohl auf eine lange Tradition zurückgehen und die die grundsätzliche Bedeutung des Fensterlns für die Kontaktnahme zwischen den Geschlechtern in der Welt des Bauern bestätigen, erzählte eine Oberwenger Bäuerin: „Als ich noch daheim war, mit 17, 18 Jahren, sind die Buben gekommen. Der eine mit einem Fotzhobl (Mundharmonika). Bevor die Burschen zu einem Fenster gegangen sind, haben sie geschaut, wohin das Mädchen geht. Gesagt haben wir es ihnen ja nicht, wo unsere Kammer war. Einmal, wir haben schon gut geschlafen, beginnen Burschen vor dem Fenster zu spielen. Wir sind aufgewacht, und weil das Spiel so schön war bei der Nacht, haben wir uns nicht gemeldet." Auf die Frage, ob der Bauer das Spiel duldete, erzählt sie weiter: „Wenn nichts passiert ist, hat der Bauer nichts gesagt. Hereingelassen haben wir ja niemanden. Es hat solche gegeben, die den Buben hereingelassen haben. Das ist klar. Die, die hineingelassen wurden, die haben keine Musik gemacht. Die sind zum Fenster gekommen und haben bloß geklopft. Dann hat das Dirndl aufgemacht. Wenn die Kammer vom Dirndl nicht ebenerdig war, hat der Bursch eine Leiter genommen. Hat der Bauer das gemerkt, so ist es vorgekommen, daß er die Leiter weggegeben hat. Da hat der Bursch dann nicht hinunterkönnen. Das hat es auch gegeben."

Das Fensterln als wesentliche Institution der Partnersuche wird in der weiteren Folge des Gesprächs mit dieser Frau deutlich: „Früher war es nicht leicht, jemanden kennenzulernen. Man ist früher nicht viel ausgegangen. Tanzen haben wir an den Sonntagnachmittagen bei einem Nachbarn gelernt. Da sind sie aus der Nachbarschaft zusammengekommen. Wir tanzten, und manchmal hat ein Bub gefragt: ‚Darf ich ein wenig zu deinem Fenster kommen?' Das Dirndl hat meist gesagt: ‚Zum Fenster kannst eh kommen, aber mehr brauchst du dir nicht denken, nicht daß du meinst, du kannst hinein. Wenn es dir nicht zu

dumm ist, daß du zum Fenster gehst, ist es deine Sache!' —
Einmal sind drei Burschen aus Hinterstoder zu meinem Fenster
gekommen. Die hatten drei leere Mostfässer mit, die haben sie
sich aufgestellt. Auf die Fasseln legten sie jeweils eine Zither
und haben gespielt. Das hat einen wunderbaren Klang ergeben.
Ich werde wach und frage mich: was ist denn das? Es war so
unbeschreiblich schön, die Nacht werde ich nie vergessen, wie
die da mit der Zither gespielt haben. Ich ließ sie eine Zeit spielen, dann ging ich zum Fenster und sagte: ‚Ich muß jetzt sehen,
wer so schön Zither spielt.' Unten standen drei wirklich fesche
Bauernbuben. Sehr fesch. ‚Na', haben sie gesagt, ‚ob du uns
nicht hineinläßt!?' ‚Nein', habe ich geantwortet, ‚in mein Stüberl
kommt ihr nicht herein. Aber eines mache ich, ich gehe jetzt zum
Vater und sage es ihm. Dann könnt ihr in die Stuben gehen und
weiterspieln."'

Das Fensterln wird so geradezu zu einem gesellschaftlichen
Ereignis, bei dem nicht nur der Kontakt zu dem Mädchen hergestellt wird, sondern man auch gemeinsam musiziert. Das Fensterln ist demnach eng mit Unterhaltung und Vergnügen verknüpft. Man macht sich aber auch über andere lustig, um vom
täglichen Trott bäuerlicher Arbeit abzulenken. Ganz in diesem
Sinne versteht sich diese Erzählung eines früheren Knechtes,
der heute über 70 Jahre alt ist, auch für ihn ist das Musizieren vor
dem Fenster eines Mädchens eine heitere Angelegenheit:

„Beim Menscher-Fensterln hatte ich manchmal meine Zither mit. Die Zither stellte ich auf ein Stehfassel, wodurch sie
einen schönen Klang bekam. Reingelassen hat mich das Dirndl
deswegen noch nicht. Ich habe eigentlich oft nur gespielt, sonst
nichts. Dann bin ich wieder heimgegangen. Manche hat das
Dirndl schon hineingelassen. Hauptsächlich habe ich aber den
Fotzhobl, die Mundharmonika, gespielt, denn die hat man über
die Leiter mitnehmen können. Wenn der Bauer sich aufgeregt
hat, bin ich davongelaufen. Auch mit der Zither bin ich gerannt.
Damals war ich zaundürr, ich habe keine Schwierigkeiten beim
Laufen gehabt. Mich hat nicht leicht einer geschnappt. Feig war
ich auch. — Einmal ist einer zu einem Fenster, da waren drei
Dirndln in der Kammer drinnen. Das Fenster war ebenerdig.
Eine von den Dirndln hat zu ihm gesagt: ‚Wenn du herein

krallst, dann schrei ich dem Bauern.' Trotzdem ist er hinein. Und wie er drinnen ist, kommt der Bauer. Er wollte nun wieder hinaus. Leider hatte er eine kurze Lederhose an, und als er hinausklettern wollte, hatte er Schwierigkeiten, denn bei einem doppelten Fensterkreuz ist das nicht leicht. Nun verspießte sich die Hose, und er blieb stecken. Der Bauer nützte die Gelegenheit und verdrosch den Burschen. Wir alle mußten furchtbar darüber lachen."

Auf ein anderes Gaudium weist auch die Erzählung eines um 1900 geborenen Kleinbauern hin: „Das Fensterln war halt eine Gaudi. Es hat eigene Gaßlsprüche gegeben. Hat einer zu einem Dirndl hinein wollen, hat er etwas gerufen. Einmal machten wir mit einem Burschen einen Spaß und redeten ihm zum Fensterln zu. Das Dirndl hat darauf ihren Nachttopf auf ihn geleert. Dann hat er zu uns gesagt, er hat ein wenig einen Sprachfehler gehabt: ‚Mein Lieber, das ist net fang mit dem Mensch', fang statt gang (gegangen). So einen Kerl haben wir überall anlassen (zum Narren gehalten). Einmal haben wir ihn bei Bauersleuten anlassen. Wir haben zu ihm gesagt, in der Kammer der Bauersleute sind Menscher drinnen. Dort war ein Holzzaun, auf den ist er hinaufgeklettert, und wie er oben war, ist der zusammengebrochen. Der Bauer hat dann zu uns gesagt: ‚Ihr Gauner, müßt ihr den Dodel anlassen?' Wir haben dann den ganzen Zaun zusammenklauben können. Oft, wenn wir so ein Dummerl hatten, hat der draufgezahlt."

Aber auch zur Konkurrenzierung und zu Raufhändeln konnte das Fensterln Anlaß geben: „Zum Raufen ist es auch hie und da gekommen. Wenn eine zweite Partie von Burschen zu dem Fenster des Dirndls gekommen ist, dann hat es eine Havarie gegeben. Früher kam es auch vor, daß der Jüngere von einem Älteren in einem Wassertrog eingeweicht wurde. Einmal sind wir zu sechst zusammengestanden beim Fenster. Aber hineingekommen ist nur einer, denn sie hat ihm aufgemacht. Hemmungen hatte sie keine. Wir anderen fünf mußten draußen bleiben. Wir haben uns so geärgert."

Zum Thema der Gaßlsprüche, also der Sprüche, mit denen man sich Mädchen ankündigte, erfuhr ich ebenfalls einiges, allerdings dürften viele dieser Sprüche bereits in Vergessenheit geraten sein. Eine alte Bäuerin führt zum Thema Fensterln und speziell zu den Gaßlsprüchen aus: „Der S. war da recht tüchtig. Zum Fensterln war er zu gebrauchen. Gerne hat er Gitarre gespielt. Gerne haben er und die anderen Sprüche aufgesagt. Viele habe ich schon vergessen. Einen weiß ich: ,Ist das Mensch beim Fenster?' ,Schmecks a Trentzer', hat darauf das Dirndl geantwortet. Trentzer ist einer, der blöd herumredet. Oder sie sagt: ,Wenn ich eine Kuh wäre, würde ich den Schweif hinaushalten.' Wenn sie so etwas sagt, ist es ganz aus."

Grundsätzlich läßt sich sagen, daß nach dem Zweiten Weltkrieg das Fensterln nur vereinzelt weitergeführt wurde, da sich für die Kontakte zwischen den Geschlechtern nun ohnehin genügend Gelegenheiten bieten. Doch ganz war in den fünfziger Jahren die alte Tradition des Fensterlns noch nicht verschwunden, wie eine 1941 geborene Bauerntochter erzählt: „Am Samstag auf d'Nacht ist immer wer fensterln gekommen. Zu mir und der Maria. Einmal haben die Burschen, um uns zu ärgern, Wasser ins Zimmer geleitet, weil wir uns nicht gemeldet haben. Die Burschen hatten geklopft und Steine geschmissen. Wir hatten ein Fensterkreuz, dadurch konnte niemand durchs Fenster herein. Da wir das Fenster offengelassen hatten, legten die Burschen eine ganze Wasserleitung zu uns in die Kammer. In der Zeit war das Fensterln noch etwas aktuell, aber Gasserlsprüche gab es nicht mehr."

Ihre Schwester, die 1954 geboren wurde, kennt das Fensterln nur mehr aus Erzählungen oder aus ihren Kindheitserinnerungen: „Bei meinen Schwestern, das habe ich als Kind noch erlebt, sind Burschen noch fensterln gekommen. Das war ein lustiger Brauch. Es ist ja nichts passiert dabei, es war ein Spaß. Wahrscheinlich haben die Burschen, wenn sie unterwegs waren, sich gesagt: ,Jetzt schauen wir noch zur Maria!' Dann haben sie eine Leiter angelegt, sie wußten immer ungefähr, wo die Schwestern lagen. Sie haben sich aber auch manchmal geirrt. Einmal ist einer gekommen, der war schon ein bisserl angesoffen, der hat in das Zimmer, in dem ich und mein Bruder waren, große Steine geworfen. Dabei hat er die Fensterscheiben zerschlagen. Ein Glück, daß der Stein nicht meinen Bruder erwischt hat. Wir sind darauf erschrocken zu den Eltern gelaufen. Mein Vater ist sehr zornig geworden und ist hinausgelaufen. Der Bursch war aber schon über alle Berge. Das Fensterln hat sich dann aber gänzlich aufgehört. Bei mir war es schon so, daß mein Freund ins Haus kommen konnte."

Das Fensterln verliert also seine Notwendigkeit, die Barrieren, die zwischen Burschen und Mädchen traditionell bestanden, verschwinden, und seit den sechziger Jahren werden die Beziehungen offener. Ergänzend zu unseren Überlegungen hinsichtlich des Fensterlns möchte ich noch auf einige Feststellungen hinweisen, die von einem 1925 geborenen Mann stammen und sich auf andere frühere Formen des Näherkommens von Burschen und Mädchen beziehen: „Es gibt immer Neugierde, beim Schulgehen hat man schon nachgeschaut. Das waren ja die berühmten Doktorspiele. Vor lauter Untersuchen ist man überall hingekommen. Später hat es doch Gelegenheiten gegeben, sich zu treffen. So, wenn es zum Beichten gewesen ist. Die meiste Zeit ist man bei dem Bauern auf den Knien herumgerutscht. Darum gab es so viele Kapellen überall. Dort haben sie sich getroffen. Die Gatterburgkapelle z. B., die es heute nicht mehr gibt, war ein Zeugungsinstitut. Ich möchte nicht wissen, wieviele dort gemacht worden sind. Es hat immer irgendeinen Grund gegeben, dorthin zu gehen und sich zu treffen. Daneben gab es natürlich das Fensterln, das war ganz schön." Wir haben also gesehen, daß die den Burschen und Mädchen auferlegten Schranken durch das Fensterln und ähnliche Formen des Zusammenkommens umgangen wurden (siehe dazu auch das Kap. „Sterben . . .", „Feiertage und Feste").

Welche Bedeutung das Fensterln für die jungen Leute damals hatte, ist auch aus dem folgenden Lied aus der Spitaler handschriftlichen Liedersammlung beispielhaft zu ersehen. In diesem heiteren Lied wird auch klargemacht, daß der Bauer mitunter alles unternimmt, um das Fensterln zu unterbinden:

Lustiges Lied

Jetzt hat mir mein Dirndl a Briafal zuagschriebn,
Daß i halt bei der Nacht gar nimmer kimm.

Ich hab's Briafal aufg'macht und mein Herzal hat g'locht,
Aft stund i halt auf und ging fort bei der Nacht.

Aft bin i halt ganga, bin grennt wia a Hund,
Bei den holperten Weg, bei a dreiviertel Stund.

Wia i hinkemma bin, hat mi sakrisch g'frorn,
In d'Händ und in d'Füaß, in die Nas, in die Ohrn.

Aft fang i beim Fensterl a Greisplwer an,
S'Dirndl hat's glei kennt, hat d'Haustür auftan.

Aft hab i vergessn, bald d'Schuah nit auszogn,
Da bin i recht sakrisch g'rutscht auf den Bodn.

Dös Ding hat an Lärm g'mocht, der Bauer hat's g'hert,
Da kimmt er der Lümmel, hat fürchterlich grert.

Du sakrischer Bua, wart i wir dirs gleich zoagn,
Gibt mir hint oans umi, voll Gift und voll Harm.

I hab mi recht tummelt, hab beim Fenster nauswolln,
Das Ding is schia z'kloan, muaß mi recka und boign.

Aft sagt halt der Bauer „Jetzt magst mir nöt aus,
Schliaf wieder z'ruck eina, sonst z'reißt mir mein Haus."

Aft hab is halt gwagt, bin aussi g'schloffa,
Aft is der ganz Fensterstock nocha brocha.

Da schreit der Bauer nocha: „Wart Hiasl ho, ho,
So laß mir nur derta mein Fensterstock do."

Du dalkerter Bauer, er war dir vergunnt,
Wann i doch einmal herausschliefn kunnt.

Dreiviertel Stund hab i den Fensterstock tragn,
Koan Stoan hab i g'funden, daß ih'n awa kunnt schlag'n.

Wia i hoam kemma bin, nimm i a Hacken beim Stiel,
Hab a halbe Stund g'schlogn, daß i draus kumma bin.

Wanns an jeden so gang, wias mir is gonga,
So kam ja koa Bua in koa Menscha Kamma.

Die Heirat

Die Heiratspartner, die sich durch das Fensterln u. ä. näher kennengelernt haben, kommen grundsätzlich aus derselben sozialen Schicht. Heiraten zwischen Bauern und Dienstboten waren nicht die Regel. In dieser bäuerlichen Kultur war man, wie in anderen Kulturen auch, daran interessiert, daß der bäuerliche Besitzstand durch die Heirat eher vermehrt als vermindert wird. Es waren also ökonomische, aber auch gesellschaftliche Gründe, die es verhinderten, daß Angehörige von Bauernfamilien z. B. Dienstboten ehelichten. In diesem Sinn gab es eine freie Partnerwahl nicht, der Ehepartner war irgendwie vorbestimmt.

„Früher ist es nicht so gewesen, daß man gesagt hat: ich habe dich gerne, sondern bei den Bauern hat der Vater und die Mutter bestimmt, wen man heiratet. Die zwei sind noch im Körbl drinnengelegen und schon ist bestimmt worden, daß die beiden heiraten. Die Dienstboten, die Mägde und Knechte, konnten ohnehin nicht heiraten, weil sie kein Geld hatten. Wie hätten sie denn einen Hausstand gründen können? Das war nicht leicht", meint ein Bauer. — Ergänzt wird diese Feststellung durch folgende Überlegungen eines anderen Interviewpartners, der die Benachteiligung von Dienstboten deutlich macht: „Die Knechte sind sehr wenig zum Heiraten gekommen. Von ihrer Hochzeit hat man nichts gehört. Ich kenne ganz wenige Knechte, die geheiratet haben. Das ist still abgegangen. Es war ganz selten, daß ein armer Knecht wo hinheiraten hat können. Das war eine Seltenheit. Und wenn einmal ein Knecht eine Bäuerin oder eine Dirn einen Bauern geheiratet hat, dann hat es eine üble Nachrede gegeben. Wenn ein solcher oder eine solche als armer Teufel wo hingekommen ist, ist er oder sie den Lebtag ein Bettlerbub oder ein Bettlermensch genannt worden. Ich kenne ein paar solche Fälle. Die Schwester meines Vaters ist auch von einer armen Hütte gewesen, die hat zu einem großen Bauern hingeheiratet und sie war ihr Lebtag ein Bettlermensch. Das war tatsächlich unschön. Heute ist das alles anders, heute wollen Bauerntöchter eher weg vom Hof heiraten, z. B. jemanden, der in die Arbeit geht. Damals aber haben Bauerntöchter zu einem Bauern geheiratet. Heute ist das nicht mehr so."

Eine Ausnahme von dieser hier ausgeführten Regel schildert eine Bäuerin: „Die Schwester meines Vaters war eine Dirn. Der Bauer hat gewußt, daß sie ein armer Teufel ist. Aber er hat sie haben wollen, denn sie war recht tüchtig und hat brav gedient. Sie war eine tüchtige Dirn. Als der Bauer sie geheiratet hatte, war sie immer das Bettelmensch. Man hat gemeint zu ihr: ‚Du Bettelmensch, was hast du denn gehabt, du hast eh nichts hergebracht.' Ja, so hat es geheißen, wenn ein Bauer eine Dirn geheiratet hat." Die vom Bauern geheiratete Magd blieb also immer eine Frau, die nicht zur selben sozialökonomischen Schicht gehört. Man führte ihr vor Augen, daß sie zu unrecht aufgestiegen sei.

Eine heute 78 Jahre alte Frau, die Tochter eines wohlhabenden Bauern, die einen auf dem Hof ihres Vaters dienenden Knecht heiratete, beschreibt sehr anschaulich das Dilemma, welches sich durch diese Heirat ergab. Die Frau, die ihre Ehe als Liebesehe bezeichnet, konnte letztlich nur mit der Unterstützung ihrer Mutter rechnen: „Mein Vater hat meinen jetzigen Mann als Arbeiter recht mögen, weil er ein guter Arbeiter war. Aber daß er sein Schwiegersohn wird, damit war er nicht einverstanden. Als der Sepp, mein Mann, um meine Hand anhielt, ist mein Vater mit meiner Mutter auf der Hausbank gesessen. Mein Vater hat zu ihm gesagt: ‚Wenn du meinst, daß du sie erhalten kannst!?' Der Sepp hat gesagt: ‚Wohl, wohl, das geht schon.' Gleich nach dem Gespräch ist mein Vater ins Wirtshaus gefahren. Meine Mutter war aber recht lieb. Am Sonntag nach der Frühmesse ist die Mutter zu mir gekommen. Ich hab von ihr erfahren, daß der Vater sie wegen der Heirat mit dem Sepp ärgert. Darauf habe ich ihr gesagt: ‚Dann laß ich den Sepp.' ‚Nein, das brauchst du nicht', meinte die Mutter, ‚wenn du glaubst, daß du mit ihm glücklich wirst, mache ich da gerne mit.' Das sind Worte einer Mutter! Ich habe mich über sie gefreut. Bei der Hochzeit war Sepps Vater sein Beistand (Trauzeuge). Ich habe meinen Vater gebeten, daß er mein Beistand wird, ich habe ihn gefragt: ‚Paßt es eh so?' Sagt er: ‚Nein, suche dir jemanden anderen.' Meine Mutter, die das gehört hat, hat ihm erwidert: ‚Scham dich, bei den anderen Kindern warst du dabei, und bei ihr gehst du nicht mit.' Meine Schwestern haben Männer gehei-

ratet, die zumindest Hausbesitzer waren. Aber der Sepp war ja
bloß Holzknecht, und als solcher war er der letzte Dreck, den es
gibt. Erst als mein Mann, der Sepp, später Holzmeister, das ist
ein Partieführer, wurde, da war mein Vater dann zufrieden mit
ihm und hat ihm gesagt, daß er weit besser dran ist als die Männer meiner Schwestern, die Häuser besitzen." Zur Hochzeit und
dazu, wie ihre Verwandten diese eheliche Verbindung mit einem
Holzknecht einstufen, erzählt die Frau weiter: „Bei unserer
Hochzeit waren neben uns nur die Trauzeugen und die Eltern.
Hätte ich einen Bauern geheiratet, wäre es sicher eine große
Hochzeit geworden. Aber mit einem solchen Bettlerbuben, wie
meinem Mann, hat man keine große Hochzeit gemacht. Irgendwie leide ich heute noch darunter . . . wir sind Außenseiter in der
Familie geblieben. Wir spüren das immer noch, obwohl mein
Mann ein aufrechter Mensch ist, der charakterlich über vielen
andren steht." Die biographische Notiz der Bauerntochter gibt
deutlich wieder, welche Schranken der Heirat von Nachkommen eines Bauern mit einem Dienstboten entgegenwirkten, wobei jedoch eine Bauerntochter es leichter zu haben schien, einen
Knecht zu heiraten, da sie vom Hof wegheiratete, als ein Bauer,
der eine Magd ehelichte. Die fatale Situation eines Dienstboten
wird deutlich in diesen Erzählungen ausgedrückt.

Die Verehelichungen unter Dienstboten im Rahmen dieses
bäuerlichen Systems sind eher unerheblich und werden auch
nicht besonders gefördert. Ganz typisch wird dies in dem obigen
Kapitel über die Unehelichkeit von Dienstbotenkindern deutlich sowie in diesem Satz eines 1914 geborenen früheren Knechtes: „Meine Mutter ist mit 24 Jahren gestorben. Als ich 42 Jahre
alt war, habe ich das erstemal ein Foto von ihr gesehen. Meine
Mutter war Dirn und mein Vater Knecht. Sie waren nicht miteinander verheiratet. Sie hätten vielleicht heiraten können, das
hätte aber keinen Sinn gehabt, denn sie hätten ja keine Wohnung bekommen, höchstens ein schlechtes Zimmer bei einem
Bauern."

Ist es jedoch tatsächlich vorgekommen, daß Dienstboten
untereinander geheiratet haben, so mußten sie mit sehr minde-
ren Wohngelegenheiten vorliebnehmen, so z. B. mit der „Haarstube", die der Herstellung des Webfadens aus Flachs gedient

hatte. Ein Handwerker, der in den dreißiger Jahren auf die Stör gegangen war, meinte über die Mägde und Knechte und ihre ehelichen Beziehungen: „Es ist schon vorgekommen, daß sie heirateten. Wenn zwei verliebt waren und vielleicht schon Jahre miteinander gegangen sind, dann haben sie sich vielleicht nach einer Möglichkeit umgeschaut, eine Pacht zu bekommen. Manche Bauern haben ja ihr Bauernhaus verpachtet." In Übereinstimmung damit erinnert sich ein um 1930 geborener Bauer, der die Änderung dieser alten Lebensform nachvollzieht: „Früher sind viele Knechte und Dirnen ledig geblieben. Das hat es nach dem Krieg nicht mehr gegeben. Alle haben geheiratet und sich Häusln gebaut. Früher hat ein Paar 20, 30 Jahre gespart, wenn es sich gerngehabt hat und heiraten wollte. Sie sind sich meist die ganze Zeit treugeblieben. Früher beim Bauern war es nicht leicht zu heiraten. Hat ein Knecht heiraten wollen, ist er vielleicht zu den Holzknechten gegangen. Wenn es gutgegangen ist, haben sie sich vielleicht dann ein Häuserl gebaut. Sonst haben die Verheirateten in einer Haarstuben oder sonst einer primitiven Wohnung gehaust. Wenn sie Glück hatten, haben sie vielleicht eine solche Wohnung gefunden, um heiraten zu können. Sie mußten lange sparen."

Recht spannend mutet die Geschichte eines bei einem Wirt in Windischgarsten angestellten Knechtes an, dem Geld und Wohnung zu einer Heirat fehlten. Auf beinahe abenteuerliche Weise kommt er zu einer Frau und einem Haus. Das Ungewöhnliche dieser Situation darf nicht darüber hinwegtäuschen, daß hinter dem Ganzen die aufgezeigte Problematik des ökonomisch abhängigen und finanziell wenig flexiblen Dienstboten steht. Der Sohn dieses Mannes erzählt: „Der Vater war Roßknecht in Windischgarsten. Wenn wir ihn fragten, wie er eigentlich die Mutter kennengelernt habe, schilderte er uns, daß er den Leichenzug gesehen habe, bei dem die Mutter ihren ersten Mann, den Toni-Vater, begraben habe. Die Mutter war damals (1937) 29 Jahre alt und hatte drei Kinder. Mein Vater war gerade dabei, die Jauche auszuführen. Er war schon 35 Jahre alt. Vorher war er nur Knecht bei einigen Bauern. Von einem zum anderen wanderte er. Er hätte gerne zu einem Bauern hinzuheiraten wollen. Er selbst stammt von einem kleinen Bauern, der 14 Kinder

hatte. Der älteste Bruder wurde Bauer. Die anderen sind irgendwo untergekommen. Sie mußten in den Dienst gehen. Ausgezahlt sind sie nicht worden, sie haben ja nichts gehabt. Die Zukunftsvorstellung meines Vaters war, einmal gut hinzuzuheiraten. Er hat mit meiner Mutter geredet und 1938 hat sie schon
meinen Vater geheiratet, das ist rasch gegangen. Sie war arm und
der Vater hat ein Haus, eine Heimat gesucht." Der Begriff „Heimat" in dieser Erzählung weist auf die Sehnsucht desjenigen
hin, der aus den Zwängen der auf dem Bauernhof bestehenden
Hierarchie ausbrechen will, weil er dort seine Individualität
nicht voll ausleben kann. Erst von der Intimsphäre der Familie
verspricht er sich den für ihn wichtigen Freiraum. Von daher
versteht sich der Wunsch, zu einem Bauern „hineinzuheiraten",
also eine Bauerntochter zu heiraten. Da er selbst direkt von Bauern abstammt, besteht auch keine grundsätzliche soziale Schranke, dies zu tun. Seine Wunschvorstellung, eine Bauerntochter zu
heiraten, geht zwar nicht in Erfüllung, er findet aber eine Frau,
die ihm ein kleines Haus und auch eine Familie anbietet. Diese
besondere Situation des Menschen im bäuerlichen Bereich bewirkte, daß er, wenn er schon heiratete, dies erst in einem relativ
vorgerückten Alter tat.

Das Heiratsalter war vor allem bei Mägden und Knechten
durchschnittlich hoch, aber auch bei Nachfahren von Kleinbauern, wie hier geschildert wird: „Erst 1949 habe ich geheiratet, da
war ich 50 Jahre alt. Früher ist es nicht gegangen. Ich habe Enttäuschungen erlebt; bin ausgerutscht, wo ich gemeint habe, da
könnte ich hinheiraten, zu einem Bauern. Und daraus ist nichts
geworden. Dann verzichtet man darauf. Auf einmal kommt aber
die Zeit, wo man jemanden haben muß. Und nun findet man
sich wen." Ein früherer Knecht bestätigt diese Überlegung mit
seiner Lebensgeschichte: „27 Jahre lang war ich bei demselben
Bauern, dann kam ich zur P.-Mühle, und als ich beim dritten
Bauern war, habe ich geheiratet, da war ich schon 42 Jahre alt.
Meine Frau ist 14 Jahre jünger als ich. Sie war beim Nachbarn,
da habe ich nicht weit gehabt."

Ähnliches erzählt die Tochter eines ärmeren Bauern, für die
es geradezu selbstverständlich erscheint, daß sie möglichst lange
auf dem Hof bleiben mußte, um die anfallende Arbeit verrichten

zu können. An Heiraten war daher nicht so bald zu denken: „Ich habe damals noch nicht soweit gedacht. Ich habe mir gesagt, ich komme einmal zu einem großen Bauern, bei dem ich recht arbeiten kann. Auch die anderen Dirndln waren alleine. Ich habe erst mit 36 Jahren geheiratet."

Eine heute 75 Jahre alte Frau, die als Tochter eines eher armen Bauern aufwuchs, hatte es nicht leicht in ihrer Ehe, denn ihr Mann war politisch verdächtig und konnte sie daher bei ihrer Arbeit nicht unterstützen. Sie erzählt: „Meine Eltern haben ein Bauernhaus gehabt. Ab meinem 13. Jahr habe ich alleweil daheim mitgearbeitet, bis ich dreißig war. Mit 30 habe ich dann geheiratet. Geheiratet habe ich einen ganz armen Mann, der war in Deutschland bei der Legion (als illegaler Nationalsozialist). Wir hatten schon vor der Ehe ein Kind mitsammen. Er ist wieder aus Deutschland zurückgekommen und hat ein Jahr ausgefaßt (wurde zu einem Jahr verurteilt). Man hat nun zu ihm gesagt, wenn er mich heiratet, ist ihm das Jahr geschenkt, das war 1937. Er hat mich auch geheiratet. Wir beide haben uns dann ein Häusl in Pacht genommen. Mein Mann mußte aber einrücken, und ich bin mit der Arbeit alleine dagestanden. Die Kinder sind der Reihe nach gekommen. Ich mußte viel arbeiten, daher bin ich heute so fertig. Mein Mann kam als Kranker mit einer unheilbaren Nierenentzündung aus dem Krieg zurück. 1958 ist er gestorben. Ich bin nun schon 27 Jahre alleine. Die Kinder sind alle verheiratet."

Die gesamte ökonomische Situation dieser bergbäuerlichen Welt verhinderte grundsätzlich, daß die jungen Leute früh in den Ehestand traten. Pflichten auf dem Hof oder Schwierigkeiten, sich eine eigene Existenz aufzubauen, sei es, weil es mit der Hofübernahme nicht klappte, oder weil man selbst einfach über keine Mittel verfügte. Ein über 90 Jahre alter Bauer, der, nachdem er einige Zeit auf der Stör war und sich als Hausknecht verdingt hatte, den Bauernhof als Zweitältester übernahm, weiß zu berichten: „Ich habe erst mit 34 Jahren geheiratet. Ich war Hausknecht beim N. in Spital am Pyhrn. Jeden Tag nach meiner Arbeit bin ich zu Fuß eine Stunde von dort heimgegangen. Mein Bruder wollte den Hof nicht übernehmen, jetzt habe ich ihn ausbezahlt, die anderen Geschwister auch. Ihm habe ich 1000 Schil-

ling gezahlt, mehr als den anderen. Das Geld habe ich mir durch
meine Arbeit als Hüttenwirt verdient. Etwas Geld habe ich mir
auch bei der Sparkasse aufgenommen. Und 1927 habe ich geheiratet, im Jänner. Meine Frau war vom Schweizersberg, ich habe
sie schon als junge gekannt, ich habe dort auf der Stör gearbeitet."

Über die Schwierigkeit, sich eine Grundlage zur Heirat zu
schaffen, berichtet auch eine Tochter eines Bauern: „Meinen
Mann habe ich schon mit 18 Jahren kennengelernt, er war auch
ein Bauernsohn, aber heiraten konnten wir noch nicht. Bereits
vor der Hochzeit habe ich zwei Kinder von ihm geboren. Damals war es nicht so, daß man einfach heiraten konnte. Geheiratet habe ich erst mit 28 Jahren. Aber wie ich 18 Jahre alt war,
hatte ich es schon mit ihm ausgemacht, daß wir heiraten.
Schlechter waren die Dirnen und Knechte dran mit dem Heiraten. Daß eine Dirn einen Bauern geheiratet hat, das war ganz
selten, es hat auch nichts geheißen, denn sie wären damals auch
zu nichts gekommen. Sie hat nichts gehabt und nichts mitgebracht. Das kann nicht gutgehen. Ich stamme ja von einem Bauern und habe einen Bauernsohn geheiratet. Heiraten konnten
wir eigentlich erst, als seine Eltern ihm den Hof übergeben haben."

Diese Gesprächspassage macht die Verknüpfung von ökonomischer Notwendigkeit und Heirat klar. Für den Bauern bzw.
die Bauerntochter scheint demnach — so ist es auch im Sinne
ihrer Eltern — das Moment der Erhaltung des Hofes im Vordergrund zu stehen, persönliche emotionale Beziehungen, die Liebe, werden dabei freilich in den Hintergrund gedrängt. Was aber
nicht heißen soll, daß nicht doch eine innere Beziehung für die
Ehe von Wichtigkeit ist, auch wenn sie im wesentlichen durch
Herkunft und das Interesse der Eltern bestimmt wird. In dieser
Richtung ist auch die Erzählung einer heute 70 Jahre alten Bäuerin zu interpretieren, die bereits einige Zeit mit ihrem künftigen
Mann in Kontakt stand: „Er ist zwei Jahre zu mir zum Fenster
gegangen, und dann hat er einmal gesagt, er will halt ernst machen, er will mich heiraten. Ob er zum Vater hinüberkommen
darf, hat er gefragt, er will mit ihm reden. Das hat er dann auch
gemacht, und der Vater hat eingewilligt. Mein Mann war auf

einem Hof, den hat seine Mutter gekauft gehabt, sein Vater war
schon gestorben."

Die Heirat der „Bauersleute" war durch eine besonders fei-
erliche Form ritualisiert. Die Hochzeitsfeiern erfüllten wohl
auch die Funktion, der Umwelt zu veranschaulichen, daß die
ökonomische Existenz des Hofes gesichert bleibt. Für den
Dienstboten, dessen Vermählung grundsätzlich zweitrangig ist,
gibt es diesen Aufwand nicht. Wie eine Hochzeit unter Bauern
typisch gefeiert wurde, darauf weist eine Gesprächspassage aus
einem Interview mit einem alten Bauern hin. Obwohl die Erzählung unvollständig ist, gibt sie ein farbiges Bild: „Bei der Hochzeit haben sie Landler getanzt. Diese Landler haben wir von
unseren Vorfahren gelernt. Der alte Ernest hat es den Leuten
gelehrt, er war der Sohn einer Bauerntochter. Man hat bei der
Hochzeit Stanzln gesungen, dabei geht das Dirndl von einem
Tänzer zum anderen. Wenn ein Bauer geheiratet hat, gab es immer eine große Hochzeit, es hat sogar eigene Hochzeitsladner
gegeben, die zur Hochzeit die Verwandten und die guten Bekannten geladen haben. Die Verwandtschaft war immer sehr
groß." (Siehe dazu auch über das Hochzeitfest im Kapitel „Feiertage und Feste".)

Dadurch, daß man gerade von der Regel, nur innerhalb der
bäuerlichen Schicht zu heiraten, kaum abging, entwickelte sich
in einer Gegend eine miteinander verwandte und verschwägerte
bäuerliche Gemeinschaft, die gewisse Ähnlichkeiten zum Hoch-
adel mit seiner Heiratspolitik aufweist. Ab den fünfziger Jahren,
so läßt sich wohl sagen, änderten sich z. T. diese Heiratsregeln,
überhaupt durch Kontakte zu anderen Bevölkerungsgruppen,
die Nebenerwerbsarbeit der Bauern und wohl auch dadurch,
daß für den jungen Menschen der bäuerliche Stand an Attraktivität verloren hatte.

Der Vorrang des „Hausnamens" gegenüber dem amtlichen Namen

Noch etwas ist charakteristisch für diese bäuerliche Kultur,
nämlich die Bedeutung des Hofes für die im täglichen Umgang

gebrauchte Benennung des Bauern und seiner Familie. Für gewöhnlich war (und ist es z. T. auch noch) mit dem Hof — wahrscheinlich seit der Besiedlung und Urbarmachung dieses Gebie-
tes — ein charakteristischer „Hausname" verknüpft. Der Bauer
wird also nicht mit seinem amtlichen Familiennamen angesprochen, sondern mit dem Hausnamen. So war es möglich, daß,
wenn ein Bauer die Tochter eines Bauern, die einen Hof erbt,
heiratet, er nun mit dem Namen des Hofes, also dem „Hausnamen" der Frau, angesprochen wurde.

Im dörflichen Umgang wurde nun ein solcher Bauer, der
Bauer auf dem Hof seiner Frau war, mit dem Namen des Hofes
angesprochen, er erhielt also durch seine Heirat eine neue Iden-
tität, die eben an das Bauernhaus gebunden ist. Der übernom-
mene (ererbte) oder (durch Heirat) erworbene Hausname brachte mit sich, daß die Bewohner des Dorfes den echten Familiennamen des Bauern oft gar nicht kannten. Lediglich auf dem Gemeindeamt, beim Arzt oder anderen öffentlichen Stellen war es
wichtig, den echten Familiennamen zu verwenden.

Die bäuerliche Arbeitswelt

Arbeit und Tagesablauf

Das bäuerliche Leben war wesentlich durch Arbeit, durch die Auseinandersetzung mit der Natur und durch das Eingebundensein in diese bestimmt. Im Gegensatz zur modernen industriellen Arbeit mit ihrer Gleichtönigkeit und der Ähnlichkeit der Tagesabläufe ist es für die bäuerliche Arbeit typisch, daß sie sich nach der momentanen bzw. jahreszeitmäßigen Notwendigkeit ausrichtet. Die industrielle Tätigkeit dagegen kümmert sich meist nicht um Jahreszeit und Elemente, sie hat weitgehende Distanz zur Natur erreicht und hat es nicht nötig, auf die Besonderheiten der Natur zu achten. Ihr ist es gelungen, die Natur zu ignorieren, sie braucht sie nicht einmal. Der industrielle Produktionsprozeß läuft unabhängig von den Erscheinungen der natürlichen Umwelt ab. Wahrscheinlich liegt auch hierin das Problem des heutigen Menschen, daß er sich von seiner ursprünglichen Beziehung zur Natur losgesagt hat und die Natur bloß für den Sonntagsausflug benötigt. Für die industrielle Ideologie ist daher — dies ergibt sich beinahe konsequent — eine Geringschätzung und auch Zerstörung der natürlichen Umwelt des Menschen geradezu charakteristisch. Für die alte bäuerliche Lebensform, die zwar von ihrer Struktur her gegenüber dem Menschen hart ist, ist die Natur existentiell und wird daher geachtet. Ich will nun im Folgenden Menschen dieser bäuerlichen Kultur dazu selbst zu Wort kommen lassen, ich will somit aufzeigen, wie sie ihren Tagesablauf und ihre Arbeit gesehen haben. Mir geht es darum, vor Augen zu führen, wie die Menschen ihre täglich neue Auseinandersetzung als Arbeitende mit den Bedingungen der bergbäuerlichen Umwelt erlebt haben. Diese Aussagen sollen auch dazu dienen, den Vergleich zum modernen Arbeitsprozeß anzudeuten.

Eine Bauerntochter, die heute über 70 Jahre alt ist, erzählt auf die Frage nach dem Alltag bäuerlicher Arbeit: „Als ich noch daheim war, mit 15, 16 Jahren, bin ich jeden Tag um 4 Uhr aufgestanden und habe Vieh gefüttert. Dreimal am Tag mußte gefüttert werden, auch im Winter. Bis 6 Uhr früh dauerte das Füttern. Dann sind wir ins Haus hinein, haben uns gewaschen, um 7 Uhr wurde gefrühstückt. Nachher mußten wir im Winter Futter schneiden. Das geschah mit einer Maschine, eine drehte sie, und die andere hat das Heu hineingegeben. Das Schneiden des Heus war damals wichtig, wegen der Ochsen, die wir zur Arbeit gebraucht haben, damit sie leichter und schneller kauen (bei langem, ungeschnittenem Heu hätte der Ochse länger zum Wiederkäuen gebraucht). Und im Winter haben wir gesponnen. Fünf Menscher waren wir, die das getan haben. Die Mutter hat auch mitgesponnen. Also mit der Mutter waren wir zu sechst beim Spinnen. Die Spinnradln dazu wurden gekauft. Ob sie teuer waren, weiß ich heute nicht mehr. Beim Spinnen haben wir gesungen. Das war im Winter. Einmal im Monat war Waschtag, da wurde die ganze Wäsche, die ganze Bettwäsche gewaschen. Meist war dieser Waschtag an einem Donnerstag. Die Wäsche ist in einem Bottich, der im Winter im Stall und im Sommer im Freien stand, eingeweicht worden. Der Bottich wurde aber nicht nur zum Wäschewaschen genützt, sondern auch zum Baden.

Vor dem Essen waren wir wieder im Stall, bis ca. halb eins. Dann war es zum Essen. Nachmittags wurde wieder weitergesponnen (im Winter) oder das Futter geschnitten, das wir vormittags nicht fertiggemacht haben. Das war im Winter. Und am Abend sind wir von 5 bis 7 Uhr in den Stall gegangen. Dann wurde gegessen. Nachher ist die Spinnerei wieder losgegangen, bis 10 oder halb 11 Uhr. Den größten Teil des Winters haben wir gesponnen. Wir haben ja viel zu spinnen gehabt, denn der Vater hat viel Flachs angebaut. Wir haben uns ja selbst gewandt [eingekleidet]. Auch Wolle haben wir gesponnen. Um Gewand zu kaufen, dafür hat der Vater kein Geld gehabt. Bis Fasching mußten wir mit dem Spinnen fertig sein. Angefangen zu spinnen haben wir meist erst im Dezember, je nachdem, ob im Freien noch etwas zu tun war oder nicht. Wenn man draußen nichts mehr zu tun hatte, ist es zum Spinnen geworden. Solange es aber noch aper (schneefrei) war, hat es draußen Arbeit gegeben, wie z. B. das Laub zusammenbringen, um es in den Stall einzustreuen. Viel Arbeit hat es damals gegeben. Heute ist das alles anders, weniger Arbeit, und es geht alles leichter."

Auch der mir von einer alten Magd erzählte Arbeitsablauf ist ähnlich und ebenso typisch für die Zeit vor dem letzten Krieg: „Im Sommer sind wir um 4 Uhr aufgestanden und haben bis 9 oder 10 Uhr abends gearbeitet. Im Winter arbeiteten wir im Stall; nach dem Essen abwaschen, gekocht hat die Bäuerin. Und nachmittags haben wir alle um den Tisch sitzen müssen, um Federn zu schleißen, das ging bis neune. Wir haben viele Gänsefedern gehabt. Wenn wir um 4 Uhr aufgestanden sind, haben wir uns geschwind etwas gewaschen. So ein Modelwerk (moderne Hygienetechniken) wie heute haben wir nicht gehabt. Zum Frühstück gab es eine Brotsuppe oder Rahmsuppe oder hie und da auch ein Lackerl Kaffee. Dann bis Mittag nichts. Da hat es kein Jausenhapperl gegeben. Im Sommer ist es (nach dem Frühstück) zuerst zum Heuen, Streuen oder Rechen gewesen. Dann ist es Mittag geworden, nachher war es zum Stallgehen. Dann wieder schnell zum Heuen und Umdrehen des Heues."

Ein im Ortsgebiet Spital am Pyhrn angesiedelter Bauer erzählte mir über den Tagesablauf auf dem Hof seines Vaters, den er nach dem Krieg übernommen hat: „Und im Winter haben wir gedroschen, mit der Hand, mit dem Drischl. Das war Sache der Männer, sie sind deshalb nicht in den Stall gegangen. Wir haben bis 5 Uhr auf d' Nacht gedroschen, dann war Feierabend. Das war das Winter-Tagwerk. Die Frauen haben im Winter gesponnen, Flachs. Nach dem Dreschn haben wir im Haus Gesellschaftsspiele gespielt und uns Geschichten erzählt." Der Winter bot also Zeit für jene Arbeiten, die leicht im Hausinneren verrichtet werden konnten. Der Herbst allerdings mußte genutzt werden, die Tage wurden kürzer, man hatte schnell zu arbeiten: „Früher war es im Herbst drawiger (eiliger), solange wir noch das Herbstgetreide angebaut haben. Auch wurde im Herbst die Streu eingebracht und Obst gepreßt. Beim Obstpressen waren

wir jeden Tag bis 10 oder halb 11 Uhr am Abend bei der Arbeit.
Freizeit haben wir nicht viel gehabt; hie und da ein Bauernfeiertag. Wichtig war für uns Josefi und Michaeli. Nach Josefi hat
man nach der Jause noch gearbeitet. Und bei Michaeli, hat es
geheißen, ist es nach der Jause Schluß. Man hat nach Michaeli
also nicht mehr hinausgehen müssen, es ist ab nun nicht mehr in
diesem Jahr nach der Jause gearbeitet worden. Noch eine Zeit
nach dem Krieg war dies so. Jedenfalls, wenn es zum Erdäpfel-
herausklauben war, ist bis um 5 Uhr im Herbst gearbeitet worden. Nachher mußten die Männer nicht mehr hinausgehen. Im
Winter haben die Weiber gesponnen, und wir haben Späne gemacht, zum Einheizen. Für dieses Spanmachen haben wir ein
stärkeres Messer gehabt, den sogenannten Schnitzer."

Die auch in anderen Gesprächen deutlich hervorgekehrte
Arbeitsteilung von Männern und Frauen und die Anpassung an
die Jahreszeit waren wichtig, und man hielt sich auch daran. Ein
Abweichen davon hätte störend auf dieses eingespielte System
gewirkt. Die beiden Tage „Michaeli" (1. November) und „Josefi" (19. März) bildeten natürliche Zeitgrenzen für bestimmte Arbeiten. So war man u. a. bemüht, ab Josefi die „Hagern", die
Zäune, zu überprüfen bzw. aufzustellen. Das Leben mit der Natur bewirkte eine deutliche Ausrichtung an dieser. Auch in der
Schilderung eines früheren Knechtes klingt dies an: „Ich mußte
von früh bis spät arbeiten. Aufgestanden sind wir im Winter um
5, 6 Uhr, geschlafen habe ich in einer Dachkammer, zu der haben wir damals Knechtkammer gesagt. Im Sommer sind wir um
3 Uhr früh aufgestanden, sind mit den Sensen dani (weggegangen), um zu mähen. Dann war das Frühstück, da hat es einen
Sterz gegeben, ein kräftiges Essen. Nachher haben wir die
Schneide der Sensen hergerichtet, also die Sensen gedangelt.
Schließlich haben wir mit dem Rechen das Heu umgedreht,
wenn es heiß war. Und im Winter war das Holzführen." Über das
Holzführen erzählt ein heute 92 Jahre alter Bauer: „Um 4 Uhr
früh sind wir im Sommer aufgestanden, im Winter, wenn es kalt
war, sind wir etwas länger liegen geblieben. Um 6 Uhr haben wir
aber schon eingespannt, um das Holz zu führen. Das Holzführen
ging so bis Mitte Februar. Wenn ich vom Holzführen aufgehört
habe, habe ich gerne gelumpt, beim Edlbach-Grundner."

Der Sommer zwang — besonders zur Zeit der Heuernte —
die auf dem Hof Arbeitenden sehr früh aus den Betten. Der Tag
mußte genutzt werden, je früher er angegangen wurde, umso
besser war es: „Bei uns war es Brauch, um halb 3 Uhr aufzustehen und sofort mit dem Mähen zu beginnen. Um halb 5 Uhr gab
es schon eine Jause — für jeden etwas Most und ein Stück Butterbrot. Zum Frühstück sind wir um halb 7 Uhr, da gab es Sterz
oder Spatzen, also feste Kost. Dazu auch wieder Most. Das war
bei uns so. Was die frühe Jause anbelangt, waren wir die einzi-
gen, die dies so hatten. Daß man in der Früh eine Jause bekommt, war selten. Die meisten sind auch nicht so früh aufgestanden. Vormittags — nach dem Mähen — haben wir dann das
Futter auseinandergerecht, Häufeln gemacht... heute ist das
alles anders. Heute gibt es Maschinen, die sind der Ruin der
Menschheit. Was die Leute heute haben, ist haarsträubend."
   Obwohl einige kleine Unterschiede im Arbeitsrhythmus
bei diesem Bauern im Vergleich zu anderen auszunehmen
sind, gleicht der Tagesablauf grundsätzlich dem anderer Bauern, so auch dem, der von einer alten Bäuerin beschrieben
wird: „Im Sommer sind wir um 3 Uhr früh aufgestanden, zum
Heuen. Vorher, im Frühjahr, im März, haben wir in der Früh
begonnen, den Mist auszuführen. Und wenn es recht schön
war, haben wir im April Hafer angebaut. Im Herbst waren die
Erdäpfel dran. Da sind wir um 5 Uhr aufgestanden, zuerst arbeiteten wir im Stall, die Mannerleute haben inzwischen das
Futter gemacht. Die Mutter hat herinnen gearbeitet, sie hat das
Frühstück vorbereitet. Wir sind hungrig in den Stall, erst um
7 Uhr sind wir hereingekommen, erst dann haben wir uns gewaschen und gefrühstückt. Zum Frühstück gab es bei uns eine
Brotsuppe oder eine gute Rahmsuppe. Um viertel nach 7 oder
halb 8 waren wir schon wieder weg. Dann sind wir — im
Frühjahr — auf das Feld, z. B. um Kot zu führen. Dann ist es
zum Anbauen gewesen: Hafer, Erdäpfel, Gerste. Die Weiberleute mußten zu der Zeit die Felder von den Steinen räumen.
Gesät hat nur der Bauer. Der hat sich ein Tischtuch umge-
hängt, mit einer Hand hat er gesät. Um schön gerade zu säen,
hat er sich einen kleinen Stock am Rand des Feldes hinge-
steckt, um gerade hinzugehen. Gesät hat nur der Bauer, nicht

der Knecht. Der Bauer hat immer die erste Arbeit machen müssen. Es ist nur am Vormittag gesät worden. Der Hafer ist auf die Furche gesät worden. Bei Weizen, Korn, Gerste ist zuerst gerissen worden, und dann ist erst das Getreide gesät worden. Zweimal wurde geeggt. Wir hatten 8 Felder, da ist es immer um das Haus gegangen (das Anbauen). Jedes Jahr etwas anderes. Zuerst ist der Hafer, dann ist das Korn herausgekommen. Das Feld mit dem Korn haben wir liegen lassen, dann wurde auf ihm Futter angebaut. Das gleiche Jahr ist das Kornfeld eine Weide geworden. Im zweiten Jahr war es wieder zum Heuen... Auf einmal ist es mit dem Anbauen gar gewesen, der Traktor ist gekommen. Heute baut niemand mehr an. Das Getreide ist nicht mehr rentabel."

Die für die klassische bäuerliche Kultur charakteristische Autarkie, die alle hier anpflanzbaren Getreidearten brauchte, wird hier kurz skizziert, aber auch der Wandel, der durch die Technisierung und die Hinorientierung auf den Markt eingetreten ist. Die Arbeit wurde einfacher, wie oben bereits ausgeführt, die Maschine setzte Menschen frei, die früher auf dem Hof miteinander in engem Kontakt durch die gemeinsame Tätigkeit standen. Wo früher Geschäftigkeit und Leben das Bild auf dem Hof prägten, zeigt sich heute die Leere der Maschinen. Dasselbe Bild begegnet uns auf dem Feld und in dem dumpfen Licht der Tenne. Die frühere Szenerie beschreibt meine Interviewpartnerin weiter: „Früher sind wir zum Nachbarn gegangen, um ihm beim Schneiden (Mähen) zu helfen. Wenn es bei uns zum Schneiden war, sind sie zu uns herübergekommen. Wer schneiden konnte, half dem Nachbarn. Es war nie so, daß alle gleichzeitig geschnitten haben. Der eine hat ein bisserl früher angebaut, der andere ein bisserl später. Wo die Sonne ordentlich hinkommt, wird es früher zeitig. War es zum Schneiden, so ist der Bauer zum Nachbarbauern gegangen und hat wegen des Schneidens angehalten. Und dann sind die Nachbarn zu uns gekommen. Es ist den ganzen Tag geschnitten worden. Sind wir an diesem Tag mit dem Schneiden nicht fertig geworden, haben wir den Rest allein geschnitten. Zum Schneiden zum Nachbarn sind meist die Knechte und die Menscher hinübergegangen. Oft auch der Bauer selbst."

Daß solche Arbeiten, an denen Nachbarn und auch andere sich beteiligten, für Knechte und Mägde oft ein gesellschaftliches Ereignis waren, wird in dieser Erzählung einer früheren Magd angedeutet: „Ich habe beim B., beim Bauern am Pyhrn, gearbeitet. Von dort bin ich und andere mit Rössern abgeholt worden. Als wir durch Spital am Pyhrn in dem Wagen fuhren, jodelten wir." Gemeinschaftliche Arbeit war in verschiedener Weise notwendig. So z. B. war es selbstverständlich, wie wir schon sahen, daß mehrere Bauern gemeinsam sich am Schulbau beteiligt haben. Aber auch der Straßenbau bzw. das Reparieren von Straßen, die für das bäuerliche Wirtschaften wichtig waren, war Sache der Gemeinschaft, wie eine Bäuerin erzählt: „Wenn eine Straße schlecht war und mehrere Bauern an ihr dranhingen, wurde ein Tag bestimmt, an dem die Straße renoviert wurde. Dazu mußte man Sand herführen und damit die Löcher, die durch das Wasser entstanden sind, füllen. Die einen haben den Sand hergeführt, die anderen Bauern wieder haben die Straßenarbeit gemacht. Und ein anderer Bauer hat die Rösser zur Verfügung gestellt, um den Sand zu führen. Das hat man ‚Roboten' genannt." In diesem Bereich gemeinschaftlichen Arbeitens bzw. gemeinschaftlicher Nutzung von Gegenständen gehörte auch das Recht mehrerer Bauern, gemeinsam eine Mühle zu gebrauchen. So auch eine Bäuerin: „Wir haben dort unten in der Moarmühle das Mühlrecht gehabt. Wir sind dorthin mit Ochsen gefahren. Drei Bauern waren wir, die wir hier das Servitut hatten."

Die traditionelle bäuerliche Kultur war also eine Kultur, in der die Menschen in viel größerem Maße voneinander abhängig waren, als es in der modernen, durch die Maschinen u. a. bestimmten Gesellschaft gegeben ist. Die heutige Isoliertheit bedauert ein Bauer, der meint: „Heute gibt es keine Leute mehr am Hof. Wie der Traktor gekommen ist, war es gar, war alles aus." Im bäuerlichen Leben waren Arbeit und die Produkte der Arbeit eng an den Menschen gebunden. Die verwendeten Geräte schafften nicht jene Distanz, die die Maschine, vor allem der Traktor, trotz seiner immensen Hilfe, plötzlich und schockhaft erreichte. Der Hof wurde menschenleer oder beinahe menschenleer, und der Bauer ist auf sich alleine gestellt. Die mit

der Arbeit mitunter verbundene Kommunikation, wie Gespräche und Gesang, verschwand.

Eine wichtige gemeinsame Arbeit war, wie wir schon sahen, das
Spinnen. Ein Bauer erzählt: „Die Dirnen saßen schon früh beim
Spinnrad. Nach ca. eineinhalb Stunden sind sie in den Stall gegangen und haben die Stallarbeit erledigt. Wie sie vom Stall fertig waren, haben sie weitergesponnen. Da ist das Spinnradl den
ganzen Tag gegangen. Das war eine harte Arbeit. Aber sie haben
beim Spinnen gesungen und gejodelt. Die mühselige Arbeit war
selbstverständlich, früh auf und spät ins Bett, es hat nichts anderes gegeben. Aber sie waren zufrieden dabei." Wohl erscheint
diese Arbeit am Spinnrad als eine Arbeit, die Ähnlichkeiten zu
einer modernen Fließbandarbeit hat, doch fehlt ihr die Brutalität der Isoliertheit der einzelnen Arbeitenden, denn durch Ge-
sänge u. ä. versuchte man, Kontakte untereinander zu pflegen,
um den Arbeitsprozeß zu erleichtern.

Frauen hatten im Sinne der Arbeitsteilung auf dem Hof
auch die Aufgabe, sich nicht nur um Stallarbeit und Spinnen zu
kümmern, sondern auch um die Arbeiten in der Küche. Eine alte
Bäuerin erinnert sich: „In der Früh habe ich sofort nach dem
Aufstehen den Ofen angeheizt. Dann bin ich in den Stall gegangen und habe die Stallarbeit gemacht, dann habe ich in der
Kuchl gewerkt und bin schließlich im Sommer auf das Feld hinaus. In der Kuchl habe ich alleine gearbeitet, keine Dirn hat mir
dabei geholfen. Bei den großen Bauern war es anders, dort haben die Dirnen wohl in der Küche geholfen. Ich habe alleine für
alle gekocht."

Arbeit und die Existenz des Menschen auf dem Bauernhof
hingen eng zusammen. Arbeit war für den Menschen da und der
Mensch ohne Arbeit nicht vorstellbar. Freisein von Arbeit war
nicht vorgesehen. Freizeit im modernen Sinn gab es nicht, da der
Bauer oder Dienstbote dauernd verfügbar sein mußte. Und bei
den gemeinsamen Arbeiten hieß es, auf Disziplin zu achten, z. B.
beim Dreschen. Dazu eine Bäuerin: „Der Bauer hat dabei angeschafft. Er hat beim Dreschen den ersten Schlag gemacht, die
anderen mußten nachschlagen. Mit dem Drischl mußte der

Bauer als erster fest niederschlagen. Er war der erste, weil er es am besten verstand. Entweder haben 4, 6 oder 3, wegen des Takts, gedroschen. Gewöhnlich waren es 4 Männer beim Dreschen. Nach einer Zeit wird das Getreide umgedreht und dann weitergedroschen. Um 10 Uhr war Pause." Mit der Arbeit war auch Muße verknüpft. War die Arbeit getan oder auch zwischendurch fand man Zeit, sich zu stärken mit Most oder Brot und sich zu besprechen. Eine interessante Unterbrechung der Spinnarbeit war der Donnerstag, an dem für die spinnenden Frauen ein Ruhetag war, welcher durch Verweis auf eine Sage als ein solcher gesehen wurde. Eine alte Bäuerin schildert: „Wir haben jeden Tag bis um 10 Uhr am Abend im Winter gesponnen. Außer am Sonntag hatten wir auch am Pfingstag (Donnerstag) Ruhetag. Am Donnerstag durfte nicht gesponnen werden, weil vor langer Zeit an diesem Tag ein Bursch einmal gasseln (fensterln) gegangen ist. Er hat auf sein Dirndl gewartet, und weil es zu lange gedauert hat, hat er zu ihr gesagt: ‚Hättest du am Pfingstag nicht gesponnen, wären dir deine 5 Finger nicht verbrunna (verbrannt).' Auf seine Finger hatte er sich etwas hinaufgetan, was geleuchtet hat. Sie und die anderen sind darauf furchtbar erschrocken. Seitdem ist am Donnerstag nicht mehr gesponnen worden."

Die Alm

Für das Leben des Bergbauern und die Erhaltung seines Viehbestandes war die Almwirtschaft wesentlich. Die Alm bedeutete für den Bauern und seine Leute aber nicht nur Arbeit, sondern mitunter auch Abwechslung. Von früheren Sennerinnen, den Schwoagrinnen, meistens Töchter von Bauern, und aus meiner Kindheit weiß ich, daß mit dem Leben auf der Alm für die dort Arbeitenden Strapazen und Entbehrungen verbunden waren. Dazu erzählt eine Sennerin, die auch Magd war: „Beim G.-Bauern war ich angestellt. Der Bauer hat nichts gekannt als früh bis spät und Sonn- und Feiertag zu arbeiten. Da hat es geheißen, gemma, gemma! Das war in den dreißiger Jahren, da bin ich auf die Alm gekommen. Mit dem Bauern habe ich mich gut verstanden, auch mit der Bäuerin, da hat es nichts gegeben. Ich war auf

der Gammering und auf der Mausmaieralm als Sennerin. Ich
mußte aufs Vieh schauen, es melken, Butter machen. Drei Monate im Jahr war ich meistens oben, von Ende Mai bis Anfang
September. Viele Leute sind zu mir auf Besuch gekommen, so
Studenten aus Wien, von der ‚Deutschen Lesehalle', die hatten
die Hütte in Pacht. Mit ihnen habe ich mich recht gut verstanden." Die Arbeit auf der Alm während der Sommermonate war
also auch mit angenehmen Kontakten zu Bergwanderern verknüpft.

Ähnliches erfuhr ich von einer anderen Sennerin: „17 Sommer bin ich auf die Gowilalm gegangen. Die ersten 6 Jahre als
Zweite und dann als Sennerin. Die Zweite war die Kuhdirn, es
waren also auf der Alm eine Kuhdirn und eine Sennerin, die hat
die ‚Vordere' geheißen. Ich mußte zuerst Kühe und Schafe hüten, alles miteinander. Ich mußte auch die Kühe melken. Wenn
das Wetter schön gewesen ist, sind wir um halb 3 Uhr in der
Früh aufgestanden, wegen der Hitze am Tag, und haben gearbeitet. Die von uns gemolkene Milch haben wir gleich oben verarbeitet, zu einem Schoten (Käse), Butter haben wir gemacht.
Die Butter wurde von uns gekocht und dann als Rinderschmalz
erst hinuntergebracht. Beim Viehhüten habe ich viel Rosenkranz gebetet, damit ich mit dem Vieh Glück habe. Ich bin mit
dem Vieh auf die Almwiese, habe Trinkwasser zur Alm herbei-
getragen, das alles mußte ich tun. Oft mußte ich, nachdem ich in
der Früh die Kühe gehütet hatte, noch hinunter zu meinen Leuten, um ihnen beim Heuen und Mähen zu helfen. Nachher bin
ich um 7 Uhr auf d' Nacht wieder auf die Alm. Dabei mußte ich
immer etwas mitnehmen, das, was halt gebraucht worden ist.
Vieh hat es keines gegeben zum Hinauftragen. Ich bin ordentlich drangekommen, darum bin ich auch klein geblieben. Am
Sonntag sind oft die Burschen auf die Alm, da ist fest getanzt
worden. Heute gibt es keine Schwoagrin mehr, heute ist die Sache anders, heute haben die Leute auch einen anderen Zeitver-
treib, als auf der Alm zu singen und zu tanzen."

Die Sennerin hatte also viel zu tun, und Zeit zum Ausruhen
gab es nur wenig. Nur an Samstagen und Sonntagen, an denen
die Almgeher mit ihren Musikinstrumenten kamen und die Sennerinnen aufforderten, mitzusingen, mitzujodeln oder mitzutan-

zen. Außer den Sennerinnen gab es auch „Halter", die auf der
Alm in ähnlicher Weise das Vieh zu versorgen hatten. Ein Sohn
eines Spitaler „Kleinhäuslers" erzählte mir von seinem Bruder,
der in dieser Funktion tätig war. Seine Erzählung ist interessant,
weil sie auch darauf verweist, daß man sich nebenbei von den
Urlaubern etwas Geld verdienen konnte: „Mein Bruder ist als
Ochsenwaldhalter gegangen. Ich war als Bub oft mit ihm auf der
Alm. Im Sommer und im Herbst habe ich mit ihm Beeren ge-
brockt, damit wir daheim Marmelade und Saft gehabt haben.
Etwas von dem Saft, einem Himbeersaft, hat der Bruder auf die
Alm mitgenommen, um sie den Leuten, den Wanderern, verkaufen zu können. Gerne haben damals die Leute einen Almdudler
gehabt, der wurde aus Himbeersaft und Most gemacht. Das war
etwas Besseres als heute."

Die folgende Erzählung einer Sennerin weist nicht nur auf
ihre Arbeit hin, sondern auch auf das Problem der Einsamkeit,
aber auch auf ihre heiteren Beziehungen zu den Holzknechten:
„Die Filzmoosalm war meine erste Alm, ein Jahr war ich dort.
Dann war ich 14 Jahre lang auf der Schmiedalm, das war eine
alte Hütte. Wenn man auf einer Alm gelebt hat, hat man sich
sehr beim Gehen konzentrieren müssen, wenn der Nebel eingefallen ist. Daher soll man bei schönem Wetter viel gehen, damit
man im Nebel leichter heimfindet. Ich habe auf der Alm Kühe
gemolken, Topfen gemacht, Butter gerührt und einen Käse hergestellt. Heute bringe ich diesen Käse nicht mehr zusammen.
Vielleicht liegt es daran, daß wir keine Rauchkuchl mehr haben.
Die Alm hat dem L. gehört. Dafür, weil ich auf der Alm gearbeitet habe, durften wir 10 Stück Vieh von uns auch hinauftrei-
ben ... Während der Nacht sind die Kühe im Freien geblieben,
natürlich nur, wenn es schön war. In der Früh habe ich sie wieder geholt. Am Anfang hatte ich Schwierigkeiten, die Kühe zu
finden. Lustig war es mit den Holzknechten. Früher hat man den
Schlüssel für die Almhütte hinter die Tür gehängt, auf einen
Nagel. In der Tür war unten ein Loch, durch dieses hat man mit
der Hand den Schlüssel geholt. Einmal wollte ich wieder den
Schlüssel holen, da bekomme ich einen Schlag auf die Hand. Es
waren die Holzknechte, die Rabenviecher, drinnen. Ich dachte
mir, daß ich sie auch drankriege. Die Holzknechte haben in ei-

nem Stadl gewohnt, in dem haben sie auch gekocht. Ich wollte
sie einmal einsperren, dazu habe ich mich angeschlichen. Da
sieht mich ein Holzknecht, springt auf und fliegt in den Dreck.
Es war recht lustig damals. Auch Touristen sind hie und da vorbeigekommen und haben im Heu geschlafen. Auch ein altes Be-
erbrockerweiberl hat bei mir öfter übernachtet. Einmal haben
die Holzknechte deren Rucksack gesehen und haben mich gefragt, wem der gehört. Ich habe gesagt, der ist von meiner
Schwester, die liegt im Heuboden. Mit der Leiter sind sie auf
den Heuboden. Die alte Frau hat das mitbekommen und zu lachen begonnen. Einer der Holzknechte ist dann zu mir gekommen und hat gesagt: ‚Mir hättest du schon sagen können, daß es
ein altes Weibl ist.' Wenn ich oft alleine auf der Alm war, habe
ich mich gefürchtet, wenn ein Gewitter gekommen ist oder ein
Mann alleine herumgegangen ist."

Mit dem Fremdenverkehr in engem Zusammenhang steht,
daß einige Almhütten, die als solche nach dem Krieg nicht oder
kaum mehr für die Almwirtschaft Verwendung fanden, zu Schihütten umgewidmet oder einem alpinen Verein unterstellt wurden. Darauf verweist eine Bäuerin, die noch einige Jahre nach
dem Krieg als Sennerin auf der Gowilalm am Kleinen Pyhrgas
arbeitete: „Der zweite Krieg hat das alles geändert, da hat sich
auch die Almwirtschaft aufgehört. Die Gowilalm ist dann nur
bewirtschaftet worden, weil der Alpenverein es wollte. Aber
Almwirtschaft gibt es dort keine mehr, auch keine Kühe." Eine
solche Umfunktionierung war möglich geworden, da mit dem
Aufgeben der traditionellen bäuerlichen Wirtschaftsform Almen im alten Sinn nicht mehr notwendig waren. Die früheren
Almen waren wichtig, weil man für das Vieh geeignete Weide-
plätze benötigte, denn die Felder um das Haus waren grundsätzlich für den Anbau reserviert. Heute sind Almen insofern von
einer geringeren Notwendigkeit, als die Felder im Umkreis der
Bauernhäuser vornehmlich Wiesen und Weideflächen darstellen. Das Rindvieh muß also nicht mehr auf die Almen getrieben
werden. Heute ist es vor allem das nicht auf dem Hof benötigte
Jungvieh, welches auf die Almen getrieben wird. Darauf geht
eine frühere Bäuerin ein, die auch auf die Beendigung der Almwirtschaft verweist: „Beim L. gibt es auf der Wurzeralm keinen

Stall mehr, aus ihm haben sie ein Gasthaus gemacht. Heute ist zum Großteil nur Jungvieh auf den Almen. Das Jungvieh war ja schon seit jeher oben. Vor allem die Kühe, die man unten nicht zum Melken gebraucht hat. Oben waren auch die Kühe, die nicht so viel Milch hergegeben haben. Früher, als noch nicht Milch von den Bauern geliefert wurde, brauchte man unten im Tal kaum Kühe. Die Butter ist ja oben gemacht worden." Die Almwirtschaft in ihrer klassischen Form, in der auch die Sennerin ihren Platz hatte, gehört also im wesentlichen der Vergangenheit an.

Vergleichbar mit der Almarbeit ist die Arbeit auf einer Schutzhütte, wie sie von einem heute über 90 Jahre alten Bauern geschildert wird: „Ab dem Jahre 1926 war ich Bauer. 1923, 1924, 1925 war ich auf der Dümlerhütte. Jeden Tag bin ich aber nach Hause marschiert, um dort auch mitzuhelfen. Ich habe jeden Tag 18 Stunden gearbeitet. Den ganzen Sommer lang. Um 9 Uhr auf d' Nacht sind die Leute auf der Hütte schlafen gegangen, da hat Hüttenruhe sein müssen. Um 3 Uhr in der Früh mußte ich aufstehen, Kaffee kochen, saubermachen. Dann um 6 Uhr oder halb 7 habe ich etwas gegessen, habe meine Kraxen genommen und bin hinunter ins Tal gegangen, wo ich den ganzen Tag gearbeitet habe, bis ca. 4 Uhr nachmittags. Und dann bin ich wieder auf die Hütte hinauf. Von Mai bis in den September war ich so unterwegs. Es war eine harte Arbeit. Im September sind noch viele Leute zu mir heraufgekommen. Viele Sachen hatte ich nicht mehr. Wenn sie etwas gebraucht haben, habe ich zu ihnen gesagt: ‚Entschuldigung schon, ich muß hinunter ins Tal gehen, um etwas zu holen!' In einer halben Stunde war ich unten. Dann habe ich oft bis 27 Kilo aufgepackt. Lebensmittel und solche Sachen habe ich hinaufgetragen. Hauptsächlich habe ich Eierspeis und Kaiserschmarrn gekocht. Eine Wienerin hat mich einmal in der Dümlerhütte gefragt, bei wem ich kochen gelernt habe. Sage ich: ‚Nirgends, ich bin doch nur ein Holzknecht.' Sie hat darauf gesagt: ‚Mein Ehrenwort, ich habe mein Leben noch keinen solchen Kaiserschmarrn gegessen.' Dann hat sie sich das Rezept aufgeschrieben. Zwei Eier, Milch, Mehl, ein paar Weinbeerln (Rosinen), gut umrühren, damit die Sache fein wird."

Es handelt sich hier um eine Kultur der Arbeit, wie ich schon versucht habe, sie deutlich zu machen. Das Arbeitspensum dieses Hüttenwirts, der während der Sommermonate auch noch auf seinem Hof mitwirkte, war enorm. Für den heutigen Menschen erscheint es beinahe unglaublich, daß ein Mensch dies alleine alles leisten kann. Für die vergangene Welt der Bauern war ein solcher Arbeitseinsatz die Regel.

Die Selbstverständlichkeit der Arbeit — der Wandel

Ich will jetzt noch einige Passagen aus einem Interview mit einem heute 45 Jahre alten Mann bringen. Diese sind interessant, da sie sich auf die fünfziger Jahre beziehen, also auf eine Zeit, in der die alte Form der bäuerlichen Lebensweise zu Ende ging. Aus der heutigen Sicht erscheint es kaum glaubhaft, wie hart und schwer sein Vater, ein Holzknecht, arbeitete bzw. arbeiten mußte. Andererseits wurde er selber noch in einen Arbeitsprozeß als junger Knecht eingeschaltet, den es heute grundsätzlich nicht mehr gibt. Das Interview bietet daher einen guten Einblick in eine vergangene und sich ändernde kleinbäuerliche bzw. bäuerliche Kultur der Arbeit:

„Der Vater hat irrsinnig gearbeitet. Er hat Kraft und Ausdauer gehabt... Er war mit Arbeit eingedeckt. Als er in das Haus einzog, hat es noch eine schwarze Kuchl gehabt. Er hat einen Ofen gesetzt und auch sonst das Haus hergerichtet. Er hatte ja viel gesehen, denn er ist viel herumgekommen. Sein Unternehmungsgeist war groß. In der Früh ist er in das Holz gegangen und auf d'Nacht nach der Arbeit hat er Kuhfutter gemäht. Wir Kinder haben daher den Vater recht wenig gesehen. Im Sommer ist so lange gearbeitet worden, bis wir nichts mehr gesehen haben. Wenn ich von der Schule oder später von meiner Arbeit heimgekommen bin, hätte ich mir die Arbeit zu Hause gerne etwas eingeteilt. Gerne hätte ich z. B. gesagt: arbeiten wir am Samstag vormittag das, was notwendig ist, machen dann aber Feierabend und hauen den Hut drauf. Wenn mein Vater heimgekommen ist von seiner Arbeit, und es war noch nicht dunkel, dann hat er weiter gearbeitet, da hat er z. B. gesagt: „Jetzt gehen wir noch auf den Holzberg hinüber und hacken noch Brennholz.' Wenn ich heute so zurückdenke, waren das negative Erfahrungen, denn der Vater war immer nur auf der Arbeit ... Mit 14 bin ich nach der Schule zu einem Bauern gekommen, das war 1953. Die Arbeit dort war oft derartig mühsam. Vor allem das Holzführen im Winter. Man kann sich das heute nicht mehr vorstellen, wie lange da der Tag ist, wenn man bis um 9 Uhr auf d'Nacht arbeiten muß. Von 4 Uhr früh weg. Am Anfang war ich furchtbar schockiert darüber, wie früh ich aufstehen mußte, also wie früh mich die Bäuerin in den Tag geschrien hat. Im Winter war es die Stallarbeit, für die ich um halb 5 Uhr oder um 5 Uhr im Stall sein mußte. Ich mußte das Heu herrichten, Rüben hakken, sie schneiden. Den Misthaufen mußte ich abschaufeln, damit man wieder Mist auf ihn führen konnte. Wir haben Erlen umgehackt für das Brennholz. Früher war es ja so, daß man nach der Jause um 5, halb 6 Uhr nachmittags noch einmal hinausgehen mußte, um zu arbeiten. Nach Allerheiligen bis Josefi, den 19. März, war es anders, da brauchte man nicht mehr in den Stall gehen. Bei meinem ersten Bauern mußte ich aber trotzdem noch in den Stall gehen, um die Kälber zu füttern. Nach der Arbeit am Abend war ich so müde, daß ich ins Bett gegangen bin. Im Winter mußte ich auch noch das Vieh putzen. Wir hatten zwischen 15 und 20 Stück Vieh. Das war wenigstens keine sehr unangenehme Arbeit, denn im Stall war es warm. Aber der Dreck, der war verheerend. Das Putzen war notwendig, denn je wohler sich die Viecher fühlen, desto mehr Fleisch setzen sie an und geben viel Milch. Dafür ist die Pflege sehr wichtig. Die Pferde wurden ohnehin jeden Tag geputzt, damit sie sich wohlfühlen. Die Tiere müssen sauber und gepflegt sein. Damals habe ich den Umgang mit Tieren gelernt, das war auch schön. Wenn ich heute zurückdenke, so war das damals eine blutige Arbeit, aber damals habe ich das nicht begriffen. Die Arbeit mit den Tieren war schön. Ich hatte die Rösser gern. Wenn ich so in der Früh in den Stall gegangen bin und sie mich gesehen haben, haben sie zu wiehern begonnen."

Der Druck der Arbeit war für diesen damaligen Jungknecht groß, er nahm ihn aber als selbstverständlich wahr. Kritik an diesem System und seinen Vertretern, der Bäuerin und dem

Bauern, erschien ihm undenkbar. Diese Überlegungen abschließend, möchte ich aus einem Interview mit einer alten Bäuerin zitieren, die eben meint, daß die Einstellung zur Arbeit sich in den letzten beiden Jahrzehnten drastisch geändert habe: „Heute freut kaum jemanden die Arbeit. Die Arbeit hat gemacht werden müssen. Heute will niemand mehr arbeiten." Diese etwas radikale Äußerung darf jedoch nicht mißverstanden werden. Viel mehr ist der Bauer heute gezwungen, neben seiner bäuerlichen Arbeit, die alleine oft nicht ausreicht, ihn und seine Familie zu ernähren, sich um andere Erwerbsmöglichkeiten zu bemühen.

Bauerntochter beim Heuen (um 1957)

Die Dienstboten

Es heißt, daß zuerst unter Josef II. und dann im Jahre 1848 durch Kudlich die Bauern befreit worden wären, nicht jedoch die Dienstboten, die Mägde und Knechte der Bauern. Sie hatten kaum einen Schutz gegenüber den Bauern besessen, und sie wären deren Willkür weitgehend ausgeliefert gewesen. Grundsätzlich ist diese Überlegung richtig. Der Dienstbote war — zumindest bis zum letzten Krieg — in einer sozialen Position, die ihn degradierte und sozial erniedrigte. Ein Indiz für diese triste Lage ist die bereits diskutierte Problematik des unehelichen Kindes von Mägden. Der schlechte soziale Status des Dienstboten wurde in den geführten Interviews und in den Erinnerungen früherer Knechte und Mägde sehr plastisch dargestellt. Ihre Degradierung äußerte sich bereits darin, daß man sie bloß als „Leute" betitelte, um den Gegensatz zum Bauern herauszustreichen. Der Dienstbote war für den Bauern ein Mensch zweiter Klasse, vor allem dann, wenn er die in ihn gestellten Erwartungen bezüglich der Arbeit nicht erfüllen konnte, weil sie ihm vielleicht zu schwer bzw. er zu schwach war. Daher entsprach es auch der Struktur dieses Systems, daß der Bauer als der Mächtige den Dienstboten entlassen konnte, wenn dieser gegen gewisse Regeln verstieß.

In den alten Dienstbotenbüchern aus der Zeit vor dem Ersten Weltkrieg, die ich zur Einsicht hatte, ist auf den ersten Seiten die 1874 erlassene „Dienstbotenordnung", die in ihren Grundzügen bis zum Zweiten Weltkrieg das Leben der Dienstboten bestimmte, angeführt. Nach diesem Gesetz „steht es jedem Teil frei, das Dienstverhältnis nach vorausgegangener Kündigung (6 Wochen) zu lösen". Allerdings war es für den Dienstherrn nicht schwierig, einen Dienstboten auch „ohne

Aufkündigung" zu entlassen, denn die im Gesetz angegebenen Gründe geben dem Dienstboten kaum eine Chance. So heißt es, daß der Dienstherr den Dienstboten sofort entlassen kann: „wenn er seine Dienstespflichten gröblich verletzt..., wenn er den Dienstherrn oder dessen Angehörige oder aufgestellten Aufseher über das Dienstpersonal ... durch Schimpf- und Schmähworte beleidigt..., wenn er der Trunkenheit, dem Spiele oder anderen Ausschweifungen sich ergibt, insbesondere, wenn er die Kinder oder Verwandten des Dienstherrn dazu verleiten sucht..., wenn er ohne Erlaubnis des Dienstherrn über Nacht ausbleibt oder Fremde übernachten läßt..., wenn er ohne Verschulden des Dienstherrn über 14 Tage krank ist." (!)

Es ist vorstellbar, daß Entlassungsgründe leicht zu konstruieren waren. Der Dienstbote stand also unter einem dauernden psychischen Druck. Er war gegenüber dem Dienstherrn, dem Bauern, in einer denkbar ungünstigen Situation. Ihm fehlte vor dem Krieg jene Unterstützung, auf die der moderne Arbeiter durch Institutionen wie die Gewerkschaft u. a. rechnen kann. Erst die Nachkriegsjahre brachten den Dienstboten auf dem Lande einen wirksamen Schutz. Nach dem Gesetz gab es wohl Gründe, nach denen der Dienstbote von sich aus vor der Zeit den Dienst aufkündigen kann, wie z. B. Mißhandlung durch den Dienstherrn. Doch er hatte Schwierigkeiten, die Kündigung zu verwirklichen. Nach dem Gesetz war ihm vorgeschrieben, die Bewilligung der Gemeindevorstehung einzuholen, um den Dienst verlassen zu können. Ausdrücklich wird betont, daß die Gründe glaubwürdig dargetan werden müssen, falls vom Dienstgeber widersprochen würde.

Die untergeordnete Position des Dienstboten, die ihn weit unter seinen Dienstherrn stellte, wird in der alten „Dienstbotenordnung" besonders herausgestrichen. In ihr sind die „Pflichten des Dienstboten" genau aufgezählt. Danach ist „der Dienstbote dem Dienstherrn zum Gehorsam, zum Fleiße, zur Treue und Aufmerksamkeit verpflichtet... Er hat sich der häuslichen Ordnung, wie sie vom Dienstherrn bestimmt wird, zu unterziehen. Befehle, Ermahnungen und Verweise des Dienstherrn muß er mit Bescheidenheit annehmen ... Der Dienstbote darf sich an den sogenannten abgebrachten Feiertagen der Arbeit, bei sonstiger Bestrafung und Gewärtigung sofortiger Dienstentlassung in keiner Weise entziehen. Auch wird der Dienstgeber berechtigt, den auf derlei versäumte Arbeitstage entfallenden Lohn in Abzug zu bringen ... Der Dienstbote hat sich bei jeder Gelegenheit das Beste seines Dienstherrn angelegen sein zu lassen, und soviel in seinen Kräften steht, Nachteil und Schaden von ihm abzuwenden ... Er muß sich die Durchsicht seiner Truhen, Koffer und sonstigen Verhältnisse von Seite des Dienstherrn ohne Angabe eines Grundes in seiner und eines unbefangenen Zeugen Gegenwart gefallen lassen ..." Und besonders kraß wird die Degradierung des Dienstboten in dieser Anordnung deutlich: „Ohne Vorwissen und Bewilligung des Dienstherrn darf der Dienstbote seine Kleidungs- und Wäschestücke und seine sonstigen Habseligkeiten außer dem Hause, wo er dient, nicht aufbewahren."

Die nachrangige Position des Dienstboten wird aus einem Zeugnis, das ein Bauer seinem Knecht ausstellte, deutlich. Es stammt noch aus der Zeit der Monarchie, es drückt aber ganz gut das aus, was hier gezeigt werden soll: „Johann H. ist seit 1. Jänner 1869 bis 31. Dezember 1871, also volle drei Jahre, als Prügelknecht bei mir gewesen und erwies sich dabei als treu, sittlich, fleißig und geschickt. Spital am Pyhrn, 31. Dezember 1871." Hier der deutliche Verweis auf die verlangten Eigenschaften des Dienstboten, aber auch die hierarchische Stufe, die dieser Knecht, ein Prügelknecht, innehatte. Als Prügelknecht kam er unmittelbar nach dem Moar (oder Maier), er war also ein Mann, der als Knecht schon einiges Ansehen hatte. Ein anderes Zeugnis, das sich auf denselben Mann bezieht, stammt aus dem Jahre 1885. In diesem wird bestätigt, daß er als „Maier treu, ehrlich und fleißig gedient und auf sein Verlangen aus den Diensten entlassen wurde." Der Mann war also zum Moarknecht (Maier) aufgestiegen, was auf seinen Fleiß schließen läßt.

Wie schon ausgeführt, war für den Bergbauernhof eine Mehrzahl von Menschen notwendig, damit die Arbeit überhaupt getan werden konnte. Bei kleineren und mittelgroßen

Bauern waren 6 Personen oder mehr gemeinsam tätig. Bei
größeren oft doppelt soviele. Allerdings war die Entlohnung
der Dienstboten sehr gering, denn sie hatten als die Schwächeren keine Chance, den Bauern zu bewegen, ihnen mehr
zu zahlen. Wie „arm" der Dienstbote dran war, darauf geht
ein früherer Knecht ein: „In den dreißiger Jahren habe ich
15 Schilling Monatslohn im Winter bekommen. Im Sommer
waren es 20 Schilling. Um 15 Schilling habe ich mir nicht
einmal leichte Sonntagsschuhe kaufen können, die haben
damals 17 oder 18 Schilling gekostet. Es hat nichts anderes
für mich gegeben, als fest zu arbeiten, früh und spät."

Ein Handwerker, der die Problematik der Dienstboten
und die Macht der Bauern kannte, meinte recht klar: „Der
Knecht hat arbeiten müssen, da hat es nichts gegeben.
Wenn er ihm zu wenig geleistet hat, hat er im nächsten Jahr
sowieso gehen müssen. Bezahlt hat der Knecht ohnehin fast
nichts bekommen. Mit der Kost hat er halt zufrieden sein
müssen. Und wenn der Bauer und die Bäuerin gut aufgelegt
waren, so haben sie dem Knecht oder der Dirn etwas gegeben, z. B. Socken. Die Socken haben die Weiberleute im
Winter stricken müssen, damit die Knechte etwas zum Anziehen haben. Die Dirnen haben mit der Bäuerin, wenn es
draußen schlecht war, gestrickt, die Wäsche mit der Hand
geflickt usw. Manche haben auch eine Nähmaschine gehabt. Aber Sitzen und Zeitunglesen, das hat es nicht gegeben."

Hier wird also auf den Zwang, unter dem der Dienstbote stand, verwiesen, aber auch auf den Stellenwert der
Arbeit, wie er oben bereits diskutiert worden ist. Das Thema der Abhängigkeit der Dienstboten und ihre schlechte Situation wird auch in den Gedanken eines in den 30er Jahren geborenen Mannes angesprochen: „Früher hat es ja nur
einen Jahreslohn gegeben. Meine Ziehschwester war beim
B. in der Au. Mit ihrem ersten Jahreslohn hat sie sich ein
Fahrrad gekauft. Da sind ihr nicht einmal 10 Groschen
übriggeblieben. Von ihrer ganzen Arbeit hat sie ein Fahrrad
bekommen, das kann man sich heute nicht mehr vorstellen."

Die Anstellung als Dienstbote

Nach der Fähigkeit und dem Ruf, den z. B. ein Knecht hinsichtlich seiner Arbeitsleistung hatte, richtete sich das Interesse des Bauern, ihn einzustellen. Nicht untypisch für eine solche Kontaktnahme ist dieses Einstellungsgespräch zwischen einem reichen Bauern und einem arbeitslosen Knecht: „Am Sonntag nach der Kirche hat mich der L.-Bauer gefragt: ‚Was tust du denn?‘ Ich: ‚Leider nichts, eine Arbeit hätte ich nötig.‘ Er: ‚Ach so, kommst zu mir (als Knecht)?‘ Sage ich: ‚Ja freilich.‘ Er: ‚Ich zahle eh gut.‘ Ich wieder: ‚Das weiß ich.‘ Am nächsten Montag war ich bei ihm. Das war 1927. Ich war kräftig und fleißig, er hat mich zum Schotterbrechen gebraucht, weil er ja für die Straße Schotter geführt hat.“

Die Dienstboten der Bauern rekrutierten sich auch aus der nicht geringen Anzahl der unehelichen Kinder, die als potentiell billige Arbeitskräfte gesehen wurden. Darauf bezog sich eine heute 78 Jahre alte Bauerntochter für die Zeit vor dem Zweiten Weltkrieg: „Einmal hat der Kaplan gemeint, daß ledige Kinder nicht sein dürften. Darauf sagte mein Vater: ‚Ledige Kinder müssen sein, denn sonst haben die Bauern keine Leute für die Arbeit mehr.‘“ Uneheliche Kinder mögen bisweilen als Last gesehen worden sein, sie garantierten aber dem Bauern ein genügend großes Reservoir an Arbeitskräften. Die Leute brauchten Arbeit, um leben zu können, und waren dankbar, wenn sie, da es ja Dienstboten zur Genüge gab, eingestellt wurden. Sie nahmen daher auch einen geringen Lohn in Kauf.

Wie selbstverständlich es für die bäuerliche Kultur war, daß uneheliche Kinder oder Kinder armer Leute auf einem Hof eingestellt wurden, zeigt dieser Gedankengang einer früheren Bäuerin: „Meist waren die Knechte und Mägde ledige Kinder oder Kinder von Arbeitern. Solche Leute waren darüber froh, weil sie selbst eh nichts gehabt haben, sie sagten: ‚Geben wir ihn zu einem Bauern.‘ Vis-à-vis von uns waren die H., die wohnten in einer Hütte, die uns gehört hat. Sie hatten einen Haufen Kinder. Immer, wenn ein Kind wieder aus der Schule gekommen ist, haben sie es zu uns gegeben. Es war ja genug Arbeit da.“

Für die Kinder in dieser bäuerlichen Welt war es aber klar, daß sie unmittelbar nach dem Ende ihrer Schulzeit einen Platz bei einem Bauern benötigten. Dazu auch eine alte Magd: „Das erste nach der Schule war, zu einem Bauern zu gehen. Eine andere Möglichkeit gab es ja nicht. Bei irgendeinem Bauern haben die Eltern ihre Kinder schon untergebracht. Entweder die Eltern haben sich darum gekümmert, oder der Bauer ist selbst dorthin gegangen, wo er gewußt hat, daß ein Kind aus der Schule kommt. Und hat gesagt: ‚Gib mir deinen Buben oder dein Dirndl.‘ Es hat für die Kinder nichts anderes gegeben, als von der Schule in den Dienst. Andere Berufsmöglichkeiten hat es gerade für die Mädchen nicht gegeben. Buben konnten vielleicht auch Schneider, Tischler oder sonst etwas werden.“

Das „Fädeln“ — der Wechsel des Bauernhofes

Für die Dienstboten gehörte das Wechseln ihrer Arbeitsstellen bei Bauern wesentlich zu ihrem Leben. Die Dienstbücher geben darüber Auskunft, daß relativ häufig gewechselt wurde. Das Leben als Dienstbote war also ein Herumziehen von Bauer zu Bauer. Nur die wenigsten Knechte oder Mägde blieben bis zu einem Jahrzehnt oder mehr. Es galt als ausgesprochene Ausnahme, wenn jemand gar 20 oder mehr Jahre bei einem Bauern verblieb. Das Jahresende war für den Dienstboten von einiger Bedeutung, denn da hieß es, wenn das Dienstverhältnis eine entsprechende Zeit vorher aufgekündigt wurde, den Bauernhof zu verlassen und zu einem anderen Bauern zu wechseln: es war zum „Fädeln“, wie man sagte.

Für dieses oftmalige und schnelle Wechseln gab es verschiedene Gründe, wie noch zu sehen sein wird. Grundsätzlich war der Dienstbote im Nachteil. In der Erzählung einer früheren Bäuerin klingt das Problem des Fädelns von Dienstboten an: „Wenn der Bauer gesagt hat, er behält den Knecht oder die Dirn nicht, dann mußten sie gehen. Deswegen hat er den Dienstboten mindestens zwei Monate vor Neujahr anreden müssen, damit der Dienstbote gewußt hat, ob er ihn auch behält. Sonst hat er sich einen anderen Platz suchen müssen. Dieses Fädeln war früher am Altjahrestag furchtbar. Die einen sind dorthin, die anderen dahin. Wenn sie nicht behalten wurden, mußten sie es woanders probieren. Meistens haben sie einen Platz bekommen, denn Arbeit war ja genug da, man mußte ja alles mit der Hand machen. Man hat daher viele Leute gebraucht."

Das Fädeln war charakteristisch für die bergbäuerliche Kultur und die Mobilität der Dienstboten daher groß. Psychischen Belastungen waren am Jahresende vor allem Dienstboten ausgesetzt, die keinen besonders guten Kontakt zum Bauern hatten, und es daher unsicher war, ob sie am Hof bleiben konnten. Recht anschaulich schildert ein in den dreißiger Jahren auf der Stör gewesener Schuster das Problem des „Fädelns": „Am Jahresschluß ist ausgemacht worden: ‚Bleibst du das nächste Jahr wieder?' Meist war es Michaeli, der 29. September, an dem der Bauer es ausgemacht hat, ob einer bleibt oder nicht. Am 31. Dezember war es zum Fädeln, das heißt: ‚zum Wandern, von einem Bauern zum anderen.' An diesem Tag hat mancher Bauer dem Knecht, den er nicht mehr wollte, geholfen und hat ihn zu seinem neuen Dienstherrn mit dem Wagen geführt, auf dem der Holzkoffer oder die Truhe des Knechtes war. In diesem Koffer war alles drin an Gewand usw., das der Knecht hatte. Nachdem der Bauer den alten Knecht angebracht hatte, ist er zu einem anderen Bauern gefahren, bei dem er sich seinen neuen Knecht abgeholt hat, oder es hat ihn der andere Bauer gebracht. Hat der Knecht keine Stelle bekommen, dann war es zum Betteln: ‚Darf ich noch ein wenig dableiben?' Hat der Bauer ihn dagelassen, so hat der Knecht aber kaum einen oder gar keinen Lohn bekommen, sondern nur die Kost. So war das bei den schlechten Bauern. Eine Arbeitslose hat es damals ja nicht gegeben. Wußte nun der Knecht, daß ihn der Bauer nicht behält, hat er so lange nach einem neuen Platz gesucht, bis er einen gefunden hat. Es ist anzunehmen, daß er auch einen bekommen hat. Der neue Bauer, zu dem er gekommen ist, der ist dann mit den Rössern oder den Ochsen gekommen und hat seine Sachen geholt von seinem alten Bauern. Das war das Fädeln!"

Der Bauer hatte auch die Möglichkeit, den Dienstboten lange im unklaren zu lassen, ob er ihn behalten wolle oder nicht. Allerdings, dies war zum Schutz des Dienstboten, mußte er spä-

testens einige Wochen vor Neujahr dem Dienstboten Bescheid
geben. Aber bis zu diesem Zeitpunkt war der Druck, der auf dem
Dienstboten lastete, beträchtlich, da es keine objektiven Krite-
rien gab, die ihn vor willkürlichen und grundlosen Entlassungen
in Schutz nahmen. Auch wenn er seine Arbeit sorgfältig und mit
Fleiß anging. Die Dienstboten waren der Willkür ausgeliefert
und mußten oft dankbar sein, wenn sie unter bestimmten Um-
ständen gegen Kost und Quartier auf einem Bauernhof arbeiten
und leben durften. Der Bauer wußte, daß er leicht zu Dienstboten kommen könne und daß für ihn ein Dienstbote kein finan-
zielles Problem darstelle. Er versuchte daher, ihn so lange und
so weit auszunützen, wie es eben ging.

Vor Erniedrigungen als Mensch war der Dienstbote nie
geschützt. Er konnte sich höchstens wehren, indem er zu den
vorgesehenen Zeiten den Hof verließ. Über eine frühere Magd
wurde mir dazu erzählt: „Die B. war Magd beim M. Die hat dort
viel mitgemacht. Sie ist dann weg vom M. und hat sich gedacht,
lieber Hunger leiden, als noch einmal zum M. als Magd. Das
Essen war beim M., hat die B. erzählt, elendiglich. Auf d'Nacht,
wenn sie schon saumüde von der vielen Arbeit war, hat die
Tochter vom Bauern zu ihr gesagt, sie soll noch abwaschen. Sie
selbst tut nicht abwaschen, da sie die Tochter vom Haus ist."
Auch in dem folgenden Zitat einer früheren Magd wird diese
Tragik angesprochen. Sie weist darauf hin, daß der Wechsel der
Dienststelle zu den großen Problemen des Dienstboten gehörte:
„Bei dem einen Bauern war ich drei Jahre. Von dem Bauern bin
ich dann weg und bin zu meiner Schwester, die war schon verheiratet. Darauf bin ich nach Oberweng zu einem Bauern gekommen. Daß dort eine Stelle frei ist, habe ich von einer Frau
erfahren, die hat mir das gesagt. Diesem Bauern bin ich dann
davongerannt, weil sie dort so böse zu mir waren. Von dort bin
ich zum O. in Oberweng. Dort war ich 6 Jahre. Es war überall
eine harte Zeit. Was habe ich davon gehabt? Uneheliche Kinder,
auch vom Bauernsohn. Dann bin ich zum M. Ich war damals 24,
25 Jahre alt. Vom Briefträger Wagner wußte ich, daß dort etwas
frei ist. Er hat mich zum M. gebracht. Mir ist es dort nicht
schlecht gegangen, aber zweimal bin ich davongerannt. Ich bin
aber wieder zurückgekommen, wie es halt so ist. Schließlich bin

ich zum K.-Bauern gekommen, bei dem bin ich 6, 7 Jahre gewesen."

Der Wechsel der Dienstgeber war für einen Knecht oder eine Magd etwas durchaus Gewöhnliches und zu Erwartendes. Dieser häufige Wechsel ist schließlich ein Indiz für die unterprivilegierte und ungeschützte Stellung des Dienstboten, der unter dem dauernden Druck der Kündigung stand, der aber auch hoffte, mit jedem Wechsel bei „besseren" Dienstleuten eingestellt zu werden. Für einige Dienstboten war ein nicht unwesentlicher Grund für einen Wechsel nicht bloß eine schlechte Behandlung, sondern auch nicht genügende oder schlechte Kost. Über das Wechseln des Dienstgebers sprach ich mit einem alten Bauern, der früher als Knecht arbeiten mußte. Dieser Mann, der sich mit seiner Frau, einer früheren Magd, eine kleine Wirtschaft erarbeitet hat, war durch seinen Fleiß als Arbeitskraft bei den Bauern beliebt. Seine Darstellung zeigt auf, daß für einen Knecht ein Wechsel manchmal auch interessant war, weil er einfach andere Kontakte brachte:

„Bei dem einen Bauern war ich 7 Jahre lang. Dann habe ich mir gedacht: ‚Allweil auf demselben Platz, nein, das ist nichts.' Vertragen habe ich mich mit den anderen am Hof je nachdem. Ich selbst bin allweil zu gut gewesen. Und die Gutheit wird ausgenützt. Ich mußte das tun, was die anderen nicht getan haben. Das habe ich getan. Ich bin immer der Moarknecht, der Vorarbeiter, wie man heute sagt, gewesen, schon mit 20 Jahren. Der Bauer hat mir die Arbeit angeschafft, und ich habe den anderen Knechten gesagt, was sie tun sollen. Ob es paßt oder nicht, wir mußten es machen, was der Bauer wollte. Nach den 7 Jahren bei dem einen Bauern habe ich mir gesagt, ich wechsle den Platz. Dann bin ich zum Schmeißl hinaufgekommen, dort war ich 16 Jahre lang. Ich habe keine Klage gehabt darüber. Wie wenn ich ein eigenes Kind gewesen wäre, so haben sie mich behandelt. Da hat es an nichts gefehlt. Ich würde ihnen unrecht tun, wenn ich etwas anderes sagen würde. Es hat schon Knechte gegeben, denen es bei den Bauern schlechtgegangen ist. Das war recht verschieden. Oft hat so ein Knecht gesagt: ‚Ich gehe wieder dorthin, von wo ich gekommen bin, dort geht es mir besser.' Oder ein anderer hat sich gesagt: ‚Ich war schon lange da, ich muß wieder einmal den Platz wechseln.' ,Dann gehst halt, wenn es dir dort besser geht, na, bitte!' hat es geheißen. Wir hatten beim Sch. einen Knecht, der ist dreimal weggegangen und dreimal gekommen. Er hat sich immer wieder die Nase angerannt, wie man so sagt. Wenn er wieder bei uns war, war alles heilig. ,Hans', habe ich zu ihm gesagt, ,da hast du es, ich bin dageblieben, du hältst es aber nicht aus.' Dieser Bauer, bei dem wir da waren, war ja recht gut. Es hat Bauern gegeben, die ihre Dienstboten recht ausgenützt haben. Ich aber kann keinen Bauern in der Gegend verschreien."

Charakteristisch für den Erzähler scheint übrigens nicht nur sein Arbeitswille, sondern auch seine Genügsamkeit zu sein. Er ist in einem Milieu aufgewachsen, in dem Arbeit und Selbsteinschränkung das Leben bestimmte. Daher war es auch für ihn selbstverständlich, daß er sich den dafür typischen Normen fügte: „Wo ich gearbeitet habe, habe ich nie viel Platz gebraucht. Geschlafen haben wir Knechte in der Dachkammer, es hat nichts anderes gegeben. Wir hatten dort unser Bett, auf ihm einen Strohsack und Decken. 1928 war eine solche Kälte, daß ich mir alle beiden Füße gefroren hatte. 35 Grad hatten wir. Was wir da mitgemacht haben!? In Rußland während des Krieges habe ich bei 49 Grad nicht so gefroren. Aber gewöhnlich war es in der Dachkammer schon warm, weil es doch im Holz ist, und im Bett hält das Stroh die Wärme. Aber, wenn es kalt war, ist es schon vorgekommen, daß in der Früh beim Aufwachen die Augen eingefroren waren. Das Aufstehen in der Früh, aus dem warmen Bett hinaus, hinunter, anziehen und hinaus in die Kälte, das war hart."

Das Leben als Knecht stand unter dem Prinzip der Arbeit. An seiner Arbeitsleistung wurde er gemessen und entsprechend behandelt. Der arbeitsame Knecht wurde vom Bauern durchaus akzeptiert und gelegentlich von ihm auch belohnt. Dies geht aus folgenden Sätzen einer, heute 78 Jahre alten, früheren Bauerntochter hervor: „Der Vater war zu den Knechten freundlich, die ihre Arbeit gemacht haben. Wenn einer seine Arbeit gemacht hat, dann hat nichts gefehlt. Wenn die Knechte wieder wenig Geld gehabt haben, und sie das Radl vom Vater beim Gasthaus Neubauer lehnen gesehen haben, haben sie gesagt: ,Da müssen

wir hineingehen!' Der Vater hat ihnen dann ein paar ‚Halbe'
Bier gezahlt."

Hierarchie der Dienstboten — die Essensordnung

Der fleißige Dienstbote, mit dem der Bauer zufrieden war,
konnte mit einigen Vorteilen rechnen. Voraussetzung war jedoch auch, daß er sich an die ihm erteilten Anweisungen hielt.
War der Bauer zufrieden, so stieg — auf größeren Höfen — der
Knecht auf, er konnte „Moar", also eine Art Vorarbeiter werden. Über die Hierarchie auf dem Hof und die Wertung des
Knechtes durch den Bauern erzählte ein früherer Knecht: „Das
Alter und die Tüchtigkeit waren maßgebend, ob einer aufstieg
oder nicht. Wenn einer tüchig war, kam er schnell hinauf. Der
Bauer hat ihm gesagt, daß er nun z. B. Moar ist. Er hat auch
mehr gezahlt bekommen. Früher (zumindest bis zum Ersten
Weltkrieg) hat es den Jahreslohn gegeben. Vor Silvester hat uns
der Bauer in sein Stüberl geholt und hat jedem seinen Lohn
gegeben. Für ein ganzes Jahr! Da hat man schauen müssen, daß
man durchkommt, denn viel hat man nicht bekommen. Wenn
einer tüchtig war, dann hat er ihm gesagt: ‚Ab Neujahr bist du
Prügelknecht', oder der Lauf wurde zum Stümmel. So war das.
Ein bisserl mehr Lohn hat man dann bekommen. Ist der Bauer
zufrieden gewesen, so hat er dir im Herbst ein Drangeld gegeben, er hat dir etwas gezahlt, damit du im nächsten Jahr wieder
geblieben bist. Dabei hat er gesagt: ‚Da hast du ein Drangeld
und im nächsten Jahr bleiben wir wieder beinander!' Drange-
zahlt hat er, damit der Knecht nicht hat davonrennen können."
    Genauer wird die Hierarchie in dieser Beschreibung eines
alten Knechtes aufgegriffen: „Ich war 30 Jahre Knecht bei einem Bauern. Ich mußte alles machen. Zuerst war ich Stümmel,
das war ein niederer Rang. Gleich hinter dem Bauern kommt
der Moar, nach ihm der Prügelknecht, dann der Ablader, dann
der Stümmel und zum Schluß der Lauf. Bei dem Bauern, bei
dem ich zuletzt war, war der Bruder des Bauern der Moar. Ich
war der Prügelknecht. Mit 12 Jahren habe ich zu arbeiten begonnen. Da ist der Bauer zum Lehrer gegangen und hat ihm gesagt,

er soll mich aus der Schule entlassen. Mit 5 Jahren war ich schon
bei dem Bauern, es waren meine Zieheltern. Angefangen habe
ich also als Stümmel."

Diese hier angesprochene Hierarchie war in der Form nur
bei Großbauern zu finden. Meist waren es nur zwei vom Bauern
eingestellte Knechte, von denen der eine den Moar und der andere z. B. den Prügelknecht abzugeben hatte. Neben Moarknecht und Prügelknecht gab es bei Bauern, die über mehrere
Pferde verfügten, so wenn sie als Fuhrwerker sich betätigten,
noch den Roßknecht, der speziell bei den Pferden arbeitete. In
der Hierarchie stand ein solcher Roßknecht nicht unter dem
Moar oder Prügelknecht, sondern war ihnen gleichgeordnet.
Schließlich war die Arbeit mit den Pferden, überhaupt wenn
Holz, Schotter u. ä. geführt werden mußte, nicht leicht und eine
verantwortungsvolle Aufgabe. Die hierarchische Struktur auf
dem Hof eines Großbauern beschreibt sehr eingehend ein Schu-
ster, der früher viele Jahre auf Stör-Arbeit bei Bauern unterwegs
war und von daher auf einige Erfahrung zurückblicken kann:
„Der P.-Bauer war kein kleiner, der hat mindestens drei, wenn
nicht vier Knechte gehabt. Und zwei oder drei Weiberleute als
Dirnen. Unter den Knechten kam der Moarknecht gleich nach
dem Bauern. Der Bauer hat ihm die Arbeit angeschafft, und der
Moar hat den anderen Knechten gesagt, was sie tun sollen. Der
Moar hat immer selbst mitgearbeitet. Im Gegensatz meist zum
Bauern. Beim P.-Bauer oder beim M., das sind große Bauern
gewesen, da sind die Bauern selbst nicht bei der Arbeit dabeigewesen. Die haben es sich etwas kommoder (bequemer) gemacht.
Ein kleinerer Bauer aber, der hat schaffen müssen. Der war dabei." Zumindest beim Großbauern handelt es sich um ein streng
hierarchisches System, welches auch im Sinne der am Hof zu
erbringenden Leistung funktionierte.

Die Hierarchie auf dem Bauernhof unter den Dienstboten war
also mit bestimmten Bezeichnungen wie Moar, Prügelknecht
usw. verknüpft. Beim gemeinsamen Essen machte sich diese
Rangordnung besonders und symbolisch bemerkbar. Die
Bauersleute ihrerseits zeigten gerade auf größeren Höfen jedoch
auch dem Moarknecht an, daß er bloß ein Dienender sei. Dies

drückte sich symbolisch deutlich darin aus, daß Bauer und Bäuerin im allgemeinen abgesondert, in einer eigenen Stube, das Essen einnahmen. Dies wird in der Erzählung eines Mannes, der in den dreißiger Jahren als Knecht arbeitete, herausgestrichen:

„Ich war damals bei einem großen Bauern, einem Herrenbauern. Dieser Bauer hat nicht mit uns Dienstboten gemeinsam an einem Tisch gesessen. Die Bauersleute haben ein Stüberl gehabt, wo sie gegessen haben. Oder sie haben in der Kuchl gegessen. Ist nun die Schüssel zu uns getragen worden, hat der erste Knecht, der Moar, zu essen begonnen, dann sind die anderen Knechte drangekommen. Wenn der Moar, der Vorarbeiter, zum Essen aufgehört hat, haben alle anderen zum Essen aufgehört bzw. aufhören müssen. Die Schüssel hat voll sein, und die andern Hunger haben können, trotzdem wurde sie weggetragen. Da hat man einen Hunger haben können, und die tragen die Sache weg! Weggehaut ist nichts worden. Man hat das, was übrig geblieben ist, vielleicht am Abend bekommen. Wenn der Moar ein Spinner gewesen ist, hat man als kleiner Knecht, wie ich einer war, mit dem Essen nicht viel zu tun gehabt." Gleiches berichtet ein wesentlich älterer Mann über seine Zeit, als er ein junger Knecht war: „Die Schüssel ist mitten auf dem Tisch gestanden. Ich war damals der Jüngste, ich habe als letzter angefangen zu essen. Wie ich beim Anfangen war, war die halbe Schüssel schon leer. Die Jüngsten haben auch als erste mit dem Essen aufhören müssen. Wenn der Moar schief geschaut hat und wenn nicht mehr viel in der Schüssel war, habe ich genau gewußt, daß ich abrüsten muß. Der packte das Essen schon allein, so war das."

In ähnlicher Weise stellt eine ältere Bäuerin, die früher Magd war, dar, wie die Hierarchie auf dem Hof beim gemeinsamen Mahl der Dienstboten sich ausdrückte: „Bis ich drangekommen bin, war fast nichts mehr in der Schüssel. Zuletzt haben der Lauf und ich, ich war das kleine Mensch, gegessen. Nach dem Moarknecht haben die anderen begonnen zu essen. Wir waren die letzten. Meist in der Früh war in der Schüssel ein Sterz, der sehr fett war. Viel hat man nicht zubereitet. Und ich habe als letzte anfangen dürfen! Und nachher mußte ich als

erste aufhören! Das war ein Jammer. Der Moar, der war auch
eim Essen der Chef. Er war der erste zum Anfangen und letzte
zum Aufhören."

Am untersten Sproß der Hierarchie stand also der jüngste
Knecht oder die Magd, die meist, eben der Schule entlassen, als
Heranwachsende wohl großen Hunger hatten, diesen oft aber
nicht zu stillen vermochten. Es war der Moarknecht, der beim
Essen den Rhythmus bestimmte und nach dessen Appetit sich
die anderen zu richten hatten. Es schien lediglich wichtig, daß
der Moarknecht satt wurde. Ein früherer Moarknecht, mit dem
ich über die hierarchischen Formen, wie sie gerade beim Essen
verdeutlicht wurden, sprach, meinte, daß diese durchaus berechtigt gewesen wären, denn so wäre die Arbeitsaufteilung und die
Befehlsstruktur auf dem Hof jedem klar gemacht worden.
Schließlich hätte ihm als Moarknecht, als der er die Übersicht
über die Arbeit behalten und vorarbeiten mußte, eine bessere
bzw. mehr Nahrung zu Recht gebührt.

Aus diesen Schilderungen des gemeinsamen Mittagstisches,
der bis in die fünfziger Jahre zu finden war, geht deutlich der ungeheure soziale Druck zwischen Bauern und Dienstboten und
unter den Dienstboten selbst hervor. Diese an feudalistische
Strukturen erinnernde Rangordnung war bestimmend für das
bäuerliche System, und sie garantierte in gewisser Weise, daß Befehle und Wünsche des Bauern durch den Moar und die anderen
Knechte auch entsprechend ausgeführt wurden. So etwas wie
eine demokratische Ordnung, wonach Arbeitsprozesse u. ä. gemeinsam abgesprochen wurden, war unvorstellbar. Von dieser
strengen Hierachie mit ihrer Befehlsstruktur erhoffte man sich
die bestmöglichste Arbeitsleistung bzw. die günstigste Ausnut-
zung von Feld, Vieh und Alm. Recht demonstrativ wird dies in
der folgenden Passage aus einem mit einem heute 55 Jahre alten
Bauern geführten Interview vor Augen geführt, wobei allerdings
der Moar der Bruder des Bauern war: „Der Bruder meines Vaters, des Bauern, war bei uns der Moar. Angeschafft hat der Vater
als der Bauer. Aber der Bruder hat als Moar überall als erster zu
arbeiten begonnen. Beim Dreschen hat er als erster begonnen, er
hat den Takt vorgegeben. Er war der erste beim Anfangen und
Aufhören. Er war der erste auch beim Mähen. Mein Onkel, der

Moar, war älter als mein Vater. Er wollte den Hof nicht übernehmen, ihm hat nicht danach verlangt. Er war die Ruhe selbst. Er
konnte alles, er hat Pumpen gemacht, im Winter hat er die
Schaffeln gebunden. Und uns Kindern hat er Geschichten erzählt. ,Vetter, eine Geschichte verzählen', haben wir immer gesagt." Der Moar wird hier als Mann mit vielen Fähigkeiten geschildert, auf dem einige Verantwortung lag. Interessant ist auch
die Erwähnung, daß der Moar der Bruder des Bauern war. Eine
durchaus einleuchtende Sache, die nicht selten berichtet wird,
da sich auf diese Weise zumindest für einen Sohn, der den Hof
nicht übernehmen konnte, ein Arbeitsplatz fand. Schließlich bot
sich eine solche Lösung für kleinere und arme Bauern an.

Die Schwierigkeiten alter Dienstboten — die Einleger

Es entspricht dem alten bäuerlichen System, wie wir gesehen
haben, daß der Dienstbote für den Bauern nur solange wichtig
war, solange er in seinem Sinne und für den Hof arbeiten konnte. Von der Arbeitsleistung und seiner Leistungskraft hing die
Bewertung des Dienstboten durch den Dienstherrn ab. Konnte
der Dienstbote die in ihn gesetzten Erwartungen nicht mehr erfüllen, so war er für den Bauern grundsätzlich uninteressant geworden. Besonders zu spüren bekam das der alte Dienstbote,
der keine Leistungen mehr erbrachte: „Wer nichts arbeitet, der
soll auch nichts essen", dieser Spruch war für die Einstellung
auf dem bäuerlichen Hof den Arbeitskräften gegenüber bestimmend. Der also, der nicht mehr arbeiten konnte, war auf sich
alleine gestellt und mußte damit rechnen, ein tristes Leben zu
führen.

    Ein alter Bauer schildert die Situation alter, nicht mehr ar-
beitsfähiger Dienstboten: „Wenn so ein Dienstbote alt geworden ist, ist er in die Einlag gekommen. Er war arm dran, man hat
ihn minderwertig behandelt. Heute ist es wirklich ein Gutes, daß
es anders ist, und es das nicht mehr gibt. Wenn so ein Dienstbote
40, 50 Jahre gearbeitet hat, war er nicht mehr so arbeitsfähig,
dann ist er in die Einlag gekommen. Je nach der Großzügigkeit
des Bauern ist so ein Dienstbote 2 oder 3 Wochen bei ihm geblie-

ben, dann ist er zum nächsten Bauern gezogen. War der Hof
klein, war er 7, 8 Tage da. Die Gemeinde hat die alten Dienstboten aufgeteilt. Oft mußten sie im Stall liegen, sie waren ganz arm.
Ich kann mich noch erinnern, als ich ein kleiner Bub war, da hat
es den Kaffee-Hansl und Kirchner-Mokl gegeben, die bei uns in
der Einlag waren. Mich haben diese Leute damals schon sehr
erbarmt. Nicht einmal in ein Wirtshaus konnten sie gehen, da sie
kein Geld hatten. Wenn ihnen nicht ein Bauer hie und da etwas
gegeben hätte, hätten sie gar nichts gehabt. Gearbeitet haben sie
ja meistens nichts. Manche waren aber auch in der Einlag fleißig."

Eine andere Bäuerin erinnert sich ähnlich: „Schlecht ist es
den Einlegern gegangen. Sie wanderten von Haus zu Haus, um
irgendwo bleiben zu können. Der eine Bauer hat sie dann wieder für eine Woche behalten. Nachher sind sie zum nächsten
Bauern, bei dem sie wieder eine Woche blieben. Und so weiter.
Oft sind sie über Nacht im Stall gestorben. Sie sind dann bloß in
ein Leintuch gewickelt worden und ins Totenhäusl geführt worden. Das war alles. Ganz arm sind sie begraben worden. Vielleicht sind dabei zwei Leuteln mitgegangen, hinter einem einfachen Sarg. Das Begräbnis hat die Gemeinde bezahlt."

In diesen wenigen Sätzen findet die ganze Degradierung
und Unterprivilegierung der Dienstboten ihren Ausdruck: eine
menschliche Entwürdigung, die sich sogar im Sterben verdeutlicht. Eine sehr eindringliche Schilderung des Einlegerwesens
gab mir ein Mann, der früher auf die Stör ging: „Ja, nach Steuer-
satz hat ein Bauer einen Einleger behalten müssen. Meist waren
die Einleger Alte und Behinderte. Wenn der Bauer gesagt hat:
‚Der X verdient sich seine Kost nicht mehr', ist er der Gemeinde
zur Last gefallen. So war das Einlegerwesen. Von Haus zu Haus
sind sie gezogen. Die meisten mußten im Stall schlafen. Die waren arm. Ich habe das noch gesehen. Verlaust waren sie und
verdreckt. Selbst konnten sie sich meist nicht mehr helfen, ganz
teilnahmslos sind sie gewesen. Im Stroh im Kalblstand schliefen
sie. Zum Essen hat man sie hie und da in die Stube hereingelassen. Aber oft hat man gesagt: ‚Der Einleger stinkt!' Ist ja klar,
weil er die ganze Zeit nicht aus seinem Gewand herausgekommen ist. Man hat dazu gesagt: ‚Er tut munklern.' Verlaust und

verdreckt war so ein Einleger. Daher durfte er auch nicht beim Tisch sitzen oder in einem Bett schlafen. So hat er leben müssen. In den Armenhäusern hat man nur für ein paar Leute Platz gehabt, das waren ja nur kleine Hütten. Heut hat man Altersheime."

Eine ergänzende Einschätzung dieses Einlegerwesens hörte ich von einer heute 78 Jahre alten Frau, die als Bauerntochter auf einem wohlhabenden Hof aufwuchs: „Mein Vater war vor dem Krieg ehrenamtlich für die Gemeinde der Armenvater, er hatte die Übersicht über das Armenhaus. Er mußte aufpassen, daß gescheit gekocht wird, die Betten in Ordnung sind usw. Die Armen im Armenhaus waren meist Einleger. Ins Armenhaus sind die Einleger gekommen, die nicht mehr kriechen konnten. Die anderen Einleger sind von der Gemeinde von Bauern zu Bauern geschickt worden. Auch zu uns sind Einleger gekommen. Meine Mutter hat aber auf sie geschaut, sie gab ihnen dasselbe Essen wie den anderen. Der Einleger durfte aber nicht bei den Dienstboten essen, er hat an einem eigenen Tisch allein gegessen. Der Einleger hat ein bisserl mitgearbeitet. Er hat Späne gemacht o. ä. Er hat von sich aus gearbeitet. Die Leute damals kannten ja nichts anderes als arbeiten. Man hätte sich geniert, nichts zu arbeiten." Vom Einleger, der als Herumziehender bei den Bauern sein Leben fristete, wurde oft erwartet, daß er ein Minimum an Arbeit noch verrichten kann. Erst wenn ihm auch das nicht mehr möglich war, sah man im Armenhaus die letzte Station dieses an Entbehrungen und Arbeit reichen Lebens.

Als ich eine alte Bäuerin fragte, was mit den Dienstboten gewesen sei, die selbst von Bauernhöfen abstammten und ob es ihnen auch so schlecht wie den anderen Dienstboten ergangen sei, erzählte sie: „Auch wenn einer vom Bauern abgestammt ist und nicht in eine Wirtschaft eingeheiratet hat, ist er sein Leben lang Knecht geblieben. Auch wenn er nicht mehr arbeiten konnte, ist er meist genauso ins Armenhaus gekommen oder als Einleger herumgegangen. Nur selten haben sich seine Geschwister um einen solchen Knecht gekümmert. Jeder mußte selbst schauen, wie er weiterkommt. Die Allgemeinheit hat sich kümmern müssen. Die Gemeinde hat ihm zu helfen versucht, entweder gab sie ihn ins Armenhaus oder sonst etwas." Der alte Dienstbote wurde also abgeschoben, zuerst als Einleger, der zum Bettler wurde, und dann zum Bewohner des Altersheimes. Ab welchem Alter jemand als alt galt, bzw. ab welchem Alter ein Dienstbote abgeschoben wurde, wollte ich wissen, und die Bäuerin fuhr fort: „Wenn einer nicht mehr arbeiten hat können, dann war er alt. Jeder war nicht gleich alt. Der eine war früher zusammenge-schunden, der andere später. Wenn nun einer nicht mehr zur Arbeit fähig war, hat der Bauer zu ihm gesagt: ‚Dich kann ich nicht mehr brauchen!' Heute ist es gut, daß alle Leute eine Rente erhalten, soviel, daß sie leben können."

Das Ende der alten Dienstbotenzeit

Mit dem Zweiten Weltkrieg war auch das Ende der Dienstbo-tenzeit angebrochen. Nach dem Krieg löste sich langsam diese alte hierarchische Struktur auf, und statt der Dienstboten kamen Maschinen auf den Hof. Schließlich wurde das Einstellen von Knechten oder Mägden für den Bauern auch zu teuer. Er war nun angehalten, die diversen Abgaben, wie Sozialversiche-rungsbeiträge u. ä., zu zahlen. Über dieses Ende der Dienstbo-tenzeit erzählt ein alter Bauer: „Bis zum Zweiten Weltkrieg ha-ben wir noch Dienstboten gehabt. Zwei Knechte und zwei Mäg-de. Dann war es aus. Man hat keine Dienstboten mehr bekom-men. Und man konnte sie nicht mehr erzahlen. Und außerdem haben wir im Winter keine Arbeit für sie. Höchstens im Stall. Im achtunddreißiger und neununddreißiger Jahr war es schon fast aus mit den Dienstboten. Früher war ja genug zu tun, dreschen usw. Wir sind da zu den anderen Bauern dreschen gegangen, im Winter, und die haben uns geholfen."
Übrigens ist der Hinweis auf die geringere Auslastung des Dienstboten im Winter interessant, da er deutlich macht, daß mit gutem Grund der Wechsel und das Einstellen der Dienstbo-ten zu Neujahr oder Lichtmeß vorgesehen war. Denn so konnte der Dienstbote auch in der kalten Jahreszeit sicher sein, auf dem Hof bleiben zu können. Und außerdem war es dem neu einge-stellten Dienstboten möglich, sich in das Leben auf dem neuen Hof einzugewöhnen.

Mit dem Ende der dreißiger Jahre begann die Auflösung der alten Dienstbotenkultur, die in den fünfziger Jahren endgültig verschwand. Dies wird auch in einem Interview mit einem heutigen Bauern, der 1942 geboren worden ist, bestätigt: „Die fünfziger Jahre waren das Ende der Dienstbotenzeit. Nun mußten wir Kinder arbeiten. Bei den anderen Bauern war es ähnlich. Einige, die keine Kinder hatten, haben vielleicht heute noch Dienstboten, vor allem dann, wenn der Hof größer ist und sie sich Dienstboten leisten können. Auf den Höfen, auf denen Kinder waren, war es zuerst Schluß mit den Dienstboten. Die ersten waren die kleinen Bauern, die keine Dienstboten mehr halten konnten. Die Sozialversicherung mußte gezahlt werden, vom Bauern. Darum hat er, wenn es halbwegs gegangen ist, die eigenen Kinder eingesetzt, die haben ja nichts gekostet. Den Knecht hat er aber bei der Krankenkasse anmelden und ihm ein fixes Gehalt geben müssen. Wie die soziale Sache gekommen ist, wir also die Dienstboten versichern mußten, kamen für uns Dienstboten nicht mehr in Frage."

Die sozialen Lasten, die der Bauer zu tragen hat, bewirkten schließlich — neben anderen Gründen — das Ende des alten Systems, in dem der Dienstbote seinen degradierten und als Mensch entwürdigenden Platz hatte. Der Dienstbote, der dauernd spüren mußte, daß man über ihn mehr oder weniger willkürlich verfügen konnte und er von der Gunst des Bauern gänzlich abhängig war, erhielt nun nach dem Krieg jene Rechte und jenen Schutz, den der Arbeiter sich schon vorher erkämpft hatte.[9] Gegenüber dem Arbeiter war der Dienstbote auf dem Bauernhof benachteiligt, denn er hatte nicht die Möglichkeit — vor

---

9 Der erste soziale Schutz ergab sich für die Mägde und Knechte der Bauernhöfe erst mit der „Reichsversicherungsordnung", welche 1939 in Österreich (damals Ostmark) in Kraft trat. Diese Versicherungsordnung brachte den Dienstboten auf dem Land Schutz bei Krankheit und Unfällen und sicherte ihnen eine Rente zu. 1945 wurde durch das „Rechtsüberleitungsgesetz" die „Reichsversicherungsordnung" weiter in Geltung belassen. Mit dem Sozialversicherungsüberleitungsgesetz von 1947 wurde sie schließlich neu organisiert. Die endgültige Regelung des Sozialversicherungsschutzes auch für die ländlichen Arbeiter findet sich im ASVG (Allgemeines Sozialversicherungsgesetz) von 1956.

allem, weil er in seiner Arbeit isoliert von seinen Leidensgenossen war —, sich wirksam mit anderen zusammenzuschließen, um für seine Rechte zu kämpfen. Jedoch zu dem Zeitpunkt, zu dem dem Dienstboten geregelter Lohn und Arbeitszeit gesetzlich zugesichert wurde, war er für viele Bauern uninteressant geworden, da diese einfach nicht das Geld hatten, um ihn zu bezahlen. In folgender Interviewpassage aus einem Gespräch mit einer früheren Dienstmagd wird dies deutlich:

„Nach dem Krieg war es langsam zu Ende mit der Dienstbotenzeit, wie die alten Knechte und Mägde ausgestorben sind. Ein jeder hat sich gesagt: ‚Ich verdiene woanders mehr als beim Bauern.' Mein Bruder, der Bauer, konnte sich nun keine Dienstboten mehr leisten. Damals in den fünfziger Jahren hat einer 200 Schilling verdient. Und die sozialen Lasten! Das ist bei einem Bauern nicht mehr drinnen. Damals hat man begonnen, Maschinen zu kaufen. Mit dem Geld, das man als Lohn gezahlt hätte. Als mein Bruder den Ladewagen gekauft hat, hat er die Raten von dem gezahlt, was er als Versicherung für den anderen Bruder, der auf dem Hof für wenig Geld gearbeitet hat, zahlen hätte müssen. Der andere Bruder hat eingesehen, daß es nicht geht, wenn er viel bezahlt bekommt. Einen vollen Lohn hätte man nicht auszahlen können. Außerdem kann ein Knecht nicht das machen, was man mit einem Lastwagen oder einem Traktor machen kann. So ist es überall gewesen, jeder hat sich gesagt, das geht heute nicht mehr." Der Bruder dieser Frau ergänzt: „Bis Ende der fünfziger Jahre hat es noch einige Dienstboten gegeben. Dann war es aus. Bis dahin konnten einige Bauern sich noch Dienstboten leisten, denn ein Arbeiter verdiente damals noch nicht viel. Heute muß man aber für jede Stunde 80 Schilling zahlen. Das ist unmöglich. Das Kornanbauen ist daher heute nicht mehr drinnen bei uns. Meine Tochter, sie ist 15 Jahre alt, hilft mir bei der Arbeit, z. B. beim Heuen. Auf der Ebene kann ich sie mit dem Traktor fahren lassen. Leute kann ich nicht aufnehmen, das würde mir zu teuer kommen. Ich habe ja noch einen Nebenerwerb. Damit ich eineinhalb Stunden zahlen kann, muß ich zwei Stunden arbeiten. Das geht nicht."

Diese Gedanken drücken sich das Ende einer Kultur aus, die über Jahrhunderte Bestand hatte.

Aus der Biographie eines Knechtes, der zum Holzarbeiter wurde

Dieses Kapitel abschließend, will ich auf die Geschichte eines Mannes eingehen, der sich 1939, als Sohn von Kleinbauern geboren, unmittelbar nach seiner Schulzeit bei einem Bauern als Knecht verdingt hat. Diese Erzählung gibt den Wandel ganz gut wieder und zeigt noch Reste alter Ausbeutungsformen. Auch ist in der folgenden Schilderung wichtig, daß eine Anstellung bei den Bundesforsten als Holzarbeiter an das Leben als Knecht anschließt. Es trat also etwas ein, was oben bereits erwähnt wurde, nämlich, daß für die Dienstboten andere Arbeiten attraktiver und besser bezahlt wurden. Gleichzeitig soll auch das Leben als Holzknecht, welches ebenso von sozialhistorischem Interesse ist, beleuchtet werden. Der Mann, er ist heute Gebietsvertreter einer Versicherung, erzählt:

„Als ich 14 Jahre alt war und aus der Schule gekommen bin, ist der Ö. einmal in den Sommerferien zu uns gekommen und hat gesagt: ‚Was ist mit dem Buben, was tut er? Als Knecht wäre er gut.‘ Dann hat er gesagt, seine Tochter hat ins K.-E. hineingeheiratet, die würden einen solchen Knecht brauchen. Mein Vater soll mich einmal dorthin schicken. Das wäre doch etwas, hat er gesagt. Das war 1953. Als Knecht war ich noch nicht einmal 14 Jahre alt, erst im Dezember bin ich 14 Jahre alt geworden. Ich bin ja nur 3 Jahre in die Hauptschule gegangen. Ich bin nun ins K.-E. gekommen. Der Bauer ist 1949 erst aus der Kriegsgefangenschaft heimgekommen, aus russischer. Ich habe dort erlebt, was es heißt, Knecht zu sein. Die Bäuerin hat dem Bauern, damit er wieder zu Kräften kommt, jeden Tag in der Früh einen Bohnenkaffee und einen Schmarrn gemacht. Mir hat sie nur eine Brotsuppe mit Grammeln, die beinahe schimmlig waren, gegeben. Das Zimmer, das ich hatte, war recht schön, das Schlafen war in Ordnung. Aber das Aufstehen, das war eine Qual. Im Juli kam ich also hin, ich war noch nicht 14 Jahre alt. Am ersten Tag bin ich, nachdem ich aufgeweckt worden war, in die Stube hinuntergegangen, habe mir einmal die Augen gerieben und dann auf die Uhr geschaut. Da habe ich gesehen, es ist 5 Minuten nach 4 Uhr. Ich habe das nicht geglaubt. Zuerst dachte ich mir, es ist 5 Minuten nach 5 Uhr. Um 4 Uhr aufstehen, das heißt etwas! Das packt man einfach nicht als noch nicht einmal 14jähriger Bursche. Das war für mich ein Wahnsinn. Die Bäuerin hatte gerade 14 Tage vorher ihr zweites Kind bekommen. Sie sah, daß ich nicht ganz ungeschickt bin, und wenn sie in den Stall hinaus ist, sagte sie zu mir, ich soll, wenn das Kind schreit, ihm das Flascherl geben und es trockenlegen. Bevor ich also in den Stall hinaus bin, habe ich das Dirndl trockenlegen müssen. Das Mädchen kenne ich heute noch. Später hat mir die Bäuerin das Melken gelernt. Ich mußte fest arbeiten. Eine Melkmaschine gab es damals noch nicht auf diesem Hof. Es mußte alles mit der Hand gemolken werden. Die Bäuerin war eine fesche und resolute Person. Wenn sie zu mir gesagt hat: ‚Komm, jetzt melken wir', dann mußte ich sofort zum Melken gehen. Einen Familienanschluß gab es für mich nicht, er war gleich null. Der Bauer war dauernd grantig und unwirsch seit seiner Kriegsgefangenschaft. Eine familiäre Atmosphäre war in diesem Haus nicht. Und ich soweit weg von zu Hause! Ich hatte kein Radl und um zu Fuß zu gehen, war es zu weit weg. Das tägliche frühe Aufstehen machte mich fertig. Und am Sonntag mußte ich am Abend genauso, wie sonst, daheim sein, um in den Stall zu gehen.

Im Winter mußten wir Holz führen. Dabei mußten wir von der Schaffelmühle hinauf zum Haslersgattern. Wir waren zu viert, jeder mit einem Roß. Ich mit einem Roß und der Bauer auch mit einem. Am Gattern haben wir auf den Halbschlitten Holz aufgeladen. Dann ging es hinunter. Ziemlich steil, ich habe mich gefürchtet. Für diese Arbeit mußten wir um halb sieben Uhr von zu Hause wegfahren. Vorher haben wir gefrühstückt und die Rosse gefüttert, auch im Stall waren wir schon. Zweimal am Tag sind wir ins Holz gefahren. Vormittags einmal hinauf und hinunter. Zu Mittag wurden die Rosse gefüttert. Um 1 Uhr wurde wieder eingespannt, und dann ging es wieder hinauf. Um halb 5 Uhr waren wir wieder daheim. Daran anschließend mußte ich im Stall arbeiten. Das Holz transportierten wir für die Bundesforste ins Tal. Diese Arbeit war eine wichtige Einnahmemöglichkeit für die Bauern. Mit dieser haben sie gerechnet, sonst gab es vor allem die Milch, die Geld einbrachte. Drinnen in Edlbach haben wir auch ein Gemeinschafts-E-Werkerl gehabt. Das steht heute noch. Bis 1955 war es in Betrieb. Vier Bauern waren es, denen das E-Werkerl gehörte. Für uns war das auch eine Arbeit. Ist das Licht ausgegangen, hat der Bauer zu mir gesagt: „Jessas, jetzt ist schon wieder Laub im Rechen! Beim Hansl sind sie zu faul, sie gehen nicht hin.' Jetzt mußte ich wieder hinauf, eine halbe Stunde war zu gehen. Ich kam ordentlich bei diesem Bauern dran. Man kann sich nicht vorstellen, wie lange da ein Tag ist, wenn man bis 9 Uhr auf d'Nacht arbeiten muß. Von 4 Uhr früh weg. Der Bauer hat zu Mittag geschlafen. Als ich schon fast ein Jahr dort war, war ich schon ziemlich sauer auf das Ganze. Mir war es zuviel Arbeit. Und eines schönen Tages im Sommer bin ich einfach davongerannt. Ich war da noch nicht ganz 15 Jahre alt. Ich war da schon etwas aufmüpfig gegen den Bauern. Gegen die irrsinnigen Befehle und schweren Arbeiten habe ich begonnen mich aufzuregen. Oft gab es Reibereien. Vor allem wegen des Geldes, ich bekam ja nur 1300 Schilling im Monat. Von den Eltern hatte ich auch keine Unterstützung. Das Gewand mußte ich mir von dem Geld kaufen. Nur gewaschen haben sie beim Bauern meine Sachen, kaufen mußte ich sie mir selbst. Auch zu Weihnachten bekam ich nichts von dem Bauern. Ich kann mich zumindest nicht erinnern. Im Sommer hat es also kleine Unstimmigkeiten gegeben. Und ich bin davongelaufen. Ich weiß noch, wie ich das Gassl beim Edlbacher hinunter bin. Ich bin zu meiner Mutter nach Hause und habe zu ihr gesagt: ‚Ich gehe nicht mehr dorthin, da arbeite ich lieber nichts mehr.' Die Mutter wollte mich wieder zurückschicken. Ich hatte alles in meinem Kasten, den ich in meinem Zimmer bei den Bauern hatte, gelassen. So wie ich war, nur mit meiner kurzen Hose, die ich anhatte, bin ich weggelaufen. Wenn ich mich zurückerinnere, war der Anlaß der, daß mir einmal die Rosse durchgegangen sind. Deswegen gab es Streit. Ihm, dem Bauern, sind sie selbst öfter durchgegangen. Ich bin verhältnismäßig gut mit den Rössern ausgekommen, ich habe ihnen auch schöngetan. Der Bauer war immer recht grob zu den Pferden. Ich habe sie nie gedroschen. Wenn ich ihnen auf der Weide zurief, kamen sie zu mir her. Eines dürfte einmal in das Wasser gefallen sein, denn es hatte unheimliche Angst vor dem Wasser. Über einen Wassergraben ist es nicht hinübergestiegen. Weil es ihm einmal durchgegangen war, hat es der Bauer mit ei-

nem Wasserschlauch angespritzt. Deswegen war das Roß schon
verdorben und hatte Angst. Als ich mit dem Roß hinausgefahren
war, um Futter zu holen, mußte ich es kurz stehen lassen, um das
Futter aufzulegen. Da ist es mir davongerannt, mit dem Wagen.
Deswegen hat der Bauer soviel mit mir geschrien und ist mir
nachgerannt. Das war der Anlaß, weswegen ich von diesem Bauern weggerannt bin. Meine Mutter meinte nun, ich soll wieder
hingehen, sie würde es wieder einrenken. Sie erzählte das auch
meinem Vater, als er am Abend von der Arbeit heimkam. Er sagte
zu mir: ,Tu dir nichts an, wir fahren hinein und holen uns deine
Sachen.' Mit zwei Radln fuhren wir zu dem Bauern und packten
meine Sachen in den Rucksack ein. Der Bauer hat recht geschimpft. Und als er sah, daß es mir ernst war mit dem Weggehen,
hat er nichts Gutes über mich gesagt. Ich sei faul gewesen und
hätte ihm alles zusammengehauen. Kein gutes Haar ließ er an
mir. Mein Vater hat mir nun geholfen. Ich habe ihm dann erzählt,
wie schlecht es mir gegangen ist. Zum Anziehen hatte ich Schuhe,
die mir zu klein waren. Besonders im Winter, wenn wir Holz führten, spürte ich diese Schuhe stark. Die Zehen taten fürchterlich
weh. Ich hatte keine Möglichkeit, andere Schuhe zu bekommen.
Der Bauer aber hat Gammaschen gehabt. Und mir ist der Schnee
oben bei den Schuhen hinein. Diese Schuhe hatte ich von zu Hause mitbekommen, sie stammten aus dem Krieg, irgendeiner hat
sie stehengelassen. Was hatten wir denn damals angehabt? Jeans
gab es ja nicht, alte Militärhosen oder so etwas haben wir angezogen. Zum Holzführen war ich schlecht ausgerüstet, der Bauer war
aber gut angezogen. Er hatte einen dicken Überrock, einen
Schladminger, ich kam armselig daher. Ich hatte höchstens einen
Pullover und einen dünnen Rock an.

1954 ging ich also weg von diesem Bauern. Es war im Sommer und im Herbst fing ich bei einem Frächter in Windischgarsten an. Er hatte ein paar Rösser. Mit einem großen Pritschenwa-
gen führte er täglich die Pakete für die Post zur Bahn. Er hatte
beim Koppen eine Holzknechthütte, wo wir übernachteten, wenn
wir Holz führten. Wir haben dort selbst gekocht. Bis zum Neujahr
habe ich ihm geholfen, Holz zu führen. Am 1. Jänner 1955 bin ich
dann zum L. gekommen. Der war damals Ökonomierat, Lager-
hausobmann usw. Er war auch im Bauernbund tätig. Der hatte

sich einen Knecht leisten können, den er auch brauchte wegen seiner vielen Amterln, zur Entlastung. Das war für mich eine schöne Zeit dort. Ich hatte sogar etwas Familienanschluß. Zwei Jahre bin ich geblieben. Dann wurde für mich der Beruf des Holzarbeiters interessant. Mein Vater meinte, das wäre ein guter Beruf für mich, denn wir wohnten ja ziemlich drinnen beim Wald. Ich sollte bei den Bundesforsten anfangen. Jetzt wird es bald Zeit, hat der Vater gesagt. Bei den Bundesforsten gäbe es eine gesicherte Position, dann könne man heiraten. Mein Vater hat bereits, als ich noch beim Bauern war, den Förster gefragt wegen mir. Bei den Bundesforsten hat man mich dann aufgenommen. Ich fing nun in Klaus als Holzarbeiter an, denn in demselben Revier, in dem mein Vater arbeitete, habe ich nicht arbeiten dürfen. Für eine Woche mußte ich mir, als ich in Klaus anfing, das Essen mitnehmen. Das war 1956, am 1. November bin ich bei den Bundesforsten eingestellt worden. Der Forstmeister hat mir erklärt, wohin ich in Klaus zu gehen hätte. Als ich hinausfuhr, hat es geschneit. Ich hatte meinen Rucksack und Werkzeug mit. Ich dachte mir zunächst, bei so einem Wetter kann man doch nicht arbeiten. Beim Hinausfahren hatte ich sogar etwas Heimweh. Ich bin hinauf zu der Mitternhütten, wie mir der Forstmeister erklärt hat. Dort waren bereits Holzknechte, denn es war Mitte der Woche. Dort in der Hütte mußte man sich auf d'Nacht etwas zum Essen richten, einen Tee und etwas zum Essen. Ich habe ja etwas mitgehabt, die Mutter gab es mir, sie wußte, was ich brauchte. Die Holzknechte lernten mir das Kochen. Zwei Pfandln (Pfannen) hatten wir in der Hütte, eine fürs Schmalz und eine fürs Wasser. In dieser hat man sich den Tee gekocht oder Knödel gesotten. In dem anderen wurde der Schmarrn gemacht. Jeder hat für sich alleine gekocht.

Unsere Aufgabe war es, das Holz, das im Sommer geschlagen worden ist, in den Graben hinunterzuschaffen. Die Hütte, in der wir schliefen, war ein Holzblockhaus, wahrscheinlich aus der Zwischenkriegszeit. Es war nichts wärmeisoliert. Drinnen stand ein Sparherd, in der Mitte. Links und rechts von ihm waren Bänke. Eine Bank war mit Kisterln unterteilt, für den Vorrat, den jeder mithatte. Das Essen gab man in die Kisterln, das Geschirr stellte man darauf. So hat jeder seinen Platz gehabt. Auf der gegenüberliegenden Seite waren die Stockbetten. In diesem waren

Strohsäcke. Decken hatte jeder selbst mit. Ich als Junger habe oben schlafen müssen, denn da war es recht heiß, wenn auf d'- Nacht geheizt worden ist. Die, die unten lagen, hatten es besser. Im Winter sind wir in eine andere Hütte, in die Wallergraben- hütte. Ungefähr 18 Leute waren wir in der Hütte. Jede Nacht hatten wir unsere Gaudi. Einmal machten wir Germknödel auf d'Nacht. Die hatten wir in hölzernen Teigweidlingen auf den Ofen gestellt, damit der Teig in der Nacht geht und wir in der Früh mit ihm kochen können. Den Teigweidling vom Friedl, der etwas schwerfällig war, haben wir in der Nacht ins Freie, aufs Fensterbankerl gestellt. Bei minus 20 Grad. Bevor er aufstand, gab einer von uns den Weidling wieder herein. Jeder nahm sei- nen Germteig herunter, alle waren schön aufgegangen, nur nicht der vom Friedl. Seiner ist drinnen im Weidling gehuckt. ‚Pah‘, hat er gesagt, ‚mir hat es den Teig gefroren.‘ Wir haben gefragt: ‚Wo hast du ihn stehen gehabt?‘ Hat er gesagt: ‚Ich habe ihn eh da oben stehen gehabt.‘ Alle haben wir gelacht. Natürlich haben wir ihn bei uns mitessen lassen. Eine Gaudi war es. Ich war gut dran, ich hatte Rinderschmalz mitgehabt, Butterschmalz. Die anderen haben mit Schweineschmalz gekocht. Ich hätte davon nichts hinuntergebracht.

Eine große Gaudi hatten wir auch in der Holzknechtshütte, als wir jemanden, Seppl hieß er, zum Narren gehalten haben. Eines schönen Abends fällt uns etwas ein, und einer sagt zum Seppl: ‚Du Seppl, wir zahlen dir jeder einen Liter Wein, wenn du in die Bäcker-Schütt nackt hineinrennst.‘ Der Seppl war ein bis- serl ein Außenseiter, er hat uns einmal beim Oberförster ange- schwärzt. Die Bäcker-Schütt war ungefähr eine Viertelstunde entfernt, zu Fuß. Er mußte von dem Scheiterstoß dort den Scheit mit seinem Namen (von seinem Deputat bei den Bundesforsten) herausziehen und mit dem Scheitl zurückkommen. Dazu mußte er sich pudelnackt ausziehen. Die Straße war damals am Beginn des Frühjahrs eisig und spitze Steine schauten heraus. Der Seppl stimmte zu und zog sich im Schlafraum aus. Und weg war er, hinunter. Einer von uns, der Erwin, zog sich seinen Jägermantel an und nahm einen Stock. So stellte er sich auf die Brücke hin, auf der der Seppl auf dem Rückweg hinüber mußte. Wie der Seppl nun um die Kurve gelaufen ist, hat er geglaubt, der Oberförster steht da. ‚Herr Oberförster', hat er geschrien, ‚wir haben gewettet.' Er ist schnell weitergelaufen und hinein in die Hütte. Dort schreit er gleich: ‚So ein Blödsinn, jetzt hat mich der Oberförster gesehen.' Er ging in den Schlafraum und zog sich an. Auf einmal klopft es draußen an der Tür. Sagt der Seppl: ‚Ah, so, jetzt kommt der Oberförster.' Er war sehr aufgeregt. Es geht die Tür auf, und der Erwin kommt herein. Jetzt war der Seppl enttäuscht, und wir haben alle gelacht. Solche Späße hatten wir. Wenn es regnete, spielten wir Karten, oft bis in die Früh.

Als Holzarbeiter stand ich über den gewöhnlichen Knechten bei den Bauern. Die Anstellung bei den Bundesforsten war noch eine Stufe höher. Das war für mich zweifellos eine Aufwertung. Von den privaten Holzknechten haben wir uns bei den Bundesforsten deutlich unterschieden, denn diese Holzknechte haben überall einen Saustall hinterlassen. Sie haben auf Raubbau gearbeitet. Wir haben eine ordentliche Arbeit gemacht. Wenn wir wo gehackt haben, haben wir einen schönen Schlag gemacht. Wir haben auch kultiviert. Bei den Bundesforsten Holzknecht zu sein, das war schon etwas. Auch mein Vater, der bis 1939 als Sensenschmied gearbeitet hat, hat sofort zugepackt, als er bei den Bundesforsten eingestellt werden konnte. Die Bundesforste schafften Aufwertung. Ich mußte auch einen Kurs machen, in der Försterschule in Schloß Orth. Für 14 Tage mußte ich dorthin fahren. Ich lernte dort Sägen feilen, Hacken schleifen, Holz bestimmen, Holzarten erkennen usw."

Das Holzknechtsleben in seiner „Freiheit" und auch Heiterkeit löst zumindest für diesen Mann drastisch die Härte des Dienstbotenlebens ab. Gegenüber seiner Zeit als Knecht auf dem Bauernhof ist seine Tätigkeit bei den Bundesforsten eine spürbare Erleichterung. Diese plastische und faszinierende Erzählung signalisiert das Ende der Dienstbotenzeit. Daher erschien es wichtig, diese Erzählung hier einzufügen. Heute ist eine Anstellung in Betrieben, die den Arbeitenden festen Lohn, gute Sozialleistungen, aber auch entsprechende Freizeit zusichern können, interessanter und angenehmer als das Leben auf dem Hof eines Bergbauern, wie es für die Vorkriegszeit charakteristisch war. Dieses Leben aus der Sicht des Dienstboten sollte hier beschrieben werden.

Die Hofübernahme — die alten Bauern

Bevor ich näher das Problem des Ausgedinges diskutiere, möchte ich noch einige Gedanken dazu einbringen, daß unter mehreren Geschwistern einer vom alten Bauern den Hof übernimmt und dabei verpflichtet wird, seine Geschwister „auszubezahlen". Ein solcher Fall konnte die wirtschaftliche Existenz des Hofes gefährden, daher war es für den künftigen Jungbauern nicht immer leicht, den Hof zu übernehmen. Dazu erzählt ein heute über 90 Jahre alter Bauer: „Mein älterer Bruder, der Roman, wollte den Hof nicht übernehmen. Ich selbst wollte ja Bauer werden, daher habe ich ihm 1000 Schilling zahlen müssen. Dieses Geld habe ich mir erschunden durch das Hinaufgehen auf die Dümlerhütte, die ich eine Zeit bewirtschaftet habe. Ich habe mir auch Geld aufgenommen, um die anderen auszubezahlen. Deswegen bin ich zur Sparkasse gegangen. Damals hatte ich übrigens Glück, daß ich mein Geld herausgenommen habe, denn nachher hat einer mit der Kassa Bankrott gemacht. Ich habe das Geld genommen und bin zur Post gegangen, um die Geschwister sofort auszubezahlen. Der Roman, weil er älter war als ich, hat mehr als die anderen bekommen. Ich habe mich darauf gefreut, Bauer zu sein." Allerdings kam es auch vor, daß Geschwister auf den Anteil der Auszahlung verzichteten, um den Bestand des Hofes zu sichern und auf dem Hof selbst weiter leben und arbeiten zu können. Darauf verwies ein heute 55 Jahre alter Bauer: „Unser Hof hat nie viel hergegeben. Als mein Vater den Hof übernommen hat, hätte er meinen Onkel ausbezahlen sollen. Wie ich aber meinen Onkel gekannt habe, wird er zu meinem Vater gesagt haben, er soll sich das Geld für die Ablöse behalten. Mein Onkel hat auch kein Geld bekommen. Er war in den folgenden Jahren auf dem Hof integriert und auch voll akzeptiert."

Grundsätzlich kam es wohl auch darauf an, wie die Beziehungen zwischen den Geschwistern aussahen. Häufig, wie man mir erzählte, wurde, wenn genug Wald vorhanden war, Holz geschlägert und verkauft, um mit dem Erlös Ablösen zu bezahlen. Der Jungbauer hatte mit der Übernahme des Hofes auch noch für das Ausgedinge seiner Eltern aufzukommen. Welche Rechte den Alten zustünden und wie sie zu behandeln seien, wurde zumeist notariell geregelt. Dies geht auch aus folgender Äußerung eines Bauern hervor: „Den Alten, den Auszugsbauern, ist etwas verschrieben worden. Mein Vater hat z. B. von mir 150 Schilling (nach 1945) verlangt und bei schlechter Behandlung 800 Schilling. Dem Notar ist das damals etwas viel vorgekommen, und er hat daher gefragt: ‚Ist das nicht zuviel?‘ Darauf habe ich gesagt: ‚Mein Vater und ich, wir beide, kommen eh gut aus.‘ Ich habe dem Vater oft nicht einmal die 150 Schilling zu zahlen brauchen. Er hat da gesagt: ‚Das Geld, das brauchst ja du!‘ Die Auszugsbauern bei anderen Bauern waren oft schlecht dran. Viele mußten sogar alleine essen. In meiner Umgebung haben sich alle verstanden. Ab und zu ist einer allerdings ins Altersheim gesteckt worden. Die waren bald dann arm. Man kann aber nicht alle Bauern in einen Topf werfen."

Eine gute und informative Schilderung, die auch die menschlichen Schwierigkeiten ausdrückt, gibt eine alte Bäuerin, deren Sohn heute die Wirtschaft auf dem Hof führt: „Die alten Bauersleute, die also im Auszug waren, die haben meist im Ofeneck ihren Platz gehabt, sie durften oft nicht am Tisch essen. Die Alten haben damals möglichst spät übergeben, weil es ja keine Rente gab. Jeder hat gearbeitet, solange er konnte, damit er etwas zu essen gehabt hat und ein wenig Geld. Bis zum Auszug war halt der Junge Knecht, wie jeder andere auch. Es hat ja keine andere Arbeit gegeben. Wenn nun ein alter Bauer übergeben wollte, hat er den Notar rufen lassen. Der ist gekommen, und dann ist der Auszug geschrieben worden. Es ist also alles Mögliche festgehalten worden, das Essen, das Geld, das sie zu bekommen haben, das Wohnen usw. Als meine Schwiegermutter übergeben hat, hat der Notar sie gefragt: ‚Was nehmen Sie sich denn Geld im Monat aus?‘ ‚Ja mei‘, hat sie gesagt, ‚was soll ich mir denn ausnehmen? Ich weiß ja, wie es mir selbst ergangen

ist. Mir ist ja auch nie Geld geblieben, wie soll dann der Junge
ein Geld haben? Schreiben Sie halt 5 Schilling im Monat.' Das
war 1939." Und als ich fragte, ob das wenige Geld genügt habe,
führte meine Gesprächspartnerin weiter aus: „Ja, denn das Essen hat sie ja vom Haus bekommen müssen. Ihre Verpflegung
hat sie gehabt. Und auch ein Auszugsstüberl, das ist das Zimmer, das heute unser Wohnzimmer ist. Das hat ihr gehört. Es
war nicht leicht für einen jungen Bauern, die alten Bauersleute
zu erhalten, denn Dienstboten waren ja auch noch da, die man
auszuhalten hatte. Für den Bauern war es eine Belastung. Heute
ist es anders, denn jeder hat seine Rente. 1939, als ich geheiratet
habe, war es noch so. Nach dem Krieg hat man bereits begonnen, für die Rente einzuzahlen. Heute ist der Auszugsbauer finanziell unabhängig. Das ist gut so. Früher hat der Auszugsbauer immer das Gefühl gehabt, man will ihn nicht mehr, man war-
tet, daß er stirbt. Es hat ja geheißen: ‚Übergeben und nimmer
leben.' Für den Jungen war das Übergeben einfach eine Belastung. Die innere Beziehung zwischen den Alten und den Jungen war daher sehr gering. Die Alten waren eher ausgestoßen.
Nur selten hat es Familien gegeben, in denen man die Alten gut
behandelt hat. Heute ist das egal. Sie bekommen regelmäßig alle
Monate ihre Rente. Deshalb sind die Alten bei den Jungen auch
besser angesehen. Sie sind ja nicht mehr abhängig von ihnen
und sind den Jungen daher nicht mehr im Weg. Heute haben sie
auch noch die Möglichkeit, in ein Altersheim zu gehen. Allerdings gehen Bauern nicht sehr gerne in ein Altersheim, man ist ja
mit der Scholle verbunden. Und solange man arbeiten kann, will
man arbeiten, will man mitwursteln."

Die durch die modernen Sozialversicherungsgesetze gesicherte Pension der Altbauern gibt, wie deutlich gemacht wurde,
also eine gewisse Unabhängigkeit, die ihm gegenüber dem Jungbauern auch wichtig ist. Er hat so nicht mehr das Gefühl, eine
Belastung darzustellen. Er kann über seinen Lebensabend mehr
oder weniger frei verfügen. Im Gegensatz zu früher, als die alten
Bauersleute sich bemüßigt sahen, diverse kleinere Arbeiten
durchzuführen, um nicht als unnütze Esser betrachtet zu werden. Auch auf dieses Problem verwies meine Interviewpartnerin: „Früher hat so ein Bauer im Auszug eigentlich keine Arbeit

gehabt. Die alte Bäuerin hat halt ein wenig abgewaschen, ausgekehrt und ein bisserl auf die kleinen Kinder geschaut. Der alte Bauer hat entweder Körbe geflochten oder Besen gebunden oder sonst etwas getan, um die Zeit zu vertreiben. Es hat auch alte Bauern gegeben, die zusammengekommen sind und Karten gespielt haben. Wenn einer gar nicht mehr konnte, dann war er arm. War er krank, so konnte man ihn nicht einmal ins Spital geben, denn früher hat es ja keine Krankenkasse gegeben. Ich selbst hätte früher auch nie in das Krankenhaus gehen können, weil ich es einfach nicht zahlen hätte können. Es war für die Alten sehr schwer früher. Viele sind daher bald gestorben. Wenn es geheißen hat, man muß operiert werden, wer hätte das denn zahlen sollen? Man hat warten müssen, bis es gar gewesen ist. Es war eine schwere Zeit. Heute geht jeder ins Krankenhaus."

Die soziale Position der Frau — die Geburt

Auf dem Bauernhof bestand grundsätzlich Arbeitsteilung. Die Bäuerin war für das Haus und auch den Stall verantwortlich, der Bauer für alles andere. Trotz dieser Arbeitsteilung war der Bauer der Chef auf dem Hof, dessen Wille das Leben der Arbeit dirigierte. Umfassend und eindringlich klingt die Schilderung einer Frau, die als Bauerntochter die Benachteiligung und Erniedrigung ihrer Mutter erleben mußte. Sie verweist im Folgenden auch darauf, wie ihr Vater, ein wohlhabender und angesehener Bauer, es als selbstverständlich ansah, daß man ihn bediente:

„Unbedingter Gehorsam der Frau gegenüber dem Mann war selbstverständlich. Obwohl meine Mutter Haus und Hof gehabt hat, hat sie meinem Vater folgen müssen. Die Bäuerinnen damals haben keine Wünsche äußern dürfen, weil die eh nicht erfüllt worden wären. Die Frau war so ein richtiger Arbeitstepp, eine Sklavin. Was unsere Mutter alles mitgemacht und geleistet hat! Sie war richtig ausgeschunden. Der Vater hat sie nur wegen des Hauses geheiratet. In jeder Weise hat sie meinem Vater folgen müssen. Wenn z. B. die Zeit zum Fuhrwerken war, ist sie um 3 Uhr früh aufgestanden, um für die Dienstboten Dampfnudeln und Rahmsuppe zu kochen. Der Vater ist zum Fuhrwerken aufgestanden. Wenn er am Vorabend zu spät heimgekommen ist, ist er liegengeblieben. Das sind die Herren! Die Paschas! Der Vater war ein Pascha. Er hat auch uns Dirndln zum Bedienen gehabt. Wenn er aufgestanden ist, hat er recht herumgetan, dann waren wir schon eingeschüchtert. Nun ist es angegangen. Ich habe das Waschwasser für ihn hergerichtet, den Rasierspiegel gebracht usw. Ist er fortgegangen, mußten wir ihm den Selbstbinder bringen und ihn auch binden. Ich habe mir geschworen, wenn ich einmal heirate, einen solchen Trottel, wie meine Mutter ihn spielen mußte, spiele ich nicht. Der Mann soll sich das alles selbst tun." Charakteristisch für diese hier skizzierte frühere Degradierung der Frau ist übrigens dieser Spruch, der auch heute noch z. T. heiter zitiert wird: „Hund und Frau gehören zum Haus." Die Frau wird also an das Haus gebunden, sie hat zu arbeiten und sich um die Küche u. ä. zu sorgen. Die Freizügigkeit des Mannes steht ihr nicht zu. Eine interessante Bemerkung machte zu diesem Thema eine frühere Bäuerin, als ich sie nach dem Respekt der Kinder gegenüber den Eltern fragte. In ihrer Feststellung spiegelt sich klar die untergeordnete Position der Frau auf dem Hof wider: „Ich habe Respekt vor meinen Eltern gehabt, das ist ja eh klar. Auch vor meinem Mann habe ich Respekt gehabt. Ich habe ihn allweil geachtet als einen Vorgesetzten. Er hat mich ja auch geachtet. Heute ist das alles anders. Meine Schwiegertochter beschimpft meinen Sohn als Dodl. Das haben wir nicht gekannt."

Eine wesentliche Benachteiligung der Frauen auf dem Bauernhof ergab sich auch daraus, daß den Frauen das Melken der Kühe oblag, wovon sie nicht einmal am Sonntag befreit waren. Während nicht wenige Männer den Sonntag dazu benützten, nach dem Gottesdienst ein Gasthaus aufzusuchen, um in einer Männerrunde Probleme des Alltags zu diskutieren und sich zu unterhalten. Die Frauen waren gezwungen, unmittelbar nach der Messe zum Hof zu gehen, um zu melken. So stellte es auch ein alter Bauer dar: „Fast jeden Sonntag haben wir Burschen und Männer uns in einem Gasthaus getroffen. Die Menscher und die Weiberleute waren nicht dabei, die haben ja arbeiten müssen, im Stall. Die Weiberleute sind schon auch in die Kirche gegangen, aber sie mußten nachher sofort heimgehen. Damals ist noch dreimal am Tag gemolken worden. Und die Kühe sind auch zu Mittag gefüttert worden. Die Weiberleute wurden ausgenutzt. Sie haben es schlechter als die Männer gehabt." Ähnlich erzählt eine alte Bäuerin: „Meist waren die Männer am Sonntag im Wirtshaus. Unsere Männer aber nicht, die sind immer gleich nach der Kirche heimgegangen. Aber sie haben nicht am Sonntag arbeiten brauchen. Wir, die Frauen, aber schon. Wir mußten uns ja um das Vieh kümmern."

Zur Benachteiligung der Frau im Arbeitsprozeß — sie hatte nicht nur für den Stall, sondern auch für die Kinder und die Küche zu sorgen — kommt auch eine Degradierung. Ihre Meinung hatte eine andere Gewichtung als die des Bauern, und sie wurde weniger akzeptiert, wie es auch eine alte Bäuerin, die eine tiefe Kenntnis vergangener bäuerlicher Kultur hat, skizziert: „Ein Weiberleut hat sich eh alles gefallen lassen müssen. Ich habe eine Bäuerin gekannt, die hatte einen ledigen Sohn, der durfte sie am hellichten Tag nicht besuchen, sonst hätte ihn ihr Mann, der Bauer, verjagt."

Bei der Geburt eines Kindes auf dem Bauernhof wurde nach der Hebamme gerufen oder auch nach dem Arzt, die dann gemeinsam der Frau beistanden. In früheren Zeiten haben Nachbarsfrauen und Mägde die Gebärende unterstützt. Dazu etwas heiter eine Bäuerin: „Zur Geburt ist die Hebamme gekommen und auch der Arzt, wenn es sein hat müssen. Beim Machen ist der Mann dabeigewesen, nachher ist er geflüchtet." Zu den Geburten auf dem Bauernhof wurden bis in die fünfziger Jahre auch meine Eltern als Ärzte von der Hebamme geholt. Nach Aussagen meiner Mutter hätten sich, wenn Frauen ihre Wehen bekamen, die Nachbarinnen versammelt. Oft brachten sie Selbstgebackenes mit, um die bei der Geburt Anwesenden, unter denen sich freilich keine Männer befanden, mit Nahrung zu versorgen. Die Männer wurden, wie meine Mutter meinte, von der Hebamme „hinausgejagt". Meine Mutter selbst hätte sie nicht „hinausgejagt", denn sie dachte sich, „sie sollen auch sehen, wie die Frau leidet". Die Hebamme war gerade bei schwierigen Geburten, die früher als sogenannte „Zangengeburten" nicht selten waren, daran interessiert, daß mein Vater oder meine Mutter dabeiwaren. Meine Mutter erzählte dazu: „Es gab auch komplizierte Geburten, so z. B. beim Sch., der ja ein Liliputaner war. Seine Kinder hatten alle große Köpfe, und daher waren die Geburten — seine Frau war klein und zart — schwierige Zangengeburten. Papa (mein Vater) hat bei dem Kind angezogen, und ich habe beim Papa angezogen. Ohne Narkose der Frau ging es da jedoch nicht. Einige Entbindungen habe ich alleine gemacht. Einmal, es war im Sommer, es war schon 4 oder 5 Uhr in der

Früh, es war schon hell, kam das Kind zur Welt. Die Leute am Bauernhof haben noch geschlafen. Da sagte ich zu der Frau: ,Wir wecken niemanden auf!' Ich habe nun die gesamte Wäsche, die blutig war, gewaschen, draußen vor dem Haus im Grander (Wasserbehälter). Dann hängte ich die Wäsche auf und ging. Keiner hat mehr gesehen, daß da eine Geburt war. Ich habe diese Arbeit gerne gemacht. Wenn die Geburt einmal schwer war, bin ich noch lange bei der Frau geblieben, wegen des Kreislaufs der Frau. Dazwischen hat man mir etwas zu essen gegeben. Nachher bin ich vergnügt nach Haus marschiert, den Berg hinunter. Dabei dachte ich mir: Jetzt haben wir wieder ein neues Leben, hoffentlich etwas Gesundes und Normales. Das war für mich das Schönste." Die sechziger Jahre brachten das Ende der Hausgeburt. Man zieht nun das Krankenhaus in seiner Sterilität dem Zimmer im Bauernhaus, in dem Nachbarinnen, die Hebamme und der Arzt oder die Ärztin sich um die Gebärende kümmerten, vor.

Eine Vielzahl von z. T. auch scherzhaften Bräuchen waren — solange es Hausgeburten gab — mit der Geburt verknüpft. So hatte die Mutter, nachdem das Kind gebadet und in eine Decke gewickelt worden war, in die Decke zu spucken, was gegen Kinderkrankheiten wie Fraisen Schutz bieten sollte. Ein interessanter Brauch, der wohl die enge Beziehung des Kindes zum Vater demonstrieren sollte, war, daß unmittelbar nach der Geburt dem Neugeborenen ein Hemd des Vaters kurz übergezogen wurde. Oder: Wenn die Mutter das erstemal nach dem Wochenbett aufstand, riet man ihr, einen Regenschirm zu nehmen, damit es nicht „gleich wieder einschlägt", sie also nicht in der nächsten Zeit wieder schwanger werde.

Wichtiger als Bräuche dieser Art scheint mir zu sein, daß bis zum Zweiten Weltkrieg mit Bibelzitaten gerechtfertigte Rituale an die Geburt anschlossen, die die entwürdigend soziale Position der Frau demonstrieren. Angedeutet wurde mir dies durch folgende Worte einer Bäuerin: „Wenn man das erstemal nach der Geburt in die Kirche gekommen ist, hat einen eine andere Frau anweihen müssen." Dies bedeutet, daß eine Frau nach der Geburt eines Kindes im Stand der Sünde war — eben durch den der Schwangerschaft vorangegangenen Geschlechtsverkehr —, und sie bedurfte eines rituellen Aktes der Reinigung mit Weihwasser. Noch ausdrucksvoller geschah diese rituelle Reinigung durch den Pfarrer, der die Frau „vor segnete" (zum Alter hin segnen), wie es in dieser Erzählung eines Bauern, der im Ortsgebiet Spital am Pyhrns lebt, beschrieben wird: „Wenn eine Bäuerin ein Kind bekommen hat, durfte sie, wenn sie nach dem Wochenbett zum erstenmal in die Kirche ging, nicht nach vorne zu ihrem Kirchensitz gehen. Sie mußte hinten beim Gitter stehenbleiben und warten, bis der Pfarrer zu ihr kommt. Der Pfarrer ist dann zurückgegangen und hat die Frau angeweiht. Sie ist also ‚vor gesegnet' worden. Nun durfte sie nachgehen. Das machte der Pfarrer, weil sie nach der Geburt nicht rein war."

Dieses eigentümliche Ritual, das auch für die Magd, die ein uneheliches Kind zur Welt gebracht hatte, galt, dürfte unmittelbar nach dem Krieg verschwunden sein. Es attestiert sehr eindringlich die oben bereits diskutierte Sexualfeindlichkeit, aber auch die benachteiligte Stellung der Frau. Der Mann jedoch mußte sich nach der Geburt seines Kindes keinem ähnlichen Ritual unterziehen. Für ihn war keine „Reinigungszeremonie" vorgesehen, denn offensichtlich wurde er durch sexuelles Handeln weniger „beschmutzt" als die Frau. Durch diese sexualfeindliche Zeremonie wurde die Frau als jenes sündhafte Wesen erklärt, welches — wie auch in der Bibel deutlich gemacht — zur Sexualität anregt und daher die schlechthin Sündige ist. Mir erscheint gerade dieses zuletzt beschriebene Ritual wie kaum ein anderes typisch dafür zu sein, wie man symbolisch die Frau als Mensch in dieser bergbäuerlichen Welt degradierte.

Der soziale Wandel nach dem Krieg mit dem Ende der Dienstbotenzeit, der Technisierung der Landwirtschaft, dem Fremdenverkehr und das Eindringen neuer Kulturelemente veränderten auch die Stellung der Frau, indem charakteristische bürgerliche Wertmuster übernommen wurden. Neue Aufgaben kamen auf die Frau zu, Aufgaben, die sich z. B. aus dem Fremdenverkehr ergaben, wie eine Bauerntochter beschreibt: „Die Mutter macht das ganze Gesellschaftliche, sie kümmert sich um die Gäste und hält die Familie zusammen. Der Vater ist gegenüber den Gästen eher unsicher." Frauen, die aus dem bäuerlichen Bereich flohen, vor allem, wenn sie als Bauerntöchter Beamte oder Angestellte im Ort heirateten, erleben eine neue Welt, eine Welt der Bürgerlichkeit und auch der Freizeit, die ihnen vorher fremd war. Dies veranschaulicht eine Bauerntochter, die, 1941 geboren, die harte Arbeit bäuerlichen Lebens kennengelernt und schließlich einen Mann geheiratet hat, der als Gebietsvertreter einer Versicherung in eine bürgerliche Kultur überwechselte. In eine Kultur, für die ein Eigenheim und die Tatsache typisch ist, daß man den Kindern einen Bildungsaufstieg möglich macht:

„Ich bin jetzt Hausfrau. Das genieße ich schon. Manchmal geht mir die Arbeit ab. Wenn die Kinder nach den Ferien in der Schule sind, ist man daheim isoliert. Ich lese viel, mache Handarbeiten und ähnliches. Mein Mann hat zwar einen Beruf, von dem er viel erzählen kann, aber wenn er auf d'Nacht heimkommt, will er seine Ruhe haben. Wenn doch der Hausfrauenberuf höher angesehen wäre! Als Hausfrau wird man oft als geistiges Armutschkerl angesehen. Eine solche Frau tut nicht viel daheim, meinen manche."

In dieser Äußerung zeigt sich geradezu typisch der Wechsel von der bäuerlichen zur bürgerlichen Kultur, zu einer Lebensform, in der die Frau — entsprechend der klassischen Vorstellung des Bürgertums — das Heim zu hüten, auf den Mann zu warten, für die Kinder da zu sein und in der Küche perfekt zu arbeiten hat. Die früheren Anforderungen an die Frau des bäuerlichen Bereichs, die ungemein hart waren, fallen weg. An ihre Stelle tritt nun ein Handeln, in welchem sich jene moderne Kultur widerspiegelt, die durch Fernsehen, Illustrierte, Versandkataloge, Fremdenverkehr u. a. geschaffen und weitergegeben wird.

Die Stör-Arbeit

Für die Handwerker auf dem Land in der Vorkriegszeit war es üblich, daß sie ihre Arbeiten (als Stör-Arbeiten) bei den Kunden selbst durchgeführt haben. Sie verlegten also, eventuell mit Gesellen, ihre Werkstätten vorübergehend an einen anderen Ort. Auf größeren Bauernhöfen waren Handwerker, die ihre Betriebe in Spital am Pyhrn, Windischgarsten oder Edelbach hatten, vor allem im Herbst und im Winter wichtige Gäste. Sie stellten Schuhe her, verfertigten Gewänder oder verbesserten die bäuerlichen Geräte. Für Quartier und Kost kam in diesen Tagen der Bauer auf.

Ein Bauer, der bei einem Schuster in die Lehre gegangen war, erzählte in wenigen Worten die Grundzüge, auf die es bei der Stör ankam: „Eine Zeit bin ich auf die Stör gegangen, als Schuster. Ich war da 15 oder 16 Jahre alt. Früher sind viele auf die Stör gegangen: Schuster, Tischler, Wagner, Binder und andere. Beim Ö. haben wir z. B. 18 Paar Schuhe gemacht. Da hat der Meister auch mitgearbeitet, neben dem Gesellen und mir, dem Lehrbuben. Ich bin gerne auf die Stör gegangen. Es war auch ganz lustig. Gearbeitet wurde von 5 Uhr früh bis 8 Uhr auf d'Nacht. Nachher haben wir uns ein bisserl unterhalten."

Die nun folgende sehr ausführliche Schilderung eines früheren Faßbinders zeigt, daß die Stör eng mit dieser bergbäuerlichen Kultur verknüpft war:

„Ich war als Binder in der Stör. Mein Vater war auch schon Binder, bei ihm bin ich in die Lehre gegangen. Er selbst hat im Sensenwerk gelernt. Er war auch Geselle dort. Im Sensenwerk brauchten sie Fasseln mit Holzreifen für die Sensen, um sie verschicken zu können. Im siebzehner Jahr habe ich zum Lernen angefangen, und von da weg bin ich allweil in die Stör gegangen.

Die Stör-Arbeit bestand bei uns darin, daß wir Schaffeln, Seichter, Waschkörbe und das Stallgeschirr geflickt und neu gemacht haben. Die erste Zeit war ich mit dem Vater unterwegs, dann alleine. Wo etwas zu arbeiten ist, das haben wir z. B. am Sonntag vor der Kirche erfahren. Dort sind die Leute zusammengekommen und dort haben die Bauern zu uns gesagt: ‚Zu mir mußt du auch kommen!' Oder sie haben uns Post geschickt, daß wir zu ihnen in die Stör kommen sollen, oder sie sind selbst zu uns gegangen, um uns das mitzuteilen. Wir sind sogar bis St. Pankratz mit der Stör-Arbeit gekommen. Alles haben wir zu Fuß gemacht. In einem geflochtenen Korb hatten wir unsere Werkzeuge. Wenn wir bei einem Bauern arbeiteten, hatten wir einen langen Arbeitstag. Um 5 Uhr in der Früh haben wir begonnen. Bei der Mahlzeit sind wir beisammengesessen. Es ist bis 7 oder 8 Uhr fortgegangen. Bei manchen Bauern blieben wir eine Woche, bei kleineren oft nur zwei, drei Tage, wenn viel zu tun war, auch eine ganze Woche, also wenn wir viele neue Sachen zu machen hatten, z. B. neue Fasseln: Bottiche für das Sauerkraut, Mostfasseln, Jauchefässer. Die Fasseln waren damals ja alle aus Holz. Die Reifen machten wir aus Bandeisen. Diese Bandeisen hatten die Bauern meist vorher schon selbst gekauft. Wir sagten ihnen, sie sollen in die Eisenhandlung nach Windischgarsten gehen und die Sachen, die wir brauchten, dort kaufen. Wir haben die Sachen verarbeitet. Wir haben nichts geschweißt, nur genietet. Früher ist ja alles auf die Stör gegangen, die Wagner, die Schuster, die Schneider, die Tischler, die Binder, die Weber usw. Die Weber hatten sogar ihren eigenen Webstuhl mit, den sie beim Bauern aufschlugen. Wir blieben bei den Bauern auch über Nacht. Geschlafen haben wir in Strohbetten in der Kammer, die war mit Holz ausgeschlagen und sehr kalt. Der Wind ist herein- und hinausgegangen. Im Winter war es oft so kalt, daß es einen direkt unter der Tuchent gefroren hat. Aber in den Strohbetten haben wir gut geschlafen, besonders wenn diese eine Mulde hatten. Die Strohbetten waren recht warm. Mir gehen sie heute direkt ab. Stroh ist gesund. Und man liegt gut.

Mit den Bauern, bei denen wir arbeiteten, verstanden wir uns ganz gut. Die waren ja froh, daß wir gekommen sind. Die Bauern waren recht freundlich, denn wenn sie freundlich waren, haben wir uns auch recht zusammengenommen, damit sie mit uns zufrieden sind. Man hat ja ordentlich arbeiten müssen, wegen der Konkurrenz. Beim Essen hat man auch nicht haglich (heikel) sein dürfen. Das waren wir ja eh nicht, weil wir doch zu Hause Hunger gelitten haben. Wir haben alles gegessen. Deshalb haben die Bauern, bei denen wir gearbeitet haben, oft gesagt: ‚Ja, die B., die sind nicht haglich, die sind leicht zu futtern.' Bei den Bauern war es in der Zeit nach dem Ersten Weltkrieg besser als bei uns. Es gab besseres Essen. Zum Essen hat es Most gegeben. Bier und Wein gab es damals noch nicht. Most hat es immer gegeben. Das Geld war damals luarg (wenig), aber auch das Essen, ist eh klar. Vor dem letzten Krieg haben wir 5, 6 Schilling pro Tag in der Stör bekommen. Wichtig war, daß man überhaupt Arbeit gehabt hat. Schlecht ist es uns da nicht gegangen. Ich war bis zum 30. Lebensjahr zu Hause. Den Lohn, den ich in der Stör bekommen habe, habe ich meinem Vater abgeliefert."

Die Arbeit in der Stör brachte die Handwerker mit den Bauern in engen Kontakt und war eine abwechslungsreiche Arbeit, mit der auch Informationsaustausch verbunden war. Der Faßbinder, mit dem ich dieses Interview führte, erzählt noch ergänzend über seine Arbeit: „Ich habe auch Schier gemacht als Faßbinder, allerdings unerlaubterweise, denn der Schimacher war ja der Milichowski in Spital am Pyhrn. Als der alte Milichowski gehört hat, daß ich Schi mache, hat er mich angezeigt. Ich kann ihm das nicht verübeln, er hat ja eine große Familie gehabt. Ich habe Schi neben dem Faßbinden hergestellt, damit ich mir ein bisserl etwas dazuverdiene. Das Schimachen war eine gute Arbeit, alles mit der Hand. Viel habe ich für solche Schi nicht bekommen. Allweil sind so arme Teufel zu mir gekommen und haben gesagt: ‚Geh, mach mir ein Paar Schi!' Das Schifahren war für mich eine Gaudi. Ich habe sogar einmal an einer Tour auf den Kleinen Pyhrgas teilgenommen. Das war im März 1938. Die werde ich mein Lebtag nicht vergessen. Oben war noch Schnee, unten nicht mehr. Der Milichowski hat mich also nun angezeigt und gemeint: ‚Das ist wieder Pfuscherei', wie er Schi von mir gesehen hat. Auf einmal kommt der Gendarm von Spital und fragt mich: ‚Was ist mit den Schiern?' Zufällig

hatte ich gerade ein Paar Schi eingespannt. Der Gendarm hat
gesagt: ‚Das zahlt sich nicht aus', und ist wieder gegangen. Dem
Milichowski war ich nicht böse, er hat ärmlich in Spital anfangen müssen, und später ist er abgebrannt. Ich bin in meinem
Beruf, dem Faßmachen, verwurzelt. Leider muß ich nun ganz
aufhören, ich sehe nicht mehr gut. Einige kleine Fasseln habe
ich noch zur Erinnerung. Ich habe meinen Beruf geliebt." Diese
Schilderung ist kulturhistorisch bemerkenswert, denn sie weist
auch auf den Beginn der Schifabrikation in der Gegend um Spital am Pyhrn hin.

Wie die Stör-Arbeit von seiten des Bauern gesehen wurde,
zeigt das Gespräch mit einem heute 54 Jahre alten Bauern: „Wir
haben Lodenhosen vor dem Krieg angehabt. Den Loden haben
wir uns selber erzeugt, aus Schafwolle, die wir gesponnen haben. War der Loden fertig, ist der Schneider in das Haus gekommen und hat uns die Hosen gemacht. Meist war unser Schneider
der Rebhandl. Auch Lodengamaschen machte er uns. Der Schuster war der Breitenbaumer, der zu uns auf die Stör gekommen
ist. Geschlafen haben sie in der Kammer. Sie waren meist im
Frühjahr da."

Sehr eindrucksvoll ist die Beschreibung des späteren
Schuhmachermeisters M., der in den dreißiger Jahren mit seinem Vater auf die Stör ging. Sie erlaubt auch einen eindringli-
chen Zugang zu jener Kultur der Handwerker und Bergbauern,
die nach dem Krieg zu Ende ging:

„Ich bin 1919 in Spital am Pyhrn geboren worden. Mein
Vater ist hierhergezogen, weil er die Mutter hier kennengelernt
hat. Sie stammte aus Vorderstoder und war ein uneheliches
Kind. 1923 zogen wir nach Windischgarsten, wo mein Vater vorübergehend Wirt gewesen ist. Daneben führte er das Schuma-
chergewerbe weiter. Weil das Ganze nicht hingehaut hat, ist er
nach Sipbachzell und von dort 1925 wieder nach Spital am
Pyhrn. Mein Vater war ein lustiger Kerl, er hatte hier in Spital
seine Gesellschaften. 1925 im September hat er hier angefangen.
Ich begann damals mit der Schule. Mit 7 oder 8 Jahren bin ich
schon auf dem Stockerl in der Werkstatt gesessen und habe gearbeitet. Unser Haus, in dem dann die Werkstatt war und heute
wir sind, ist 1931 gebaut worden. Im zweiunddreißiger Jahr

habe ich zum Lernen begonnen. Mein Vater war es, der mir das Schuhmachergewerbe gelernt hat. Mit 15 Jahren bin ich dann schon alleine zu den kleineren Bauern auf Stör-Arbeit vom Vater geschickt worden. Nach dem 1. Weltkrieg hat mein Vater von einigen Bauern das Angebot bekommen, zu ihnen auf Stör-Arbeit zu gehen. Diese Bauern sind zu meinem Vater gegangen und haben ihm gesagt: ‚Meister, Du mußt einmal zu mir in die Stör kommen, wir haben einen Haufen Schuhe zum Flicken, neue Schuhe brauchen wir auch wieder!‘ Die Konkurrenz war damals groß. Die Gasse, in der wir jetzt sind, ist ja die Schustergasse. Weil drei Schuster in dieser Gasse waren, hat man sie Schustergasse genannt, obwohl sie eigentlich Weinmeistergasse, nach den damaligen Besitzern des Sensenschmiedwerkes, geheißen hat. Mein Vater hatte zu seinen Kollegen einen recht guten Kontakt. Die Schuster haben sich untereinander gut unterhalten und haben miteinander Karten gespielt. Es gab wohl einen Konkurrenzkampf, aber keiner hat ihn richtig wahrgemacht. Mein Vater baute damals gerade das Haus und ist in Schulden geraten. Er konnte sich daher auch keinen Schustergesellen leisten. Daher ging er öfter zum Lehrer und hat ihm z. B. gesagt: ‚Herr Lehrer, wie schaut es aus, kann mein Bub heute nachmittag von der Schule daheimbleiben?‘ Ja, ich durfte daheimbleiben. ‚Nein‘ konnte der Lehrer nicht sagen. Mein Vater hat nämlich darauf geschaut, daß ich mitarbeite, weil ich schon ein bisserl etwas gekonnt habe. Und wenn die Schule am Freitag nachmittag gar gewesen ist, hat er gesagt: ‚Franzl, du kommst obi zum P. in die Stör.‘ Das war für mich eine gemähte Wiese. Es gab dort eine gute Kost. Wir haben dort auch geschlafen, in den Strohbetten.

Unsere Stör-Arbeit war fast zur Gänze im Winter. Zum P. sind wir gerne Ende November oder Anfang Dezember in die Stör gegangen. 14 Tage sind wir dort gesessen, zu dritt. Mein Vater hat damals im Herbst noch einen Gesellen aufgenommen, weil ab dem Herbst mehr Arbeit war. Beim P. haben wir im Jahr durchschnittlich 20 Paar neue Schuhe gemacht. Bevor wir in die Stör sind, ist mein Vater schon 14 Tage vorher zum P. hinunter und hat den Leuten, die neue Schuhe gebraucht haben, die Schuhe angemessen. Das Leder hatte der Bauer ja selbst. Dieses nahm mein Vater mit nach Hause, schnitt es zu, hat das Oberteil hergerichtet usw. Wenn alles fertig war, packten wir die halbe Schusterbude in den Rucksack, die Werkzeuge und die Oberteile. Dann ist es losgegangen. Von früh bis spät haben wir gearbeitet. Pro Tag bekamen wir nicht mehr als 5 Schilling. Die 5 Schilling bekam mein Vater, der hat davon den Gesellen bezahlt. Wenn wir 6 Tage gearbeitet haben, waren das 30 Schilling. Ein guter Geselle hat 15 Schilling auf die Hand zur Kost dazubekommen und zum Quartier. Damals haben ein Paar Schuhe runde 30 Schilling gekostet. Ein Paar Holzknechtsschuhe kosteten ungefähr 32 Schilling. Ein solcher Schuh würde heute 1700 Schilling und mehr kosten. 90 Prozent der Schuhe, die wir herstellten, waren Arbeitsschuhe. Die Sonntagsschuhe waren aus leichtem Kuhleder. Für den Bauern und die Bäuerin hat es Kalbsleder gegeben für die Sonntagsschuhe. Zwei Sorten von Kalbsleder hatten wir zur Verfügung: ein geschmiertes Kalbsleder, das war wie das Kuhleder, und das Bockleder. Die Schuhe, die aus Bocksleder waren, glänzten besonders. Beim P., bei dem wir 5 oder 6 Jahre in die Stör gegangen sind, hat jeder Knecht und jede Dirn zwei Paar Schuhe pro Jahr bekommen. Ob die alten Schuhe hin waren oder nicht, das war egal.

Bis zum Neuen Jahr haben wir in der Stör gearbeitet. Doch nach dem Neuen Jahr, Ende Jänner und Anfang Februar hat die schlechte Zeit begonnen, da war die Mühle zu (keine Arbeit). Zu der Zeit hat mein Vater für mich als Lehrbub die Arbeit zusammengesucht, damit ich arbeiten konnte, und man hat seine eigenen Schuhe hergerichtet. Dann begann die Frühjahrsarbeit, vor Ostern. Einige haben sich zu Ostern neue Schuhe anmessen lassen. Und die Reparaturarbeit hat zugenommen, denn auf den alten Schotterstraßen sind die Schuhe früher hingeworden als heute. Es hat nur Ledersohlen gegeben, keine Gummisohlen. Im Sommer, während der Saison, sind es die Fremden in Spital am Pyhrn gewesen, die uns gebraucht haben. Früher hat Spital viele und gut zahlende Gäste gehabt, von denen haben wir profitiert.

Die Stör-Arbeit hat sich von der anderen Arbeit stark unterschieden. Bei der Stör-Arbeit ist nicht viel geplaudert worden. Wir haben ja etwas leisten müssen. Um 5 Uhr früh mußten wir beim Bauern aufstehen, dann haben wir uns ein bisserl gewaschen. Zahnbürsteln hat es damals noch nicht gegeben. Wir ha-

ben uns bloß den Mund ausgespült. Dann arbeiteten wir bis zum
Frühstück. Beim P. gab es eine Superkost. Die hatten noch die
schwarze Kuchl, und in der Früh gab es schon kornene Foamnudeln. Im Rindsschmalz herausgebacken. Dazu gab es noch
Kaffee. Als Schuster haben wir beim P. super gelebt. Zu Mittag
gab es Geselchtes, Grießknödel und Kraut. Wir waren nämlich
meist in der Zeit auf der Stör, in der es am kältesten war, in der
ein Rind geschlagen oder eine große Sau abgestochen wurde.
Aber die kornenen Foamnudeln waren für mich die Superkost.
Auch wenn ich sie heute bekommen würde, sie würden mir
schmecken. Das war so gut! Das bekommt man heute nicht
mehr. Die Bauern, mit denen man zu tun hatte, waren verschieden. Der eine, der gute Bauer, hat gezahlt, wenn man fertig war.
Ein anderer hat gesagt: ‚Meister, ich habe noch kein Geld, ich
komme eh einmal zahlen.‘ Geld hatte der Bauer damals höchstens vom Viehverkauf. Getreide haben sie nicht verkauft, das
haben sie nur für sich angebaut. Unter den Bauern waren viele
Armutschkerln. Die armen Bauern konnten sich kein schönes
Sonntagsgewand leisten wie die reichen. Damals trugen die
Leute ihre Anzüge sehr lange.
      Bei der Stör-Arbeit war mein Vater der Meister und ich der
Lausbub. Auf d'Nacht nach der Arbeit sind wir gerne zusammengesessen, mit den Bauern und Knechten. Damals haben sie
in erster Linie vom Krieg erzählt. Meist waren der Bauer und der
Moarknecht im Ersten Weltkrieg. Die haben sich ihre Erlebnisse gerne gegenseitig erzählt. Ich habe gespitzt, weil mich das
interessiert hat. Als ich ein kleiner Bub war, habe ich das ja noch
nicht verstanden, was Krieg heißt. Ich habe mir nur gedacht, in
den Krieg werde ich nicht gehen. Später bin ich dann im Zweiten Weltkrieg eingerückt, ich habe Glück gehabt, mir ist nicht
viel passiert. In der Nachkriegszeit wollten zwar noch einige
Bauern, daß man auf die Stör kommt, aber mein Vater ist da
nicht mehr eingestiegen. Die Stör-Arbeit hat sich aufgehört. Es
war schon eine andere Zeit. Arbeit gab es genug nach dem
Krieg. Wir hätten für die Stör-Arbeit auch keine Zeit mehr gehabt."
      In der Zeit vor dem Zweiten Weltkrieg war die Stör-Arbeit,
wie wir sahen, ein wichtiger Bereich handwerklichen Lebens.

Die Stör-Arbeit, die vor allem im Winter verrichtet wurde, war für den Handwerker von großer Bedeutung, denn sie verschaffte ihm eine wesentliche Einnahmequelle, mit der er auch rechnete. Daher ist es auch klar, daß zwischen den Handwerkern, die dasselbe Gewerbe vertraten, es zu einiger Konkurrenz kam. Die Stör-Arbeit war nur möglich, weil der Handwerker mobil sein konnte und es auch sein mußte. Nach dem Krieg änderte sich diese Situation radikal, als der Handwerker es einfach nicht mehr für notwendig ansah, auf die Stör zu gehen. Die Stör war somit eine Organisation der Arbeit, die durch den Auftraggeber wesentlich bestimmt worden ist. Außerdem hätte bei sperrigen Gegenständen, wie Fässer u. ä., der Bauer einige Mühe aufwenden müssen, diese zur Werkstätte des Handwerkers zu transportieren, um sie dort reparieren zu lassen. Außerdem konnte der Handwerker auf dem Hof, auf dem er arbeitete, direkt kontrollieren, ob z. B. die verfertigten Fässer den an sie gestellten Erfordernissen auch entsprechen, oder ob die Schuhe, die ja für alle auf dem Bauernhof Tätigen hergestellt bzw. erneuert werden mußten, auch paßten. Für den Bauern wäre schließlich Arbeitszeit seiner Dienstboten verlorengegangen, wenn diese mehrere Male z. B. den Schneider oder den Schuster hätten aufsuchen müssen, um sich die Sachen zunächst anmessen zu lassen, und später, um diese zu probieren. Charakteristisch für die Stör-Arbeit war schließlich, daß der Großteil des Materials, wie das Leder für die Schuhe oder der Stoff für die Kleidung, vom Bauern zur Verfügung gestellt wurde, wodurch sich der Preis z. B. für die Schuhe oder die Fässer erheblich verringerte.

Daß die auf der Stör arbeitenden Handwerker für die Leute auf dem bäuerlichen Hof auch Zerstreuung bzw. Kurzweil bedeuteten, zeigt folgende heitere Erzählung eines früheren Knechtes: „Einmal waren auf einem Bauernhof ein Schuster und ein Schneider gleichzeitig auf der Stör. Da sagte der Schneider zur Bäuerin, um den Schuster zu ärgern: ‚Der Schuster will keinen Schweinsbraten.' Der Schuster bekam darauf keinen Schweinsbraten, obwohl er ihn gerne aß. Darüber war er sehr verärgert. Er ist aber dahintergekommen, daß der Schneider ihm da etwas zu Fleiß gemacht hatte. Jetzt sagte er zur Bäuerin: ‚Hast du dem Schneider bei der Arbeit zugeschaut.' Darauf sie: ‚Wieso?' Dann der Schuster: ‚Wenn der Schneider am Tisch mit der Hand so herumgreift, dann bekommt er einen Anfall!' Dieses Herumgreifen bedeutet eigentlich nur, daß der Schneider unter den Flecken nach seiner Schere sucht, was die Bäuerin ja nicht wußte. Der Schuster sagte weiter: ‚Wenn er so tut, dann mußt du ihm schnell einen Kübel voll Wasser über den Schädel schütten. Sonst nimmt der Schneider seine Schere und sticht dich ab.' Die Bäuerin schaute darauf genau dem Schneider bei der Arbeit zu. Und als der Schneider wieder anfing, seine Schere zu suchen, rannte sie sofort um einen Kübel voll Wasser und leerte ihm diesen über den Schädel. So hat sich der Schuster am Schneider gerächt."

Nahrung — Kochen und Essen

Die Nahrung, die Häufigkeit der Mahlzeiten und die Rituale beim Essen sind Kategorien, die über den Charakter einer Kultur Aufschluß zu geben vermögen. Die bergbäuerliche Kultur, die durch eine gewisse Kargheit geprägt war, kannte Speisen, die billig waren und mit denen man das Hungergefühl weitgehend eindämmen konnte, dazu gehört z. B. das Kraut. Das Kraut findet sich sehr oft in der Speisenabfolge, denn es wurde grundsätzlich dann vorgesetzt, wenn der ärgste Hunger schnell gestillt werden sollte. Das Kraut wurde dazu verwendet, den Magen zu „füllen", wohl in der Hoffnung, daß der Appetit für die folgende, bessere Speise, von der meist nur wenig vorhanden war, verringert werde.

Die am häufigsten zubereiteten Speisen im bäuerlichen Alltag schilderte mir ein Bauer, der über einen eher kleinen Hof verfügte und daher das Problem „Armut" kannte. Seine Erzählung geht auch auf die Sparsamkeit bergbäuerlichen Lebens ein: „Während der Woche haben wir vor dem Krieg das gegessen, was wir selbst erzeugt haben. Zum Beispiel, vom Korn machten wir uns Brot. Wir haben das Korn auch selbst gemahlen. Es gibt beim Mahlen mehrere Sorten Mehl. Das Mehl, das beim ersten Gang des Mahlens herauskommt, ist das schwarzkornerne Mehl. Das Mehl des zweiten Ganges ist das Sterzmehl, und das Mehl vom dritten Durchgang ist das Brotmehl. Aus diesem haben wir uns unser Brot hergestellt. Beim Weizen war es ähnlich. Zum Nachtmahl gab es oft kornerne Knödel und dazu einen Krautsalat. Zu Mittag gab es zuerst ein Sauerkraut und zum Nachtmahl auch. Allweil gab es Kraut. Nachher gab es häufig Seiling (Kartoffelpuffer). Die sind aus einem Teig gewuzelt, heruntergeschnitten und ins Schmalz hineingegeben worden. Die waren oft ganz schön hart, so daß es in den Zähnen ordentlich geschnalzt hat. Und zuletzt gab es eine Rahmsuppe. Das war zu Mittag. Die Suppe haben wir zum Schluß gegessen, zum Hinunterschwemmen. Zum Nachtmahl gab es öfter ein Kindskoch, das wurde aus Mehl angerührt und darauf kam Zimt. Oder Grießkoch. Auch die Männer haben das hie und da gegessen. Gerne habe ich Fleischknödel gehabt, die hat es öfter gegeben. Ich erinnere mich, als wir einmal mit dem Heuwagen am Hof umschmissen, lief meine Mutter heraus und sagte uns, daß wir heute Fleischknödel zum Essen bekämen. Das vergesse ich nicht. Ich habe darüber lachen müssen."

An diesen Schilderungen fällt auf, daß die Bauern relativ wenig Fleisch aßen und daß für sie die aus Korn hergestellten Speisen in Verbindung mit Sauerkraut und einer Rahm- bzw. Schotsuppe zum täglichen Speiseplan gehörten. Allerdings war die Kost nicht täglich dieselbe, es war wohl einige Abwechslung da, die sich nach der Jahreszeit und den Festtagen richtete, wie ein alter Knecht bemerkt: „Wir haben richtige Bauernkost gehabt, Seiling, und zwar Erdäpfel- oder Topfenseiling. Auch gab es Germnudeln und Spatzen oder ein Schmalzkoch. Hasenöhrl und Krapfen gab es zu den Feiertagen. Zweimal in der Woche hatten wir Fleischknödeln, Dienstag und Donnerstag, aber auch jeden zweiten Sonntag. Es gab also nicht jeden Sonntag Fleisch. Während der Woche überhaupt keines." Das Essen von Fleisch war ein höchst seltenes Vergnügen, wie auch eine Bäuerin erzählt: „Am Sonntag gab es oft Fleischknödel. Fleisch haben wir nicht viel gegessen. Das Fleisch ist geselcht worden, auch das magere, und in den Troadkasten gehängt worden. Es war nicht so wie heute. Heute stechen sie schon bald jeden Monat ab. Früher höchstens zu Pfingsten und zu Weihnachten. Wenn das Fleisch schon früher gar war, hat man schon zu Ostern abgestochen, sonst zu Pfingsten. Das Fleisch ist kleingeschnitten und in das Mehl gegeben worden. Das waren dann die Fleischknödel. Heute gibt es Bradl und Schnitzel. Zum Frühstück hatten wir eine Brotsuppe. Das Brot wird mit siedendem Wasser abgegossen, gesalzen und dann heißes Fett drauf oder Grammeln. Das kam auf die Suppe. Auch Einbrennsuppe gab es."

Besteck in der heutigen Weise hat es freilich auf den eher armen Bauernhöfen nicht gegeben. Illustriert wird dies durch die Schilderung eines „kleineren" Bauern: „Manche Dienstboten hatten ihre eigenen Löffel, die haben sie z. B. unter dem Tisch auf einem Riemen, der dort angenagelt war, gehabt. Meistens ist aber das Eßzeug in der Tischlade gewesen. Aus der wurde es ausgeteilt. Gewöhnlich hat es nur Löffeln gegeben. Messer hat man ja nicht viel gebraucht, denn es gab nur selten Fleisch, am Sonntag oder den Feiertagen. Ansonsten waren es nur Knödel, Nudeln usw., die hat man mit dem Löffel essen können." Es gab wohl gewisse Machtrituale beim Essen, nicht jedoch sorgte man sich um Eßsitten, die denen der bürgerlichen Welt entsprochen hätten. Wie das Essen eingenommen wurde, war also im wesentlichen dem einzelnen überlassen, nicht jedoch die Reihenfolge derjenigen, die nacheinander in die Schüssel greifen konnten, und die Mengen, die jemand essen durfte, diese richteten sich nach der Hierarchie auf dem Hof, wie wir bereits sahen.

Auf den Unterschied zwischen reichen und ärmeren Bauern und auf die Eßkultur auf dem bäuerlichen Hof geht ein über achtzig Jahre alter früherer Handwerker, der auch auf der Stör war, ein: „Bei den armen Bauern hat es eine einfache Kost gegeben. Bei den großen Bauern gab es oft einen Sterz, der vom kornernen Mehl gemacht wurde. Bei den kleineren Bauern gab es häufig eine Brotsuppe, aber auch eine Rahmsuppe, eine Schotsuppe. Das war etwas Gutes. Damals, als es noch keine Milchmaschine gab, hat man die Milch in eine niedere Rein gegeben und den Rahm abgeschöpft, nach zwei, drei Tagen. Von der sauren Milch machte man Topfen. Die Schotsuppe war ein Gedicht, ich träume heute noch davon. Heute gibt es sie nicht mehr, heute wird die Milch abgeliefert. Auch der Topfen, den man heute kauft, ist nicht mehr so gut wie der, den die Bauern gemacht haben. Den Topfen gab es mehr im Sommer, weil da die Milch schneller sauer wird als im Winter. Beim Essen haben alle aus einer Schüssel gegessen, oft 10, 12 Leute."

Der Moarknecht, der den anderen Dienstboten vorstand, hatte während des gemeinsamen Mahls, wie wir bereits sahen, eine bevorzugte Position. Dazu erzählte mir ein früherer Moar-

knecht, als er zum Moarknecht aufgestiegen war, hätte er keine
Probleme hinsichtlich einer wenig sättigenden Kost mehr gehabt. Es war ihm wichtig, daß er Speisen vorgesetzt bekam, die
ihn die Arbeit leicht und ohne Hungergefühl machen ließen. Ein
solcher, für ihn wichtiger Speiseplan, sah so aus: „Mit dem Essen hatte ich eigentlich keine Klage. In der Früh bekam ich eine
Brotsuppe. Und zur Jause gab es eine Halbe Most und ein
Stückl Brot. Zu Mittag hat man, je nachdem die Arbeit gewesen
ist, uns ein besseres und fetteres Essen gegeben. Es wurde vom
Rindsschmalz gekocht, es war ein anhaltendes Essen, damit
man nicht gleich wieder einen Hunger bekommt. Speck und Geselchtes hat es damals nicht gegeben. So war es Tag für Tag."
Das hier erwähnte Rindsschmalz wurde zumeist aus jener Butter hergestellt, die die Sennerinnen auf den Almen gerührt hatten. Dazu erzählt die Tochter eines reichen Bauern: „Früher ist
die Milch nicht geliefert worden, damals ist Butter gerührt worden. Zweimal im Sommer wurde die Butter in Butterstriezeln
heruntergeführt. Diese Butterstriezeln wurden von meiner Mutter ausgelassen, also zu Rindsschmalz gemacht. Dieses wurde in
Holzkübln aufgehoben und von meiner Mutter zum Kochen
verwendet. Uns hat das Rindsschmalz sehr gut geschmeckt."
Das Rindsschmalz, aus erhitzter Butter hergestellt, war also eine
wesentliche Grundlage der bäuerlichen Speise.

Im Jahresablauf der Bergbauern änderte sich, was den Speiseplan anbelangt, nur zu den Feiertagen Wesentliches. An den
Feiertagen war ein gutes Essen Symbol für deren Besonderheit.
Aber auch innerhalb des Tagesablaufs stellte das gemeinsame
Essen für die auf dem bäuerlichen Hof Arbeitenden einen Ein-
schnitt im täglichen Einerlei dar. Während die täglichen Mahlzeiten eher durch eine gewisse Kargheit bestimmt waren, zeich-
neten sich, wie wir sehen werden, die Feiertage geradezu durch
einen Überfluß an angebotenen Speisen aus, bei denen die
Fleischspeisen überwogen. Für die Bauern, die Knechte und die
Mägde, die ansonsten kaum Fleisch aßen, und schon gar nicht
in dieser Menge, konnte dieses übermäßige Essen an den Feiertagen zu einem Verdauungsproblem werden. Ein alter früherer
Kleinbauer verweist auf feiertägliche Freßorgien: „Während
der Feiertage hat es furchtbar viel zu essen gegeben. Soviel, daß

manche deppert geworden sind und krank wurden und spien. Den Doktor hat man hie und da auch gebraucht. Zuerst haben die Leute gehungert und dann soviel gefressen! Das war doch ein Unsinn! Weihnachten und Ostern waren die großen Feiertage. Vor dem Ostersonntag mußte man fasten. Ab dem Gründonnerstag. Fast nichts zu fressen gab es. Höchstens eine leere Suppe. Wir mußten in die Kirche und auf den Kalvarienberg gehen. Am Ostersonntag zu Mittag gab es dann aber sehr viel zu essen. Das war ein Unterschied zu dem vorigen Hunger! Nun wurde ordentlich gefressen. Unser Lehrer, der genau darüber Bescheid wußte, sagte daher immer: ‚Da sitzen die Teppen, angestopft mit Most und Schnaps.' Zu einem solchen Feiertagsessen brachte die Bäuerin einmal Fleisch, dann ein Bratl, dann noch Krapfen, ein Weinbeerlkoch. Alles wurde hineingestopft. Dieses viele Essen war ein blöder Brauch, weil den Leuten ja nach dem Essen schlecht war. Die übrige Zeit lebten sie sehr sparsam, es gab wenig zu essen und bei den Feiertagen waren auf der ganzen Bank, vom Tisch zur Tür, die vielen Speisen aufgestellt. Darunter viele Fleischsorten. Wenn ein paar Depperte beim Bauern waren, haben sie sich am Ostersonntag blöd gefressen. Und dann haben sie gespien. Das war fast so ein Brauch. Oft habe ich der Mutter gesagt: ‚Ich bitt' Euch gar schön, hört damit auf. Die übrige Zeit lieber etwas mehr und am Ostersonntag bloß ein einfaches Fleisch oder ein Schweinsbratl!!'" Ein eher „kleiner" Bauer, der heute 55 Jahre alt ist, schilderte ähnlich farbig die Reichhaltigkeit der Speisen zu den Festen, die in Gegensatz zu dem kargen Mahl an den vorangehenden Festtagen standen: „Es hat eine Reihe von Fasttagen gegeben in der Karwoche. Am Gründonnerstag gab es kein Fleisch, ebenso am Karfreitag und am Karsamstag. Am Karfreitag gab es meist Krautspatzen, das Richtige für den Magen. An diesen Fasttagen hat man sich so richtig gefreut auf den Ostersonntag. An diesem Tag gab es zuerst das geweihte Fleisch, dann ein Fleisch, ein Bratl und darauf ein Reiskoch mit Zimt und mit Weinbeerln. Und zum Schluß gab es Krapfen. Das Bratl haben wir uns meist aufbehalten, denn wir hatten schon genug. Das Fleisch hat genügt. Aber viele haben drauflos gegessen, die haben gespien. Als Mehlspeis tunkte man damals übrigens auch Semmeln in Most ein und gab darauf ein Ei."

Diese plastischen Beschreibungen von oft unmäßiger Eß-
lust am Feiertag deuten also auf eine bäuerliche Kultur hin, für
die die Möglichkeit, sich „einmal ordentlich" satt zu essen, nur
selten gegeben war. Die Üppigkeit der Speisen am Festtag stellte
eine Ausnahme dar und hatte die Funktion, dem Bauern und
dem Gesinde eine echte Abwechslung von der Einfachheit anderer Tage zu bieten. Diese bäuerliche Eßkultur, für die Selbstversorgung typisch war, verschwand in der Zeit nach dem Zweiten Weltkrieg. Allerdings mußte der arme Kleinbauer noch lange Zeit nach dem Krieg diese Tradition fortsetzen, da er sich
Nahrungsmittel nicht leisten konnte, die nicht auf dem Hof erzeugt werden, wie der Sohn eines solchen früheren Kleinbauern
sich erinnert: „Beim Essen haben wir nur hausgemachte Sachen
gehabt, einen Speck, ein Bratl, aber nie ein Paar Würstel oder
eine Knacker, das war etwas Heiliges. Einmal habe ich eine
Knacker bekommen, als ich mit anderen Buben dem Direktor in
Pießling das Holz geschnitten habe. Nach einem halben Tag
waren wir fertig, und dann hat uns die Frau Direktor auf die
Wurst eingeladen. Knacker mit Senf hat man damals 1949 kaum
gekannt."

In diesen Sätzen wird auf jene Autarkie verwiesen, die für
den Bauern bis dahin typisch gewesen war. Sein Hof hatte alles
das hergegeben, was für die Herstellung der Speisen benötigt
worden war. Der Einkauf von Lebensmitteln war nicht die Regel. Deutlich zeigt sich das Ende der Selbstversorgung des Bergbauern auch bei den Getränken. Während es charakteristisch
für die klassische bergbäuerliche Welt war, daß meist nur Getränke zu sich genommen wurden, die man auf dem Hof erzeu-
gen konnte, änderte sich das nach 1945 radikal. Milch, Most und
Kräutertee wurden z. T. durch das Bier und den Wein, die man
aus dem Kaufhaus bezog, verdrängt. Der Bauernhof erfuhr nun
einen Wandel. Von traditionellen Gerichten ging man ab, und
die Fleischspeisen, die früher eher die Seltenheit waren, gewan-
nen an Attraktivität — insofern auch, als durch Gefriertruhen
das Fleisch nun jederzeit verfügbar ist.

„Freizeit" — Zerstreuung und Unterhaltung

Freizeit oder Urlaub im modernen Sinn hat es in der alten bäuerlichen Welt nicht gegeben. Das Wort Urlaub wird für die Menschen auf dem Bauernhof erst einige Zeit nach dem Zweiten Weltkrieg zum Begriff. Freizeit im Sinne eines abgegrenzten Zeitraums, in dem der Mensch seinen eigenen Interessen, befreit von seiner Arbeit, nachgehen kann, war fremd. Die Arbeit bestimmte das Leben der in die bäuerliche Welt eingebundenen Menschen. Wenn Arbeit anstand, so mußte sie getan werden, unabhängig davon, ob nun Sonntag war oder nicht. Anstelle des Urlaubs als einer totalen Loslösung vom Arbeitsprozeß gab es eine Vielzahl von Feiertagen bzw. Bauernfeiertagen, die den Menschen Möglichkeiten der Erholung einräumten, sie aber nicht von der Arbeit trennten, denn auch an diesen Tagen verrichtete man Dringendes.

Wie fremd Bauern oder Dienstboten die Einrichtung des Urlaubs war, spiegelt sich auch in dem mit einer heute 78 Jahre alten Bauerntochter geführten Interview wider. Urlaub ist für sie jetzt noch etwas Unvertrautes: „Wir, mein Mann und ich, haben noch nie einen Urlaub gehabt. Wir brauchen ihn auch nicht, denn daheim haben wir ja Bequemlichkeit. Ich verstehe nicht, warum man auf Urlaub gehen kann. Überhaupt, wenn es ungemütlich ist am Urlaubsort, es regnet oder die Kost schlecht ist. Da bleibe ich doch gleich lieber daheim." In der traditionellen bäuerlichen Kultur gab es keinen Urlaub. Die Menschen dieser Kultur waren miteinander in einem dauernden Kontakt und verbrachten auch die Zeit ihrer Muße gemeinsam. Eine vollkommene Lösung von den Arbeitskollegen, wie es der moderne Urlaub möglich macht, kannte man nicht.

„Früher haben sich die Leute gut unterhalten. Es hat kein Auto gegeben, alle sind zu Fuß gegangen, und die jungen Leute haben sich gut unterhalten. Im Sommer waren sie oft auf der Schwoag (Alm), dort war es lustig, und es ist gesungen worden. Und im Winter sind sie zu den Bauern gegangen und haben sich gut unterhalten", erzählt eine alte Bäuerin, die sich mit etwas Wehmut früherer Zeit erinnert, als durch die Arbeitsteilung bzw. das Fehlen der Maschinen enge Kontakte zwischen den Menschen bestanden. Diese Beziehungen waren aber nicht nur intensiv zwischen den Menschen auf dem Hof, sondern auch zwischen den benachbarten Bauern, die einander bei diversen Arbeiten auch benötigten. Es wundert daher nicht, wenn bei meinen Interviews mit älteren Bäuerinnen und Bauern gerade auf diese frühere Besonderheit hingewiesen wurde. So auch von einem heute 85 Jahre alten ehemaligen Kleinbauern: „Der Zusammenhalt war früher besser als heute. Es hat ja keine Motorisierung gegeben. Die Leute hatten noch kein Fahrzeug. Damals sind wir gerne und oft im Gasthaus Flinderlmühle oder beim Grundner beisammengesessen. Heute gibt es das alles nicht mehr. Heute fährt jeder mit seinem Moped, mit der Maschine oder dem Auto durch die Gegend. Dazumal hielten wir mehr zusammen. Wir haben auch gerne gesungen. Vor allem beim Gesangsverein. Volkslieder waren uns am liebsten. Gesungen haben wir auch das Oberwenglied, es wurde von einem Oberwenger gedichtet und komponiert."

Die gemeinsame Unterhaltung in den Gasthäusern der Umgebung war für die Bauern — die Frauen waren grundsätzlich ausgeschlossen — attraktiv und wichtig, denn hier konnte man nicht nur Zerstreuung finden. Der Gasthausbesuch stellte den Gegensatz zur Arbeit dar, wie auch ein alter Bauer skizziert: „Wenn ich mit dem Holzführen aufhörte, habe ich gerne gelumpt, beim Edlbach-Grundner. Unterhalten haben wir uns meistens im Gasthaus, weniger zu Hause. Vor allem am Sonntag kamen wir im Wirtshaus zusammen." Das Gasthaus stand jedoch in erster Linie dem Bauern offen, der sich die Zeche auch leisten konnte. Weniger dem Knecht, der eher auf private Unterhaltungen in benachbarten Bauernhäusern angewiesen war. Konnte sich ein Knecht einmal einen Gasthausbesuch finanzieren, so durfte er gewöhnlich keineswegs an einem Tisch Platz nehmen, an dem bereits ein oder mehrere Bauern saßen. Von einem „größeren" Bauern wird erzählt, er habe, wenn sich ein Knecht im Gasthaus zu ihm setzte, diesem regelmäßig eher brutal zu verstehen gegeben, daß er sich wegbegeben solle. Oder wenn ein solcher Knecht in seiner Gegenwart im Gasthaus den Hut aufbehielt, soll dieser Bauer ihm den Hut vom Kopf geschlagen haben. Also eine symbolische Degradierung des Knechtes mit der Feststellung, daß zwischen beiden ein deutlicher gesellschaftlicher Unterschied bestehe. Trotzdem sprach auch der Knecht dem Alkohol kräftig zu, allerdings häufiger bei „privaten" Treffen und Veranstaltungen in den Bauernhäusern.

Daß Alkoholgenuß auch übertrieben werden und zu Exzessen führen konnte, ist für diese bäuerliche Kultur keine Seltenheit. Zu erklären sind solche alkoholischen Ausschreitungen, zu denen auch Raufereien gehören, mit der Belastung der bäuerlichen Arbeit und den gerade für den Knecht oft erniedrigenden Auseinandersetzungen mit den Bauern. In diesem Sinn fasse ich auch folgende Erzählung eines früheren Knechtes auf, der auf seinen Alkoholkonsum, aber auch auf seine Vorliebe für Zerstreuung geradezu stolz war: „Ich habe gerne Most bei den Bauern, bei denen ich gearbeitet habe, getrunken. Drei oder vier Wochen im Jahr hatte ich meinen Dampf (Rausch). Ich bin da aus meinem Dampf gar nicht herausgekommen. Ich war gerne unterwegs, ich habe gerne getanzt. Ich habe nicht so leicht einen Tanz ausgelassen, vor allem auf Hochzeiten. Ich habe ja auch gerne Zither gespielt. In dem, was ich getrunken habe, könnte ich leicht schwimmen lernen. Einmal habe ich um viel Geld geschnapst, und da habe ich Pech gehabt und viel verspielt. Und die Zeche hätte ich auch zahlen müssen. Da habe ich gesagt, mir geht es mit dem Zahlen nicht aus, ich gebe dafür meine Geiß. Der hätte mir das Geld wahrscheinlich geschenkt, aber einer hat gegen mich gehußt und gesagt: ‚Paß auf, wenn er die Geiß verspielt hat, muß sie sofort her.' Und ich habe sie auch gebracht. Das war eine große Gaudi für die anderen."

Raufereien als wichtiger Teil der „Unterhaltung"

Scherze dieser Art belebten den Alltag der bäuerlichen Gesellschaft, da man so Abstand von den täglichen Problemen der Arbeit finden konnte. Vielleicht drückte sich hierin auch die Unzufriedenheit mit der speziellen Arbeitssituation aus. Es verwundert daher nicht, daß Raufereien häufig in Wirtshäusern vorkamen, denn dabei konnte gezeigt werden, daß man sich als Mensch wehren konnte und über Kraft verfügte. Ein alter Bauer unterstreicht diesen Charakter des Raufhandels: „Früher war alles viel gemeinschaftlicher. Es ist aber auch ordentlich gerauft worden. Z. B. beim Neubauern in Spital am Pyhrn haben sie gerne gerauft. Meistens sind sie deswegen auf die Straße hinausgeworfen worden. ‚Schaut's, daß ihr hinauskommts!' hat es da geheißen. War die Rauferei vorbei, sind sie wieder in das Wirtshaus hinein und haben weitergesoffen. Damals vor dem Ersten Weltkrieg hat eine Halbe Bier einen Kreuzer gekostet. Ein Liter Milch und eine Halbe Bier kosteten in der Zeit ungefähr dasselbe."

Von alten Spitalern wird erzählt, daß sich in der Zeit vor dem letzten Krieg Gruppen von Burschen, die eher jünger waren und zu denen auch viele Knechte gehörten, gebildet hätten, die sich z. B. am Sonntag nach dem Kirchgang getroffen haben. Diese Gruppen, die man als „Ruds"[10] bezeichnete, waren auch Gemeinschaften, die es nicht scheuten, andere Ruds aus dem Nachbardorf oder auch aus Spital zu Raufereien aufzureizen. Man schickte da z. B. einen jungen Burschen vor, der jemanden aus der anderen Rud verärgerte, um den Zorn auf sich zu lenken. Darauf trat die eigene Rud in Aktion und begann zu raufen. Diese Ruds hatten also eine wichtige Aufgabe: Sie ermöglichten den Burschen, persönliche Kontakte zu entwickeln und sich selbst hervorzutun, wozu schließlich die Raufereien dienten. Ein Spitaler soll übrigens damals jedem, der nicht zu seinen Freunden zählte, eine Ohrfeige heruntergehauen haben, wenn man ihm dafür eine „Halbe Bier" spendierte. Der Mann suchte den Streit und die Rauferei, um sein Selbstverständnis und sein Ansehen vor den anderen Gleichaltrigen zu stärken.

---

10 „Rud" ist vermutlich abgeleitet von „Rudel".

Die Rauferei wird zu einem gesellschaftlichen Ereignis, mit dem man rechnet und es auch befürwortet. Über die Form des Raufens erzählt ein eher junger Bauer, der als Kind in der Vorkriegszeit damit bekannt geworden war: „Mein Vater ist nicht ins Wirtshaus gegangen. Viele sind dorthin gegangen, um zu raufen. Wenn dabei das Blut nicht geronnen ist, war es nicht lustig. Aber keiner hat den anderen angezeigt, auch wenn dem einen ein Auge herausgehangen ist. Beinahe jede Woche haben sie gerauft. Man hat früher gerauft, bis die Fetzen geflogen sind. Oft habe ich zugehört, wenn sie von solchen Sachen erzählt haben. Zum Beispiel in Pießling draußen war einer, der E., er war ein kleiner Mann, der hatte alleweil zu raufen begonnen. Deswegen sind die stärkeren Burschen oft zornig geworden. Einmal hat der S. den E., als er wieder einmal zu raufen anfing, beim Kragen und beim Arsch gepackt und hat ihn so aus dem Wirtshaus hinausgeschmissen. Er ist ihm nachgerannt, so lange, bis der E. herfiel und liegenblieb. Jetzt ist er hin, hat sich der S. gedacht, und ist zurückgegangen. Nach einer Zeit aber ist der E. wieder hereingekommen und hat wieder zu raufen begonnen. Das war noch eine wilde Zeit. Auch weiß ich, daß auf der Buglalm am Hengstpaß ein Taubstummer lebte, der von einem Burschen aus St. Gallen angegangen wurde. Dieser Bursche ist bloß wegen des Raufens hergekommen. Weil er den Taubstummen belästigt hat, haben sich die anderen furchtbar aufgeregt und gesagt: ‚Wirst du den gehenlassen, denn der ist eh so arm.' Darauf ist es zum Raufen geworden, er wurde furchtbar verdroschen. Der Bursch ist umgefallen, und man hat ihn dort liegen lassen. Die anderen sind zurück ins Wirtshaus, sie haben geglaubt, er ist hin. Deswegen gab man noch Reisig auf ihn. Er hat sich ja nicht mehr gerührt. Auf einmal kommt einer bei ihm vorbei und sieht, daß unter dem Reisig Füße hervorschauen. An denen hat er angezogen. Und plötzlich springt der Bursch auf und hat nun den verdroschen, der ihm helfen wollte."

Das Raufen bedeutete Freizeitbetätigung und „Vergnügen". Der junge kräftige Mann konnte sich auf diese Weise darstellen, etwas, das für ihn wichtig war und ihm jene Selbstbestätigung brachte, die er aus seiner Arbeit nicht gewinnen konnte. Aus der Erzählung eines früheren Knechtes, der in den zwanzi-

ger und dreißiger Jahren den Ruf eines großen Raufbolds genoß, geht dies deutlich hervor: „Das Raufen war kein Blödsinn.
Ich habe gerne gerauft. Wenn ich, der Sepp, bei der Tür hereingekommen bin im Gasthaus, haben die Leute gesagt: ‚Oje, jetzt
kommt er, jetzt wird es zum Raufen.' Wenn kein Grund zum
Raufen war, habe ich jemanden provoziert. Ich habe z. B. jemanden beim Tanzen den Fuß hingehalten, so daß es ihn geschmissen hat. Darauf ist der dann narrisch geworden, und wir
haben schon gerauft. Es war ein Vergnügen für mich, ich habe
mich kräftig gefühlt." Seine Frau, die diesem Interview bei-
wohnte, ergänzt: „Ich bin der Schutzengel meines Mannes. Wegen mir hat er später zum Raufen aufgehört. Ich habe das zusammengebracht. Er hat sich mächtig und stark gefühlt und sich
nie etwas gefallen lassen." Der Raufbold genoß einiges Ansehen
und auch die Bewunderung der Mädchen. Diese „Heldenhaftig-
keit" hatte aber den Nachteil häufiger Verletzungen.

Es war das Wirtshaus, welches nicht nur ein wichtiger Ort
der Kommunikation war, sondern auch ein Ort, in dem durch
Alkoholgenuß und Raufhandel versucht wurde, Aufmerksamkeit zu erregen. Für diesen Raufhandel war wichtig, daß die
Gendarmerie oder eine andere Autorität nicht miteinbezogen
wurde. Das Anzeigen von Raufbolden vor dem Zweiten Weltkrieg war eher selten. Nach Meinung eines meiner Interviewpartner soll es erst nach dem letzten Krieg üblich geworden
sein, Raufereien anzuzeigen. Mit dem Niedergang dieser alten
bäuerlichen Kultur wurde das Raufen schließlich zu einem un-
typischen Ereignis, während es früher geradezu erwartet wurde.

Gesang, Spaß, Tanz und Veranstaltungen

Ansonsten suchte man nach dem Abendessen oder an Sonntagnachmittagen das Gespräch und erzählte sich von Ereignissen,
die einen bewegten, wie der Ersten Weltkrieg. Oder man probte
Gesangsstücke im Gesangsverein. Nach der Arbeit, am Abend,
blieb also Zeit für das Gespräch und eventuell für Gesellschaftsspiele, wie ein Bauer schildert: „Und am Abend, z. B. nach dem
Dreschen, haben meistens wir Kinder Spiele gespielt wie ‚Mühl-

fahren' oder ‚Fuchs und Henne'. Mein Vater und sein Bruder
haben gerne etwas vom Krieg erzählt. Sie waren auch recht bele-
sen und haben im Atlas nachgeschaut."

Zur Zerstreuung in der Freizeit gehörten auch diverse
Bräuche, so zum Beispiel das Hütlheben, das vornehmlich in der
Thomasnacht im Dezember gepflogen wurde. Eine Bäuerin
schildert: „Es sind Hüte auf den Tisch gelegt worden, unter die
man irgendwelche Sachen gab, wie ein Stückl Brot, einen Kamm
oder eine Puppe usw. Dieses Hütlheben sollte die Zukunft vor-
aussagen, es war eine Gaudi. Ist z. B. ein Kamm gehoben worden, so hat das geheißen, daß für den Betreffenden lausige Zeiten kommen. Oder wenn eine Puppe gelegen ist, so hat sie oder
er in dem kommenden Jahr ein Kind bekommen. Das war in der
Thomasnacht!"

Charakteristisch für bergbäuerliche Kulturen, in denen auf
den Menschen ein starker physischer und psychischer Druck
lastete, scheint zu sein, daß man Späße trieb, mit denen man
bestimmte Personen zum Gaudium der anderen zu ärgern suchte. Der Spaß hatte aber auch die Funktion, auf Verstöße gegen
Gemeinschaftsregeln aufmerksam zu machen. So trieb man z. B.
mit den Besitzern der früheren sauren Wiesen in der Au einen
etwas derben Spaß, wenn sie es verabsäumt hatten, bis zu Bartholomä — den 24. August, dem Kirtag in Windischgarsten —
ihre sauren Wiesen zu mähen. Man stellte ihnen dazu den
Barthl, eine Art Vogelscheuche, auf die betreffende nicht gemähte Wiese und streute um den Barthl menschlichen Kot.
Dazu sagte man: „Der Barthl hat ihm ins Heu geschissen."

Auf größeren Höfen, an denen mehrere Knechte und Mäg-
de beschäftigt waren, kam es immer wieder zu Neckereien und
Scherzen, die die Härte des bäuerlichen Arbeitens erleichtern
sollten. Ein alter Handwerker, der auf der Stör bei Bauern das
Leben am Bauernhof kennenlernte, erzählt dazu: „Die alten
Bauernleute haben sich am Abend gerne unterhalten. Wir aber
und die Knechte waren oft recht übermütig. Wenn wir einen
Blöden erwischt haben, haben wir mit ihm unsere Hetz gehabt.
Wirklich Böses ist dabei ja nicht geschehen. Das Opfer unserer
Scherze nahm es uns meist nicht übel. Einmal hat der Doktor
einem Knecht Tabletten verschrieben. Zu der Zeit erhielt man

die Tabletten in einem Papierl eingewickelt. Der gute Mann wollte nun das Papierl, als er zu Hause war, aufmachen. Da habe ich ihm gesagt, er müsse die Tablette mit dem Papierl essen, denn sonst hätte der Apotheker die Tabletten ihm ohne Papierl bloß so in den Rucksack geschoben. Und wirklich, der Mann hat die Tablette mitsamt dem Papier gegessen. Und wir haben furchtbar gelacht, nicht nur ich, sondern die anderen auch."

Eine willkommene Gelegenheit zum Spaß und zur Neckerei bot das gemeinsame Mittagessen der Dienstboten. Dabei belustigte man sich über die, die geistig etwas schwerfällig waren. Sie waren es auch, an denen man die eigenen Frustrationen abreagierte. Gewöhnlich war es der Moar, der Späße dieser Art diktierte. Ein früherer Knecht erzählt dazu: „Hie und da gab es auch eine Gaudi beim Essen. Wenn bei einem Bauern ein schwerener (geistig zurückgebliebener) Knecht war, gab es ein Theater. Dabei sind sie oft raufert worden. Die geistig Schwachen haben oft mehr essen mögen als die anderen. Da hat einer halt mit seinem Löffel einem solchen eine hinaufgehaut und hat gesagt: ‚Da hast du dein Oachtend.' (Ort, Platz)." Scherze beim Essen wurden dankbar registriert, überhaupt wenn sie sich auf das übliche Beten vor und nach der Mahlzeit bezogen. So schilderte ein Kleinbauer aus seiner Zeit als Knecht: „Oft haben wir unsere Gaudi gehabt. Manche haben so furchtbar vorgebetet, daß man nichts verstanden hat und wir lachen mußten. Bei einem Bauern, bei dem ich einmal war, hat einer einmal ungefähr so vorgebetet: ‚Saften, saften, saften, jai, jai, jai, jai, jai.' Das hätte der ‚englische Gruß' sein sollen. Wir haben ordentlich gelacht. Es wurde in der Früh, zu Mittag und auf d'Nacht gebetet. Wir haben alleweil zuwigebetet (zum Tisch hin gebetet). Als wieder einmal einer blöd vorgebetet hat, hat mein Bauer soviel lachen müssen, daß er aus dem Zimmer gegangen ist. Bei einem anderen Bauern hat es geheißen: ‚Vater uns, geiligt sei Nam . . . '"

Über allgemeine Möglichkeiten der Zerstreuung und Unterhaltung erzählt ein alter Bauer: „Gerne sind wir beisammengesessen und haben gesungen. Dabei hatten wir oft ein Mordstheater,

auch mit den Dirndln. Bei den Tanzunterhaltungen haben wir
die Madln getroffen, also bei Hochzeiten und auch im Fasching.
Im Fasching gab es die diversen Bälle, wie den Feuerwehrball,
den Musikerball u. a. Damals gab es mehr Bälle als heute. Die
Dirndln waren mit ihren Eltern und ihren Geschwistern dort.
Eine Gaudi war es immer." Neben diesen mehr oder weniger
offiziellen Tanzveranstaltungen gab es noch private, wie eine
alte Bäuerin ausführt: „Wir sind oft zu den Nachbarn tanzen
gegangen, nur am Nachmittag. Aber erst als ich schon älter, 18
Jahre alt war. Mit der Ziehharmonika wurde da gespielt. Damit
ich zu solchen Tanzereien auch komme, hat man meinem Vater
Post geschickt, ich solle doch dort und dort hinkommen. Er
selbst hat es mir aber nie gesagt. Wenn sie dem Knecht die Post
für mich mitgegeben haben, so hat der es mir aber schon gesagt.
Zu lange war ich bei solchen Tanzereien nicht, denn zum Stallgehen mußte ich wieder zu Hause sein. Es waren die Sonntag-
nachmittage, an denen wir zum Tanzen bei einem Bauern uns
getroffen haben, außer in der Fastenzeit und im Advent."
    Der Mangel an öffentlichen Vergnügungen und die gegen-
seitige Abhängigkeit der Bergbauern voneinander bei diversen
Arbeitsvorgängen schafften Gelegenheiten gemeinsamer Zerstreuung. Auf dieses Thema ging ein jüngerer Bauer ein: „Nach
vielen Arbeiten im Haus hat es einen Tanz gegeben. So z. B.
nach dem Rübenhobeln. Den Tanz nannten wir den Rübenho-
beltanz. Auch wenn im Herbst der Flachs gebrechelt worden ist,
haben wir nach der Arbeit getanzt. Aber ebenso nach dem Dreschen. Bei solchen Arbeiten brauchte man die Nachbarn. Daher
waren sie auch zum Tanz nachher eingeladen, denn allein konnte man z. B. nicht brecheln. Umgekehrt war es auch so. Wir sind
zu dem brecheln gegangen, der uns geholfen hat. Man hat zusammengeholfen. Die ganze Arbeit beim Brecheln dauerte nur
einen Tag. Um Mitternacht hat man begonnen und um ca. 4 Uhr
nachmittags war man fertig, je nachdem, wieviel Flachs vorhanden war. Beim Rübenhobeln war es ähnlich. Zuerst haben die
Frauen die Rüben geschält und gewaschen. Dann haben zwei
Männer die Rüben auf einem großen Hobel geschnitten. Die
Rüben kamen in ein Kastl, mit Steinen wurden sie beschwert,
und dann wurden sie gezettelt (geschnitten). Ein paar Leute aus

der Nachbarschaft haben uns dabei geholfen. Es waren nicht zu viele. Es sind aber auch andere gekommen, wegen der Gaudi. Von ihnen hat meist einer eine Ziehharmonika mitgehabt oder einen Fotzhobel (Mundharmonika). War man mit dem Rübenhobeln fertig, wurde getanzt. Meist waren wir um 10 Uhr abends fertig. Bis 2 oder 3 Uhr in der Früh ging es dann lustig zu. Nach dem Krieg hörte dies alles auf."

Die ökonomische Struktur auf dem Bauernhof der Vorkriegszeit förderte also Kontakte zwischen den auf dem Bauernhof Arbeitenden und den Nachbarn. Damit verbanden sich dann auch, wie wir sahen, gemeinsame Veranstaltungen. Der Bauernhof, wie er sich seit den fünfziger und sechziger Jahren entwickelt hat, kennt diese engen menschlichen Beziehungen nicht mehr. Zunächst liegt es daran, daß durch die Technisierung bäuerlicher Arbeiten Dienstboten entbehrlich und die Bauerleute mehr auf sich selbst bezogen sind. Diese Individualisierung beseitigte jene gemeinschaftlichen Veranstaltungen, die früher mit dem Arbeitsprozeß verbunden waren.

Feiertage und Feste

Im Arbeitsleben der Bauern und der Dienstboten stellten die Sonn- und Feiertage wie die „Kirtage" willkommene Abwechslungen dar. Ebenso die Beichttage in der Fastenzeit, die für Männer und Frauen an unterschiedlichen Tagen angesetzt waren. An diesen Tagen waren die Dienstboten von ihrer Arbeit auf dem Hof befreit. Allerdings, wenn sie nicht zur Beichte gingen, wurden sie angehalten zu arbeiten. Diese Einrichtung des Beichttages, den wohl kein Dienstbote ausließ, verlor in der Nachkriegszeit mit der Änderung der bäuerlichen Kultur an Attraktivität und verschwand. Die Dienstboten hatten ein Recht auf den Kirchenbesuch am Sonntag und am Feiertag, auf welches sie auch nicht verzichten wollten, da zumindest während der Zeit der Messe der Bauer ihnen nichts anschaffen konnte. Ich erinnere mich, als ich ein Kind war, hinterließen die Knechte beim sonntäglichen Gottesdienst bei mir den Eindruck, daß sie die Ruhe der Messe genießen würden. Was bei dem Druck, dem sie während der Woche ausgesetzt waren, nicht verwunderlich war. In der alten „Dienstbotenordnung" heißt es dazu: „An Sonn- und gebotenen Feiertagen müssen die gewöhnlichen sowie jene Arbeiten, die ohne Gefahr nicht verschoben werden können, geleistet werden. Dem einmaligen Besuche des Gottesdienstes an Sonn- und Feiertagen, dessen Zeit und Reihenfolge für jeden einzelnen Dienstboten der Dienstgeber zu bestimmen hat, darf jedoch kein Abbruch geschehen."

Welche Bedeutung der Kirchgang für den Bauern hatte, zeigt sich in der Erzählung eines früher auf Bauernhöfen arbeitenden Handwerkers: „Am Feiertag mußten die Dienstboten sehr früh aufstehen, schon um 5 Uhr. Zuerst mußten die Weiberleute im Stall arbeiten. Nachher ging man in die Kirche. Es hat aber auch Knechte gegeben, die nicht gerne in die Kirche gegangen sind. Bei denen hat der Bauer geschrien: ‚Auf, auf!' Sie mußten in die Kirche gehen. An so einem Feiertag hätten sie ein wenig länger im Bett bleiben können, daher war es nicht immer leicht für sie, aufzustehen. Aber sie mußten aus dem Bett raus. ‚Kirchen gehen! Auf!' hat der Bauer geschrien."

Auf die Unterhaltung im Gasthaus nach der Sonntagsmesse spielt die Erinnerung eines über 90 Jahre alten Bauern an: „Am Sonntag nach der Kirche, nach der Achtermesse, sind wir gerne in das Gasthaus gegangen. In den Gasthäusern haben sich die Partien getroffen. Es ist gesungen und gesoffen worden. Geld haben wir nicht viel gehabt, aber der Zusammenhalt war gut. Am Sonntag auf d' Nacht sind wir oft zu anderen Bauern gegangen und haben uns dort unterhalten und Spiele gespielt."

Die nicht unwesentliche Gemeinschaftsfunktion des Kirchenbesuches hat sich allerdings bis heute in einer gewissen Weise fortgesetzt. Die Anwesenheit bei kirchlichen Feiern blieb ein gewichtiger Faktor im Leben der Bauern. Neben den gebotenen kirchlichen Feiertagen gab es früher noch die sogenannten Bauernfeiertage, an denen es dem Bauern überlassen war, seine Dienstboten zur Arbeit anzuhalten, wie mir ein alter Knecht erklärte: „Freizeit haben wir nicht viel gehabt. Im Sommer gab es hie und da einen Bauernfeiertag. An einem solchen Bauernfeiertag, z. B. zu Jacobi oder Bartholomä, hat der Bauer, wenn schlechtes Wetter war, in der Früh zu uns gesagt: ‚Heute ist eh

ein schlechtes Wetter, heute könnt ihr feiern.' Darüber freuten
wir uns dann." Verknüpft war das Feiertagsgeschehen mit religiösen Ritualen. „Zu Weihnachten und Ostern wurde immer
viel gebetet, vor allem ein Haufen an Rosenkranz", meint dazu
ein alter Bauer.

Die Hervorhebung der Feiertage, speziell der Weihnachtsta-
ge, gegenüber dem bäuerlichen schweren Alltag und deren wichtige Funktion für die Gemeinschaft wurde mir in einem Gespräch
mit einem Bauern, der heute 55 Jahre alt ist, erklärt: „Zu Weihnachten war es besonders schön. Obwohl man sonst streng und
hart gelebt und gearbeitet hat, war Weihnachten eine liebe Stimmung. Es war da wirklich schön. Überhaupt, wenn wir mit dem
Vater raucha (Weihrauch verbrennen) gegangen sind, war alles so
herzlich. Zuerst hatte die Mutter ein Kletzenbrot gebacken. Dieses mußte in einem besonders heißen Backofen gebacken werden. Daher buk man zweimal Brot, bevor man das Kletzenbrot
einschließen konnte. Damals war in der Brotkammer die Brotlei-
ter voll von Brot." Der besondere Charakter der hohen Festtage,
wie Weihnachten und Ostern, wurde schließlich durch Geschenke an die Dienstboten unterstrichen, wie ein alter Knecht erzählt:
„Zu Weihnachten und zu Ostern haben die Dienstboten ein Körbel bekommen, ein altes Brotkörbl, in welchem Krapfen, Eier
und anderes waren. Wenn jemand blöd war, hat er die Sachen aus
dem Körbel gleich nachmittags aufgegessen gehabt, obwohl er zu
Mittag ohnehin schon viel gefressen hat. Zu Weihnachten gab es
meist auch so nützliche Dinge wie Fäustlinge oder Hemden, die
die Frauen auf dem Hof gestrickt bzw. gemacht haben."

Aus seiner Kindheit in den Jahren um 1920 schildert der
Sohn eines armen Kleinbauern: „Wir hatten einen Christbaum,
als ich ein kleiner Bub war, den haben sie aus dem Wald geholt.
Der wurde heimlich von der Mutter aufgeputzt. Uns wurde dann
gesagt, ihn habe das Christkind gebracht. Der Vater ist mit uns,
während die Mutter den Baum im Zimmer hergerichtet hat, ein
wenig hinausgegangen, um nach dem Christkind zu schauen.
Auf den Baum gab die Mutter Kekse, in Papierln eingemachte
Nüsse und ein paar Kerzln. Auf einmal schrie sie: ‚Das Christkindl ist da.' Viel bekamen wir nicht. Vielleicht ein Hemd, ein
Paar Fäustlinge oder ein Paar Socken."

Auch noch in den Nachkriegsjahren, als sich das Ende dieser bäuerlichen und kleinbäuerlichen Kultur ankündigte, setzt sich dieses bescheidene Feiern zu Weihnachten fort, wie ein um 1939 geborener Sohn eines Kleinbauern erzählt: „Zu Weihnachten haben wir meist Socken, Fäustlinge oder Hauben aus Schafwolle bekommen. Hoch hergegangen ist es, wenn wir einen Kamm erhielten. Einmal war die Freude besonders groß, als jeder von uns Kindern einen Taschenkamm mit Spiegel geschenkt bekam. Und einmal fand ich unter dem Christbaum ein hölzernes Schaukelpferd. Es war geschnitzt, hatte Zaumzeug und eine Mähne. Ungefähr einen dreiviertel Meter war es hoch. Dieses Schaukelpferd hatten schon einige Jahre vorher meine größeren Brüder bekommen. In den Kriegszeiten wurde es wieder aufgemöbelt und dann bekam es eben ich. Ich hatte eine große Freude mit dem Pferd. Auf dem Holzboden in der Stube ist es so schön gerutscht. Es war für mich das größte Weihnachtsgeschenk, das ich als Kind je bekommen habe."

Daß in den letzten Jahren ein Abrücken von religiösen Verhaltensformen auf dem bäuerlichen Hof zu bemerken ist, hängt wohl auch mit einer gewissen Liberalisierung und Weltoffenheit zusammen, die den Gewissenszwang früherer Zeiten nicht duldet. In dieser Richtung versteht sich auch die Schilderung einer 1954 geborenen Bauerntochter, für die eine gemeinsame Weihnachtsfeier wichtig ist, die aber sehr wohl auch jenes Abgehen vom religiösen Ritual andeutet: „Das gemeinsame Beten zu Weihnachten hat sich etwas aufgehört, aber nicht ganz. Es wird immer weniger gebetet. Früher einmal hat man den ganzen Rosenkranz gebetet und ein paar Vaterunser. Weihnachten war bei uns sehr schön. Das war wirklich ein Fest. Die Eltern haben es für uns Kinder so liebevoll gestaltet, wie man es kaum mehr findet. Das hat sich aufgehört. Ich will das bei meinen Kindern auch so machen, vielleicht mit weniger Beten. Bei uns war es sehr besinnlich. Heute artet es in bloßes Schenken aus. Wir bekamen keine übertriebenen Geschenke. Man hat bekommen, was man gebraucht hat. Wir waren eine musikalische Familie, wir haben viel gesungen und Instrumente gespielt. Das war so festlich. Das Beten und Singen in der Familiengemeinschaft hat mir viel gegeben." In dieser Erzählung und in diesen Überlegungen wird bereits der Wandel deutlich, ein Wandel von einer größeren bäuerlichen Gemeinschaft, zu der auch die Knechte und Dirnen gehörten, zu einer familiären Einheit, die alleine den Hof bewirtschaftet und daher auch alleine feiert.

Ein Brauch, von dem in den sechziger Jahren langsam abgegangen wurde und der auch eine wesentliche Gemeinschaftsfunktion hatte, war das „Krampusfeiern". Eine ältere Bäuerin gibt darüber eine plastische Auskunft: „Mit dem Krampus, das war schiach (häßlich). 10 oder 12 Burschen haben sich da als Teufeln hergerichtet. 3 bis 4 Tage vor dem 6. Dezember hat man schon gezittert, denn diese Burschen haben sich fürchterlich aufgeführt. Die Dirnen haben sie meist mitgenommen, der Gaudi halber, und sie in den Bach geschmissen. Waschelnaß wurden sie dann wieder herausgezerrt. Das war grauslich. Früher haben sie sich bei solchen Sachen viel mehr erlaubt. Ich bin schön zwischen den anderen gesessen, als ich ein Kind war, und habe schön gebetet. Ich war froh, wenn sie wieder bei der Türe draußen waren." Die Rituale, die mit dem Krampusfeiern verbunden waren, waren in ihren brutalen Übertreibungen vor allem gegen die weiblichen Dienstboten gerichtet. Den jungen Burschen war es erlaubt, in einem gewissen Rahmen körperliche Kräfte zu erproben — ähnlich wie die Wirtshausraufereien, die ja früher auch toleriert worden waren.

Zu den eindrucksvollsten Erlebnissen und Abwechslungen im bäuerlichen Alltag gehörten Hochzeiten, bei denen eine Vielzahl von Personen mitwirkten, wie von einer Bäuerin geschildert wird: „Die Hochzeiten waren früher viel schöner als heute. Und viel festlicher. Viele Leute waren dabei. Flügelhörner wurden geblasen, und mit Rössern ist gefahren worden. Das war schön." Bei Hochzeiten wurden Sängergruppen oder Instrumentalmusiker aktiv, die es z. B. als „Oberwenger Sänger" heute noch gibt. Ihre Aufgabe war es, bei Feiern oder Vergnügungen den musikalischen Rahmen zu gestalten. Hochzeiten von größeren Bauern waren sowohl Demonstrationen wirtschaftlicher Macht als auch Gelegenheiten des Zusammentreffens. Diese Gemeinschaftsfunktion war früher, als die bäuerliche Wirtschaftsform noch im alten Sinn intakt war, wesentlich bedeutsamer als heute. Damit will nicht gesagt sein, daß nicht auch heute gewisse gemeinschaftliche Aktionen weiter gepflogen werden. So z. B. das Eisstockschießen, zu dem sich die Bauern und auch die Knechte mitunter auf dem zugefrorenen Gleinkersee treffen.

Obwohl der Sonntagnachmittag dem Dienstboten zu seiner freien Verfügung stand, konnte er sich nicht ganz der Kontrolle des Bauern entziehen, der ja daran interessiert war, daß der Knecht am Montag wieder voll einsatzfähig war. Die Tochter eines früheren Großbauern erzählte dazu: „Mein Vater hat immer (vor dem Krieg) genug Leute gehabt. Manche waren viele Jahre da, weil er gut gezahlt hat. Damit die Leute am Samstag oder Sonntag nicht fortgehen, hat er hinten beim Hof eine Kegelbahn bauen lassen. Dort hat der Vater mit ihnen Kegel geschoben. Auch hat er sich öfters auf d'Nacht mit den Leuten zusammengesetzt und mit ihnen Karten gespielt. Wir Kinder sind bei ihm gesessen und haben das Geld aufgehäufelt. Mein Vater hat die Leute recht gut behandeln können."

Die folgende Passage aus einem Interview mit einem vor dem Zweiten Weltkrieg tätigen Knecht verweist ebenso auf diese Thematik: „Daß man sich an einem Sonntag wirklich gehen hat lassen können, hat es nicht gegeben. Ab und zu ging ich in ein Theater, das im Theatersaal beim Grundner aufgeführt wurde. Der Bauer hat oft zu uns gesagt, das hat er nicht gerne, wenn wir am Sonntag fortrennen und herumleischen (die Gasthäuser aufsuchen), denn dann sind wir am Montag nicht ausgeschlafen und schauen blöd drein. Es ist immer geschimpft worden. Viel Geld hatte ich ja nicht, was hätte ich auch tun sollen? Und im Gasthaus haben sie wegen der Politik gestritten. Ich habe mich da nie eingemischt. Denn ich habe mir gedacht: der eine redet so und der andere wieder ganz anders. Ich habe mir da gedacht: habt's mich gern!"

Nicht uninteressant an dieser Schilderung ist der Hinweis auf den Theatersaal, denn der spielte auch in meiner Bubenzeit eine wichtige Rolle. Dieser Saal diente nicht nur dazu, daß Wanderbühnen oder Laiengruppen ihre Stücke aufführten, sondern es wurden auch regelmäßig Filme von einem herumziehenden

Kino-Unternehmen der neugierigen Bevölkerung gezeigt. Bis gegen Ende der vierziger Jahre dürfte dieser Saal die Funktion als Vorführraum gehabt haben, erst dann wurde im sogenannten Alpenhof ein Kinosaal eingerichtet, der bis in die siebziger Jahre existierte, bis die Konkurrenz des Fernsehers zu groß geworden war.

Für die Sonntage waren früher auch die, allerdings sehr seltenen, Sportveranstaltungen wie Rodelrennen interessant, die bereits nach der Jahrhundertwende vom Alpenverein durchgeführt wurden. Eine besondere Attraktivität genoß in den zwanziger Jahren und auch später das Schispringen, das als sensationell und „unglaublich" gesehen wurde. Um daran teilzunehmen, scheute man auch keine langen Fußmärsche, wie eine Bäuerin erzählt: „1926 war am Kalvarienberg in Windischgarsten ein Schispringen. Meine Mutter ist vom Lofer (in der Nähe des Bosrucktunnels) dorthin zu Fuß gegangen. Sie hat gemeint, das könne sie sich nicht vorstellen, daß man mit den Schiern springen kann. Das wollte sie sehen." Das besondere Interesse an Sportveranstaltungen dieser Art, die etwas Festliches an sich hatten, dauerte bis in die späten fünfziger Jahre in dieser Intensität fort, als noch im Gebiet von Spital am Pyhrn eine Sprungschanze, die Hans-Steiner-Schanze, Zuschauer anzog. Heute ist ein solches Interesse wohl vorhanden, aber in einer anderen Weise als früher, es fehlt die Vorstellung von der festlichen Besonderheit der betreffenden Veranstaltung.

Einen festlichen und herausragenden Charakter hatten auch die sogenannten „Kirtage", die auch heute noch im August in Windischgarsten angesetzt sind. Für die bäuerliche Bevölkerung bedeutete der Kirtag einen Blick in die Welt. Hier wurden Dinge angeboten, die neu waren, und hier fiel man — früher eher als heute — auf Leute herein, die mit Tricks ihre Dinge an den Mann zu bringen suchten. Ich erinnere mich, daß mir als Kind besonders diverse halbmedizinische Gaukeleien auffielen, mit denen den Kirtagbesuchern Gesundheit, ein langes Leben u. ä. versprochen wurden. Wohl ist diese Tradition bis heute ungebrochen, doch früher scheint man eher — eben weil das Wissen und die Informationsmöglichkeiten sehr gering waren — Abnehmer solcher Waren auf dem Kirtag gefunden zu haben. Für den jungen Burschen bot der Kirtag aber ebenso die Gelegenheit, mit Mädchen in Kontakt zu kommen. Das rote Lebkuchenherz oder die in der Schießbude erkämpfte Papierblume waren Symbole, die dem Mädchen die Zuneigung ihres Verehrers offenlegten. Das Umhängen eines solchen bei einem Zuckerstand gekauften Herzerls verriet dem Mädchen ohne viele Worte, daß der Bursch um sie warb. Für Mädchen und Burschen war daher der Kirtag vielleicht noch wichtiger als andere Veranstaltungen, bei denen man sich näherkommen konnte. Man freute sich daher auch regelmäßig schon lange auf diesen Tag des Tumults, der Festesfreude und der Späße. Der Kirtag mit seinem fahrendem Volk, den Schaukeln, Schießbuden und anderen Belustigungen war also nicht nur ein Tag, an dem man Gegenstände des täglichen Bedarfs, wie Kleider, Bürsten usw. erwerben konnte. Von besonderem Reiz waren die Schaukeln und die Ringelspiele, die den jungen Burschen Bilder der Erotik versprachen, wenn die Röcke der schaukelnden und herumwirbelnden Mädchen flogen, die sich eifrig bemühten, sie zwischen den Knien zu halten.

Ähnliche Bedeutung wie die Kirtage hatten auch die Tage, an denen andere landfahrende Leute mit ihren Schaukeln, Schießbuden, Tierschauen und Zirkussen sich im Ort einfanden. Dabei hatte man Gelegenheit, auf Kamelen zu reiten, Rosen zu schießen, mit Mädchen Späße zu machen oder allgemein fremde „Welten" und Menschen zu sehen. Tage dieser Art waren somit Ausritte aus der Enge des Bergbauern in die Welt der Seiltänzer und Zirkusse. In den letzten Jahrzehnten, als neue Verkaufsstrategien über die Medien aufkamen, und sich die strengen Normen, die die Beziehungen zwischen den jungen Menschen regelten, lockerten, erfuhr auch der Kirtag eine Änderung. Aus einer früher für die Landbevölkerung wichtigen Einrichtung, wurde eine folkloristische Veranstaltung, die im Rahmen des Fremdenverkehrs dem Sommergast Ländlichkeit vorsetzt.

Zum Thema Festtage gehört noch ein Brauch, dessen Notwendigkeit sich verloren hat. Ich erinnere mich, daß noch Ende der vierziger und Anfang der fünfziger Jahre vor allem zum neuen Jahr eine Reihe armer Leute bzw. armer Kinder zu den Bauernhäusern, aber auch zu den Bürgerhäusern im Ort marschierte, um dort ein „Gutes Neujahr" zu wünschen. Mit dem Wunsch war auch regelmäßig eine kleine Gabe der Bauersleute verbunden, entweder Krapfen, eine Bäckerei oder eben ein paar Groschen bzw. Schillinge. Diese Betteleien gab es auch im Fasching oder zu Ostern. Als ich in die Volksschule ging, schloß ich mich gerne solchen Bubengruppen an, die maskiert in den Faschingstagen zu einzelnen Häusern gingen und dort irgendwelche Liedchen vorsangen, um dafür eine Kleinigkeit zu erhalten. Man wußte, die Wünsche müssen belohnt werden, will der Bauer kein Unheil für das kommende Jahr auf sich laden. Mit diesem Herumwandern zu den einzelnen Bauernhäusern bis hoch in die Berge hinauf, verband sich eine sehr wesentliche soziale Funktion, die eine alte Tradition haben dürfte und die den Armen des Ortes die Chance gab, zumindest zu der Neujahrszeit einmal ausgiebig zu essen oder zu Geld zu gelangen, um dringende Bedürfnisse, die gerade in der Winterszeit besonders auftraten, befriedigen zu können. Mit der Einrichtung der Notstandshilfe oder des Arbeitslosengeldes erübrigte sich wohl dieser Brauch.

Bergbauernfamilie am Sonntagnachmittag — Zeit der Muße (um 1925)

Die Problematik des Streits

Charakteristisch für die frühere bäuerliche Gemeinschaft war, daß Streit, Neid bzw. Konflikte zwischen den Nachbarn als schädlich und sogar gefährlich empfunden wurden, denn sie konnten für das gemeinsame Wirtschaften hinderlich sein. Einem andauernden Streit, der die betreffenden Bauern auf längere Zeit hin auseinanderbrachte, suchte man zu begegnen. Dies wird in den Gedanken eines früheren Knechts, der auch ein bekannter Raufbold war, hervorgehoben: „Wenn die Leute früher sich zerkriegt haben, hat es nicht lange gedauert, bis sie wieder eins gewesen sind. Wenn einer frech war, habe ich gesagt: ‚Das nächste Mal kriege ich dich schon.‘ Wenn es dann gepaßt hat, hat es gerauscht, dann war es wieder gut. Man ist ja aufeinander angestanden, die Leute haben sich gebraucht.“ Auch in der folgenden Erzählung einer alten Bäuerin werden Problematik und Ursachen des Streits angedeutet. „Wie der Traktor gekommen ist, war es gar aus mit dem Zusammenhalt. Ja, mein Gott, hie und da war es früher halt zum Keppeln (Schimpfen), aber nicht oft. Gestritten ist worden, wenn es wegen der Grenze etwas gegeben hat. Es war zum Streiten, wenn der Grenzstein gerückt worden ist. Gestritten haben sie, bis einer nachgegeben hat. Zum Gericht gehen wollten sie nicht. Es ist alles selbst ausgemacht worden, denn wenn man zu Gericht geht, kommt nichts Gescheites heraus. Man soll immer ein Auge zumachen. Es heißt: ‚Mehr als dumm muß man es nennen, wenn Bauern keinen Grenzstein kennen.‘“

Zum Streit um die Grenze kam es dann, wenn z. B. die Haselstauden, die an der Grenze zwischen Grundstücken standen, umgeschnitten wurden und kein Grenzstein vorhanden war. Dabei waren echte und längere Streitigkeiten zu befürchten.

Bauern, die anderen wegen der Grenze Schwierigkeiten machten, waren nicht unbedingt angesehen, wie eine Bäuerin schildert: „Wer früher bei der Grenze eine Ruhe gegeben hat, der hat auch sonst eine Ruhe gegeben. Und wer heute keine Ruhe bei der Grenze gibt, gibt auch sonst keine Ruhe." Als ich diese Bäuerin auf die Einrichtung des Grundbuches ansprach, meinte sie: „Zum Grundbuch kann man nicht immer rennen. Und außerdem ist das mit dem Grundbuch oft der größte Schwindel, wenn einer Geld hat . . . Man hat sich meist das mit der Grenze selbst ausgemacht. Hie und da fehlt halt ein wenig. Kann man auch nichts machen . . ." Aus diesen Sätzen geht hervor, daß man solchen Streitigkeiten eher vorbeugte, denn man wußte über die Problematik eines Zusammenlebens von hadernden Menschen. Eine sichere Beendigung von Streitigkeiten stellte ein Todesfall in der Familie eines der hadernden Bauern dar. Der Tod würde jeden Streit beilegen, erzählt man.

Sterben, Tod, Aufbahrung —
Frömmigkeit und Unterhaltung

Zur bäuerlichen Welt gehörten wesentlich auch die Beschäftigung mit dem Tod sowie viele mit dem Tod verbundene Riten. Teil der besonderen Frömmigkeit und des Glaubens an überirdische Kräfte war die Überzeugung, daß der Tod vorherbestimmt sei und daß Zeichen den Tod eines Menschen ankündigen. Dazu zählt z. B. die Vorstellung, eine Uhr sei stehengeblieben, weil in dieser Minute ein Verwandter gestorben sei. Aus einigen Schilderungen kann man schließen, daß die Gefahr, als scheintot begraben zu werden, den Menschen häufig quälte. Geschichten, in denen Scheintoten ihr Leben wiedergegeben wurde, sind nicht selten. Aus dem Interview mit einem 50 Jahre alten Bauern bringe ich dazu zwei Erzählungen: „Die Tochter von einem Großonkel des Vatern, Hanni hat sie geheißen, ist gestorben. Sie hatte einen Freund, der sie recht gern gehabt hat. Sie wurde aufgebahrt daheim. Dabei hat sie einer bei den Zehen gekitzelt, und sie hat gezuckt. Ihr Verehrer hat sie angegriffen, und dann ist man draufgekommen, daß sie noch lebt. Oder ein anderesmal ist ein Bub mit 12 Jahren von einem Ochsen, den er geweist (geführt) hat, getreten worden. Ein paar Tage später hat er Wundstarrkrampf bekommen und ist gestorben. Er wurde in der Friedhofskapelle aufgebahrt. Dabei hat er gesehen, wie die Leute ihm weiße Blumen gebracht haben. Er hat nun mit einer Hand eine kleine Bewegung gemacht, die einer gesehen hat. Dadurch hat man gesehen, daß er nicht tot ist. Der Bursch hat noch lange gelebt, er ist 80 Jahre alt geworden."

Grundsätzlich war lediglich der Tod eines Mitgliedes der bäuerlichen Familie von Bedeutung. Dienstboten, die auf dem

Hof starben, wurden selten durch eine entsprechende Aufbahrung geehrt, ihr Sterben wurde oftmals verdrängt, und erst recht das Sterben der alten, nicht mehr einsetzbaren Dienstboten, der Einleger.

Es gab aber auch Bauern, die sich um diese Armen und Alten z. T. recht liebevoll kümmerten. War jemand auf dem bäuerlichen Hof schwer erkrankt und rechnete man damit, daß er sterben würde, so wurde oft gemeinsam mit dem Arzt der Pfarrer verständigt, damit er den Kranken „versehen", ihm also die „Letzte Ölung" geben möge. Sah man, daß der Kranke am Sterben war, so versammelten sich die Familienmitglieder und auch das Gesinde um ihn, den Sterbenden. Er war also beim Sterben nicht allein. Er fühlte, daß Menschen, die ihm lieb waren, ihn in seiner schweren Stunde beistehen. Aber auch als Toter blieb er zunächst nicht allein. Der Tod vor allem eines Mitgliedes der bäuerlichen Familie wurde rituell besonders dargestellt. Die Gemeinschaft, die Verwandten, die Freunde und die Nachbarn, wurde benachrichtigt, um sie an der Aufbahrung des Toten teilhaben zu lassen. Dabei handelte es sich geradezu um eine öffentliche Veranstaltung, bei der die Besucher auch etwas erwarteten, z. B. eine halbwegs gute Jause oder eben menschliche Kontakte. Man betete gemeinsam und unterhielt sich schließlich im Anschluß an die Totenwache. Demonstrativ erfolgte daher die allen zugängliche Aufbahrung des Toten in seinem früheren Wohnhaus, zu der drei Tage hindurch Nachbarn und Bekannte zur sogenannten Totenwache kamen. Der Tote lag für gewöhnlich, auch während des Tages, in einem offenen Sarg, der sich auf zwei Schragen aufliegenden Brettern befand.

Sehr detailliert geht eine Bäuerin auf die Totenwache ein, wobei sie besonders auf die Frömmigkeit, die sich dabei manifestierte, hinweist:

„Ist ein Bauer gestorben, ist an drei Tagen hintereinander gebetet und gesungen worden. Der Tote wurde damals ja noch im Haus aufgebahrt. Ist jemand gestorben, hat man es einmal gemeldet. Da ist zuerst der Doktor gekommen, dann hat man es dem Pfarrhof gemeldet und ein Ansager hat es den Leuten gesagt. Und alle drei Tage haben wir auf d'Nacht gesungen und gebetet. Meist waren unsere Leute im Schlafzimmer aufgebahrt.

Jeden Tag nach dem Beten haben die Leute etwas zu essen bekommen. Das ist die Wegzehrung für den Toten für diesen Tag. Vorher wurde der Rosenkranz gebetet und Totenlieder gesungen. Auch die Leute, mit denen man zerstritten war, sind zum Beten gekommen, denn es heißt: vor einem Toten muß man Frieden schließen. Zum Essen nach dem Beten haben die Leute Hausbrot und Most bekommen. Manche haben schon während des Singens gegessen. Es wurden schöne Lieder gesungen." Als ich nach dem Text solcher Lieder fragte, singt die Frau mir als Beispiel folgendes vor: „Leise klopft es an der Pforte, ein armes Mütterlein, das tritt herein. Sie wäre hier für ihren Sohne, sie möchte so gern seine Pflegrin sein. Arme Mutter sprach die Nonne, Euer Sohn, der lebt nicht mehr. Er ist soeben jetzt verschieden, seine Leiden waren so schwer. Leise tritt sie hin zum Bette und reißt das Leintuch dann herab . . ."

Die Bäuerin fährt fort: „Solche Lieder haben wir bei der Nachtwache gesungen. Ein anderes hat geheißen: ‚Lieber Gott, Vater im Himmel, du hast mir mein Liebchen geraubt. Es gibt ja der Mädchen so viele, aber keine wie sie.‘ Das war auch ein schönes Nachtwachterlied. Wir haben noch andere gehabt. Schön gesungen wurde meistens. Nach dem 3. Tag wurde der Tote im Sarg hinausgetragen. An der Haustür haben sie ein Kreuz gemacht und dreimal wurde der Sarg in der Haustür in Kreuzform gedreht. Darauf wurde eine brennende Kerze am Türstock gelöscht. Jemand vom Haus ging dann in den Stall, um den Tieren zu sagen, daß z. B. der Bauer gestorben ist und nun weggetragen wird."

Interessant an dieser Erzählung ist wohl, daß durch die Aufbahrung im Bauernhaus und durch das gemeinsame Beten und Singen mehr oder weniger intensive menschliche Kontakte gepflegt werden. Als gemeinschaftliche Angelegenheit hat die Aufbahrung somit auch einen konfliktbereinigenden Charakter. An die drei Tage der Aufbahrung schloß sich schließlich die Überführung des Toten im Sarg auf einem von Rössern gezogenen Wagen ins Tal, zum Friedhof von Spital am Pyhrn an. Die Angehörigen begleiteten den Wagen und beteten dabei. In der Kirche fand darauf das Requiem statt. Zu Ende war es mit der Totenwache, dieser wichtigen Form der Verabschiedung des

Toten, als durch die moderne Sanitätsgesetzgebung Aufbahrungen im Haus untersagt wurden. Stirbt heute jemand auf einem Bauernhof, so wird unmittelbar nach der amtsärztlichen Totenbeschau der Tote von einer Leichenbestattungsinstitution abgeholt und in die Leichenkammer des Friedhofes gebracht. Auffallend an der obigen Schilderung ist übrigens auch der Hinweis auf die enge Beziehung zum Tier, welches als zur Familie gehörig betrachtet wurde. Die kreuzförmige Drehung des Sarges in der Haustür deutete mir eine Bäuerin, die auch auf die Leichenzehrung zu sprechen kommt: „Die drei Kreuze mit dem Sarg haben den Sinn, daß nicht gleich jemand hintennach stirbt. Nach dem Begräbnis war in einem Gasthaus das Essen. Meist gab es dabei Rindfleisch mit Semmelkren. Meist ging es gegen Ende schon recht lustig zu."

Die Totenriten waren also auch Ereignisse, welche Abwechslung schafften. Vergnügliche Unterhaltungen ergaben sich daraus mit einiger Konsequenz. Dies erzählte mir eine Bäuerin so: „Drei Tage ist gebetet und gesoffen worden. Aber gebetet haben sie nicht soviel, damit hatten sie nicht so eine Freude, aber mit dem Trinken."

Diese gesellschaftlich verbindende und auch Abwechslung bietende Funktion der Totenwache, die sogar als Gelegenheit gesehen wurde, um mit einem Mädchen bzw. einem Burschen in Kontakt zu kommen, skizzierte schließlich ein über achtzig Jahre alter Bauer: „Beim Nachtwachen ist es oft überlustig zugegangen. Oft sind sie bereits angeheitert gekommen und haben sogar zum Jodeln angefangen. Die Stube war oft voll, auch junge Menscher waren da. Alle haben ein Gsetzerl Rosenkranz gebetet. Das war alles auf d'Nacht. Der Tote ist auch am Tag nicht zugedeckt dagelegen. Das hat niemand gestört. Auf d'Nacht nach dem Nachtmahl sind die Nachtwachen losgegangen. Dazu hat es eine Jause gegeben. Manche sind nur wegen der gekommen und wegen des Saufens. Most und Schnaps hat es gegeben. Die jungen Burschen haben, wenn sie angeheitert waren, auf die Dirndln draußen gepaßt, bis sie herauskommen. Im Finstern haben sie sie eingefangen. Das war Brauch so."

Man sieht, die Trauerveranstaltung wurde von den Personen, die wahrscheinlich in keinem besonderen Nahverhältnis zu

den Verwandten des Toten standen, auch zu eher unterhalten-
den Zwecken benutzt. Sie stellt sich somit auch als Institution
dar, die es ermöglicht — zusätzlich zu Hochzeiten u. ä. —, z. B.
Mädchen kennenzulernen oder einfach, um wieder einmal in
Gesellschaft zu trinken. Daß jedoch die mit der Totenwache
verbundenen, eher heiteren Formen der Kommunikation nicht
unbedingt die Zustimmung aller Beteiligten fand, ist aus den
folgenden Gedanken einer älteren Bäuerin herauszulesen: „Es
ist gut, daß es diese Totenwachen nicht mehr gibt und daß sich
diese Auswüchse aufgehört haben. Ich habe das nicht gerne gehabt, es hat mir nicht gepaßt. Die Trauernden haben getrauert,
haben gelitten und die anderen haben gelacht. Ich sage oft, um
das ist kein Schaden. Die einen haben gerehrt (geweint) und die
anderen haben sich gut unterhalten, sie haben gesoffen und gefressen. Für die Angehörigen ist es ja keine Gaudi, aber es war so
Brauch. Auch wenn ein Kind gestorben ist, war es so." Bei den
Totenwachen mischte sich also Frömmigkeit oft mit geheuchel-
ter Anteilnahme, der Suche nach Kontakten und der Freude an
Essen und Trinken.

In der bäuerlichen Welt werden also die mit dem Tod zusammenhängenden Riten zu öffentlichen Ereignissen, an denen
Nachbarn und Freunde teilhaben. Die gemeinsame Trauer hilft
den Betroffenen wohl auch, mit der durch den Todesfall einge-
tretenen psychischen Belastung sowie — falls der Tote noch
wichtige Funktionen auf dem Hof hatte — mit der neu eingetre-
tenen Situation fertig zu werden. Bei der Totenwache ist der
Verstorbene im Mittelpunkt der Aufmerksamkeit der Versammelten. Er ist direkt präsent und man kann ihn sehen. Das Ab-
singen von Liedern und eventuelle Erzählungen über sein Leben
erfüllen die Funktion, die Bande an den Toten zu stärken, aber
auch ein künftiges Leben nach dem Tod zu preisen. Ein solches
Totenritual soll die Angst des Menschen vor dem Toten und
schließlich vor dem Tod selbst zurückdrängen, um den Glauben
an die Unsterblichkeit zu bestärken. Diese Überzeugung des
Menschen vom Weiterleben nach dem Tode ist die vielleicht
größte Gabe der Religion und sie bedarf der frommen Gebete
und Lieder, über die gerade die bäuerliche Lebenswelt in großem Maße verfügt.

Der Tod erscheint auch für die Menschen auf dem Bauernhof als große Bedrohung, denn er schafft Verwirrung, Trauer und mitunter auch Schwierigkeiten, die sich auf die Arbeitsteilung auf dem Hof beziehen. Entsprechende Frömmigkeit und eben diverese Totenrituale bieten aber nun die Möglichkeit, mit dem allen fertigzuwerden und den trauernden Menschen zu entlasten. Die vielleicht wichtigste Funktion stellt jedoch eine gewisse Heiterkeit bzw. humoristisches Verhalten als Beziehung zum Leben dar, welches zur Frömmigkeit hinzukommt und eine Entlastung anbietet. Allerdings kann es, wie wir gesehen haben, zu Übertreibungen kommen, die von den Angehörigen nicht immer akzeptiert werden. Der Tod gehörte also zum Leben, wurde nicht verdrängt, denn er garantierte den Übergang in ein „anderes Leben". Bei der Aufbahrung des Toten wurde dies in Liedern festgehalten und durch Trinken und Essen rituell verfestigt. Eine Scheu vor dem Toten kannte man nicht, man wollte ihn vor der Beerdigung nicht alleine lassen, er gehörte weiter zur Gemeinschaft.

Mit dem Ritual der Aufbahrung verbindet sich tiefe Frömmigkeit, für die Leben und Tod eins zu sein scheint. Die bäuerliche Kultur mit ihrer frommen Begegnung des Todes unterscheidet sich damit wesentlich von modernen bzw. städtischen Kulturen, in denen der Tote hinausgedrängt wurde aus dem Alltag des Menschen in die Leichenhallen der Krankenhäuser und Friedhöfe. Die Frömmigkeit des Menschen war also eng mit dem Tod verknüpft. Der Tote wurde nicht von den Lebenden ferngehalten, sogar die Kinder traten in Kontakt mit dem Toten. Sie lernten so den Tod als selbstverständlich begreifen. Der Tote wurde nicht den Lebenden entzogen, er blieb bis zur Beerdigung in seinem Haus bei seinen Verwandten, Nachbarn und Freunden, die es als natürlich empfanden, in seiner Anwesenheit zu essen und zu trinken. Most und Brot standen neben dem offenen Sarg und man langte tüchtig zu. Hier wird der Unterschied zu den modernen, rationalen und angeblich hygienischen Praktiken deutlich, die den Toten in die Gefrierboxen der Kühlräume der Krankenhäuser verbannen. Es haben sich eventuell neue Formen der Frömmigkeit entwickelt, jedoch die alte Frömmigkeit, für die der Tod stets anwesend war und die den Tod nicht verdrängen wollte, verschwand grundsätzlich.

Einige Totenlieder, die aus einer handschriftlichen Liedersammlung aus Spital am Pyhrn stammen, sollen ergänzend zu
den bereits zitierten einen Eindruck davon vermitteln, mit welchen Themen man sich bei den Totenwachen befaßte: nämlich
mit der „ewigen Seligkeit", und daß durch Beten und gottge-
wolltes Handeln die Gnade Gottes erreicht werden kann.

Die zehn Altersstufen

Wird euch das Lied daher gefallen,
Von zehn bis hundert angeführt,
Es wird darin in den zehn Zahlen
Das Menschenleben expliziert.
Was ist der Mensch dann, ein Meisterstück aus Schöpfershänden,
Am Körper schwach, an Weisheit blind, trotz seinen Gaben und Talen-
ten
Ist er bis zehn Jahre noch ein Kind.

Und dann mit 20 ist er ein unerfahrener Jüngling, der alles wissen,
kennen will, da kommt die Lieb, macht ihn zum Dümmling, verdirbt
sein ganzes Lebensziel.

Und dann mit 30 ist er ein Mann, in vollen Kräften und die Vernunft
tritt wahrhaft ein, weiht er sich nützlichen Geschäften, kann er sich
einst des Lebens freun.

Und dann mit 40. Dies ist die schönste Lebensstufe, er schaukelt Spros-
sen auf dem Schoß und ist er glücklich im Beruf, so ist beneidenswert
sein Los.

Und dann mit 50 umrungen im Familienkreise, wenn er als Vater sich
entzückt, steht er nun still an seiner Reise, und lebt zufrieden und be-
glückt.

Und dann mit 60, da sieht man schon im Angesichte, daß sich nun fängt
das Alter an, erwartet er die süßen Früchte, die er einst Gutes hat getan.

Und dann mit 70 sitzt er in seiner eignen Mitte, so freut er dennoch sich
als Greis und wirft empfindungsvolle Blicke zurück auf seine Lebens-
reis.

Und dann mit 80. Da geht die Weisheit schon zu Grunde, er bittet
täglich Gott den Herrn um eine süße Abschiedsstunde und lebt noch
immer herrlich gern.

Und dann mit 90, da wird er, was er einst gewesen: ein Kind, doch andern nur zum Spott, drum sind die Worte auserlesen, lebt er bis 100 Gnad von Gott.

Und dann mit 100: Dies Los ist wenigen beschieden, drum Menschen, strebt nach Jugendruhm und wandelt froh im süßen Frieden hinüber ins Elisium.

Das Menschenleben, eine kurze Freud, welcher Baum, wenn kommt seine Zeit,
Der nicht wird bringen gute Frucht, denselben hat Gott längst verflucht.

Bet fleißig und wach alle Stund, Du weißt nicht, wann der Herr ankommt,
er tragt mit sich die Himmelskron, ach Jesus Christus Gottes Sohn.

Die Augen aus dem Himmelsthron, die sehen auf das Gute schon,
Die Ohren hören das Gebet, das Himmelstürlein offen steht.

Bet fleißig und für und für, es möcht sonst einmal reuen Dir,
Warte auf Gott Deinen Herrn, wie die fünf klugen Jungfräulein.

Die Ampel muß dein Herze sein, zünd an das Licht im Herzen dein
Mit Lieb und Glauben zier dein Leib, dies ist das schönste Hochzeitskleid.

Der Heiland sprach, das Himmelreich ist einem mächtigen König gleich,
der macht sein Sohn ein Hochzeitsfest, und ladet ein viel fremde Gäst.

Der König ging in den Palast, fand darin einen fremden Gast,
Und spricht zu ihm: „Du fremder Mann, du hast kein Hochzeitskleid nicht an."

Der König seinen Dienern hieß, sie solln ihm binden Händ und Füß
Und werfen ihn in den Kerker hinein, da wird ein Heulen und Weinen sein.

O, wie war das eine schreckliche Tat, weh dem, der dies verdienet hat.
Gott behüt uns Christenleut, und schenke uns die ewige Seligkeit.

Emma die Totenbraut

Sie ist daheim und schläft den Todesschlummer,
Die mir so teuer hier auf Erden war,
Da liegt sie nun ganz frei von Sorg und Kummer,
Im Hochzeitskleid hier auf der Totenbahr.
Ihr Haupt geziert mit einem blauen Kranze,
Ihr blondes Haar wallt ihre Brust herab,
Ach Gott, so ausgeschmückt im myrthenreichen Glanze,
Senkt man sie bald ins morsche kühle Grab.

Schon stehn sie da, die harten Leichenbrüder,
O schaut mich doch so gräßlich nur nicht an,
Seht hin auf sie, erstarrt sind ihre Glieder,
Vollendet hat sie ihren Lebenslauf.
Was wollt Ihr tun? Mich überfällt ein Grauen,
O schließt nur jetzt den Totensarg nicht zu.
Nur einen Augenblick laßt mich ihr Bild beschauen,
Dann tragt sie hin zur ewig stillen Ruh.

Gehabt dich wohl du holde teure Schöne,
Dein Hochzeitsschmuck ist bloß von Rosmarin,
Nimm hin die heiße wehmutsvolle Träne,
Und diesen Kuß der ewigen Treue hin.
O schlummre sanft im Mutterschoß hienieden,
Bis dich der starke Welt-Posaunenschall
Aus deinem Grabe ruft zum ewig stillen Frieden,
Hinauf ins blaugwölkte Himmelsall.

Dort werd ich dich Verklärte wieder finden,
Dort unter Millionen Engelschar,
Dort wird mein Geist mit deinem sich verbinden,
Ja, dort vor Gottes heiligem Traualtar.
Dort werd ich Dich, Du Himmelsbraut erkennen,
Dort bist du Emma, unzertrennlich mein,
Dort wird der Sensenmann uns beide nicht mehr trennen,
Dort werden wir ja stets beisammen sein.

Horch! Horch, wie schaurig tönt das Grabgeläute,
Doch nichts stört dich aus deiner süßen Ruh,
Man trägt dich jetzt hinaus ins Grabgebäude,
Dort deckt man dich mit kühler Erde zu.
Schon höret man die Trauermusik schallen,
Verschlossen wird das enge Totenhaus,

Ach Emma, hörtest Du das Weinen von uns allen,
Die dich begleiten jetzt zum Grab hinaus?

Gehab dich wohl, ich folge deiner Leiche,
Mir blüht auf Erden keine Freude mehr,
Schon schwebt Dein Geist im fernen Himmelreiche,
Ach, ohne dich zu sein ist schwer.

Ja, ich will knien dort am Verwesungsgrabe,
Wo mich umweht des Grabes kühle Luft,
Dort will ich sehnsuchtsvoll die heilige Stund erwarten,
Bis mich auch einst des Todes Stimme ruft.

Totenlied

Nun jetzt muß ich von Euch scheiden,
Liebste Freund und Kinder mein.
Muß verlassen alle Freuden,
Und muß in das Grab hinein.
Muß unter die kühle Erden
In die schwarze Totenbahr,
Und zu Staub und Asche werden,
Muß verfaulen ganz und gar.

Behüt Euch Gott und lebt in Freuden,
Ach ihr liebsten Kinder mein,
Weil ich jetzt von euch muß scheiden,
Und muß in das Grab hinein.
Das tut mich am besten kränken,
Daß ich muß von Euch so g'schwind,
Tut's bisweilen auf mich denken,
Schlagt's mich nicht so g'ring in Wind.

Behüt Euch Gott, die allhier stehen,
Liebste Schwester, und Brüder mein!
Ich werde Euch wohl nicht mehr sehen,
Lebet wohl ihr Nachbarn mein.
Ich bitte Euch, Ihr werdet verzeihen,
Wann ich Euch was Leids getan,
Denn es geht mir sehr zu Herzen,
Daß ich muß so g'schwind davon.

Und Ihr Gevattersleut desgleichen,
Behüt Euch Gott, jetzt muß ich fort,
Und muß von der Erde weichen,
Und muß auf einen andern Ort.
Behüt dich Gott und leb in Freuden,
Ach du liebster Gegenteil mein,
Ich will dort fleißig für dich bitten,
Bete für die Seele mein.

Ich hoffe du wirst mir's verzeihen,
Wenn ich dir was Leid's getan,
Gott wird Dir sein' Gnad verleihen,
Und sich Deiner nehmen an.
Nun jetzt will ich ewig wandern,
Gute Nacht, ich muß davon,
Euren Gang wird Gott belohnen,
Den ihr mir zu Lieb getan.

Frömmigkeit und Magie im Leben von Bauern — die Abhängigkeit vom Übernatürlichen

Die bäuerliche Kultur ist durch eine ungemein klare und enge Beziehung zum Boden, zum Tier und ganz allgemein zur Natur, von deren „Segen" und Unbilden man sich abhängig wußte, bestimmt gewesen. Ein Einfluß auf den natürlichen Ablauf des Jahres und überhaupt des Lebens schien der bäuerlichen Bevölkerung vorrangig durch die Religion und deren rituelle Akte möglich zu sein. Die bäuerliche Welt ist eine Welt, in der die Abhängigkeit von natürlichen Dingen wie Sonnenschein, Schnee, Regen, Wind, Wetter und die Fruchtbarkeit von Pflanze und auch Tier existentiell ist. Der Gebirgsbauer war bis in die fünfziger Jahre, obwohl arm, so doch überwiegend autark. Er konnte mit den Dingen, die er auf dem Hof selbst erzeugte, bescheiden leben. Geriet durch Gewitter oder frühen Schnee die Ernte in Gefahr, so bedeutete dies für die bäuerliche Familie und auch das Gesinde eine existentielle Bedrohung, mit der man durch eine besondere Art der Frömmigkeit fertig zu werden versuchte.

Die Kultur der Bauern entwickelte eine Vielzahl von Riten und Glaubensvorstellungen für alle möglichen Anlässe und Wendepunkte des Lebens. Den Kern solcher Riten bilden wohl die physiologischen Phasen, in die der Mensch eingebunden ist. Schwangerschaft, Geburt, Krankheit und Tod wurden rituell abgesichert und mit Formalismen überzogen. Aber es sind nicht nur diese Wendepunkte im menschlichen Leben, die den Bauern zu religiöser Aktivität anregen, sondern auch und vor allem jahreszeitliche Abschnitte, Weihnachten, Ostern, diverse Feiertage bzw. Sonntage und schließlich die täglichen Mahlzeiten.

Man weiß, zur eigenen harten Arbeit am Feld und im Wald bedarf es auch einer entsprechenden „übernatürlichen" Hilfe durch ein Wesen, das tatsächlich über der Natur steht und auf diese einwirken kann. Eine Vielzahl von Riten und Gebetsformeln haben einen magischen Charakter. Dies insofern, als mit ihnen ein künftiges Ereignis bezweckt werden soll.[11]

Brauch und Magie haben eine sehr wichtige Funktion hinsichtlich der Festigung der Gemeinschaft und der Tradition. Uns interessieren hier zunächst die vielen Gebete, die mit dem bäuerlichen Alltag verknüpft waren und die Funktion hatten, die Existenz des Lebens zu schützen.

Die Gebete

Das Vorhandensein von Nahrung ist gerade für den Ackerbau treibenden Menschen eine wesentliche Bedingung seines Lebens. Erst wenn die Nahrung ausreichend vorhanden ist, kann er sich mit anderen Aspekten der Kultur beschäftigen. Die Gebete beim bäuerlichen Tisch, wie sie von den Bauersleuten und dem Gesinde gesprochen werden, haben somit den Sinn, den Mangel an Nahrung zu verhüten. So erzählt eine alte Bäuerin: „Am Beginn des Essens haben wir zuwabet (hinzugebetet) und nach dem Essen dannabet (weggebetet). Jedesmal ein Vaterunser und ein Gegrüßet-seist-du-Maria. Wir haben auch jeden Samstag einen Rosenkranz gebetet, auf d'Nacht, nach dem Nachtmahl. Im Winter haben wir uns in der Stube hingekniet, einer hat vorgebetet. Und im Sommer sind wir nach der Arbeit hinausgegangen, ins Freie. Vor dem Rosenkranz haben wir ein Glaube-an-Gott gebetet. Wenn wir draußen den Rosenkranz gebetet haben, sind wir nachher wieder ins Haus. Das ist bei uns immer so gewesen. Bereits in der Früh, wenn wir in die Stube gegangen sind — vor dem Essen — haben wir uns angeweiht (mit Weihwasser besprengt)."

---

11 B. Malinowsky: Magie, Wissenschaft und Religion. S. Fischer, Frankfurt, 1973, S. 24.

Etwas heiter weist ein alter Bauer auf den Stellenwert des Betens hin: „Zu Weihnachten war es zum Rauchengehen und nachher hat man gebetet. Zuerst ist der Rosenkranz gekommen. Zwei oder drei Rosenkränze wurden oft gebetet. Unser Stiefgroßvater hat drei Rosenkränze gebetet. Dabei sind wir gekniet. Der Vater hat gesagt, daß man ihn (den Stiefgroßvater) lassen soll, damit der Hausfriede erhalten bleibt. Oft hat der Großvater unter dem Beten zu schlafen begonnen. Wenn er dabei aufgewacht ist, hat er gesagt: ‚Ha gockolore, wo sind wir denn überhaupt.' Besonders zu Weihnachten ist soviel gebetet worden."

Über die Bedeutung des Betens in dieser bäuerlichen Welt erzählt auch ein Stör-Arbeiter: „Es hat immer einer vorgebetet. Der eine hat angefangen, die anderen haben dazu gebetet, vor und nach dem Essen. Das Beten war ganz wichtig. Andacht war ja eh keine da. Alle haben an etwas anderes gedacht. Sinnlos war das Beten. Man hat es herunterleiern müssen. Ich selbst meine, wenn es wirklich einen Herrgott gibt und ich sudere ihn dauernd an, da würde der doch einmal sagen: ‚Halt' deine Pappen!' Genauso wenn ich den Vater oder die Mutter dauernd ansudere, so wird auch er oder sie einmal sagen: ‚Halt dei Goschen!' Und bei der Fronleichnamsprozession sind sie unter dem Himmel gegangen und waren dabei zu ihren Leuten gar nicht christlich." Eine ähnliche Einstufung der sich christlich gebenden Bauersleute hörte ich auch von einer früheren Magd: „Der Bauer und die Bäuerin waren recht fromm, sind sehr ‚christlich' gewesen. Sie war ein rechtes Rabenvieh, sie war furchtbar neidig und hat mich furchtbar geschunden."

Diese Sätze drücken recht gut aus, daß zwischen jenem, auf Gebeten u. ä. Ritualen aufbauendem Christentum und dem an der Liebe zum Nächsten — als ein Kerngedanke der Botschaft Christi — sich ausrichtenden Leben ein wesentlicher Unterschied besteht. Nächstenliebe gegenüber Dienstboten u. a. Menschen wurde nur sehr eingeschränkt geübt, bzw. sah sich der Bauer auch gar nicht bemüßigt, anderen Menschen zu helfen oder sie besonders zu achten, wenn sie ihm keinen Vorteil brachten. Das „Christentum" beschränkt sich dabei vor allem auf das Ritual des Betens und des Kirchgangs.

Der „geistliche Herr", der Versehgang und der Besuch der Kirche

„Hoch angesehen" war in der bäuerlichen Welt der Pfarrer als der „geistliche Herr", denn er wurde als der Repräsentant Gottes gesehen, nämlich als einer, der helfen konnte, die Belastungen, denen der Bauer wohl täglich ausgesetzt ist, zu mildern. Er konnte mit entsprechender Ehrfurcht und erwarteter Demut rechnen. In seiner Funktion konnte er beim Sonntags-Gottesdienst auf Bauern und Dienstboten z. T. auch disziplinierend einwirken. Eine wichtige gesellschaftliche Funktion hatte der Versehgang. Der öffentliche Versehgang, bei dem der Pfarrer im Ornat und mit einer Monstranz Schwerkranke aufsuchte, demonstrierte die Gegenwart der Kirche und ihre Bedeutung für die Gemeinschaft. Dem Pfarrer voran ging ein Ministrant oder der Mesner mit einer Glocke, die er läutete, um die entgegenkommenden oder die am Straßenrand Stehenden auf den Versehgang hinzuweisen. Man verharrte, während der Pfarrer vorüberging, in kurzer Andacht und bekreuzigte sich. Die besondere soziale Funktion des Versehganges lag nun darin, die Ortsbewohner oder die Bauern von der Krankheit oder dem nahen Sterben eines Spitalers oder einer Spitalerin zu informieren. Auf diese Weise wurden die Menschen angeregt, nachzufragen, wem der Versehgang gelte, und schließlich auch, ob man den Betreffenden nicht noch aufsuchen solle. Der Kranke war also nicht isoliert oder verdrängt. Ihm wurde gezeigt, daß die Gemeinschaft, deren Repräsentant der Pfarrer ist, ihn als zu ihr gehörig betrachtet. Das Ritual des Versehganges machte auf den Kranken aufmerksam. Wohl in Zusammenhang mit einem sichtbaren Wertewandel wurde in den sechziger Jahren, nachdem der alte Dechant von Spital gestorben war, von der Sitte des öffentlichen Versehganges abgegangen. Heute fährt der Pfarrer mit dem Auto zu den Kranken, die ihn benötigen.

Der Kirchenbesuch war wichtig, da er demonstrierte, daß der Kirchgänger im Einverständnis mit der Gesellschaftsordnung wäre, die ja wesentlich durch die Kirche bestimmt war. Als Abweichler wurde demnach jeder gesehen, der die Sonntagsmesse nicht aufsuchte. Er mußte damit rechnen, als gottlos, un-

diszipliniert und eventuell noch als gefährlich angesehen zu
werden. Daher waren die Bauersleute — allerdings nicht alle —
auch interessiert, daß ihre Dienstboten und Kinder am Sonntag
und anderen Feiertagen der Messe beiwohnten.

Der Sohn eines Kleinbauern erzählt, wie er in den dreißiger
Jahren regelmäßig angehalten wurde, die Sonntagsmesse zu besuchen. In der folgenden Passage aus dem Interview mit diesem
Mann wird auch auf die soziale Stellung des Pfarrers hingewiesen: „Ich habe immer in die Kirche mitgehen müssen. Die Leute
haben recht viel auf die Kirche gehalten. Ich bin mit dem Pfarrer
damals nicht sehr gut gestanden, er hat mich fast jeden Tag in
der Früh schon gebeutelt. Der Pfarrer hat neben dem Bürger-
meister, dem Arzt und dem Gendarmen zur Oberschicht von
Spital am Pyhrn gehört. Einmal sagt meine Ziehmutter zu mir:
‚Morgen ist Sonntag, morgen heißt es, in die Kirche gehen!'
Denke ich mir: ‚Heiliger Gott!' Sage ich zur Mutter: ‚Geht's Ös
(Ihr) in die Frühmesse morgen?' ‚Nein,' sagt sie, ‚ich komme mit
dem Stall nicht zusammen, weil gerade ein Kalbl gekommen ist.
Ich gehe ins Amt (Hochamt).' Sage ich: ‚Dann gehe ich in die
Frühmesse.' Am Vortag habe ich meine Schi schon zu meinem
Freund hinübergetragen. Und in der Früh bin ich zu ihm. Die
Messe habe ich nie gesehen."

Das Leben der Bauern war traditionell mit der Kirche und
religiösem Handeln verknüpft. Die enge Bindung an die Kirche
drückte sich für die großen Bauern auch darin aus, daß für sie
mit ihrer Familie und ihrem Gesinde an bestimmten Tagen
„Betstunden" in der Stiftskirche von Spital am Pyhrn seit Gene-
rationen angesetzt und reserviert waren. Diese Betstunden waren Rituale, durch die der Öffentlichkeit wohl klargemacht
wurde, daß der betreffende Hof ein bestimmtes kirchliches Pri-
vileg hat und er mit der durch die Kirche präsentierten Ordnung zumindest nicht im Widerstreit ist. Eine frühere Magd erklärt dazu: „Es ist viel Augenauswischerei beim Beten. Am
Karfreitag hatte der L. mit seinen Leuten von ein Uhr bis zwei
Uhr in der Kirche beim Heiligen Grab seine Betstunden. Vorher von 12 bis ein Uhr beteten dort die Schulkinder und nach
dem L. von zwei bis drei Uhr betete der B. mit seinen Leuten.
Diese Betstunden haben zum Haus gehört. Nur die großen

Bauern hatten solche Betstunden. Nach dem Krieg haben sie sich aufgehört."

Kirchliche Rituale bestimmten also das Leben der Bauern: sie spürten täglich den Druck von Religion und Kirche, wovon sie sich abhängig wissen, zumal sie meinten, daß das Leben auf dem Hof nicht isoliert von Glaube und Gott vorstellbar ist.

Nach dem Krieg schwindet diese ungeheure Bedeutung der Kirche und der Religion für das ländliche Leben allmählich. Es besteht zwar noch weiter eine Bindung an die Kirche, aber ihr ungeheurer Druck läßt nach. Welche Bedeutung der Kirchgang für die bäuerliche Kultur, und nicht nur für diese, hatte und auch heute hat, zeigt sich schließlich auch in der speziellen Kleidung, dem sogenannten „Sonntagsgewand" oder „Feiertagsgewand". Diese Sonntagskleidung war festlicher und aus besserem Tuch als das Arbeitsgewand.

Der Glaube an „überirdische Mächte" und Gespenster

In der Landbevölkerung war man davon überzeugt, daß Mächte bzw. Heilige, wenn man nur intensiv zu ihnen betete, auf das menschliche Leben direkt Einfluß nehmen würden. Folgende Schilderung einer alten Bäuerin ist dahingehend zu deuten: „Einmal ist der Vater mit den Ochsen nach Spital am Pyhrn gefahren. Beim Heimfahren hat er seine Uhr bei der Gatterburgkapelle verloren, dort standen ein Nußbaum und ein Bankerl. Wie er heimgekommen ist, hat er zu mir gesagt: ‚Christine, du mußt jetzt die Uhr suchen. Gehst hin, wo ich gefahren bin. Du mußt die Uhr suchen!' Ich bin halt gegangen und gegangen und habe gesucht. Ich habe mit dem heiligen Antoni geredet, er soll mir suchen helfen. Und ich bin weitergegangen. Auf einmal ist die Uhr dort gelegen, wo das Wasserl herunterrinnt. Sie ist in einer Schneerinne gelegen; wenn einer dort gefahren wäre, wäre die Uhr weg gewesen."

Dieses, wie mir scheint, gerade auch für das bäuerliche Leben — aber nicht nur für dieses — typische Eingebundensein in eine Welt des Glaubens (und auch Magie) zeigt sich auch in folgender Geschichte eines heute 55 Jahre alten Bauern: „Mein

Bruder war 19 Jahre alt, als er beim Krennbauern-Kreuz dem
Pfarrer, der gerade beim Versehgang war, begegnete. Er kniete
nieder und nachher sah er am Himmel ein wunderschönes Bild.
Ich sehe ihn heute noch, wie er nach Hause gekommen ist. Er
war ganz weiß im Gesicht. Eine Bäuerin, die das erfahren hat,
hat gesagt: ‚Euer Michel lebt nicht mehr lang.‘ Und er ist bald
nacher im Krieg gefallen.“ Magisch-abergläubisches Denken,
das alte Wurzeln hat, setzte sich also im bäuerlichen Alltag fort,
es bestimmte das Denken und bietet Erklärungen für das Uner-
wartete und Ungewöhnliche. Aber auch eine Reihe von sogenannten „Geistergeschichten“ bzw. von Geschichten, die auf
Überirdisches bezogen sind, sind in diesem Rahmen interessant.
Beispielhaft sei auf zwei eingegangen, die von einem heute 55
Jahre alten Bauern, der von seinem Vater und anderen älteren
Verwandten viel dazu erfahren hat, dargelegt werden: „Das war
keine Gaudi, das hat mein Vater wirklich mitgemacht, da oben
in unserer Zeugkammer über der Stiege. Neben der Zeugkammer hat mein Vater als junger Bursch mit 18 Jahren geschlafen.
Eines Nachts wird er munter. Er traute sich nicht, sich zu rühren,
denn irgendetwas ist im Haus herumgegangen und die Stiege
hinaufgegangen. Dann hat er die Schritte in der Zeugkammer
gehört. Das Gespenst nimmt nun aus der Truhe ein Gewand
heraus. Dann ist der Truhendeckel zugefallen. Das Gespenst
ging hinaus und ist laut die Stiege hinuntergefallen. Mein Vater
hat immer gelost (gehorcht); sein Bruder, der mit ihm in der
Kammer schlief, hat geschnarcht, wie wenn nichts los wäre. Das
Gespenst hat noch grauslich gelacht. Mein Vater hat sich gesagt:
‚Wenn mich jemand jetzt mit dem Messer sticht, ich würde keinen Tropfen Blut geben.‘ Der Spuk war aus, wie es 12 Uhr geschlagen hat. In der Früh, beim Frühstück, denkt sich der Vater,
jetzt bin ich aber neugierig, ob jemand etwas gehört hat. Er hat
seinen Vater, der gleich bei der Stiege schlief, angeschaut. Der
sagt nichts. Dann fragt er ihn: ‚Sag Vater, hast du etwas gehört?‘
Nein, er hat nichts gehört. Der Großvater hat von Geistersachen
nicht viel gehalten. Ein paar Tage später ist eine Karte gekommen mit der Nachricht, daß der Kro-Maxl ums Mitgehen bittet,
der Schneider B. ist in Stoder die Stiege an dem Tag, an dem der
Vater das Gespenst gehört hat, hinuntergefallen. Eine andere

Geschichte passierte, als mein Bruder im Krieg gefallen ist. Zu diesem Zeitpunkt hat eine geweihte Kerze zu rollen begonnen, ist auf den Boden gefallen und ist zerbrochen."

Der Bezug auf das Überirdische bot also „richtige" Erklärungen an, und schließlich erleichterte ein tiefes Vertrauen auf solche Kräfte eher das Hoffen und Planen des Menschen als es in städtischen Kulturen der Fall zu sein scheint. Verknüpft mit einer solchen Vorstellungswelt ist freilich auch ein bestimmtes „heidnisch"-magisches Denken, welches z. B. darauf gerichtet ist, Schutz bzw. Gesundheit für sich und die Tiere zu sichern. In diesen Bereich gehören Riten wie das Beweihrauchen von Haus und Stall zum neuen Jahr, aber auch der Glaube an „böse Geister", Hexen u. ä. Die gefürchtete Hexe war wohl die „Trud", wie eine frühere Magd ausführt: „Die Trud ist einmal in einer Nacht zu einer Bekannten von mir gekommen und ist ihr auf die Brust gesprungen. Die Frau hat geglaubt, sie muß ersticken, sie hat keine Luft bekommen. An die Stalltür hat man früher ja auch das Trudenkreuz gezeichnet, oder man hat die Hörner von einem Geißbock an der Stalltür angebracht. Die beiden Sachen wirkten gegen die bösen Geister."

Das Weiterleben bäuerlich-religiöser Vorstellungen

Für das religiöse Denken und den tiefen Glauben, der in dieser bäuerlichen Welt besteht, ist folgende Erzählung eines Mannes über die Frömmigkeit seiner 70 Jahre alten Schwiegermutter, einer früheren Bäuerin, charakteristisch. Für diese ist Religiosität und christliches Leben ungemein wichtig. In die bäuerliche Kultur, in die diese Frau hineingewachsen ist, paßt das Wallfahren als Möglichkeit, gute Ernte, gutes Wetter, Gesundheit u. a. wirksam von der Gottesmutter zu erbitten. Der Fußmarsch zum Wallfahrtsort versteht sich als Opfer, für welches man auch von der Gottheit etwas erwarten darf. Der Mann erzählte mir: „Zum 70. Geburtstag der Großmutter sind wir nach Ardning gefahren, um mit ihr dort zu essen. Nach dem Essen sind wir zu Fuß nach Frauenberg hinauf und haben die Kirche dort besucht. Wie wir in die Kirche sind und unser Gebet verrichten, sagt sie auf einmal: „Ja mei, unter dem Krieg bin ich oft hier hergegangen und habe vor der Himmelmutter gekniet. Während dem Krieg war die Himmelmutter noch hinter dem Altar, da war es so schön still und abgeschlossen. Zu ihr hat man alles hintragen können, so wenn ich Sorgen hatte, weil der Vater wieder an der Front gewesen ist, oder wenn ich wieder ein Putzerl gespürt habe. Ich habe mir gedacht, hoffentlich kommt er noch einmal zurück . . .' Die Mutter so zu erleben, das macht einen Eindruck, sie ist ein sehr guter Mensch."

Nach dem Zweiten Weltkrieg wandelte sich das Bild der Frömmigkeit etwas. Einige starre Rituale sind verschwunden. Gegenüber der Vorkriegszeit und den fünfziger Jahren hat sich wohl auch noch die Tatsache geändert, daß der Kirchenbesuch nicht mehr sozialem Zwang unterliegt. Was schließlich auch mit der Änderung der Struktur auf dem bäuerlichen Hof zusammenhängt. Die Kirche und die Gebete als Instrument der Disziplinierung haben fast gänzlich ihre Funktion verloren. Und schließlich hat eine Rationalisierung und auch Verwissenschaftlichung alltäglichen Lebens zu einem weitgehenden Ignorieren kirchlicher bzw. religiöser Rituale geführt. Ein Umstand, der zweifellos das Interesse an der Kirche zu beeinflussen vermag. Kennzeichnend ist wohl folgender Gedanke eines 43 Jahre alten Bauern, der dieses Abgehen von religiösen Vorstellungen so registriert: „Die Leute haben früher eine größere Glaubensbasis gehabt. Der Mensch war damals vielleicht mehr naturverbunden als heute. Heute hat er den Lärm der Maschine."

Die Kleidung

Der Bergbauer früher, der weitgehend autark war, sorgte auch für seine Alltagskleidung. Er baute daher Flachs an und verwendete die Wolle von Schafen, um sie schließlich zu Fäden und Stoffen für sein Gewand zu verarbeiten. Lediglich hinsichtlich der Sonntagskleidung, die ja etwas Besonderes sein sollte, kaufte man bei Händlern zunächst den Stoff und später auch die entsprechende Kleidung.

Die Flachsherstellung als Voraussetzung der bäuerlichen Kleidung schildert ein älterer Bauer: „Früher haben wir selbst Flachs angebaut. Angebaut haben wir ihn während der drei Eismänner vom 12. bis 15. Mai. Im Sommer, im August, ist er ausgezogen worden. Diese Arbeit haben wir Haarraufen genannt. In kleinen Büscherln ist er übers Kreuz gelegt worden und auf Hüfeln (Gestelle) gekommen. Auf diesen war er bis er dürr geworden ist. War er dürr, ist er abgelegt worden und mit der Drischl gedroschen worden, damit die Samen herauskommen. Nun wurde er aufgelegt — das war im September — und lag dann solange bis er weiß wurde, d. h. bis die Faser weich war. Wir auf unserem Hof haben keine Haarstube gehabt. Nur die größeren Bauern hatten eine. Daher haben wir den weichen Flachs in der Kuchl, in der wir einen Sparherd hatten, aufgelegt, übergedreht und gaben ihn hinten bei der Haustür hinaus, dort ist er gebrechelt worden, dabei sind die Fäden herausgekommen. Mit der Hachl ist der Flachs durchzogen worden. Das, was abfiel, war das Werg, und das andere das Haar. Vom Haar hat die Mutter später einen Zwirn gemacht. Vom Werg wurden die Leintücher gemacht, auch die Tischtücher. Bei dieser Arbeit hatten wir aber auch unsere Hetz, überhaupt wenn wir den Weibern die Abfälle in die Kleider hineinschoben. Meistens haben sie

schon gewußt, was los ist, und sind davongelaufen. Bei uns hat
aber der Vater geschaut, daß es nicht zu solchen Dummheiten
kam, er war da sehr streng." Zur Funktion der Haarstube, die es
bei diesem eher armen Bauern nicht gab, die aber für größere
Bauern typisch war, ist zu ergänzen: „Der Bauer hat die Haarstube 24 Stunden vorher schon heizen müssen. Durch die Hitze
ist der in Stellagen liegende Flachs weich geworden, damit er
gebrechelt werden konnte. Das war eine Riesenarbeit, bis wir
eine Leinwand hatten. In den dreißiger Jahren hat sich diese
Arbeit dann aufgehört."

Der selbst hergestellte oder auch gekaufte Stoff wurde auf
dem Bauernhof grundsätzlich durch einen in Stör-Arbeit wer-
kenden Schneider zugeschnitten und genäht. Zu diesem Thema
erzählte ein früherer Knecht: „Wir haben Lodenhosen für den
Winter angehabt. Den Loden haben wir selbst erzeugt, aus
Schafwolle, die gesponnen wurde. Dann ist der Schneider ins
Haus gekommen und hat aus dem Loden eine Lodenhose und
einen Lodenrock gemacht. Auch Lodengamaschen hat man uns
gemacht. Unsere Hemden waren von der Leinwand, ganz einfache Hemden waren es. Es hat ja sonst nichts gegeben. Wenn
man das heute jemanden erzählt, der glaubt das ja nicht. Im
Sommer hatten wir leichte Hosen aus einem gewöhnlichen
Stoff, der aber auch nicht lange gehalten hat. Am Sonntag für
die Kirche habe ich einen grauen Steireranzug gehabt, das war
mein Heiligtum. Den hat mir auch der Schneider gemacht. Zuerst hat man sich für das Sonntagsgewand beim Kaufmann einen Stoff ausgesucht. Gekauft habe nicht ich ihn, sondern der
Bauer. Ich habe es abarbeiten müssen. Im Monat habe ich damals ja nur 20 Schilling verdient."

Recht gut zu erweitern ist dieser Einblick durch die detail-
lierte Schilderung einer alten, in Oberweng lebenden Bäuerin,
die sich heute noch — allerdings mehr als Hobby — mit dem
Spinnen beschäftigt: „Wir haben uns selbst gewandt (gekleidet).
Auch Wolle haben wir gesponnen. Um Stoff oder Gewand zu
kaufen, dazu hat der Vater kein Geld gehabt. Wir waren auch
viele Leute am Hof. Wir haben sogar selbst einen Webstuhl gehabt, den hat der Weber nicht bringen brauchen. Wir Frauen
haben Kitteln und die Männer Hosen vom Rasch bekommen.

Rasch hat man den Stoff genannt, der aus Leinen und Wolle vermischt war. In das Leinwerg (die Leinfäden), das war der Schwoaf (Schweif), wurden mit dem Schifferl die Wollfäden hineingegeben. Die Farbe von dem Gewand davon war grau. Unsere Hemden waren aus Leinwand. Dieses graue Gewand haben wir zum Arbeiten angehabt, daheim. Das Sonntagsgewand war schöner, das haben wir meist gekauft. Unsere Socken und Strümpfe haben wir aus Wolle gestrickt. Auch die Fäustlinge. Die Fäustlinge für die Männer waren innen (an der Grifffläche) mit Leder besetzt, damit sie bei der Arbeit etwas aushalten. So war es bei uns daheim. Im Alter von 12 Jahren habe ich zu spinnen begonnen. Die Frauen, die besser gesponnen haben, die haben Zopferl gemacht. Die Hemden sind aus ganz feinen Fäden gemacht worden. Diese Fäden waren aus dem Haar. Das waren die Arbeitshemden. Zum Kirchengehen haben sie ja eh andere Hemden gehabt. Die Gattihose (Unterhose) haben wir nicht gemacht, die haben wir damals schon gekauft." Über die verschiedenen Stoffarten führte sie weiter aus: „Das eine war das Rasch, das andere das Fiachtwerg, das war die mittlere Gattung, und dann das Feine, das war das Haar. Mit dem Fiachtwerg hat man die Bettwäsche gemacht, die Leintücher und den Überzug der Tuchent. Das untere (im Bett) war das Leiwer (Leintuch). Das, das über dem Ganzen war, das haben wir gekauft, das war die Spiegelzier, sie war draufgenäht am Überzug. Schön warm war das im Winter. In der Tuchent waren Federn und im Bett drinnen Stroh." Nochmals geht sie auf die Kleidung ein: „Die Frauen haben einen Leinenrock gehabt und oben eine Bluse. Das war nicht immer alles grau, oft hat man sich etwas hineingestrickt aus Wolle. Vom Kittl, dem Leinenrock, gingen Träger weg."

Die einfache Arbeitskleidung, die noch vor dem Krieg typischerweise auf den Höfen der Bergbauern hergestellt wurde, war eher schmucklos und funktionell. Nur am Sonntag und Feiertag wird das „bessere" Gewand getragen, eine Kleidung, die den Menschen das Gefühl verleihen mag, ein „anderer" zu sein und sich aus dem Alltag abzuheben. Wie einfach und unproblematisch die bergbäuerliche Kleidung des Wochentags konzipiert worden ist, zeigt diese Erzählung einer alten Magd: „Früher haben die Männer keine Socken gehabt, sondern Schuhfetzen. Diese Schuhfetzen stammten von alten abgelegten Kleidern. Mit diesen ist der Fuß eingewickelt worden. So ist der Fuß in die Schuh gekommen. Am Sonntag aber trug man gestrickte Socken. Während der Woche hatte man im Sommer keine Lederschuhe an, sondern Trittlinge. Die bestanden aus einem Holzboden und einem Riemen. Es hat einen eigenen Trittlingsmacher gegeben, zu dem die Bauern gekommen sind. Einen Lederschuh hat es da während der Woche nicht gegeben. Er wäre zu teuer gewesen. Das Arbeitsgewand hat man 14 Tage angehabt. Es ist damals nicht oft gewaschen worden. Auch die Unterwäsche ist je nach der Arbeit, die man machte, gewechselt worden. War das Hemd schmutzig, hat man ein anderes bekommen. Es ist von der Bäuerin hergelegt worden. Es kam auch vor, daß die Bäuerin gesagt hat: ‚Das Hemd kannst du ja eh noch 8 Tage anziehen, das ist eh noch nicht dreckig.‘ Am Sonntag hat es immer ein frisches Hemd gegeben." In dieser Erzählung wird Bescheidenheit und die Einschränkung deutlich, die für die bäuerliche Bevölkerung und speziell für den Dienstboten typisch und notwendig war. Auch zeigt es das Eingebundensein und die Abhängigkeit des Dienstboten von den Bauersleuten, die auch seine Kleiderfrage zu lösen hatten. Er selbst hatte auch kaum die Möglichkeit, eben weil er einfach nicht über das entsprechende Geld verfügte, sich selbst Kleidung zu verschaffen.

Die Kleidung war, wie zu sehen war, einfach; so etwas wie eine Tracht konnte sich freilich nur ansatzweise entwickeln. Auch das Sonntags- und Feiertagsgewand, wie ich es erfahren und es auf alten Bildern gesehen habe, war kein Trachtengewand im üblichen Sinn, sondern lediglich aus besserem Stoff und gediegener verfertigt. Die Frauenkleidung vor dem Zweiten Weltkrieg war eine Kleidung, die sich eher an städtischen Vorbildern orientierte als an irgendwelchen bäuerlichen Trachtenstilen. Bis weit nach dem Krieg, wie ich mich als Kind erinnern kann, trug man keine Kleidung, die man im heutigen Sinne als Tracht bezeichnen kann. Wohl war der „Steireranzug" als Sonntagsanzug für viele Männer interessant, er hatte aber nicht unbedingt den Charakter einer Tracht, sondern eher den des besonderen Gewandes. Daß die Frauen so etwas wie Tracht kaum

kannten, zeigt sich in folgender Feststellung einer etwa 80 Jahre
alten Bäuerin, die nun in einem Altenheim lebt: „Am Sonntag
haben wir ein bisserl etwas Schöneres angezogen. Das hat die
Schneiderin gemacht. Das war keine Tracht, das war ein gewöhnliches Gewand. Tracht hat es nicht gegeben. Erst seit 20, 30
Jahren kommt die Tracht so auf. Jetzt geht alles in Tracht. Das
gefällt den Leuten, weil es etwas anderes ist." In diesen Sätzen
wird auch angesprochen, daß die Tracht in diesem Raum eher
etwas ist, das von außen angeregt wurde. Sie scheint nichts Ge-
wachsenes zu sein, wie man vielleicht bisweilen zu meinen ge-
neigt ist. Durch Kaufhauskataloge und diverse Schriften wird
dem Bauern suggeriert, die von professionellen Schneidern und
von Trachtenmoden konzipierenden Spezialisten (Volkskund-
lern, Modeschöpfern usw.) geschaffene Kleidung würde der
Ländlichkeit und einer vergangenen bäuerlichen „Romantik"
entsprechen. Einer solchen Entwicklung kommt freilich auch
der Fremdenverkehr entgegen, in dessem Sinn es ist, wenn die
Landbevölkerung sich gegenüber dem Erholung suchenden
Fremden als „Eingeborene" in Tracht präsentiert. (Freilich gab
es „Tracht" in dieser Gegend, doch wurde diese eher von bürgerlicher Seite in Spital am Pyhrn und Windischgarsten getragen und nicht von den Bauern, vor allem nicht von den ärmeren.)

Zum Thema „Kleidung" ist noch anzufügen, daß sich nach
dem Zweiten Weltkrieg ein tiefgehender Wandel vollzogen hat.
Der Anbau von Flachs hörte auf und war nicht mehr notwendig,
der Webstuhl verlor seine Funktion und wurde verbrannt oder
sonstwie aus der bäuerlichen Welt geschafft. Die fünfziger und
sechziger Jahre mit ihrem ökonomischen und sozialen Wandel
brachten preisgünstige Kleidung zu den Bauern. Auch der Kontakt zu Städtern — vor allem im Rahmen des Fremdenverkehrs
— wirkte sich auf den Kleidungsstil deutlich aus, wie es aus
einem Interview mit einer Bauerntochter hervorgeht: „Wir haben immer Gäste gehabt, wir waren daher nicht weltfremd.
Durch die Gäste haben wir viel gelernt, auch Kleidung habe ich
von ihnen bekommen. Ich war daher in der Volksschule die
Bestangezogene. Solche Sachen hätte uns unsere Mutter damals
(in den sechziger Jahren) nicht gekauft."

Heute besteht die Differenz zur Stadt nicht mehr, und auf dem bäuerlichen Hof kleidet man sich nach den gängigen Modevorstellungen, zu denen auch die Vorstellung von der Tracht gehört.

Wäschewaschen, Aschenlauge und Seife — Hygiene

Die bäuerliche Kultur in den Bergen war eine Kultur der Armut, in der es noch lange nach dem Ersten Weltkrieg nicht so einfach war, zu höherwertigen Waschmitteln zu gelangen. Man mußte sich daher althergebrachter Methoden bedienen, um die anfallende Wäsche möglichst kostensparend zu reinigen. Am Naheliegendsten war es daher für die Bauern, zu Materialien zu greifen, die ihnen die Natur anbietet. Solche waren die Aschenlauge und die selbsthergestellte Seife. Geschildert hat mir die Zubereitung der Aschenlauge und ihre Verwendung eine frühere Dienstmagd: „Früher haben die Leute nicht so waschen können wie jetzt, denn man hat ja kein Waschpulver gekannt. Man hat mit der Aschenlauge gewaschen. Die Asche für diese durfte nur vom Buchenholz sein. Wußte man, daß in ein paar Tagen gewaschen wird, hat man in der Küche und sonst nur mit Buchenscheitern geheizt. Vorher wurde aber der Ofen gereinigt. Die Buchenasche wurde nun aufgehoben. Einen Tag vor dem Waschtag hat man über ein Schaffel ein grobes Leintuch gespannt und rundherum angebunden. Auf das Leintuch legte man die kalte Asche, über die dann langsam kochendes Wasser geschüttet wurde. Die nasse Asche wurde schwer und hing nun über Nacht im Wasser. Dadurch laugte das Wasser die Asche aus. Am Waschtag hat man aus dem Schaffel etwas Lauge genommen und sie mit warmem Wasser vermischt. Die Wäsche wurde in diesem lauwarmen Wasser eingeweicht und später auch z. T. ausgekocht. Meist ist die Aschenlauge auf mehrere Schaffeln mit warmem Wasser verteilt worden, je nach der Wäschesorte: Bettwäsche, Leibwäsche u. a. Die schönere Wäsche wurde mit weniger Aschenlauge gewaschen. Die grobe mit mehr."

Auch bei der Fabrikation der Seife wußte man sich alter und billiger Strategien zu bedienen: „Um Seife zu machen, hat man sich zuerst einmal einen Laugenstein in der Apotheke gekauft. Dazu gab man Harz und vom Fleischer ein Rindschlot, das ist ein Darmfett. Dieses Fett schnitt man in Stücke und ließ es aus. Aus dem allen hat man Seife gemacht. Noch während des Krieges, wenn keine Seife zu bekommen war, wurde so Seife hergestellt." Auch Bürsten waren nicht so leicht zu bekommen. Die frühere Magd erzählt weiter: „Wenn wir keine Wäschebürsten bekommen konnten, haben wir uns ein Reiberl aus den Haaren vom Kuhschwanz gemacht. Diese Haare wurden unten vom Kuhschwanz abgeschnitten und mußten sauber gewaschen werden. Dann hat man sie auf einem umgedrehten Stezel, das ist ein Schaffel mit einem hohen Taufen, gewalkt. Man hat dazu die Haare eingeseift und dauernd am Boden des Stezels herumgedreht. Dazwischen mußte man das Ganze immer wieder in Aschenlauge eintauchen. Nach einer Zeit ist das Ganze ziemlich fest geworden, zu einem Knödel. Das war das Reiberl, das wir wie eine Bürste zum Waschen verwenden konnten. Dieses Reiberl, das aus Haaren, Seife und Lauge gemacht wurde, war so groß wie eine Handfläche. Man hat mit ihm jahrelang gewaschen, es ist aber immer weniger geworden. Hauptsächlich haben wir mit dem Reiberl die Tischtücher und die stark verschmutzte grobe Wäsche gewaschen, weniger aber die andere Wäsche, z. B. die Leibwäsche."

Anders als bei den Bauern war es in den Gastbetrieben. Dort wurde mit Schichtseife gewaschen, mit der man aber sparen mußte. Diese hier angesprochenen Formen des Wäschewaschens verlieren sich nach dem Zweiten Weltkrieg langsam und geraten schließlich in Vergessenheit. Moderne Waschmittel und Waschmaschinen erobern ab dem Ende der fünfziger Jahre auch den bergbäuerlichen Hof, der sich schließlich, was das Wäschewaschen anbelangt, kaum mehr von bürgerlichen Haushalten unterscheidet.

Für die Mitglieder der bergbäuerlichen Gemeinschaft war die Körperhygiene selbstverständlich, wenn auch Mittel wie parfumierte Seife, Hautcremen u. ä., aber auch geeignete Räumlichkeiten fehlten, um sich wirklich eingehend zu reinigen. Ich unterhielt mich zu diesem Thema mit einem alten Bauern und einer Bäuerin. „Heute meint man, wir wären früher alle Drecksäue gewesen. Die Jungen glauben das, das ist der Dank für die alten Leute", meint der Bauer, und seine Frau fügt hinzu: „Wir haben uns in der Früh und auf d' Nacht gewaschen. Beim Brunnen. Gewöhnlich haben wir uns am Samstag in einem Holzbottich ganz gewaschen. Der Bottich war in der Kuchl, und nacheinander haben wir uns in ihm gewaschen. Das Wasser ist jeweils ausgeleert worden. In den Bottich konnten wir uns hineinsetzen." Ähnlich erzählt auch eine alte Magd: „Den Körper haben wir uns früher mit Schichtseife, die hat es schon gegeben, gewaschen. Mit der Seife hat man sparen müssen. Die Männer haben sich meistens im Hof beim Grander gewaschen. Sie haben im Sommer dabei eine Badehose angehabt und haben sich heruntergewaschen. Sonst am Samstag hat man sich in einer Kammer oder einem Abstellraum gewaschen, die Madln vielleicht auch auf ihren Zimmern. Und zum Zähneputzen hat man Ruß genommen. Dazu machten wir das Ofentürl auf und fuhren mit den Fingern über das rußige Türl. Damit putzten wir unsere Zähne, es ging ganz gut."

Auf jedem Bauernhof war ein Tag in der Woche, grundsätzlich der Samstag, dafür vorgesehen, sich gründlich zu waschen. Gewöhnlich wurde warmes Wasser zubereitet und in einen Holzbottich gegeben, in dem sich dann einer nach dem anderen reinigte. Nach der Erzählung von jungen Bäuerinnen sei diese Art der Körperpflege bis weit in die fünfziger Jahre üblich gewesen. Erst allmählich wurden entsprechende Waschanlagen und Badezimmer installiert, Neuerungen, die auch mit den Erwartungen der Gäste im Rahmen einer Ausweitung des Fremdenverkehrs zusammenfallen.

Über das Frisieren und Rasieren als wesentliche Teile der Körperpflege erzählt eine frühere Magd: „Die Haare haben sie sich meist untereinander geschnitten. Und rasiert haben sie sich mit dem Rasiermesser und einer Rasierseife, aber auch mit einer gewöhnlichen Seife. Zum Friseur sind die Männer meistens am Samstag gegangen. Damals hat der Friseur am Samstag den ganzen Tag bis auf d' Nacht offen gehabt. Zum Rüsselputzer

(Friseur) sind sie gegangen, um für den Sonntag ordentlich aus-
zuschauen. Die Frauen sind kaum zum Friseur gegangen. Die
meisten Frauen haben eine Gretlfrisur oder auch Zöpfe getragen. Offene Haare hat man kaum gesehen. Hätte man die Haare
so getragen, wäre man der reinste Zottelbock gewesen. Beim
Arbeiten hatten wir allweil ein Kopftuch. Für die Frauen gab es
am Sonntag seidene Kopftücher, aber die Madln gingen auch
ohne Kopftuch, aber vielleicht mit einem Hut." Eine sichtbare
Änderung hierin scheint auch erst mit dem Ende der fünfziger
Jahre eingetreten zu sein, als vor allem die jüngere Bäuerin sich
davon beeinflussen ließ, sich auch in ihrer Haartracht praktischen und modischen Vorbildern anzupassen.

Das Taschentuch gehörte wohl auch zur Ausrüstung des
Bauern, während der Woche hatte es jedoch eine eher neben-
sächliche Bedeutung. Das Reinigen der Nase während der Ar-
beit mußte schnell geschehen, daher beförderte man die in der
Nase befindliche Substanz dadurch hinaus, daß man mit einem
Daumen ein Nasenloch zudrückte und kräftig blies. Folgender
Spruch, den eine frühere Magd zitierte, bezieht sich darauf:
„Der Städtler ist fein und steckt den Rotz ein. Der Bauer ist keck
und schmeißt den Rotz weg." Und die Feststellung einer alten
Bäuerin faßt das Gesagte so zusammen: „Den Schneuzfetzen
(Taschentuch) haben sie aus einem gewöhnlichen Fetzen im
Hosensack gehabt, aber geschneuzt haben sie sich mit den Fin-
gern. Am Sonntag hat die Bäuerin den Männern ein ordentli-
ches Taschentuch gegeben."

Ein wichtiger Bereich der Hygiene ist das Klosett. Das einfache
Klosett war auf dem bäuerlichen Hof von den Wohnräumlich-
keiten entfernt und stand abseits des Bauernhauses. So beschreibt es auch eine alte Magd: „Früher gab es nur ein Holz-
häusl als Klosett. Es war draußen am Hof, hinten draußen. Das
Klosett war so ein Plumpsklo, mit einer Grube, in der unten ein
Schaffl gestanden ist. Da hat man hinuntergemacht. War das
Schaffl im Vollwerden, hat man es weggetragen. Im Winter war
es in diesem Häusl sehr unangenehm, es war kalt und alles ver-
eist. Zum Reinigen vom Hintern hat man Zeitungspapier genommen. Im Inneren des Häusls bei der Tür war der Schnapper,

das war ein Stückl Holz, welches mit einem Nagel angenagelt war, aber beweglich sein mußte. Ist einer ins Häusl gegangen, hat man den Schnapper in ein Loch in der Tür gegeben. Damit war die Tür verschlossen, und draußen hat man gesehen, daß wer am Klo ist, weil ein Stück von dem Schnapper aus dem Loch herausgeschaut hat. War niemand am Klo, war es mit einem Riegel zugemacht. Oft war in der Tür auch ein Herzerl ausgeschnitten." Und zum Problem der Hygiene ergänzt diese Frau: „Das hat es eigentlich nicht gegeben, daß sich die Leute nach dem Klogehen die Hände gewaschen haben. Oder wenn man beim Feld hinten war, hat man nicht lange herumgetan. Das Waschen wird heute vielleicht übertrieben." Sowohl hierin kam es zu einem Wandel als auch darin, daß der klassische Abort in den sechziger Jahren grundsätzlich verschwand, als in den Bauernhäusern Toilettanlagen mit dem praktischen WC installiert wurden.

Krankheit, Arzt und Hausmittel

Krankheit war für die Menschen auf dem Bauernhof ein mitunter größeres Problem als für den in der Industrie integrierten Arbeiter und Unternehmer. Krankheit bedeutete eine sehr unwillkommene Unterbrechung des täglichen Arbeitsflusses. Daher wurde der Dorfarzt oft erst dann aufgesucht, wenn der Zustand des Kranken bereits bedenklich geworden war. In folgenden Gedanken einer früheren Magd wird darauf verwiesen: „Je nachdem, wie krank einer war, hat man sich ihm gegenüber verhalten. Wenn es nicht extra arg war, ist er halt ein paar Tage gelegen. Meist hat er dann wieder weitergearbeitet. Mit verschiedenen Tees, Einreibungen und Pflastern wurde der Kranke behandelt. So Pflaster hat die Moarpichlerin machen können. Daß jemand in den Krankenstand gegangen wäre, das hat es nicht gegeben." Krankheit wurde als echte Bedrängnis gesehen, die in das Leben auf dem Hof nicht eingeplant war.

Welchen Stellenwert Krankheit hatte und wie bedrohlich sie empfunden wurde, geht deutlich aus der vor dem Ersten Weltkrieg geltenden „Dienstboten-Ordnung" hervor. „Erkrankt der Dienstbote, so hat der Dienstgeber für Pflege, ärztliche Behandlung und Medikamente zu sorgen . . . Dauert die Krankheit länger als vierzehn Tage, so ist der Dienstbote nach Ablauf dieser Zeit . . . wie ein anderer in keinem Dienstverhältnis stehender erkrankter Arme zu behandeln und es ist daher der Gemeinde-Vorsteher hievon rechtzeitig zu verständigen." Für den früheren Dienstboten — aber nicht nur für ihn — war daher die Krankheit problematisch, weil sie ihn von der Arbeit, die ihm seine eigentliche Bestimmung erst gab, abhielt.

Neben dem Arzt gab und gibt es in und um Spital am Pyhrn noch sogenannte Anbraucher, das waren und sind Menschen, die in dem Ruf standen und stehen, heilen zu können. Man erwartet sich von ihnen mitunter geradezu Wunderdinge, denn die Krankheit war nicht nur eine Bedrohung der Gesundheit, sondern überhaupt der beruflichen Existenz. Diese Anbraucher unternahmen es, durch Gebete, bestimmte Rituale und Suggestion auf Krankheiten einzuwirken, Warzen zu beseitigen u. ä. Man wandte sich oft an sie, bevor man überhaupt daran dachte, einen Arzt aufzusuchen, aber auch, wenn man meinte, ein Arzt könne nicht mehr helfen.

Emmerich Grillmayr erzählt in seinen „Heimatbildern", daß sein Ziehvater, ein Kleinbauer, Jahre hindurch „Arzt" der Spitaler gewesen sei. Von weit her seien Kranke zu ihm gekommen, um „bei ihm Heilung zu finden". Der Ziehvater Grillmayrs war also offensichtlich ein Anbraucher, der die Leute „heilte", weil Spital am Pyhrn noch keinen Arzt hatte. Grillmayr schreibt auch, daß sein Ziehvater Anfang des Jahrhunderts einen „Konkurrenten", einen „wirklichen Arzt", bekam, den bekannten Dr. Vogelgesang. Das erste vorsichtige Urteil der Spitaler über diesen Arzt soll nach Grillmayr gewesen sein: „A Doktor is a Fleischhacker." Damit wollte man wohl ausdrücken, daß die traditionellen Anbraucher, die es auch heute noch gibt, anders als die Ärzte, unblutig zu „heilen" wußten.

Die Anbraucher, von denen es ja nur wenige gab, behielten ihr Geheimnis für sich. Sie waren nicht nur für Menschen, sondern auch für Tiere „zuständig", wie eine heute etwa 80 Jahre alte Bauerntochter beschreibt. „Wenn bei uns das Vieh krank gewesen ist, hat die Franzi, die alte Schwoagrin, angebraucht. Sie hat uns aber nicht verraten, wie sie es gemacht hat. Wir haben aber gesehen, daß sie z. B. ein Schüpferl Haar von der kranken Kuh ausgerissen und es unter die Dachtraufe gegeben hat. Dabei hat sie etwas gesprochen. Was sie gesprochen hat, habe ich nie erfahren. Und es hat geholfen."

Eine Bäuerin bei Windischgarsten, die einige Berühmtheit erlangt hat, arbeitete ähnlich unblutig. Es war die Moarpichlerin, die vor allem als Beineinrichterin Knochenbrüche zu „heilen" vermochte. Die Moarpichlerin, die im Ortsteil Pichl bei Windischgarsten auf einem Bauernhof lebte, verstand es, aufbauend auf alten, nur in ihrer Familie weitergegebenen Rezep-

ten, den Ärzten echte Konkurrenz zu machen. Die Zusammen-
setzung der von ihr angewendeten Rezepturen hielt sie geheim,
wie es auch ihr Vater getan hatte. Über die Moarpichlerin erzählt eine Bäuerin: „Die Moarpichlerin war eine äußerst ge-
scheite Frau. Die Ärzte im Krankenhaus Kirchdorf haben sich
gewundert, wenn sie jemandem z. B. einen komplizierten Kno-
chenbruch geheilt hatte. Die Moarpichlerin war Bäuerin. Das
Heilen und die Rezepte hat sie von ihrem Vater erlernt. Von weit
her sind die Leute zu ihr nach Pichl gekommen. Sie hat Pflaster
gemacht, indem sie eine bestimmte Salbe auf einem Leinen ganz
fein verstrichen hat. Die Salbe ist dann eingetrocknet, das machte aber nichts. Denn wenn man das Pflaster verwenden wollte,
legte man es vorher ein bisserl auf einen warmen Ofen. Dann
klebte man es auf die Haut und ließ es ein paar Tage oben. Die
Moarpichlerin hat bis ins hohe Alter gearbeitet. Sie ist vor einigen Jahren gestorben. — Aus welchen Bestandteilen die Salbe
gemacht wurde, das weiß heute niemand. Außer dem Pflaster
stellte sie noch eine Einreibung aus Olivenöl und Johannisblüten her. Dabei wurden die Johannisblüten im Olivenöl angesetzt
und dann wochenlang in die Sonne gestellt, bis sich das Öl blut-
rot gefärbt hat. Zusätzlich hat die Moarpichlerin auch noch einen Geist hineingegeben, so etwas Scharfes. Das Ganze hat sie
geschüttelt, das war sehr gut. Was dieser Geist war, hat sie niemandem erzählt. Über den Erfolg, den sie hatte, wunderten sich
besonders die Ärzte. Wie ein Wunder haben ihre Mittel auch
gewirkt. Daher hatte sie einen Massenansturm von Leuten gehabt. Sie war auch immer zu erreichen. Wenn man sie fragte,
was man zahlen solle, sagte sie bloß: ‚Was Sie gerne geben.'
Wenn also jemand sich den Fuß gebrochen hat, ist er zu ihr
gebracht worden. Sie hat ihm ein Pflaster und eine Einreibung
gegeben. Dazu hat sie höchstens gesagt: ‚Gehst halt eine Zeit
nicht herum und bleibst liegen.' So war die Moarpichlerin."

　　Dazu paßt die Geschichte eines 1926 geborenen Mannes,
der bei einem Kleinbauern aufwuchs. Nach einem Schiunfall
wurde er vom Arzt in Spital am Pyhrn behandelt und dann auch
zur Moarpichlerin gebracht. Diese Erzählung ist interessant, da
sie einen Einblick in die medizinische Versorgung der Zwischenkriegszeit gibt:

„Statt in die Messe bin ich Schifahren gegangen. Und wie es der Teufel will, breche ich mir in der Au beim Schusterkogel einen Haxen. Damals war noch der Dr. Seidl Arzt, ein recht grübiger (netter, lustiger) Teufel. Ich hatte einen flotten Bruch, denn mir ist bei einem Schi die Bindung abgerissen. Dabei hat es mich nicht einmal geschmissen. Ich fuhr hinunter und den Gegenhang hinauf. Und als ich zurückfuhr, hat es mich auf den Hintern gehauen und herumgedreht. Ich bin dann da gehockt. Au Teifl! Die anderen Buben brachten mir den linken Schi, den ich wegen der kaputten Bindung verloren hatte. Wir flickten die Bindung, und ich wollte aufstehen. Und wie ich den einen Fuß belaste, bin ich wieder umgefallen. Da dachte ich mir: ‚Habidere!' Damals bildete ich mir ein, wenn man sich den Fuß bricht, hat man zwei Trümmer. Das Kanzleifräulein vom Sensenwerk kam vorbei und sagte: ‚Um Gotteswillen, du hast dir ja den Fuß gebrochen.' ‚Ha', sage ich, ‚nicht einmal ein Blut rinnt heraus.' Der Franzl schnappte mich dann zusammen, setzte mich auf die Rodl und fuhr mich zum Doktor hinauf. Der sagte, als er uns sah: ‚Grüß Sie und wie geht's denn?' Das war alleweil sein Spruch. ‚Danke schön, Herr Doktor!' ‚Ha, ha', sagte er, ‚schon wieder ein Opfer des Sports!' Ich hatte meine erste Schihose an, die hat mir meine Ziehschwester, die im Sensenwerk gearbeitet hat, geschenkt. Diese Hose wollte der Doktor an der Naht aufschneiden. ‚Nein', sage ich, ‚die Hose wird wohl zum Ausziehen gehen. Die Hose darf nicht beleidigt werden.' Dann ist das Bein eingerichtet worden, das hat wohl ein wenig weh getan. Nachher brachten die Buben mich wieder heim. Daheim wurde ich geschimpft. Meine Ziehmutter hat meine Freunde zusammengeschrien: ‚Zum Doktor bringt ihr ihn auch noch. Hättet ihr ihn wenigsten heimgebracht!' Zur Moarpichlerin hätte mich meine Mutter bringen wollen. Sie schrie: ‚Du Lausbub, du dreckiger!' Gerade, daß sie mir nicht die Schi hinüberhaute. Der Bruch hat höllisch weh getan, Pulverl und Spritzen gab es damals noch nicht. Ein paar Tage bin ich in unserer guten Stube gelegen, mit dem Gips am Fuß, den der Doktor mir verpaßt hatte. Langsam sind meine Zehen blau geworden. Als mein Ziehbruder fragte, wie es mir geht, sage ich: ‚Zwei Nächte habe ich nichts geschlafen.' Sagt er: ‚Wenn es morgen nicht besser ist, müssen wir das

dem Doktor sagen.' Der Fuß war schon sehr geschwollen. Mit
einem Messer habe ich den Gips etwas aufgeschnitten. Etwas
besser ist es gewesen. Am nächsten Tag kommt der Doktor und
sagt: ‚Grüß Sie und wie geht's?' Ich: ‚Herr Doktor, das tut sakrisch weh!' ‚Ha, ha', sagt er, ‚da ist der Gips zu eng.' Jetzt fängt er
seine Schere heraus und hat den Gips heruntergeschnitten. Auf
der Innenseite des Beines war ich schon ganz blau. ‚Ja', sagt er,
‚noch einige Tage und dann hätte man den Fuß abschneiden
können, er wäre abgestorben.' Früher war das nicht so genau. Er
hat mir einen neuen Gips aufgelegt. Nach 3 Wochen ist einer
meiner Spezln gekommen, als niemand daheim war. ‚Heute gehen wir Schlittenfahren', sagt er. Sage ich: ‚Da habe ich etwas
davon.' Sagt er: ‚Kannst ja mittun, ich ziehe dich an.' Er hat
mich angezogen. Damals hat es nicht soviel Gewand gegeben.
Eine Hose für den Winter und eine für den Sommer. Er hat mich
auf den Kogel hinaufgezogen. Dann sind wir hinuntergefahren.
Ich allein auf einem Schlitten. Ich konnte nur mit einem Fuß
lenken, daher bin ich direkt auf die Bienenhütte aufgefahren.
Mein Spezl hat mich wieder heimgeführt und ins Bett gelegt.
Kein Mensch hat gewußt, daß ich draußen vom Bett war.

Als nun nach einiger Zeit der Doktor den Gips heruntergege-
geben hat, konnte ich nicht gehen, denn durch den Aufprall sind
ein paar Dinge durcheinander geraten. Keiner wußte, was los
ist. Wäre ich ordentlich liegengeblieben, wäre alles gut geworden. Was tun nun? Wir sind nun zur Moarpichlerin gefahren,
weil meine Ziehmutter gemeint hat: ‚Ist ja eh klar, da scheißen
sie herum und da wird nichts. Wären wir doch gleich zur Moarpichlerin gegangen!' Meine Ziehmutter hat nämlich viel von der
Moarpichlerin und nichts von den Doktoren gehalten. Wir sind
nun mit dem Roß zur Moarpichlerin gefahren. Zwei ältere Herren haben mich mitgenommen. Die Moarpichlerin hat sich den
Fuß angeschaut. ‚Na, ja', sagt sie, ‚ich kann da nichts machen,
ich muß den Haxn noch einmal brechen und frisch einrichten.'
Die beiden Herren meinten, sie könnten das nicht bestimmen.
Und mein Ziehbruder stellt dann fest: ‚Das kommt gar nicht in
Frage.' ... Ich bin dann nach Linz ins Krankenhaus gekommen,
Kirchdorf war noch nicht dafür zuständig. Ich bin operiert wor-
den."

Spezielle Aufmerksamkeit verdient noch die Erwähnung der „guten Stube", in der der Bub als Kranker liegen durfte. Zu der besonderen Funktion dieser Stube führte der Mann noch im Zusammenhang mit einem Unfall, den er in dem vorbeifließenden Bach hatte, aus: „Ich bin einmal in den Bach bei der Wehr gefallen. Da wäre ich schon bald ersoffen, wenn nicht ein alter Mann mich aus dem Wasser gezogen hätte. Circa drei Wochen nach diesem Erlebnis habe ich Bauchtyphus bekommen. Ich bin nun wieder in der ‚guten Stube' gelegen, das war unser Krankenzimmer. In dem Bett in der Stube ist der, der gestorben ist, aufgebahrt worden, oder es ist auf ihm ein neues Leben gekommen. Besucher durften auf diesem Bett sitzen. Im Gegensatz zu anderen Leuten hatten wir kein Zimmer, in das wir den Doktor hineinlassen konnten. Sonst hätte man ja ihn behandeln müssen. Wenn er in unser Schlafzimmer gegangen wäre, hätte er eine Spezialbehandlung gebraucht. Heute würde ich es in dem Schlafzimmer auch nicht mehr aushalten. Ich würde mit dem Kreislauf zu tun bekommen. Aber der Mensch ist ein Gewohnheitstier. Ich habe auch das überlebt. Ich bin also in unserer ‚guten Stube' gelegen, in unserem besseren Zimmer. Das Fieber wird immer mehr, ich war schon auf 41 Grad oben ... Dann bin ich im Krankenhaus aufgewacht."

Die „gute Stube" war also hier wichtig, da nur in dieser der Arzt empfangen werden konnte, wie man meinte. Ein anderes Zimmer wollte man ihm nicht zutrauen. Der Arzt genoß demnach ziemliches Ansehen, welches ihn auch schützte. Allerdings war zumindest bis zum Zweiten Weltkrieg die Moarpichlerin eine echte Konkurrenz für ihn.

Die Funktion des Arztes war eher sekundär. Schließlich zog man die diversen im bäuerlichen Bereich übernommenen Hausmittel zunächst einem Besuch beim Arzt vor, wie mir eine alte Magd schilderte: „Für alles gibt es ein Kräutl. Für Magen- oder Bauchweh gibt es Schafgarbentee. Und bei Fieber trinkt man Lindenblütentee, damit man sich ausschwitzen und die Krankheit heraus kann. Man muß die Krankheit nämlich herausschwitzen. Wenn einem nicht gut ist, bekam er Baldriantee. Bei Kopfweh hat man gesagt: ‚Binde dir den Kopf halt ein!' Zum Arzt ist man erst gegangen, wenn es schon weit gefehlt ist.

Man ist dann wirklich schon krank gewesen. Wenn einer ein bisserl ein Fieber hatte, ist man deswegen noch nicht zum Arzt gegangen. Man hat sich da niedergelegt und ein bisserl geschwitzt . . ."

In einem mit einer Bäuerin geführten Interview wird ähnlich die Bedeutung von Hausmitteln hervorgehoben: „Wenn man früher Fieber gehabt hat, hat es geheißen: ,Leg dich nieder.' Dann haben sie dir ein paar Essigsockerl angezogen und ein paar warme Socken drüber. Die Socken sind ein paarmal gewechselt worden. Wenn in zwei, drei Tagen das Fieber heruntergegangen ist, war es recht; sonst hat man den Doktor geholt." Auch hier der bereits diskutierte Hinweis, daß erst dann der Arzt herangezogen wurde, wenn der im bäuerlichen Bereich lebende Mensch wirklich schon schwer krank war. Denn schließlich mußte der Arzt bezahlt werden, und es war auch für ihn nicht immer leicht, zu jeder Tages- und Nachtzeit zu seinen Patienten zu gelangen. Besonders im Winter war es für ihn ein Problem, seine Kranken auf den Höfen zu versorgen. Schließlich verfügte der Arzt damals noch kaum über ein Fahrzeug. Auf dieses Thema, aber auch auf den Unterschied zu heute, geht eine alte Bäuerin ein: „Früher hat es noch keine Krankenkasse gegeben. Ich hätte damals nie in ein Krankenhaus gehen können, weil ich es einfach nicht erzahlen hätte können. Es war alles sehr schwer. Da sind viel gestorben. Heute geht ein jeder ins Krankenhaus. Meine Mutter hat einmal Magen- und Darmvergiftung gehabt, weil sie ein Lüngerl (Beuschl) gegessen hat. In so ein Lüngerl hat man früher alles hineingeschnitten, den Magen usw., das ist alles gegessen worden. Das hat sie gegessen, zu Mittag, und um 4 Uhr nachmittag hat sie eine Buttermilch getrunken. Damit hat sie sich vergiftet. Darauf hat sie die ganze Nacht gebrochen. Mein Vater ist zum Arzt gegangen, damit er zur Mutter kommt. Der Arzt hat bloß gesagt: ,Bist narrisch, ich gehe doch nicht auf d'Nacht da hinauf!' Damals hat es ja noch keine Fahrzeuge gegeben. Jeder hat alles zu Fuß machen müssen. ,Na', sagt er, ,schickt mir in der Früh wieder Post, wie es ihr geht!' Um 5 Uhr nachmittag ist mein Vater wieder hinuntergerannt, weil er gesehen hat, daß es mit der Mutter nicht besser wird. Der Arzt hat sich erst jetzt bereiterklärt, zu uns zu kommen, als ihm mein

Vater gesagt hat, daß die Mutter stirbt und wir nicht mehr zuwarten können."

Die ärztliche Versorgung der Bauern war also sehr mangelhaft. Die Straßen waren desolat, und nur selten verfügte ein Arzt vor dem Krieg über ein Auto. Es ist verständlich, wenn die Leute in den Bergbauernhöfen zunächst einmal andere Mittel einsetzten, um mit dem Problem Krankheit fertig zu werden. Erst ab den fünfziger Jahren änderte sich der Kontakt zwischen Bauern und Ärzten radikal. Der Arzt und die Ärztin von Spital am Pyhrn, meine Eltern, die bis zum Beginn der fünfziger Jahre noch zu Fuß bzw. mit Schiern und dann mit dem Motorrad zu den Höfen gelangten, schafften sich erst um 1950 ein Auto an. Dieses erleichterte die ärztliche Arbeit gewaltig. Ich erinnere mich noch, daß z. B. in Winternächten Bauern zu meinen Eltern mit der Bitte kamen, sie mögen dringend zur Bäuerin oder zu jemand anderem auf den Hof kommen. Auf gewöhnlichen Schlitten, die zum Holztransport dienten, nahm dann mein Vater Platz und ließ sich vom Bauern oder seinem Knecht zum Patienten führen. Da während des Winters bis um 1960 die Straßen zu den Berghöfen nicht geräumt wurden, war mein Vater nicht selten gezwungen, für seine Krankenbesuche ein Pferd und einen Schlitten z. B. von unserem Nachbarn, dem Schmied, zu borgen.

Schließlich wurde eine wesentliche Änderung zu früher, nach dem Krieg mit der Einführung der Bauernkrankenkasse erreicht. Daß nicht nur ärztliches Wissen alleine wichtig ist, sondern ebenso ein menschlich herzlicher Kontakt des Arztes zu seinen Patienten, wurde mir gegenüber häufig betont. Überhaupt für den alten, im Ausgedinge lebenden Bauern kann der Arzt zu einer wichtigen Bezugsperson werden. Es wundert daher nicht (was mich besonders freut), daß meine Eltern, denen es um den guten Kontakt zu den Menschen in den Bergen sehr ernst war, als Ärzte gerade bei den alten Bauern einiges Ansehen genossen. In einer Interviewpassage mit einem Bauern wird dies auch deutlich: „Solche Doktorleute bekommen wir nie wieder. Die haben schon mit dem Reden die Leute halb gesundgemacht. Es ist ja für einen kranken Menschen wichtig, daß man ihm gut zuredet."

Den „guten" Arzt auf dem Land (aber auch den in der Stadt) zeichnet also aus, daß er die Kranken und alten Menschen aufsucht, um ihnen das Gefühl zu geben, umsorgt zu sein. Der alte Mensch honoriert auch ein solches ärztliches Verhalten, welches sehr nahe dem des Priesters kommt, der früher ähnlich die alten Bauern aufsuchte. Zu diesem Thema las ich einmal eine Anekdote, die dieses Thema gut illustriert: Eine sehr alte Frau sagte zu ihrem Arzt, der regelmäßig nach ihr sah, wobei sie sich eine Kritik an dem Pfarrer, der nebenbei auch die Jagd pflegte, erlaubte: „Wenn ich ein Geweih hätte, würde der Pfarrer auch wie Sie, Herr Doktor, öfters kommen!" Mit der Erwähnung dieser Geschichte soll keineswegs das heutige Bemühen von Pfarrern um alte Menschen hinterfragt werden, vielmehr drückt er den Wandel aus, der sich in den letzten Jahrzehnten vollzogen hat. Der Pfarrer der vierziger und fünfziger Jahre, also der Pfarrer meiner Kindheit, pflegte wöchentlich in beinahe genau festgelegten Routen zu den Bauernhöfen zu spazieren, bei denen er auf ihn wartende alte Menschen besuchte. Mit dem gemeinsamen Gebet, das er am Krankenbett mit dem Kranken durchführte, verband sich freilich auch eine Jause, zu der er eingeladen wurde. Eine Sache, die in den schlechten Nachkriegsjahren auch für einen Pfarrer nicht uninteressant war. Während der Pfarrer früher auch zu den alten und kranken Bauern ging, wenn er nicht zu ihnen gerufen worden war, sieht sich der Pfarrer heute grundsätzlich eher nur dann zu einem Besuch veranlaßt, wenn er zu einem solchen gebeten wird. Die vielfältigen Aufgaben würden auch ein anderes Handeln nicht zulassen.

Ergänzen will ich meine Ausführungen mit Passagen aus einem mit meiner Mutter geführten Interview. Meine Mutter übte gemeinsam mit meinem Vater von 1947 bis ca. 1982 den Arztberuf in Spital aus. Die Erzählung meiner Mutter gibt einen farbigen Einblick in das ärztliche Leben gegen Ende der vierziger Jahre in dieser bäuerlichen Welt: „Wir hatten, als wir uns als Ärzte in Spital am Pyhrn niedergelassen haben, bloß Fahrräder. Täglich nach der Ordination sprachen wir uns ab, wer wo die Krankenbesuche machen solle. Dann fuhren wir los. Nach Oberweng hinauf konnte man noch nicht mit dem Fahrrad fahren, denn die Straßen waren noch furchtbar schlecht. Ich ließ daher bei meinen Krankenbesuchen in Oberweng mein Radl unten an der Hauptstraße, wo der Weg nach Oberweng abzweigt. In einem Busch versteckte ich es. Mit einem Rucksack, in dem das Ärztezeug war, marschierte ich hinauf und besuchte die Kranken, die schon auf mich warteten.

Einmal war ich bei einer Bäuerin auf Krankenbesuch, die war ziemlich neidig, im Gegensatz zu anderen Bauern. Damals ist es uns noch sehr schlecht gegangen, und wir waren für alles dankbar. Daher setzte man uns auch alles Mögliche zum Essen und zum Trinken vor. Sogar Schnaps, den ich aber weniger wollte. Als ich nun bei dieser neidigen Bäuerin war und mich daran machte, die Medikamente aufzuschreiben, brachte sie mir ein Stamperl Schnaps. Es war gerade Herbst, die Zeit zum Schnapsbrennen. Schnaps hatten sie anscheinend da genug. Obwohl ich Hunger hatte, traute ich mich noch nicht, um ein Stück Brot zu bitten. Heute würde ich es machen. Den Schnaps, den die Bäuerin mir vorgesetzt hatte, mußte ich nun trinken, sonst wäre sie beleidigt gewesen. Oder ich mußte zumindest so tun, als ob ich ihn trinken würde. Als die Bäuerin nicht hersah, goß ich den Schnaps schnell in einen Blumentopf. Wie die Bäuerin sieht, daß im Stamperl kein Schnaps mehr ist, gießt sie sofort nach. Diesen Schnaps schüttete ich wieder unbemerkt zu den Blumen. Dieser Vorgang wiederholte sich noch zweimal. Ich verabschiedete mich dann, und wie ich wegging, hörte ich die Bäuerin hinter mir zu ihrem Mann und den Dienstboten sagen: „Jetzt schaun wir der Dokterin nach, wie sie geht, denn sie hat ein paar Stamperl getrunken!' Die Bäuerin und die anderen dürften überrascht gewesen sein, wie gerade und munter ich marschierte. Wie es den Blumen nach dieser Schnapskur ergangen ist, habe ich bei meinem nächsten Krankenbesuch nicht gefragt.

Die Bauern wollten uns durch solche Aufmerksamkeiten zeigen, daß sie uns schätzen. Ein Ablehnen von Bäckereien, Krapfen oder des Schnapses wäre eine Beleidigung gewesen. Oft holten uns die Bauern mit Leiterwägen ab, damit wir uns nicht beim Fußmarsch plagen müssen. Das war so um 1947 und 1948, als die Straßen noch schlecht waren. Die Straßen bestanden damals hauptsächlich aus Steinen, die die Bauern von ihren Äckern auf die Straße geworfen hatten, um sie zu festigen. Die

Wege waren also sehr steinig. Im Winter holten uns die Bauern
mit Schlitten ab. Nicht selten borgte sich dein Vater ein Pferd
vom Bacher (einem Bauern im Ort) aus, mit dem er dann nach
Oberweng ritt. Reiten konnte dein Vater nicht schlecht, denn er
war Tausende Kilometer auf den Rücken von Pferden und zu
Fuß in Rußland als Sanitätsarzt unterwegs.

Es gab auch Zeiten, in denen der Knecht eines kranken
Bauern mit einem Ackergaul von Oberweng herunter zu uns
geritten kam. Während der Knecht sich ins Gasthaus auf ein
Bier setzte, ritt dein Vater mit dem Pferd zu dem Oberwenger
Bauern. Wenn er den Bauern oder sonst jemanden behandelt
hatte, ritt er mit dem Gaul wieder zurück und holte den Knecht
aus dem Gasthaus. Diesem überließ er wieder das Pferd und gab
ihm eventuell Medikamente für den Kranken mit. Das gute
Pferd mußte also viermal denselben Weg zurücklegen. Im Winter borgte sich dein Vater auch einige Male einen Schlitten samt
Pferd aus, z. B. vom Bruckmüller, dem Bäcker, oder vom Nachbarn, dem Schmied. Ich schaute darauf, daß Papa euch Kinder
im Schlitten mitnahm. Ich hatte dann Zeit, in Ruhe in der Ordination zu arbeiten. Einmal seid ihr ja mit dem Schlitten im tiefen
Schnee umgeschmissen. Dabei habt ihr einen Hustensaft für
eine Bäuerin verloren. Ja, so war das. Früher waren die meisten
Bauern viel gastfreundlicher als die anderen Patienten, die wir
hatten. Nach jeder Behandlung haben sie für uns schön aufge-
deckt. Viel Geräuchertes gab es da, denn eine Tiefkühltruhe besaß man noch nicht. Solche Speckjausen mit selbstgebackenem
Brot schmeckten ausgezeichnet. Speck war damals etwas Besonderes, mit dem sogar die Bauern sparten. Oft, wenn wir uns be-
eilen mußten, haben wir die Bauern gebeten, das aufgedeckte
Fleisch und Brot einzupacken und es uns mitzugeben. Für uns
alle war es eine Freude, wenn wir solche Sachen mit nach Hause
brachten."

Die Jagd: Jäger und Wildschütz

Das Gebiet um Spital am Pyhrn mit seinen Wäldern und Karen am Großen und Kleinen Pyhrgas, an den Hängen des Bosrucks und um das Warscheneck ist traditionell eine beliebte und frequentierte Jagdregion. Es ist hier nicht der Platz und auch nicht meine Absicht, detailliert auf das Jagdwesen und das Wildern in dieser Gegend einzugehen, ich möchte lediglich einige Blitzlichter auf diese Themen werfen, um die Bedeutung des „Jagerns" für die Menschen auf dem Land in wenigen groben Zügen darzulegen.

Bis zum Zweiten Weltkrieg war die Jagd im wesentlichen aufgrund der in der Folge des Jahres 1848 erlassenen Gesetze geregelt. Bauern mit größerem Grund bzw. Waldbestand hatten danach sogenannte Eigenjagden, in denen sie das Jagdrecht ausüben durften. Das bäuerliche Grundeigentum jedoch, das für eine Eigenjagd zu klein war, war mit anderen Besitzungen zur „Gemeindejagd" zusammengeschlossen. Die Gebiete der Gemeindejagd wurden jedoch von der Gemeindevertretung an finanzkräftige Herrschaften verpachtet. Die kleineren Bauern selbst hatten daher bis zum Zweiten Weltkrieg kaum die Möglichkeit, legal zu jagen, da sie nicht die entsprechenden Mittel für den Erlag der Pachtgebühr hatten.

Die verbotene Jagd, das „Wildern", ist als eine Art Selbsthilfe zu verstehen, um einer Tätigkeit nachzugehen, zu der der Bauer seit frühen Zeiten kaum einen erlaubten Zugang hatte. Die Jagd, als ursprüngliches Vorrecht des Adels, blieb im Grundsätzlichen auch noch nach 1848 in den Händen der Aristokratie bzw. des Geldadels. Aristokraten pachteten von der Gemeinde und dem Religionsfonds, als Vorläufer der Bundesforste, die Kare und Wälder, um hier der Gams, dem Hirsch und dem Rehwild nachzujagen. Mit welchem Pomp diese Jagdherren in Spital am Pyhrn Hof hielten, beschreibt sehr anschaulich E. Grillmayr in seinen unveröffentlichten „Heimatbildern": „Den Mitteltrakt des alten Stiftes bezog alljährlich am 3. August der reiche schlesische Kohlenmagnat und Hocharistokrat Heinrich Graf Larisch-Mönich mit seiner erlauchten Familie und einer Auswahl ebenso erlauchter Jagdgäste, darunter Graf Hoyos, Graf Eltz, etliche Minister, einige bekannte englische Lords und schließlich der unvermeidliche Troß männlichen und weiblichen Dienstpersonals. Kutscher, Wagen und edle Pferde mit ihren Reitern zogen jedes Jahr am 3. August, einer prächtigen Karawane gleich, die Exzellenzen sechsspännig, von Klaus herein nach Spital, um in den gepachteten, wildreichen und ausgedehnten Revieren die Jagd zu pflegen und zugleich die Schönheit der stillen Bergwelt zu genießen. Der pompöse alljährliche Besuch, der wochenlage Aufenthalt der hohen Gäste, lockte natürlich auch einen Teil der Stadtwelt nach Spital."

Die Jagdherren mit ihren Jagdgästen diktierten für eine kurze Zeit im Jahr das Leben in Spital am Pyhrn. Die Jagd als noble Beschäftigung brachte einigen Spitalern interessante Einnahmen, entweder als Jäger oder Treiber. Von Graf Larisch wird erzählt, er hätte sich in einer Sänfte z. B. in die Kare des Bosrucks tragen lassen, um dort die Gams zu erlegen. Als Träger fungierten Holzknechte und Fleischerburschen, die von ihrem Beruf her über genügend Kraft verfügten und sich so einen kleinen Nebenverdienst sicherten, der damals ungefähr eine Krone pro Tag gewesen sein soll. Allerdings ließen sich wahrscheinlich eher ältere Jagdgäste auf diese Weise in das eigentliche Jagdgebiet befördert. Nach dem Ersten Weltkrieg stellten Bauern den „hohen" Jagdpächtern und ihren Gästen Pferde zur Verfügung, wie eine heute 78 Jahre alte Frau erzählt: „Mein Vater, der Lofer, hat immer Reitpferde für die Herren parat gehabt, wenn sie auf die Wurzer oder in die Stubwies wollten. Nach dem Krieg in den zwanziger Jahren waren unter ihnen viele deutsche Gäste." Nach dem Ersten Weltkrieg, wie in diesem Zitat angedeutet wird, war es nicht mehr Graf Larisch, sondern es waren deutsche finanzkräftige „Herrschaften", die nun die Jagdgebiete um Spital am Pyhrn pachteten. Ausgeschlossen von der Jagd war weiter der „kleinere" Bauer. Eigenjagden besaßen die Besitzer der Sensenwerke und eben die „größeren" Bauern.

Dem „kleinen" Mann stand die Jagd nicht zu, er hatte lediglich die Möglichkeit zu wildern. Mit dem Wildern ist eine z. T. sozialrevolutionäre Ideologie verknüpft. Der Wilderer wurde als der Mann gesehen, der sich das zurücknahm, was ihm zu Unrecht weggenommen wurde. Während früher der Aristokrat für sich allein das Vorrecht der Jagd in Anspruch nahm, hatte es nach 1848 auch der, der das entsprechende Geld hatte. Erst mit dem Zweiten Weltkrieg kam es zu einer grundlegenden Änderung, wie noch zu sehen ist. Zu den „kleineren" Bauern, die keine Eigenjagd besaßen, zählten vor allem die Bauern in Oberweng, die jedoch wegen des Wildreichtums und der Gamsreviere um den Kleinen und Großen Pyhrgas die Jagd lockte. Ein Spruch hieß: „Wo in Oberweng ein Rauchfang herausschaut, schaut auch ein Wildschütz heraus." Der ärmere Bauer war an der Jagd aus mehreren Gründen interessiert. So bedeutete das erlegte Wildbret eine nicht unerhebliche Aufbesserung des bäuerlichen Speiseplans — der Genuß von Fleisch, wie schon ausgeführt wurde, war sehr selten. Manchmal verkauften die jungen Wilderer das Wild auch geheim an Wirte, was immerhin eine kleine Einnahme bedeutete. Auch hatte der Bauer unter dem „Wildverbiß", dem Wildschaden, obwohl er ihn z. T. ersetzt bekam, zu leiden. Schließlich waren nicht wenige junge Bauernburschen oder Knechte daran interessiert, den Gamsbock zu schießen, um zu den Gamshaaren für den sogenannten „Gamsbart" zu gelangen, dem Symbol des Jägers und der Männlichkeit.

E. Grillmayr, der die Jagd und das Wildern in der Zeit vor dem Ersten Weltkrieg beschreibt, geht auf diese hier angeschnittene Thematik ein. Grillmayr, der sich um 1910 eifrig als Wilderer betätigte, gibt damit eine exzellente Schilderung dieser besonderen Situation der Jagd und des Lebens als Wilderer. Es ist wert, einige darauf bezogene Passagen aus seinen „Heimatbildern" wiederzugeben: „Die Jagd hatte Graf Larisch gepachtet. Das Jagdgebiet besaß eine ungeheure Ausdehnung. Von den Abhängen des Kleinen Pyhrgas bis zur Spitze des Toten Mannes am Warscheneck und über die Abhänge des Schwarzenberges dehnte sich das gräfliche Revier. Das Schwarzenbergplateau, das vom Seestein bis über die Stubwiesalmen und die Bärries mit der verlassenen Schmiedalm reichte, war Eigentum des Baron Kast von Ebelsberg ... Heinrich Graf Larisch war ein waidgerechter Jäger ... Waldwiesen waren gepachtet, um das Großwild über den Winter aus den Futterstadeln versorgen zu können. Der Graf war nicht nur Jäger, sondern auch Heger ... Die Oberaufsicht über die Jagd führte so nebenbei der Forstmeister. Im Dienste des Grafen stand ein Oberjäger mit den Revierjägern, welche dem Grafen vereidigt waren. Da ist einmal der Jäger Thaller von Oberweng, ihm gehörte der Pyhrgas mit seinen Ausläufern ... er war ein hartnäckiger Gegner der Wilderer und ein ziemlich rücksichtsloser Mensch. Wachauer und Moser hatten den Bosruck und das Warscheneck. Kittinger den Schwarzenberg, den Wur- und den Moltersberg. Riedler und Dukowitsch Sepp waren die Jäger des Baron Kast ... Es muß gesagt werden, daß sich die Jäger keiner besonderen Gunst der Bauern erfreuten. Die Ursache ist der Wildschaden (!). Der Jagdherr ... der tausende Kronen für ein Pferd opferte, der fürstliche Ausgaben machte, sorgte zwar für das Wild, aber er war knauserig gegenüber seinen Jägern und noch knauseriger gegenüber den Bauern. Daher wurde der Wildschaden gedrückt. (!) ... Die Jäger hatten die Weisung von oben, den Schaden möglichst zu drücken. Ja, die Jagd kostete Geld. Viel Geld. Jedenfalls kam ein Stück Wild viel teurer zu stehen als eine Bauernkuh. Der Name ‚Waidwerk‘ hat einen schönen Klang, soweit dieses nicht mit Güterschlächterei der Randbauern zu tun hat. Aber wie z. B. Baron Kast die Bärries, ein günstig reserviertes Hochalmgebiet am Schwarzenberg, erwarb und drei Almhütten eingehen ließ, um ein Hirschparadies zu schaffen ... Meine Begeisterung für das Wild stammte schon aus der Kinderzeit ... Also, das war meine Einstellung zur Zeit, da meine Büchse an Wochentagen im Bettstroh ruhte. Als ich noch als Hüterbub beim Vormund auf der Alm war, hatte ich schon die Gewohnheit des Wildes studiert ... Der Herbst zog langsam ins Tal, der Hirsch setzte zur Brunft an und eines Samstags steckte ich das zerlegte Gewehr in den Rucksack und stieg als harmloser Almgeher auf zur Hochgammering. Es war ein Uhr nachts, als ich bei der Christl (einer

Sennerin) klopfte ... Nach drei Stunden Schlaf war ich über den Gammeringriegel verschwunden, gerade zur rechten Zeit, denn über dem Kreuzriegel tauchte der Jäger Gaigg auf ... Auf der Spitze des linken Gipfels tauchte plötzlich ein starker Bock auf ... Es waren fünf Stück. Als sie am Fuß der Wand anlangten, legte ich an. Der Schuß ergab ein vielfaches Echo ... Dann stieg ich zur Wand, dort lag Schweiß, und unweit lag der verendete Bock. Ich schleppte ihn in die Latschen und blieb dort bis abends sitzen ..." Über sein weiteres Wildererleben schreibt Grillmayr: „Am 12. 12. 1910 machten wir uns, der Toni und ich, mit Schneeschuhen ausgerüstet auf den Berg ... Zwei Schüsse krachten, zwei Gemsen jagten der Wand zu und verschwanden über dem Abgrund. Da lagen sie unten. Wir mußten etliche Kuppen umgehen, und dabei trafen wir plötzlich auf eine frische Schuhspur im Schnee. Teufel! das ist der Jager Kittinger. Nun erfolgte ein rascher Abstieg ... Auf dem Schneekegel angelangt, verschwanden wir im Wald. Den Ruß rieben wir mit Schnee aus den Gesichtern, die Büchsen versteckten wir in einem abgelegenen Heustadel, und es war ein Glück, daß wir unbemerkt daheim anlangten. Schnell in die Kammer! Ein Bub mußte Wasser holen, und etwas später traten wir im Sonntagsgewand in die Stube ... Mit dem Gamsbart schien es derweil nichts."

Das Wildern wird hier als Abenteuer gesehen, mit dem man versuchte, bestehende Regeln und die Jäger zu umgehen. Dieses Thema und die hauptsächlichen Gründe für das Wildern schneidet auch ein heute etwa 80 Jahre alter früherer Jäger an, der mit vielen Jagdgästen in den Revieren der Bundesforste unterwegs war: „Jagen durften ja nur die Jagdpächter und die, die dazu eingeladen waren. Die Bauern ärgerten sich, weil sie selbst nicht jagen durften. Einige sind daher wildern gegangen. Gewildert haben sie wegen des Fleisches — denn es ist ihnen vor dem Zweiten Weltkrieg nicht gut gegangen — und aus Gaudi. Die Oberwenger Bauern haben oft im Herbst nur wegen des Gamsbartes gewildert. Den Gamsbart haben sie verkauft oder sich auf den Hut gesteckt. Erst so ist man jagerisch angezogen. Auch den Madln hat ein schöner Gamsbart gefallen."

Vor dem Zweiten Weltkrieg war also das Wildern fest in das bäuerliche Leben integriert. Der Wilderer lief jedoch Gefahr, von Gendarmen gestellt und in das Gefängnis gesperrt zu werden. Einen Einblick in diese Zeit und in dieses Leben gab mir auch eine ältere Bäuerin: „Damals ist viel gewildert worden. Mein Gott! Das Wildern ist manchem im Blut gelegen. Der Lois z. B., der so schön singen konnte, ist oft in Steyr im Gefängnis gesessen. Gearbeitet hat er in der Danubius. Einmal haben die Gendarmen ihn auf einen Lastwagen geworfen und gefesselt und ihn weggeführt. Und auf einer Alm haben sie den S. Hans zusammengetreten. Wer ihn erschossen hat, das weiß man nicht. Haben das die Jäger getan oder die Wilderer selbst?" Der Wilderer war in einer dauernden Auseinandersetzung mit den Vertretern des Gesetzes. Das Gesetz war aber nicht im Sinne der Bauern. Die Strafen, mit denen Wilderer rechnen mußten, waren mitunter hart. Einmal soll es vorgekommen sein — so erzählte mir ein alter Jäger —, daß mehrere Wilderer gemeinsam unterwegs und von Jägern und Gendarmen umstellt gewesen seien. Bei einem Schußwechsel zwischen den beiden Parteien sei ein Wilderer tödlich getroffen worden. Um zu verhindern, daß die Jäger den Toten erkennen, was sie auf die Spur seiner Kollegen gebracht hätte, zerschnitten die anderen Wilderer dessen Gesicht bis zur Unkenntlichkeit. Erst dann flüchteten sie.

Wirtschaftliche Not, bisweilen Angst vor Wildschäden und die Freude an der Jagd sowie am Gamsbart machten das „Wildern" für den Bauern und überhaupt für den jungen Bauern interessant. Der Ärger mit eventuellen Wildschäden veranlaßte manchen, mit einiger Brutalität gegen das Wild vorzugehen. So sollen einmal Bauern mit Holzpickeln Rehe getötet haben. Das Wildern wurde aber auch, wie wir sahen, als eine Art Sport betrachtet, denn es galt, Jäger und Gendarmen zu überlisten. Der erfolgreiche Wilddieb sah sich als Held, und er nahm, wenn man dahinter kam, die Gefängnisstrafe wohl als lästig an, nicht aber als Degradierung hin. Das Wildern galt somit bei einigen Personen als „legitime" Angelegenheit, mit der man der Ausschließung des „kleinen Mannes" von der Jagd begegnen wollte. Hinter dem Wildern steckte seit jeher auch eine emanzipatorische Komponente, die den Wilderer mit dem durchaus positiven Ti-

tel „Wildschütz" belegte. Der „Wildschütz" genoß demnach —
obwohl er bestehenden gesetzlichen Normen widersprach —,
ganz ähnlich dem Piraten des Mittelalters, einiges Ansehen.
Diese hier versuchte Charakterisierung des Wilderers wird auch
in der biographischen Erzählung von E. Grillmayr bestätigt:

„Am Montag nach dem verhängnisvollen Sonntag standen
Toni und ich auf dem Blochhaufen, sahen hinauf in die Wände
und tauschten unsere Vermutungen aus, was die Jäger wohl un-
ternehmen würden. In diesem Augenblick tauchten der Kittinger und der Dukowitsch (zwei Jäger) an der Wegbiegung auf. Sie
waren Wohnungs- und Reviernachbarn und machten es sich
auch gemeinsam zur Aufgabe, den Wildfrevel aufzuklären,
denn der Diebstahl geschah an der Grenze des Kast- und La-
rischrevieres. Wir grüßten uns. Der Gruß war kurz. Die Augen
der Jäger waren aufreizend auf unsere Fußabdrücke gerichtet.
Sie hatten verdammt dienstliche Gesichter. Noch einmal der
kurze Berggruß. ‚Tuats enk net weh', wir: ‚Laßts enk Zeit', dann
verschwanden sie langsam um die nächste Biegung . . . Toni ver-
tauschte sein Gewehr gegen eine Taschenuhr, ich handelte meine Büchse gegen ein Abschraubegewehr ein und versteckte es.
Nichts rührte sich, wir wurden immer sicherer. Es kam Weihnachten . . . Während des Hochamtes standen sämtliche Jäger
am Oratorium in Gala. Das war Sitte; das ironische Lächeln
nahmen wir für ein freundliches Zeichen und gutes Omen für
unsere Unschuld. In der Nacht schneite es stark . . . Es war gegen halb fünf Uhr, da hörten wir schwere Tritte auf der Holzstie-
ge. Was war das? Die Tür wurde aufgestoßen, voran betrat der
Jäger Thaller mit erhobener Laterne, das Gewehr auf dem Rük-
ken, die Kammer, hinter ihm der kleine Kittinger, und ganz hinten glänzte hoch über einer Pickelhaube ein Bajonett. Sakra!
Darum das freundliche Grinsen von gestern. Ja, man lernt nie
aus. Wachtmeister Jaindl meinte: ‚Ah, da liegen ja alle beide im
Bett!' und forderte Toni auf, in die Stube hinunterzukommen,
Thaller solle bei mir bleiben. Der Jager saß auf meiner Truhe, in
welcher der Stutzen lag. Wenn der Kerl nit da wäre, könnt i das
Ding beim Fenster hinausheben, dachte ich. Laut aber sagte ich:
‚Wenn ihr um a halbe Stund später kommen wärt's, warn ma
nimmer da gwesen.' Keine Antwort . . . Nun kamen die anderen.

Toni hatte keine langen Skrupel gemacht, die Schuhspur stimmte überein, auch hatte Kittinger uns schon beim Schuß mit dem Glas beobachtet. Zum Abstreiten gabs da wohl nix. Ich stand auf ... Auch die Truhe mußte ich öffnen; in ihr befand sich der Stutzen, im Kasten war Schießpulver und ein Kugelmodel. Für den Bauern (bei dem Grillmayr arbeitete und wohnte) war es peinlich, er war Bürgermeister ... Wir waren verhaftet ... Dann gings hinunter die Reichsstraße, die nach Windischgarsten führt. Unter den vielen Leuten, welche uns von der Frühmesse her begegneten, befand sich auch ein Mädel, sie ging allein, es war die Mirzl ... am Kirchplatz standen die Leute Kopf an Kopf, der Gendarm machte Platz, und es entstand eine lange schmale Gasse. Von hinten erschollen Zurufe, die Jager hörten nichts Gutes. Aber da war schon das Tor des K. u. K. Bezirksgerichtes.

Die Hauptverhandlung war Mitte Jänner. Meiner Ziehmutter wurde weder von den Dorfbewohnern noch von den Jägern etwas verraten. So sagte ich ihr, daß ich mal länger nicht kommen könne und gebrauchte ganz wichtig scheinende Ausreden ... Sie blickte mich besorgt an und meinte: ,Daß dir halt nix geschiacht.' Einen vollen Monat war ich ausgeblieben, das war für die Arme lang. Als ich endlich eines Sonntags zur Tür hereinstürmte und gleich laut schrie: ,Zu essen hab i gnua ghabt!', da meinte sie unter Tränen: ,Bua, Bua, i hab's schon ghört, was du alls tuast. Aber', fügte sie sehr zornig hinzu, ,i schau koan Jagar mehr an!' Das war das Ende — Aber Reue habe ich bis heute darüber (über das Wildern) nicht empfunden."

Das Wildern wurde von den Angehörigen der unteren sozialen ländlichen Schichten als durchaus „legitim" begriffen. Die Jäger als traditionelle Vertreter der Jagdherren, auf die sie beinahe militärisch vereidigt waren, wurden eher als die Gegner des „kleinen" Mannes begriffen, was sich auch in den Worten der Ziehmutter von Grillmayr verdeutlicht. Der Wilderer als Widerpart des reichen Jagdherrn und seiner Jäger genoß folgerichtig ein romantisch verklärtes Ansehen, welches ihn zu einem Helden machte. Grillmayr war, wie andere Wilderer auch, diese sozialkritische verehrende Einstufung als Wilderer durchaus angenehm. Diese frühere Romantisierung des Wilderers, die mit einer Herabwürdigung und Nichtanerkennung der angestellten Jäger, der Gendarmerie und der Gerichte einhergeht, wird auch in folgenden Sätzen Grillmayrs betont: „Ich hatte keine Zeit (um 1912) mehr, an das Wildbret zu denken, und meine Büchse hing beim Kreisgericht in Steyr in einer alten Rumpelkammer bei anderen durch die verdammte Obrigkeit erbeuteten Waffen. Nur einmal noch, beim ‚Wildschützenball' im Wirtshaus Schlagörl in der Au trafen wir (Wildschützen) uns vollzählig. Der Gemeindepolizist ‚Viktor' hatte die amtliche Aufsicht über den gefährlichen Verein. Aber auch er trank vom Faß Bier, welches die Aubauern bezahlten. Es war die letzte Hetz."

Auch etwas anderes — vielleicht überraschend — ergab sich bisweilen: Da der Wildschütz über einige gute Kenntnisse des Wildes und der geographischen Gegebenheiten in den Wäldern, auf den Bergen und in den Karen verfügen mußte, war er vor dem Ersten Weltkrieg als potentieller Jäger der herrschaftlichen Jagdpächter interessant. So sollen einige junge Männer, von denen man wußte, sie wären ausgezeichnete Wilderer, als Jäger von den betreffenden Jagdpächtern eingesetzt worden sein. Man rechnete mit ihrem Spürsinn und ihrer Leidenschaft, die nun der noble Jagdherr für sich einsetzte, um wahrscheinlich auch frühere Kollegen des nunmehrigen Jägers kontrollieren zu können.

Nach dem Zweiten Weltkrieg fand die beschriebene Art des Wilderns ihr Ende, als sich die ökonomische und soziale Lage besserte, aber auch das Jagdwesen und die gesetzlichen Bestimmungen radikal geändert wurden. Lediglich skizzenhaft sei festgehalten, daß nun eine Gemeindevertretung, der Jagdausschuß, die Jagd auf allen jagdbaren Gründen von Bauern, die keine Eigenjagd besitzen, grundsätzlich an eine Genossenschaft verpachtete. Dieser Genossenschaft gehören neben den „kleineren" Bauern aber auch andere Interessierte an. Ein Jagdleiter kümmert sich um die Meldung der Abschüsse an die Behörde und achtet auf die Trophäen. Heute hat jeder Bauer die Chance, dieser Genossenschaft beizutreten, um in dem ihm zugeteilten Revier das Jagdrecht auszuüben. Damit fällt eine wichtige Voraussetzung des traditionellen Wilderns weg. Auch ist es nicht mehr notwendig, über das Wildern zu hochwertigem

Fleisch als Ergänzung karger Kost zu gelangen. Denn die Notlage, wie sie vor dem Krieg für viele Bauern typisch war, verschwand zusehends, womit das Wildern aus einer Notsituation heraus der Vergangenheit angehört. In Liedern werden zwar noch Wildschützen verehrt, man redet mit einer gewissen Anerkennung über sie, aber in der früheren Form gibt es sie nicht mehr. Höchstens in einer anderen, pervertierten Weise, die aber nicht an alte Traditionen anknüpfen kann.

Wildschützenlied

Was wölln ma denn singa, was fangen wir an,
Von an Wildschützen und was er halt kann;
Er ist ja ganz neugeborn und christlich aufzogn
drunten beim Land.

Er schiaßt mit dö Jaga wohl grad auf die Scheibn,
Das heimli Wild schiaßn das tat' er halt treibn.
Er woaß die Gang goar schön, wo die schön Gams gehn,
Drunten im Wald, und das wissert er halt.

Er schiaßt sich a Gamsl und legt sich in d'Ruah,
Da schaut eahm da Jaga a lange Weil zua;
Er hat ihm solang zuagschaut, hat eahm nir zuwi traut
bis das er schlief.

Weil endli hat er eahm halt zuwi traut, ziagt er sein
Woadner aus und hat eahm g'haut. Der Wildschütz schiaßt
auf mit Gwalt, is über a Mauer owigfalln, hoch in ein Saal.

Den Jaga droht's G'wissn, es war eahm nit guat,
Er möcht wohl gern wissn, wia's dem Wildschützen tuat.
„Jaga, liaba Jaga mein, schmier mir mein Wunden ein
und g'still ma's Bluat."

Da Jaga schmiert eahm d'Wunden ein, und g'stillt ihm's Bluat,
Da wurd's halt dem Wildschützen gleich wieder guat.
Heut Nacht muaßt mit mir gehn; müaßn ma fürn Pfleger stehn,
Schau wia's dir tuat.

Sie gangen miteinander durch'n Lausingergrobn,
Da Wildschütz voran aus, da Jaga hint nach.
Eh's i mit dir tua gehn, wog i mein Leib und Seel,
das sag i grod.

Sie gangen miteinander, halt nu a Weil dran,
Da gang halt der Wildschütz den Jaga frisch an;
Er hat eahm so grob angangen, er hat eahm seine Büchs
weggnommen und polt ihn brav ab.

Bist wohl ein Jaga und bist wohl ein Mann,
Beileibe fang mit oan Wildschützen nimmer an.
Was frische Leut tuant sein, lassen sich nit fangen ein,
Das merk dir fein.

Almerspitz

Wer steht dort drobn am Almerspitz, dort steht ein junger Wildbretschütz,
Dort steht ein junger Wildbretschütz! Er halt sein Stutzerl in der Hand
und schaut hinein ins Steirerland.
Was will er von der Steirerwand! Den Gamsbock der dort drinnen
wohnt,
den Gamsbock der dort drinnen wohnt.
Was steht dort drobn am Almer-Roan, dort steht ein Hütterl ganz
alloan,
Dort steht ein Hütterl ganz alloan. Wer wohnt denn in dem Hütterl
drin?
Eine wunderschöne Sennerin. Eine wunderschöne Sennerin.
Grüß dich Gott, grüß dich Gott, liebe Sennerin, du liegst mir im Herzen,
du liegst mir im Sinn, du liegst mir im Herzen, du liegst mir im Sinn.
Geh, gib mir a Milch, an Butter, an Kas, i muaß gleich wieder
weiter reisen, ich muaß gleich wieder weiter gehn.

Der Fremdenverkehr und sein Einfluß

Die Anfänge des Fremdenverkehrs gehen auf den Beginn dieses Jahrhunderts zurück. Wohl hat Spital am Pyhrn bereits im 19. Jahrhundert das Interesse von Bergsteigern, Wanderern und Kunstinteressierten auf sich gelenkt, doch erst nach 1900 beginnt man hier, um Fremde zu werben. Ein besonderes Interesse an „Sommerfrischlern" und Wintersportlern hatten freilich die Gasthäuser. Es war auch der Wirt des „Gasthaus zur Post" im Zentrum des Ortes, der es sehr rührig unternahm, Spital am Pyhrn als attraktiven Urlaubsort herauszustellen. Dieser Wirt, er wurde als der „alte Grundner" noch während meiner Kinderzeit öfter genannt, starb in den vierziger Jahren und hat wichtige Anstöße für die Entwicklung des Fremdenverkehrs gegeben.

Emmerich Grillmayr bringt in seinen unveröffentlichten „Heimatbildern" eine sehr anschauliche Schilderung des Betriebes im „Gasthof Grundner", in dem er eine Zeit als landwirtschaftlicher Arbeiter — zum Gasthaus gehörte auch ein Bauernhof — sich verdingte. Grillmayr gibt damit einen Einblick in das Leben, die Beziehungen zwischen den Menschen und die Bedeutung der Gäste, wie er sie im Gasthaus „Grundner" erlebt hat. Es wird somit auf eine Gasthaus-Kultur verwiesen, die im wesentlichen bis zum Zweiten Weltkrieg Bestand hatte. Grillmayr schreibt:

„Im Gasthof ‚Zur Post' war ich ein landwirtschaftlicher Arbeiter. Mir taugte es dort in dem großen Getriebe. Der Kutscher ging zur Eisenbahn, also hatte auch ich mich bis auf weiteres um die Pferde zu kümmern. Bald hieß es, ich soll dem Metzgerburschen bei einer Schlachtung helfen oder im Maschinenhaus während größerer Veranstaltungen nach dem Rechten sehen, da wir eigenes Licht und eigene Heizung hatten. Mancherlei besondere Aufträge gab es zu erfüllen, und ich tat alles gern, denn es gab viele Gäste und viel Personal. Der Betrieb des Gasthof ‚Zur Post' stand damals unter seinem Besitzer, Herrn Grundner, in höchster Blüte. Die großen Umbauten zur Unterbringung der Fremden waren damals schon beendet; eine ausgedehnte Landwirtschaft gab dem Hause das nötige Rückgrat. Die Hofalm am Pyhrgas wurde gepachtet, die Räume für die Unterbringung der Touristen erweitert und die Alm bewirtschaftet. Der Chef war Frühaufsteher, und öfter als einmal mahnte uns seine große Gestalt mit der riesigen weißen Leinenschürze, daß es höchste Zeit sei, und schneller als sonst stoben wir um die Ecken der Wirtschaftsgebäude, um unserer Arbeit nachzugehen. Im Hause schwang Frau Grundner das Zepter über das zahlreiche weibliche Personal. Sie war eine Frau, welche nicht nur für jeden heimischen Gast ein freundliches Wort hatte, sondern auch die verwöhnten Ansprüche der Herrschaften befriedigte. Zwei Kinder, die ältere Roserl und der jüngere Ernstl, waren das häusliche Glück, und sie befanden sich unter der Obhut des guten, alten Hausgeistes, der Frau Fahrenberger. In der gemütlichen Gaststube hing ein Spruch hinter Glas und Rahmen: ‚Was kann dich ein böser Nachbar lehren? / Frühaufstehen, wachsam sein und dich wehren / sorgsam und treu deines Eigens walten / und deinen Zaun in Ordnung halten.' Das nachbarliche Geschlecht ist heute längst verschwunden, der Spruch hängt heute noch dort, als Mahnung für die Nachkommen."

An der Schilderung Grillmayrs, die die Zeit knapp vor dem Ersten Weltkrieg in Spital am Pyhrn festhält, fällt die Einstufung der Urlaubsgäste als „Herrschaften" gegenüber den „heimischen Gästen" auf. Dem Urlaubsgast wird hofiert, er wird als jemand gesehen, der Geld hat und Geld bringt. Erst über ihn ist es möglich, Spital am Pyhrn zu einer Fremdenverkehrsgemeinde zu machen. Der Fremdenverkehr ist zunächst also auf die Gaststätten konzentriert. Daneben haben Almen und Schihütten, die in den zwanziger und dreißiger Jahren erbaut werden, für den Bergsteiger eine besondere Bedeutung. Bauern stellen nur vereinzelt Zimmer für Urlaubsgäste zur Verfügung.

Erst in den Nachkriegsjahren, speziell ab den sechziger Jahren, beginnt der Bauer, seine große Chance im Fremdenverkehr zu sehen. Und dieser wird schließlich für ihn zum Motor des Wandels; durch ihn kommt er mit städtischer Kultur in engen Kontakt, die bisweilen sogar zu seinem Vorbild wird. Auch versucht der Bauer, sich den Vorstellungen des Urlaubsgastes anzupassen. Wie ich im Kapitel über Kleidung bereits ausgeführt habe, scheint das Interesse für die Tracht beim Bergbauern — zumindest in unserer Gegend — nicht alt zu sein. Es sind vorrangig Städter und Angehörige gehobener sozialer Schichten, die das Tragen von Trachten forcieren und Trachtenhochzeiten als „nobel" und reizvoll ansehen. Das Tragen von Tracht bietet, so scheint es mir, dem Städter die Möglichkeit, sich seiner üblichen städtischen Welt, in der er dem Arbeitsdruck und psychischen Belastungen ausgesetzt ist, symbolisch zu entledigen. Es gibt Urlaubsorte (z. B. Altaussee), in denen die traditionelle Betonung der Tracht durch die Urlauber eine Steigerung erfahren hat und man die Zugehörigkeit zu höheren sozialen Schichten an der Tracht mißt. Der Einheimische tut da mit und stellt sich als Exote dar. (Der Vergleich mit dem Disneyland liegt nahe, und letztlich ist die Absicht dieselbe, die hinter beiden steckt. Der Fremdenverkehr bei uns und das Disneyland in den USA wollen dem Urlauber bzw. dem Besucher eine Welt vor Augen führen, die ihm angenehm erscheint und die ihn von seinem Alltagsstreß entlastet. Etwas, das durchaus angebracht und sogar notwendig sein kann — es liegt mir ferne, das hier Festgehaltene zur Tracht als Kritik zu formulieren; es geht hier nur um ein Bewußtmachen.)

Ähnlich sind auch die neuen Schnitzereien an Holzbalken in Bauernhäusern zu interpretieren, die erst seit den letzten Jahren auftauchen. Sie vermitteln „bäuerliche" Kultur, die es allerdings in dieser angedeuteten Romantisierung früher nicht gab. Gast- und Geschäftshäuser machen mit, und der Bahnhof von Windischgarsten präsentiert Holzbalken, auf denen „bäuerliche" Symbole eingeschnitzt sind. Damit wird dem Urlaubsgast ein rustikales Leben vorgespielt, das er auch sehen und fühlen will. Der Wandel, beeinflußt vom Fremdenverkehr, ist also in vielfältiger Weise in dieser Bergbauernkultur bemerkbar. Der

Fremdenverkehr ist keine Erfindung der Nachkriegsjahrzehnte, allerdings stellte sich der Bauer vor dem Zweiten Weltkrieg noch nicht in dem Maße wie heute auf den Fremdenverkehr ein. Der Fremdenverkehr bot ihm damals zwar einen kleinen Nebenverdienst, aber er trug noch nicht zu seiner Existenzgrundlage bei. Ich habe mich auch darüber informiert, mit Bauern gesprochen und mir alte Bilder, auf denen Urlauber abgebildet sind, angesehen. Auch damals stellte sich der Urlauber in einer spezifischen Tracht mit Lederhosen und Dirndl dar, aber nicht unbedingt der Bauer bzw. die Bäuerin. Ein Bild aus dem Jahre 1930 zeigt mehrere Sennerinnen auf der Gowilalm in dem typischen einfachen Gewand, wie es oben beschrieben wurde, und einige Urlauber in „Tracht". Eine betagte Bäuerin meinte dazu, indem sie auf die Urlauber verwies: „Das sind die Herrschaften." Der Ausdruck „Herrschaften" verweist wohl darauf, daß der Urlauber derjenige ist, der gut zahlt und der daher verlangen kann, daß man seinen Wünschen auch entspricht. Es scheint hierin eine feudale Tradition zu stecken, die auf den seine Landbesitzungen und Jagdgebiete aufsuchenden Adeligen zurückgeht.

Die Bezeichnung „Herrschaften" für den Urlauber verschwand in der Nachkriegszeit. An seine Stelle traten Formulierungen wie „Sommerfrischler" und „Urlaubsgast".

Ansätze des modernen Fremdenverkehrs in dieser bergbäuerlichen Gegend mögen auch darin liegen, daß unmittelbar nach 1945 durch den Krieg Geschädigte, Ausgebombte oder sonst heimatlos Gewordene bei Bauern Unterkunft fanden, zu denen sie dann später als Urlauber zurückkehrten. So meinte auch eine Bäuerin: „Nach dem Krieg haben wir das Haus mit Evakuierten voll gehabt. Das war der Beginn der ‚Sommergäste', das hat sich bis heute gehalten. Zuerst haben wir in einem Zimmer zusammengepfercht geschlafen, weil die anderen Zimmer in unserem Haus mit Wienern, Linzern, Steirern usw. angefüllt waren." Die Zeit nach dem Krieg also und vor allem die fünfziger Jahre haben den Boden für den modernen Fremdenverkehr vorbereitet, welcher schließlich für das Leben des Bauern von ungemeiner Bedeutung, aber auch Belastung werden sollte. Eine 1941 gebo-

rene Bauerntochter, die den durch den Fremdenverkehr bewirkten Wandel miterlebt und beobachtet hat, erzählt dazu: „Mein
Bruder, der nun der Bauer ist, hat das Haus voller Fremde. Er
und seine Frau haben einen solchen Streß! Ich sage mir oft, ob
die nicht glücklicher lebten, wenn sie das Haus für sich allein
hätten und sie den Fremdenverkehr nicht so aufziehen würden.
Sie haben kaum Zeit für sich. Ich weiß nicht, ob der Fremdenverkehr wirklich soviel gebracht hat. Die Frau meines Bruders
hat es gerne, wenn viele Fremde da sind. Er vielleicht nicht so.
Er würde eher sagen: ‚Wir haben vier Kinder und haben nun
keine Zeit mehr für uns selber.' Am Tag müssen sie arbeiten und
am Abend sitzen sie mit den Fremden beisammen. Früher, als
ich noch auf dem Hof war, hatten wir nur in den Ferien Sommergäste. Durch die Städter, die zu uns gekommen sind, haben
wir z. B. erst Paradeiser und Bananen kennengelernt, die kannten wir früher nicht. Das war für uns etwas Neues. Der Vater hat
damals zu uns gesagt: ‚Die Sommergäste haben Urlaub', oder:
‚Die können Urlaub machen.' Den Ausdruck Urlaub habe ich
damals das erstemal gehört. Daß es so etwas gibt, daß jemand
Urlaub machen kann, ist uns nicht eingegangen. Wir haben die
Gäste aber auch verwöhnt, damit sie es schön haben."

Der städtische Gast konfrontierte die Kinder des Bauern
nach dem Krieg mit einer neuen Welt und auch mit dem Termi-
nus „Urlaub". Mit der Bereitschaft, durch die Gäste das ganze
Jahr über etwas zu verdienen, verbinden sich auch einige Ansprüche. Ein Bauer führt zum Fremdenverkehr und seiner Entwicklung aus: „Seit 1953 haben wir Gäste. Wir können uns die
Leute aussuchen. Man schaut halt auf die Leute, die man schon
länger kennt, sie nehmen wieder Gleichgesinnte mit. Früher haben sich die Gäste noch selbst gekocht. Der Fremdenverkehr ist
erst als ich geheiratet habe, 1969, so richtig losgegangen. Die
Gäste mußten nun nicht mehr für sich kochen. Und für uns sind
diese Einnahmen aus dem Fremdenverkehr wichtig. Früher hat
man ja keine wirklich sichere Einnahme gehabt. Überhaupt ist
der Fremdenverkehr für die Bauern dann notwendig, wenn sie
keinen Zuerwerb durch den Wald haben. Als für mich die Holzarbeit immer schwerer wurde, habe ich mir überlegt, das Haus
für den Fremdenverkehr umzubauen. Vom Gebiet her liegen wir

ja ganz günstig hier in Oberweng. Früher war es hier schwieri-
ger, weil die Straße schlecht war. Wichtig ist nicht nur die Straße
für uns und den Fremdenverkehr, sondern auch das Telefon,
welches wir erst seit 1979 haben. Und wenn man die Gäste fragt,
was sie bewogen hat, zu uns zu kommen, so ist es meistens der
Ton in unserer Stimme beim Telefonieren, der ihnen gefallen
hat. In Sachen Fremdenverkehr haben wir außerdem den Verein
,Urlaub am Bauernhof' gegründet. Für diesen Verein haben wir
eine Broschüre herausgegeben. Das geht von der Kammer aus.
Meine Frau ist im Vorstand des Vereins drinnen. Für uns ist der
Fremdenverkehr wichtig, denn wenn wir für unsere landwirtschaftlichen Produkte mehr bezahlt bekommen würden, wären
wir nicht so vom Fremdenverkehr abhängig."

Der Fremdenverkehr beginnt in den siebziger Jahren das bäuerliche Leben zu dominieren, nachdem die Zufahrts- und die
Kontaktmöglichkeiten in der heutigen Form geschaffen worden
waren. Die Bauern richteten sich auf die Fremden ein, sie weiten
schließlich ihre Fremdenverkehrs-Wirtschaft auch auf Schilifte
und Langlaufloipen aus. Der Fremdenverkehr wird so zu einem
bestimmenden Faktor, der von der Ortsgemeinde gefördert
wird, da er Geld bringt. Der Fremdenverkehr versorgt den heutigen Bauern, und er ermöglicht ihm auch ein besseres Leben als
früher, wie ein Bauer meint: „Von der Landwirtschaft sind wir
nicht alleine lebensfähig. Erst durch die Fremden geht es sich
halbwegs aus. Da hat man Überlebenschancen." Durch die Auf-
nahme von Urlaubsgästen ändert sich auch das Verhalten des
Bauern auf dem Hof. Der Gast will die bäuerliche Welt zumindest in Ansätzen kennenlernen, und daher muß sich der Bauer
oder die Bäuerin auch Zeit nehmen, mit den Gästen vor allem
am Abend beisammen zu sitzen. So wird der Gast in die bäuerliche Familie integriert. Im Haus gebackenes Brot, selbst zuberei-
tete Butter und guter Topfen unterstreichen neben dem vorgesetzten Most jene bäuerliche Atmosphäre, die dem Gast durch
Fremdenverkehrsprospekte und Werbung angeboten wird und
die er erwarten darf. Verstärkt wird ein solches Bild vom Bergbauern nicht zuletzt durch die Anschaffung von Pferden, die
zwar nicht mehr im bäuerlichen Betrieb eingesetzt werden, die

aber dem „Sommerfrischler" das Gefühl vermitteln, auf einem „echten" Bauernhof zu leben.

Geradezu typisch für die Ausrichtung am Fremdenverkehr — dies sei abschließend erwähnt — ist, daß frühere traditionelle Bräuche für den Fremdenverkehr speziell zubereitet wurden. So fiel mir z. B. auch auf, daß in einem der Orte des Teichtales der Maibaum nun im August, wenn die meisten Gäste anwesend sind, umgeschnitten wird. Im Unterschied zu früher, als man entsprechend der Tradition Ende Mai oder Anfang Juni diesen Brauch durchführte.

Bauer, alte Magd und rechts wahrscheinlich ein „Sommerfrischler"-Ehepaar, welches sich „bäuerlich" betätigt (um 1910)

Einnahmen, Nebenerwerb,
die Zeit des „Hamsterns“

Der Bergbauer war, wie wir gesehen haben, zumindest bis zum Zweiten Weltkrieg weitgehend autark; beinahe alle die Güter, die er zum Leben brauchte, lieferte der Hof. Nur wenige Dinge wie Zucker, Salz oder auch besondere Stoffe und Kleidungsstücke, wie Seidentücher, die für die Sonntags- und Feiertagsgewandung wichtig waren, wurden gekauft. Zu dem benötigten Geld gelangten die Bauern durch den Verkauf von Vieh und Holz. Zusätzlich brachte die Veräußerung von Milch, Butter u. ä. an die Dorfbewohner noch etwas ein. Grundsätzlich war es jedoch nicht viel Geld, über welches der Bauer verfügen konnte, schließlich mußte er von diesem auch seine Dienstboten, die ohnehin kaum etwas bekamen, bezahlen. Ihm blieb daher nichts anderes übrig, als sparsam zu sein, wie es auch eine frühere Bäuerin in kurzen Sätzen zusammenfaßt: „Früher haben wir fast kein Geld gehabt. Das wenige Geld, das wir hatten, war vom Verkauf von ein paar Ochsen. Das war unser Geld. An das G'nausein (Sparen) waren wir immer gewöhnt.“ Auf dieses Problem der Sparsamkeit weist auch ein über fünfzig Jahre alter Bauer hin: „Geld haben wir eh nicht viel gehabt. Mein Vater hat im Jahr ein paar Ochsen verkauft, er hat sich aber auch wieder ein paar junge kaufen müssen. Von der Differenz haben wir gelebt. Das war sehr wenig. Wir sind nie in ein Gasthaus gegangen, und Wurst haben wir nie gegessen. Das Geld, das wir für die Milch bekommen haben, also das Milchgeld, hat meine Mutter in einem Häferl gehabt. Davon haben wir gelebt. Das war bis Anfang der sechziger Jahre.“ Vor allem für den vermögenderen Bauern war das Holz eine sehr wichtige Einnahmsquelle, wie mir von einer Bäuerin ausgeführt wurde: „Reich war höchstens ein Bauer, der viel Holz gehabt hat. Da hat man gesagt, der hat einen Reichtum. Denn der mußte nichts anderes tun, als eben das Holz umschneiden und es verkaufen. Da macht er schon sein Geld!"

Eine sehr einträgliche Möglichkeit des frühen Nebenerwerbs bestand für reichere Bauern darin, sich als Fuhrwerker für Dienste anzubieten, die andere mangels Pferden, Wägen und Arbeitskräften nicht durchführen konnten. In der Au von Spital am Pyhrn gab es vor 1938 für die Bauern, die dort — heute trockengelegte — saure Wiesen besaßen, einen interessanten Nebenerwerb. Sie verkauften das Heu dieser Wiesen an das österreichische Bundesheer für die Fütterung der Militärpferde.

Es gab also seit jeher einige Möglichkeiten für einzelne Bauern, durch außerhalb der üblichen Tätigkeit liegende Arbeiten zu Geld zu gelangen. Ständige Einkommensquellen bieten sich jedoch erst, als die Bauern beginnen, für den Markt zu produzieren. Die Milch oder die Tiere, die früher eher gelegentlich verkauft wurden, werden nun planmäßig zu Geld gemacht. Mir scheint, daß gerade in den fünfziger Jahren dieses Bemühen des Bauern, seine Sachen anzubringen, sich verfestigte, allerdings noch eher bescheiden. Zu diesem Thema und über den hier angedeuteten Wandel erzählte mir ein um 1940 geborener heutiger Bauer sehr anschaulich:

„Früher hatten wir wirklich keine sicheren Einnahmen. Der einzige Schilling, der dann sicher war, ist durch die Milchlieferung gekommen. Gott sei Dank, daß das Ende der fünfziger Jahre angefangen hat. Vorher war gar nichts. Da ist man gerannt und hat bei den Wirten und anderen Leuten gebettelt, damit sie ein wenig Butter abkaufen oder sonst etwas, wie z. B. Eier. Früher hatten wir eher bescheiden Milch, vor allem für den Eigenbedarf. Wenn wir Milch übrighatten, sind wir also zum Wirt gegangen und haben ihn gefragt, ob er welche braucht. Früher hat man viel mit Butter gekocht. Jetzt fangen wir wieder damit an, weil wir mit der Milch kontingentiert sind, mit 20.000 Litern im Jahr, von dem kann man nicht leben. Früher hat man also Milch nur für den Eigenbedarf gehabt, man hat sich Käse selbst hergestellt, Topfen gemacht und Butter gerührt. Am Sonntag sind wir nach Spital am Pyhrn, wo wir ein paar Kundschaften gehabt haben. Bei denen hat man die Butter abgeliefert. Und mit dem Geld, das man dafür bekommen hat, hat man sich z. B. Zucker gekauft . . . In den fünfziger Jahren ist es auch notwendig geworden, Maschinen zu kaufen. Für die hat man gleich 80.000 bis 100.000 Schilling ausgeben müssen. Dieses Geld hat man nicht mit gewöhnlicher Arbeit hereingebracht. Das ist ja das Problem des Bergbauern, daß er das Geld für die Maschinen mit der Landwirtschaft nicht hereinbringt. Jetzt wurde für den Bauern eine Zuarbeit notwendig. Die meisten sind Holz schlägern nebenbei gegangen. Auch ich war 20 Jahre lang schlägern, im Akkord. Daneben mußte ich noch die andere Arbeit, wie Heuen u. ä., machen. Mit 16 Jahren habe ich mit dem Holzschlägern begonnen. Die erste Zeit mußte ich nur scherpfen (die Rinde schälen) und 1959 wurde ich bei den Bundesforsten eingestellt. Damals verdiente ich für den Tag nur 100 Schilling. Für uns war es am leichtesten, nebenbei ein wenig Holz zu schlägern. Für uns war das günstig, weil wir mit den Pferden nicht weit ausrücken mußten und sie daheim füttern konnten. Zur Futterzeit waren wir mit den Pferden am Hof. Aufgelegt haben wir das Holz auf der Gowilalm, das war im Winter. Früher sind wir mit dem Holz zum Edlbach-Grundner hinunter, wo die Bundesforste das Holz abgeholt und uns nach den abgelieferten Festmetern gezahlt haben. Später hatten die Bundesforste dann die Straße und setzten ihre Raupenfahrzeuge ein. Ab dem Zeitpunkt — das war 1960, 1961 —, ab dem die Bundesforste ihre eigenen Fahrzeuge eingesetzt haben, wurde der Preis für die Holzlieferung so niedrig, daß wir es nicht mehr übernehmen konnten. Wir arbeiteten privat für die Bundesforste, versichert waren wir nicht. Versichert waren wir auf dem Hof. Wir waren ja nur nebenbei bei den Bundesforsten. Die Bauern durften das machen, auch heute dürfen sie es noch. Die letzten Jahre ging das Holzschlägern aber zurück. Ungefähr zwei Monate im Jahr haben wir so für die Bundesforste gearbeitet, aufgeteilt auf Frühling und Herbst, aber auch im Sommer, wenn man etwas übernommen hat. Wenn man uns gesagt hat, wir müssen etwas liefern, so haben wir auch pflichtbewußt sein müssen. Das war oft schwierig. Es hing auch vom Wetter ab. Bei uns ist es noch einigermaßen gegangen, weil mein Vater und meine Geschwister alle daheim zusammengeholfen haben. Sonst wären wir nicht in der Lage gewesen, dazuzubauen . . ."

Diese Erzählung zeigt deutlich auf, wie sich der oben beschriebene Wandel von der annähernden Autarkie zu der heutigen Wirtschaftsform vollzog. Zunächst war der Markt, also das Verkaufen der Milch und der Butter nur nebenher interessant, heute ist es jedoch vor allem die Milch, die dem Bauern ein gesichertes und regelmäßiges Einkommen garantiert. Ich erinnere mich, als ich noch ein Kind war, daß eine Bäuerin aus Oberweng meiner Mutter alle Sonntage etwas Butter brachte, wofür sie einige Schillinge bekam. Gegen Ende der fünfziger Jahre hörte sich dies auf, denn nun begann die Zeit der organisierten Milchlieferung. Ähnlich verhielt es sich auch mit dem täglichen Milchholen beim Bauern. Es war für uns Kinder selbstverständlich, daß wir bis weit in die fünfziger Jahre hinein Milch bei einem Bauern täglich zu holen hatten. Eine „Arbeit", die von uns Kindern nicht immer gerne getan wurde, denn schließlich mußten wir auf den Haberskogel hinauf. Für den Bauern waren diese Kunden sehr willkommen, da sie ihm eine kleine Nebeneinnahme ermöglichten. Heute hat der Bauer eine andere sichere Abnahmestelle, den Molkereibetrieb, der allerdings oftmals einer Kritik unterzogen wird: „Wir haben ein Kontingent von 21.000 Liter Milch im Jahr, die wir liefern dürfen. Wir bekommen nicht ganz 5 Schilling für den Liter. Im Jahr sind es ungefähr 100.000 Schilling, die wir brutto damit verdienen können. Wenn wir mehr als das Kontingent liefern, bekommt man für den Liter ca. 1,30 Schilling", erklärt eine junge Bäuerin. Die Milch, die von dieser Bäuerin täglich in der Früh gemolken und vom Bauern am Vormittag in die Molkerei gebracht wird, ist mit viel Arbeit verknüpft. Sie bietet aber bares Geld, das der Bauer auch braucht.

Eine wichtige Rolle spielt auch der „Zuerwerb" außerhalb des landwirtschaftlichen Betriebes. Ein 52 Jahre alter Bauer, der am Vermieten von Fremdenzimmern kein Interesse und sein Haus auch nicht danach ausgebaut hat, erzählt dazu folgendes: „Angefangen habe ich nebenbei zu arbeiten, weil wir im Haus kein

Licht hatten. Uns fehlten Maschinen, ein Traktor und ein Ladewagen. Darum habe ich zu meiner Frau gesagt, daß die Firma
Mark Leute suche. Das ist in Roßleithen durchgegeben worden.
Der Frau habe ich also gesagt: ein paar Jahrln gehe ich arbeiten.
Nebenher! Wenn man einmal nebenher in die Arbeit geht, ist es
schwer mit dem Aufhören. Ich bin nun 52 Jahre alt und habe nur
mehr 8 Jahre auf die Rente. Bis dahin werde ich noch arbeiten."
    Geradezu charakteristisch für die Zurückhaltung dieses
Bauern, aber auch für seine Neigung, jede Arbeit, die ihm angeboten wird, zu nehmen, um als Bauer überleben zu können, ist
schließlich seine weitere Erzählung: „Wenn ich zum Mark arbeiten gehe, nehme ich nicht die Arbeit an, die die bessere ist.
Ich habe stets die schlechtere Arbeit genommen, von der jeder
gesagt hat, die würde er nicht nehmen. Ich will niemandem, der
kein Bauer ist, die Arbeit wegnehmen. Um die Arbeit, die ich
gemacht habe, ist niemandem leid gewesen. 1975 wurde ich
beim Mark entlassen, weil die Auftragslage schlecht war. Ich
habe mich gefreut und habe mir gedacht: jetzt kann ich daheimbleiben, in den Holzberg hinaufgehen und den Wald säubern."
Der Mann wurde später wieder eingestellt, was auch im Sinne
eines halbwegs vorteilhaften Wirtschaftens war, denn er konnte
sich nun Sachen leisten, auf die er sonst hätte verzichten müssen: „Damals habe ich mir einen Waggon Stroh um 5000 Schilling gekauft von dem Geld, das ich beim Mark verdient habe. So
ein Waggon gibt aus. Für so ein Stroh hätte ich selbst 3 Wochen
arbeiten müssen, aber ich hätte mir noch dazu drei oder vier
Leute aufnehmen müssen, um das Stroh zusammenzuräumen.
Es hat sich nun ergeben, daß das Kilo Stroh damals 50 Groschen
gekostet hat, jetzt kostet es schon einen Schilling. Daher war es
günstig, damals das Stroh zu kaufen."
    Gerade dem ärmeren Bauern, der wenig Vieh hat und dem
es nicht möglich ist, vom Fremdenverkehr zu leben, bleibt nichts
anderes übrig, als sich nach einer entsprechenden „Zuarbeit"
umzusehen. In der Hoffnung, so den Hof, auf dem wesentlich
die Frau tätig ist, wirksam bewirtschaften zu können. Der Bergbauer, dies sollte geschildert und skizziert werden, ist heute also
vom Markt abhängig, und Autarkie gibt es nur in Fragmenten,
so z. B., wenn er die Butter noch selbst erzeugt.

Dieses Kapitel abschließend will ich noch auf eine Form der Einnahme verweisen, die vor allem nach dem Zweiten Weltkrieg für die Bauern recht wichtig war, nämlich auf das „Hamstern". Nach den beiden Kriegen waren die Bauern, nachdem die Lebensmittelversorgung nicht nur in den Städten zusammengebrochen war, zu „Direkt-Lieferanten" von Fleisch, Milch, Eiern, Brot u. a. geworden. Diese besondere Situation verschaffte dem Bauern einige Vorteile, die er auch trefflich zu nützen wußte. Gegen Schmuck etwa tauschte er die bei ihm gesuchten Eßwaren und machte so „kein schlechtes Geschäft".

Zu diesem Thema erzählt ein Bauer mit einer kleineren Wirtschaft: „Es sind nicht nur Stadtleute gekommen nach dem Krieg, sondern auch Arbeiter. Sie haben für ihr Geld ja nichts zu essen bekommen. Die Bauern haben da ein gutes Geschäft gemacht. Für eine Butter haben sie z. B. 100 Schilling verlangt. Die sind so viel wie heute 1000 Schilling. Besonders 1948, 1949 sind die Leute hamstern gekommen. Damals bekam man in den Geschäften nur etwas auf Lebensmittelkarte. Erst als es die Karten nicht mehr gab, hat man etwas für das Geld bekommen. Bei uns haben sich die Leute auch Erdäpfel geholt. Wir selbst haben aber auch nicht sehr viel gehabt. Mir wollte damals ein Bub für ein Stück Brot seine Füllfeder geben. Ich selbst habe aber auch fast nichts gehabt. Viele Bauern haben nach dem Krieg gewuchert. Meine Mutter aber nicht. Mit dem zusammengewucherten Geld, dazu sind noch Subventionen gekommen, haben sich manche Bauern z. B. ihren Stall neu gebaut. Wir waren nicht so schlecht, wir haben keine Subventionen dann bekommen. Die Verteilung ist sehr einseitig. Ich habe einen Bauern gekannt, der hatte ein Büchl, in dem ist zu lesen, wofür es Subventionen gibt. Wir haben so etwas nicht gehabt. Jeder hat das Maul gehalten, von wem und wofür er Subventionen bekommen hat. Das war nicht immer gerecht, daß zu dem zusammengewuchertem Geld noch eine Subvention gekommen ist. Damit konnten viele Bauern ohne Probleme bauen." Hier wird auch das Thema „Subvention" angesprochen, etwas, über das kaum ein Bauer gerne erzählt und auch nicht viel zu erfahren war. Jedenfalls war die Situation nach dem Krieg für den Bauern recht günstig, da er zumindest einige Zeit eine Art Monopolstel-

lung hatte, und er daher auch den Preis der verlangten Lebensmittel bestimmen konnte. So dürften die Bauern nach dem
Zweiten Weltkrieg eher darauf ausgewesen sein, einträgliche
Geschäfte zu machen, als nach dem Ersten Weltkrieg. Dies geht
auch aus einem Interview mit einer heute 75jährigen Frau hervor, die Magd war und als Kind eines Fuhrwerkers zur Welt
kam: „Nach dem Ersten Weltkrieg ist auch meine Mutter zu den
Bauern gegangen und hat um Brot und Mehl gebeten. Das war
notwendig, denn wir waren sechs Kinder. Damals nach dem
Ersten Krieg war man arm und hat daher bei den Bauern gebettelt. Wenn ein Bauer eine Mühle dabei hatte, hat der vielleicht
ein Sackl Mehl gegeben. Oder von einem anderen hat man ein
Bröckl Topfen oder etwas Milch bekommen. Das hat man
‚Hamstern' genannt. Nach dem Ersten Krieg haben die Bauern
eigentlich kein Geld genommen, im Gegensatz zu der Zeit nach
1945, das war eine Art Schleichhandel. Früher war es ein Betteln
und Bitten, damit man den Kindern etwas mit heimbringen
kann. Nach dem Zweiten Weltkrieg aber sind die Städter zu den
Bauern und haben ihnen weiß Gott was geboten, damit sie ein
Stück Fleisch bekommen, ein Geselchtes oder so etwas."

Der Bauer rechnete damit, von hungernden Städtern oder
von Verwandten um Lebensmittel gebeten zu werden. „Ham-
sternde" Verwandte schienen nicht gerade willkommen zu sein,
denn gegen deren Betteleien konnte man sich schwer wehren,
wie ein Sohn eines Kleinbauern festhielt: „Die Mutter hat zwei
Schwestern gehabt. Eine war mit einem Eisenbahner verheiratet, die andere mit einem Schlosser. Nach dem Krieg sind diese
zu uns hamstern gekommen. Meine Mutter hat ihnen gewöhnlich Speck und Eier gegeben, aber mein Vater hat sich darüber
geärgert. Er hat immer gesagt: wenn ich die (Verwandten) beim
Waschhütteneck herumkommen sehe, bin ich schon grantig
(verärgert)."

Zum Thema „Hamstern" weiß ich auch von meiner Mutter
einiges. So erzählte sie, daß sie 1947 für uns Kinder ein Kilo
Butter von Bauern gegen einen besonderen Stoff zu erstehen
versuchte. Es war für sie zunächst nicht leicht, einen solchen
Bauern überhaupt zu finden. Erst über die vertrauliche Vermitt-
lung eines Gendarmeriebeamten, der damit geradezu etwas Ille-

gales förderte, erfuhr sie von einem Bauern, der ihr ein Kilo Butter für den teuren Stoff gab. Ebenso schilderte meine Mutter, daß unmittelbar nach dem Krieg viele Bauern aus Spital am Pyhrn „gute Geschäfte" mit geflohenen Ungarn machten. Diese Ungarn waren mit dem Geld und den Schätzen der ungarischen Nationalbank von Budapest nach Westen aufgebrochen, um sich und das Geld vor den einmarschierenden Sowjets in Sicherheit zu bringen. In Spital am Pyhrn blieben sie einige Zeit. Hier wurden die Schätze der ungarischen Nationalbank im Stift versteckt und aufbewahrt. Auf den Wiesen der Bauern weideten die vielen Pferde, die diesen Troß gezogen hatten. Es handelte sich bei den Flüchtlingen durchwegs um reiche ungarische Bankangestellte, die nicht nur Geld, sondern auch wertvollen Schmuck mit sich führten. Für die Bauern boten sich jetzt viele Möglichkeiten, denn die Ungarn waren nun von ihnen hinsichtlich der Nahrungsmittel abhängig. Für wertvolle Schmuckstücke gaben die Bauern Butter, Fleisch und andere Eßwaren her. Einige Bauern sollen sich dabei nicht unbeträchtlich bereichert haben.

Die Nachkriegszeit bot also den Bauern willkommene Chancen, zu Geld und Wertbeständen zu gelangen. Es war dies die Zeit des „Hamstern", die sich für den Wohlstand einiger Agrarier positiv auswirkte. Zusätzlich zu diesen Möglichkeiten ergab sich noch für einige Bauern die günstige Konstellation, zu ERP-Subventionen zu kommen. Allerdings, so wird erzählt, gelang es nur zwei Spitaler Bauern, die ohnehin begütert waren und große Wälder besaßen. Für die heutige Situation und den Wandel, der sich dann zu vollziehen begann, waren diese Nachkriegsjahre bestimmend. Und daher erschien es auch wichtig, im Rahmen dieses Kapitels, das sich auf die Einnahmen des Bauern bezieht, die besonderen historischen Ebenen der Nachkriegszeit zu skizzieren, ohne die gewisse Entwicklungen wohl nicht verständlich sind.

Gedanken zur Beziehung zum Tier

Einige Überlegungen will ich noch zur Frage der Beziehung der auf dem Bauernhof lebenden Menschen zu den Tieren einbringen, denn aus den Interviews und aus eigenem Erleben ersehe ich, daß sich auch in dieser Beziehung ein Wandel vollzogen hat. Eine ursprünglich durchaus intensive, beinahe persönliche und bisweilen auch freundschaftliche Bindung an das Tier, speziell das Pferd, wich einer Einstellung, die das Tier grundsätzlich — allerdings nicht überall — zu einem Gegenstand der Produktion machte. Das Tier wird heute als für den Markt „gezüchtet" betrachtet, es ist ein Gegenstand, welchen man problemlos in „größeren Mengen produzieren" und verkaufen kann. Wohl wurde das Tier früher von den Bauern gepeinigt und geschlagen, doch stand dahinter der Zweck bzw. der Sinn, die Arbeit auf dem Hof, bei der das Pferd bzw. die Kuh oder der Ochse eingesetzt waren, überhaupt zu ermöglichen. Die Zugtiere, wie Pferd und Ochse, waren also ein wesentlicher Bestandteil der bergbäuerlichen Wirtschaft. Neben den Zugtieren gab es auf dem Hof noch Milchkühe, Schweine, eventuell Schafe, die an den Hängen des Pyhrgas weideten, und Kleintiere, wie Hühner u. ä. Die Zugtiere als wichtige Gehilfen des Bauern, die heute durch die Traktoren abgelöst sind, hatten menschliche Vornamen, wie Fritzl, Miatz, Max usw., womit wohl auch die besondere Einschätzung dieser Pferde, Ochsen und Kühe demonstriert wurde. Sie waren Arbeitsgenossen des Bauern, im Rang standen sie nicht weit hinter den Dienstboten, die, wie wir sahen, auf dem Hof auch kein schönes Leben hatten. Eine freundschaftliche Bindung an die Pferde spricht aus der Erzählung einer früheren Magd, die heute mit ihren 75 Jahren im Altenheim von Windischgarsten lebt:

„Bei dem einen Bauern, bei dem ich Mitte der zwanziger Jahre war, mußte ich viel arbeiten. Der Bauer war ein großer Bauer, mit vier schweren Rössern. Das hat damals etwas geheißen. Einmal als der Roßknecht krank gewesen ist, mußte ich die Rösser füttern. Vor ihnen habe ich mich nicht gefürchtet. Mit den beiden Rössern, dem Max und dem Fritz, habe ich geackert, ich habe sie auch eingespannt. Wie der Bauer sah, daß ich das kann, hat er gesagt: ‚Ja mei, Mensch, das kannst du auch!?‘ ‚Ja freilich‘, sagte ich, ‚das habe ich ja gelernt.‘ ‚Du Mensch‘, hat er nun gesagt, ‚komm her, ich gebe dir den gleichen Lohn wie dem Hausknecht, dem Moar. Halt ja das Maul, daß du das bekommst! Du bist nun über meinem zweiten Knecht, der kommt dir ja nicht nach.‘ Wenn ich die Pferde eingespannt habe, stellte ich mich auf den Stander hinauf, damit ich mit dem Kummett das Roß g'längen (erreichen) konnte. Die Rösser habe ich alleweil gestreichelt. Sie haben sich gefreut, wenn sie meine Stimme gehört haben, wenn ich gesagt habe: ‚Guten Morgen, meine lieben Rösser.‘ Ich bin hinein in den Stall und gleich mit dem Futterkörbel zu ihnen hin: ‚Da haben wir etwas Gutes!‘ habe ich gesagt, ‚da bekommt ihr ein Frühstück, ein gutes.‘ Sie haben Hafer, Heu und Wasser von mir bekommen. Hie und da habe ich ihnen einen Leckstein gegeben, den mochten sie. Oder ein Stückerl Zucker.“

Hier wird das Pferd als Genosse, als Mitarbeiter und auch als Freund gesehen, von dem man abhängig war, und das man für seine Dienste auch belohnte. Ich erinnere mich an eine Stelle in unserem Schul-Lesebuch, in der das Pferd als „der beste Freund des Menschen“ bezeichnet wurde, eben weil der Mensch ohne das Pferd bestimmte Arbeiten nicht verrichten konnte. Diese besondere Einstufung des Pferdes, die charakteristisch für die Zeit vor der Motorisierung war, hinderte aber Bauern, Roß- und Fuhrknechte nicht, die Pferde zu schinden, eben wie man auch Menschen schindete. Dem Pferd ging es also nicht immer gut auf dem bäuerlichen Hof, es war ein Instrument der Ausbeutung. Ein Bauer, der noch in den fünfziger Jahren im Nebenerwerb für die Bundesforste mit Pferden Holz führte, erzählt, wie das Pferd eingesetzt wurde und wie es für den Bauern zum täglichen Leben gehörte: „Für mich war das Holzführen ein schönes Erlebnis, ich habe es gerne gemacht. Es war schön, wenn in der Früh, sechs oder sieben Rösser mit ihren Schlitten, an denen Glocken waren, dahergekommen sind. Bei uns haben wir zusammengewartet und dann sind wir hinauf. Oft war es hart, wenn in der Früh alles verweht war und man von der Straße nichts gesehen hat. Oft hat es bis Mittag gedauert bis wir oben waren. Wir sind mit zwei Rössern gefahren. Mit einem Roß am Holzschlitten bin ich gefahren und mein Vater mit einem anderen. Früher, als wir noch einen Knecht hatten, ist dieser auch mit einem Ochsen gefahren. Auf die Rösser sind wir erst später umgestiegen, zuerst hatten wir nur Ochsen. Die Rösser brauchten wir beim Heuführen, auch beim Ackern; aber Äcker haben wir nicht viel gehabt. Es tut mir leid, daß wir keine Rösser mehr bei der Arbeit haben. Ich bin ja mit den Rössern aufgewachsen. Wenn ein Fohlen dabei war, hat es so richtig in die Landschaft hineingepaßt. Man hat zu den Pferden eine richtige Beziehung gehabt. Wenn man auf die Weide gegangen ist, ist einem das Roß schon zugelaufen. Der U., er ist heute ein alter Mann, der hat früher viel gesoffen. Wir haben ihn, wenn er wieder einmal besoffen war, auf den Schlitten hinaufgebunden. Sein Pferderl, Gretl hat es geheißen, ist mit ihm allweil bis zur Stalltür gegangen."

Es war vor allem das Pferd, zu dem der Mensch eine Beziehung aufbauen konnte. Mit dem Pferd konnte er „reden", es war ein Gefährte. Ein Tierarzt aus Windischgarsten erzählte mir dazu, daß einige wenige Bauern sich aus diesem Grund, weil sie nur mit dem Pferd, nicht jedoch mit anderen Tieren „sprechen" können, sich noch weiter Pferde halten. Die Pferde achtete man mehr als das Rindvieh. Schließlich war es auch das Pferd, welches den vermögenden Bauern bei der Arbeit und auch sonst begleitete. Dazu paßt auch, was eine frühere Bäuerin schildert: „Der Vater ist öfter mit den Rössern gefahren. Wenn er mit den Rössern beim Gasthaus vorbeigekommen ist, sind die Rösser immer zuwigegangen (hingegangen), weil sie schon gewußt haben, da geht der Vater hinein."

Die Beziehung, die der weniger begüterte Bauer zu Rindern hatte, wird in dem Hinweis eines Bauern, der ein kleineres Anwesen bewirtschaftete, deutlich. „Wir haben immer Ochsen gehabt. Einmal wollten die beiden mit einem schweren Wagen eine Böschung nicht hinauf. Ist eh klar. ‚Manderle‘, habe ich zu den Ochsen gesagt, ‚das müßt ihr so tun!‘ Ich habe mich nun neben sie niedergekniet, bin aufgestanden und hinaufgegangen. Die Ochsen haben das gesehen, haben sich niedergekniet und sind dann hinaufgegangen. Das ist wirklich wahr.“ Der Ochse und die Kuh waren für den armen Bauern, der sich kein Pferd leisten konnte, von ungemeiner Bedeutung bei der Arbeit, aber auch für die Ernährung. Er neigte daher, sie in demselben Maße hochzuhalten, wie der reiche Bauer seine Pferde. Daß man dabei den Tieren besondere Intelligenz zuschrieb, versteht sich aus der besonderen Qualität, die diese Tiere für den Bauern hatten. Derselbe Bauer erzählt weiter zu diesem Thema: „Meine Schwester war einmal im Stall und putzte gerade die Kühe. Da auf einmal löste sich ein Stein von oben und fällt ihr auf den Kopf. Die Kuh hat nun soviel zum Platzen (Schreien, Lärm machen) angefangen, daß wir hinausschauten und die Schwester sahen, der das Blut herunterrann. Ein andermal hat sich meine Schwester den Fuß gebrochen und ist, das war 1948, von Montag bis Freitag gelegen. Zufällig habe ich zum M. Hansl am Donnerstag gesagt, er soll einmal zur Resl hinauf auf die Alm schauen. Um 10 Uhr auf d’Nacht am Donnerstag ist er gekommen und hat gesagt, die Resl hat sich den Fuß gebrochen. Mit dem gebrochenen Fuß ist sie in den Stall. Mit einem Scheiterbock, wie man ihn zum Holzabschneiden verwendet, hat sie sich hinaus gehantelt. Ein anderer bleibt liegen mit einem gebrochenen Fuß, aber sie ist in den Stall. Die Kuh, die sie melken sollte, ist selbst zum Stall hinzu gekommen, damit die Resl sie melkt, und sie ist selbst wieder hinaus.“ Die „Resl“ ergänzt ihren Bruder: „Wie die Kuh zu mir gekommen ist und ich sie so melken konnte, habe ich vor Freude keine Schmerzen gespürt. So habe ich mich gefreut, denn wäre die Kuh nicht zum Melken gekommen, so hätte man sie schlachten müssen.“

Das Tier wurde als Partner des Menschen begriffen und als solcher auch in gewisser Weise geachtet, im Gegensatz zu den heutigen Viehhaltungen und Mästungen von Kälbern und Schweinen, die auf engem Raum gehalten und nicht mehr als Wesen gesehen werden, die auch fühlen können und leben wollen. Diese Degradierung zum Objekt ist für die moderne bäuerliche Wirtschaft typisch, in der möglichst rationell ein möglichst großer Gewinn erzielt werden soll. So scheint mir auch, daß sich mit der Einführung der Melkmaschine eine Änderung vollzogen hat, die die Bindung zwischen Mensch und Tier abschwächt. Durch die Melkmaschine, die der Bäuerin viel Arbeit abnimmt und heute auch notwendig ist, ging ein persönlicher Kontakt zum Tier verloren. Die besondere Einbindung des Tieres in den bäuerlichen Lebensbereich und auch die Achtung, die man ihm noch vor zwei Jahrzehnten entgegenbrachte, zeigte sich in einem interessanten Brauch. Es handelt sich dabei um ein Totenritual. In folgenden Sätzen einer alten Bäuerin wird dies geschildert: „Solange noch die Toten im Haus aufgebahrt werden durften, war es so, daß wenn der Tote weggetragen war, jemand vom Haus alleine in den Stall gegangen ist. Dort hat er dem Vieh gesagt: ‚Jetzt gehen wir mit dem Vater (oder mit der Mutter), heute graben wir ihn (sie) ein.‘ Jetzt macht man das nicht mehr, weil ja nicht mehr im Haus aufgebahrt werden darf. Heute holt der Leichenwagen den Toten gleich ab." Diese Einstellung zum Tier wird auch in den weiteren Erinnerungen dieser Frau deutlich: „Zu Josefi ist der Hans (ein Bruder der Bäuerin) zu den Bienen gegangen und hat ihnen mitgeteilt, daß heute Josefi ist. Die Tiere wissen vom Menschen viel mehr, als wir glauben. Der Mensch achtet heute die Tiere nicht mehr."

Daß sich die Beziehung zum Tier anders gestaltete, liegt auch daran, daß früher bei Bauern nur selten Tiere in der wärmeren Jahreszeit geschlachtet wurden, sie also grundsätzlich wenig vom Schlachtvieh abhängig waren. Die Kost bestand ja, wie oben ausgeführt wurde, vorwiegend aus Mehlspeisen, Kraut u. a. Der Getreideanbau wurde von Bergbauern in den letzten Jahrzehnten grundsätzlich aufgegeben, dafür aber das Viehzüchten vorangetrieben. Charakteristisch ist der heutige Viehbestand eines kleineren Bauern: „Vor dem Krieg hatten wir 12 bis 14 Stück Vieh gehabt, Ochsen, Kühe und Jungvieh, alles zusammen. Heute haben wir mit dem Jungvieh 25 Stück. Früher verkauften wir nur zwei, drei Ochsen im Jahr, heute sind es bei 10 Stück." Auch hier das Anzeichen, daß man sich erst in letzter Zeit auf den Markt eingestellt hat. Früher war der Verkauf von Vieh eine Sache, die nebenher lief, die auch nicht immer programmierbar war, heute jedoch wird die „Produktion" von Vieh rational geplant, man kann sich nun darauf einstellen, daß die Ochsen oder das Jungvieh auch gekauft werden.

Eine wichtige Funktion hatte früher der die Bauern aufsuchende Viehhändler, der ja den bestmöglichen Profit machen wollte, entweder dadurch, daß er den Bauern Pferde oder Kühe möglichst teuer anzudrehen oder solche möglichst billig zu kaufen trachtete. Der Viehhändler war zwar für die Bauern ein wichtiger Mann, er war aber nicht besonders angesehen und auch Gegenstand vieler Witze. Ein Bauer wies mit einem Scherz auf die schlechte Meinung, die man vom Viehhändler hatte, hin: „Die Viehhändler waren große Gauner. Darum heißt es in einer Grabinschrift: ‚Der letzte in der Gräberreih' ist Ignatius Kucklwei, oh Herr, geh nicht zu streng mit ihm ins Gericht, er war ein Roßhändler und mehr sag ich nicht.'" Den Viehhändler gibt es nicht mehr, an seine Stelle sind die diversen Genossenschaftsverbände getreten, die bei Kauf und Verkauf von Tieren den Bauern beratend zur Seite stehen. Wesentlich für den Wandel der bäuerlichen Kultur ist also auch das Verschwinden der Pferde als Arbeitsgehilfen des Menschen. Die Pferde, die vor allem bei größeren Bauern das Bild auf dem Hof bestimmten, sind verschwunden. Traktoren erfüllen nun deren Aufgaben. Das Pferd hat höchstens noch die Funktion, im Rahmen des Fremdenverkehrs den Gästen das Gefühl zu vermitteln, sie sind auf einem Bauernhof alten Stils. Als Reittier dient das Pferd dem Vergnügen und erinnert nur mehr äußerlich an seinen Vorgänger, den arbeitenden Gehilfen und Freund des Menschen.

Zusammenfassende, ergänzende und abschließende Gedanken zur heutigen Situation

Ich habe versucht, aufbauend auf Interviews, die ich in meiner Heimatgegend mit Bauern und Bäuerinnen, früheren Dienstboten und Handwerkern führte, aber auch aufgrund eigenen Erlebens, ein Bild vom kulturellen Wandel des Lebens auf dem Bauernhof zu zeichnen. Dabei war mir die Zeitspanne wichtig, die nach dem Krieg eine vollständige Umwandlung, den Menschen gänzlich erfassend und ihn innerlich tief berührend, auf sozialem und kulturellem Gebiet brachte. Der Einsatz von Maschinen, die Ausweitung des Fremdenverkehrs, neue Wirtschaftsformen, das Entbehrlichwerden von Dienstboten und schließlich das Ende der Autarkie auf dem bäuerlichen Hof sind die wesentlichen Stationen, die diesen Kulturwandel markieren. Damit wird ein langer Weg bäuerlicher Kultur abgeschlossen, ein Weg, der in der Jungsteinzeit mit dem Seßhaftwerden und dem Bebauen des Bodens beginnt. Pferde, Pflug, der Anbau mehrerer Getreidearten und das Halten von Vieh für den Eigenbedarf, Selbstversorgung auf dem Gebiet der Kleidung und eine Vielzahl alter Techniken, welche seit Jahrhunderten weitergegeben wurden und den Bauern mit seinem Gesinde unabhängig von anderen machten, verschwinden. Ausdruck der Unabhängigkeit des Bauern war, daß er kaum über Geld verfügte, denn er produzierte einigermaßen genügend für sich und seine Leute. Daher brauchte er nur selten Geld. Das kontinuierliche Ende der Autarkie stellte den Bauern immer mehr vor das Problem, zu Geld zu kommen, was letztlich heute dazu führt, daß er für den Markt produziert, auf den Fremdenverkehr angewiesen ist und im Nebenerwerb arbeitet. Damit wird das bäuerliche Leben ein-

gegliedert in einen größeren wirtschaftlichen Bereich. Die ange-
deutete Abhängigkeit des heutigen bäuerlichen Wirtschaftens
skizziert ein Bauer: „Früher hat man Getreide, Korn angebaut.
Heute baut man bei uns im Gebirge kein Korn mehr an. Nach
dem Krieg hat man es billig über das Lagerhaus bekommen,
jetzt ist es schon teurer. Viele Bauern haben sich gesagt: ‚Ich
mache Viehwirtschaft.' Das ist richtig, aber dadurch steigt auch
der Getreidepreis. Getreide braucht man aber fürs Brotbacken;
den Kühen muß man es geben, wenn sie ein Kalberl bekommen
oder eines bekommen haben."

Der wesentliche Bruch in dem früheren autarken System
geschah schließlich durch den notwendig gewordenen Ankauf
von Landwirtschaftsmaschinen, die nun den Platz der Dienstboten einnehmen. Für die Maschinen mußte Geld flüssiggemacht
werden. Dies umreißt derselbe Bauer, indem er auf den Stellenwert des Geldes früher verweist: „Früher hat der Bauer finanziell nicht viel Auslagen gehabt. Heute braucht er Geld vor allem
für die Maschinen. So ein Traktor kostet mindestens 200.000
Schilling. Hat man den Traktor, braucht man einen Miststreuer
und einen Ladewagen dazu. Da ist man gleich auf 600.000 Schilling oben. Dafür haben wir uns einen Werkskredit aufgenommen. Da haben die Zahlungen begonnen: alle Vierteljahre 7200
Schilling für den Ladewagen, monatlich 13.000 für den Traktor.
Dazu kommen 6000 Schilling alle drei Monate für die Pensions-
versicherung, dann die Feuerversicherung, die Steuern, die Ge-
meindeabgaben und Kirchensteuer . . ."

Die Maschine macht es möglich, daß eine Person alleine
das bewerkstelligen kann, was früher viele gemeinsam an Arbeit
verrichteten. Der Wandel vollzog sich abrupt und brachte Probleme, auch hinsichtlich des Einsatzes der Maschine, wie es ein
Bauer aussprach: „Dann ist der Motormäher gekommen. Vorher hatten wir eine Mähmaschine mit Pferden. Auf den Steil-
hängen konnte man nicht mit der Mähmaschine arbeiten, dafür
brauchten wir den Motormäher. Nur auf ganz steilen Leiten
(Hängen) verwendeten wir noch die Sense . . . Die Wirtschaften
hier sind alle ein bisserl klein, man braucht einen Traktor, man
kann ihn aber nicht auslasten, weil man zu wenig Grundfläche
hat. Das ist das große Problem. Mit 16 Jahren (um 1958) habe

ich den Traktorführerschein gemacht, dann haben wir einen Traktor bekommen. Der war eine große Erleichterung, man hat sich auf ihn gefreut. Aber andererseits mußte man zusätzlich wieder etwas anderes machen, damit wir uns die Maschine verdienen konnten. Bei einem größeren Betrieb ist dies nicht ganz so."

Der Bauer stellte sich also gewaltig auf die Erfordernisse einer Zeit ein, in der rationales Arbeiten wichtig und der Fremdenverkehr zu einer wesentlichen Einnahmsquelle wird. Der Lebensstandard der Bauern hat sich gewandelt. Neben den alten Bauernhäusern wurden neue, größere und hellere gebaut, oder man richtete sie einfach an modernen Vorstellungen aus, indem man die Häuser aufstockte und größere Fenster, Badezimmer usw. einbaute. Hier möchte ich aus einem Interview mit einer 1953 geborenen Bergbäuerin in Oberweng einige Passagen bringen, denn diese zeigen deutlich auf, wie der besprochene Wandel sich vollzogen hat, aber auch, daß trotz Maschinen die Arbeitsbelastung auf dem Bauernhof für die alleine arbeitenden Bauersleute gerade heute enorm sein kann: „Ich bin 1953 in Spital am Pyhrn geboren worden. Dort bin ich auch aufgewachsen. Wir waren sieben Kinder. Wir hatten eine kleine Landwirtschaft. Ich habe immer gesagt, ich werde nie Bäuerin. Ich wollte das nicht werden, denn ich habe an meiner Mutter, die alleine die Wirtschaft führte, gesehen, wieviel Arbeit sie gehabt hat. Sie mußte auf soviel verzichten. Ich habe daher zunächst Verkäuferin gelernt. Dabei habe ich gesehen, daß auch das nicht so rosig ist . . . Als ich meinen Mann, einen Bauern, dann kennengelernt habe, habe ich gewußt, daß ich einmal Bäuerin werde. Mein Mann ist also schuld an meinem jetzigen Beruf. Irgendwie bin ich schon gerne Bäuerin. — Es ist sicherlich ein großer Unterschied zwischen meiner Arbeit und der der anderen Frauen, mit denen ich z. B. im Turnverein in Spital am Pyhrn zusammenkomme. Sie sind Hausfrauen oder Angestellte. Wenn eine solche am Tag die Fenster putzt, ist sie auf d'Nacht gar nicht fähig, turnen zu gehen. Wenn ich am Tag Mist streue oder Brennholz mache, gehe ich auf d'Nacht genauso in den Turnverein, weil mir das gefällt. Turnen ist eine andere Bewegung. Aber ich bin gerne Bäuerin. — Der Unterschied zwischen meiner Arbeit und der meiner Schwiegermutter, die hier auf dem Hof Bäuerin war, ist ganz schön groß. Was mir meine Schwiegermutter alles erzählt hat! Es wird heute zwischen Mann und Frau viel mehr geredet. Früher hat der Schwiegervater auf den Tisch gehauen und die Schwiegermutter ist gerannt und hat das gemacht, was der Bauer, ihr Mann, wollen hat. Heute reden wir uns aus, sprechen uns ab, und ich kann mir die Arbeit einteilen. Ich muß genauso draußen am Feld mitarbeiten. In der Früh kümmere ich mich um die Kinder. Gegenüber früher, der Zeit meiner Schwiegermutter, habe ich jetzt mehr Zeit für die Kinder. Früher sind die Kinder eben so mitgerannt. Meine Schwiegermutter hat am Sonntag z. B. gewaschen und gebügelt, denn da hat sie Zeit dazu gehabt. Heute schauen wir, daß wir am Sonntag für uns und die Kinder Zeit haben. — Ich bin jetzt schon 13 Jahre hier auf dem Hof, aber ich habe noch nie Urlaub gehabt. Ich war auch noch nie über die Nacht fort. Tagesausflüge haben wir wohl unternommen. Es ist auch nicht anders möglich, denn ich muß mich ja um die Tiere kümmern ... Wenn die Kinder etwas größer sind, werden wir vielleicht doch zwei, drei Tage wegfahren. Viel länger möchte ich gar nicht. Man muß auch etwas abschalten. Hie und da fahre ich nach Liezen zu einem Einkaufsbummel. Viel mehr mache ich nicht ... Früher haben die Bäuerinnen Mägde gehabt, heute müssen sie alles selbst machen. Früher war eine Bäuerin nie alleine auf dem Hof. Das gibt es heute nicht mehr. Mit den Maschinen kann man aber auch nicht alles machen. Der Tag ist lang. Wir stehen um viertel nach 5 Uhr auf und arbeiten bis halb 10 Uhr auf d'Nacht, bis ich die Küche saubergemacht habe. Wenn wir vom Stall um sieben Uhr kommen, sind die Kinder ins Bett zu bringen. Im Winter wird dann höchstens noch Handarbeit gemacht ... Heute werden die Kinder nicht mehr wie früher zur Arbeit eingespannt. In den Ferien z. B. läßt man sie in der Früh länger schlafen. Außerdem müssen die Kinder nicht mehr körperlich so stark arbeiten. Die Kinder stehen um sechs Uhr auf. Der Bub geht in die Hauptschule. Der Autobus holt ihn jeden Tag von der Flindermühle ab. — Die Kinder sind sehr selbständig. Wenn ich in der Früh im Stall bin, sind sie alleine im Haus, sie machen sich alleine das Frühstück. Um dreiviertel sieben Uhr bin ich mit dem Stall fertig. Nun bringt mein Mann jeden Tag die Milch nach Spital am Pyhrn. Um halb neun Uhr ist er wieder da, dann wird gejausnet. Nachher wird das gearbeitet, was so anfällt. Im April wird z. B. Brennholz gemacht für den nächsten Winter. Vormittag arbeite ich noch in der Küche und dann muß der Kleine versorgt werden. Oft ist etwas zu waschen. Um 11 Uhr beginne ich mit dem Kochen. Nach dem Essen wird zusammengeräumt und der Kleine ins Bett gebracht. Dann gehen wir beide gemeinsam hinaus zur Arbeit. Die geht bis 5 Uhr. Um 5 Uhr gehe ich für ein, zwei Stunden in den Stall. Und nachher mache ich die Hausarbeit. Schlafen gehen wir um 10 Uhr . . . Zu meinen Vergnügungen zählt, daß ich einmal in der Woche turnen gehe. Da komme ich unter die Leute. Auch eine Mütterrunde besuche ich, die ist einmal im Monat. In dieser wird über religiöse Themen, aber auch über Kindererziehung gesprochen. Auch ein Spinnkurs wird abgehalten. Zu diesem kommen 10 bis 15 Leute. Daneben gibt es auch Vorträge, vor allem landwirtschaftliche. Im Winter gehen wir auf ein paar Bälle. Manchmal besuche ich auch andere Bäuerinnen, wo z. B. ein Kochkurs abgehalten wird. Dort haben wir Kartoffelgerichte gelernt. Der Kochkurs wurde von der Bauernkammer durchgeführt. Auch einen Kreuzstichkurs gab es, und einen Nähkurs. Für solche Sachen nehme ich mir Zeit. Es gibt aber auch Bäuerinnen, die haben für nichts Zeit . . . Wir sind auf dem Hof heute nur zwei, die die Arbeit machen, wir haben die Maschinen. Dienstboten kämen außerdem zu teuer, und wer geht denn schon als Dienstbote!? Einen solchen muß man mir erst einmal zeigen, der als Dienstbote geht."

Die junge Bäuerin, die heute auf dem Hof die Wirtschaft gemeinsam mit ihrem Mann führt, lebt vor einem anderen kulturellen Hintergrund als ihre Schwiegermutter. Der kulturelle und soziale Wandel in der bäuerlichen Welt sieht sie als ihrem Mann gleichwertig, nämlich als eine Frau, die das Recht beansprucht, Zeit für sich und ihre Kinder aufwenden zu können. Der Turnverein, Mütterrunden und diverse Kurse bringen sie mit anderen Frauen aus anderen Berufsschichten zusammen, sie ermöglichen ihr somit Kontakte, die die frühere Enge des Bauernhofes sprengen. Das nunmehrige Fehlen der Dienstboten und der Einsatz von Landwirtschaftsmaschinen stellt zwar die Bauersleute auf sich alleine, aber der Besitz von zwei Autos gibt ihnen die Gelegenheit und Chance, relativ schnell einen Einkaufsbummel durchzuführen oder an irgendeiner Veranstaltung teilzunehmen. Diese Mobilität ist neu und verknüpft die neue bäuerliche Kultur mit städtischen Verhaltensformen. Der Bauernhof und die auf ihm arbeitenden Menschen sind andere geworden. Die Arbeit hat eine andere Wertung erfahren. Während früher eine exakte Arbeitsteilung zwischen Bauersleuten und Dienstboten bestand, sind heute beide, Bauer und Bäuerin, genötigt, die anfallende Arbeit grundsätzlich gemeinsam durchzuführen. Die frühere übliche Arbeitsteilung wird aufgehoben, wie auch ein jetziger Bauer meint: „Früher sind die Frauen mehr bei der Arbeit drangekommen. Heute müssen die Männer auch in den Stall gehen, weil es keinen Dienstboten mehr gibt."

Der Verlust der Autarkie, der Selbstversorgung des Bauern, das Aufkommen der Maschinen und damit der Rationalisierung des Arbeitens, die Einführung der Sozialversicherung u. a. haben, wie wir sahen, die bäuerliche Struktur von Grund auf geändert. Dieser Strukturwandel, wie ich ihn zu beschreiben versucht habe, ist also ein ganz und gar wesentlicher, der vor allem vom alten Menschen, dem früheren Bauern oder der früheren Dienstmagd, geradezu als Schock empfunden wird. Der Bauer, der sich vor einigen Jahrzehnten mit seiner Hände Arbeit und ohne maschinelle Unterstützung im Stall und am Feld abmühen mußte, wird nun mit der Maschine konfrontiert. Es ist daher verständlich, wenn er z. B. meint, die heute auf dem Bauernhof lebenden Menschen hätten es leichter, als er es hatte. „Es ist allgemein so gewesen, daß viel gearbeitet worden ist. Wir sind bei der Arbeit aufgewachsen. Heute wachsen sie bei den Maschinen auf", illustriert ein alter Bauer. In seiner Überlegung werden Arbeit und Maschine als sich geradezu widersprechend gegenübergestellt. Die Maschine ist es demnach, die für diesen Bauern Menschen und Arbeit einspart. Eine solche Einstellung, die allerdings die Schwierigkeiten heutigen Arbeitens der alleinstehenden Bauersleute nicht sehen will und vielleicht auch nicht kann, resultiert aus der ungemein großen Belastung früheren körperlichen Arbeitens. Unter dieser, auf den Körper und das persönliche Wohlergehen nur wenig Bedacht nehmenden früheren Arbeitsweise, litten nicht wenige alte Bäuerinnen, Bauern und früheren Dienstboten. In diesem Sinn ist auch die Erzählung einer nun 75 Jahre alten Bäuerin, die heute in einem Altersheim in Windischgarsten lebt, zu verstehen: „Wir haben noch Korn mit der Sichel geschnitten. Dabei arbeiteten wir gebückt. Wir haben uns geschunden und gerackert. Ist es da ein Wunder, wenn man jetzt fertig ist. Als Verheiratete habe ich auch nichts gekannt als arbeiten. Heute sagen die Leute: ‚Warum seid ihr so blöd gewesen?‘ Das hat man davon. Den heutigen Bauern geht es gut, die haben es schöner. Sie sitzen den ganzen Tag auf der Maschine, dem Traktor.“ Als ich einwende, daß es eine schwere Arbeit ist, am Traktor zu sitzen, und daß sich dies gesundheitlich, vor allem für die Wirbelsäule, schlecht auswirke, meinte die alte Frau abschwächend: „Das stimmt schon, es ist nicht leicht. Aber in einer halben Stunde kann man heute einen Haufen mähen. Dafür mußten wir früher zu dritt oder viert einen ganzen Tag mähen.“ Eine bei diesem Interview anwesende frühere Magd fügte an, daß das Fachtl-Fassen (das Auflegen des Heus auf den Heuwagen) früher auch schöne Seiten gehabt habe. Die frühere Bäuerin stimmte dem wohl zu, verwies aber auf die geradezu übermenschlichen Anstrengungen, die bisweilen die Arbeit auf dem Hof erforderte und die an ihrer jetzigen schlechten körperlichen Verfassung maßgeblich beteiligt sind.

Arbeit, dies sollte gezeigt werden, bestimmte also das Leben auf dem Hof und die Kontakte zwischen den gemeinsam arbeitenden Menschen. Eine Kritik an der Arbeitsweise war undenkbar, und der Mensch wurde nach seiner Arbeitsfähigkeit eingestuft. Dazu die Darstellung einer früheren Magd: „Jeder hat gesehen, er muß genauso arbeiten wie der und der. War einer recht fleißig und tüchtig, ist er schon recht gut beim Chef gestanden. Oft haben wir Leute auf dem Hof gehabt, die waren der Arbeit nicht gewachsen. Ein solcher ist halt hintengeblieben. Da hat es zu dem geheißen: ‚Tu weiter, schau, daß du nachikimmst.‘ Das war zwar nicht überall so, aber meist so. Ich habe die Landwirtschaft gelernt, ich habe alles machen müssen, Rösser einspannen, sie putzen und ackern, auch Bäume mußte ich umschneiden.“

Es ist verständlich, daß der alte Mensch in dieser bergbäuerlichen Welt dem Wandel, wie er hier beschrieben wurde, mehr
oder weniger mit Erstaunen und auch Resignation gegenüber-
steht. Er wird nicht so ohne weiteres damit fertig, daß der heutige Bauer oder die heutige Bäuerin in anderer Weise eine andere
Form von Arbeit kennt, die als „leichter" erscheinen mag. Nämlich eine Arbeit, die mit der Hilfe von Maschinen durchgeführt
wird und in der auch das Kind nicht mehr miteinbezogen wird.
Das Kind hat heute die Möglichkeit, die Kindheit zu genießen
und Schulen zu besuchen. Im Gegensatz zu dem Kind der Vorkriegszeit, das z. B. beim Holzführen mitarbeitete und „herum-
geschupft und umeinandergerissen" wurde. Schließlich bewirkte die frühere Form der bäuerlichen Wirtschaft, daß die Bauern
voneinander auch abhängig waren, wenn es z. B. galt, eine Mühle gemeinsam zu benützen, oder sich bei bestimmten Arbeitspro-
zessen gegenseitig zu helfen. Mit dieser gegenseitigen Abhängigkeit hängt auch zusammen, daß es im Interesse aller lag, mit den
Nachbarn gut auszukommen, also Streitigkeiten möglichst aus
dem Weg zu gehen.

Für die alte Struktur mit ihrer Fülle von körperlichen Arbeiten und dem vollen Einsatz aller auf dem bäuerlichen Hof
lebenden Menschen war daher auch eine unbedingte Unterordnung und Gehorsam gegenüber dem Willen des Bauern typisch.
Das Kind hatte demnach zu folgen, eine Kritik am elterlichen
Willen war, wie wir sahen, undenkbar und für die Menschen
auch nicht vorstellbar.

In diesem abschließenden Kapitel wurde zusammenfassend zu
zeigen versucht, daß, beginnend mit dem Ende der dreißiger
Jahre, ein wesentlicher Wandel in der bergbäuerlichen Welt
deutlich wird. Ein Wandel, der sich vor allem in den fünfziger
Jahren radikal vollzog und der sich auf die Beziehung zwischen
den Bauern einschneidend auswirkte. Das Aufhören der Dienstbotenzeit hatte in einem gewissen Sinn auch eine Isolierung der
Menschen auf dem bäuerlichen Hof zur Folge. Die Härte, der
die Dienstboten bis in die fünfziger Jahre ausgesetzt waren, wird
durch eine Härte abgelöst, die durch die Maschinen bestimmt
wird. Das gemeinsame Arbeiten und die Abhängigkeit der Bau-

ern voneinander gibt es nicht mehr in dem Sinn wie früher. Mit diesem Wandel vollzog sich aber auch eine Besserstellung und Besserbehandlung des Menschen. Wie zu sehen war, war der soziale Druck, unter dem die Dienstboten, aber auch die Kinder zu leiden hatten, beträchtlich. Die Härte der körperlichen Arbeit auf dem bäuerlichen Hof drückte sich in einer Härte der zwischenmenschlichen Beziehungen aus. Genau dies sollte auch dargestellt werden, um einer unzulässigen Idealisierung und Romantisierung des Lebens in der Landwirtschaft, wie sie heute u. a. im Rahmen des Fremdenverkehrs geradezu typisch ist, zu widersprechen. Die Armut vor allem der Zwischenkriegszeit, die menschliche Degradierung des Dienstboten und die ungeheure Belastung der täglichen Arbeit bestimmten die bergbäuerliche Welt.